INTERACTION

Révision de grammaire française, 4ème Edition

Susan St. Onge

CHRISTOPHER NEWPORT
COLLEGE

Ronald St. Onge

COLLEGE OF
WILLIAM AND MARY

Katherine Kulick

COLLEGE OF
WILLIAM AND MARY

David King

CHRISTOPHER NEWPORT
COLLEGE

HH **HEINLE & HEINLE PUBLISHERS**
Boston, Massachusetts 02116

I T P

An International Thomson Publishing Company

BOSTON · ALBANY · BONN · CINCINNATI · DETROIT · MADRID · MELBOURNE · MEXICO CITY
NEW YORK · PARIS · SAN FRANCISCO · SINGAPORE · TOKYO · TORONTO · WASHINGTON

The publication of *Interaction, 4ème édition* was directed by the members of Heinle & Heinle College French Publishing Team:

Team Leader: Erek Smith
Editorial Director: Patricia L. Ménard
Marketing Development Director: A. Marisa Garman
Production Services Coordinator: Gabrielle B. McDonald

Also participating in the publication of this program were:

Publisher: Stanley J. Galek
Director of Production: Elizabeth Holthaus
Project Manager: Julianna Nielsen / Sloane Publications
Assistant Editor: Susan Winer Slavin
Production Assistant: Laura Ferry
Manufacturing Coordinator: Jerry Christopher
Internal Design: Bruce Kennett
Cover Illustration: Brooke Scudder
Cover Design: Kim Wedlake

Manufactured in the United States of America.

ISBN 0-8384-4574-8 (Instructor's Edition)
ISBN 0-8384-4573-X (Student's Edition)

10 9 8 7 6 5 4 3 2 1

TABLE DES MATIERES

PREFACE

Interaction: Révision de grammaire française, Fourth Edition continues to offer a systematic and unified presentation of intermediate-level grammar. For the instructor, its approach is intended to permit the use of a variety of teaching techniques. For the student, it has the capacity of answering needs brought about by a wide range of abilities and backgrounds. It can be used as a third-, fourth-, or fifth-semester text in universities, or as a third- or fourth-year text in high schools.

Perhaps the most important feature of *Interaction* continues to be its flexibility as a teaching tool. Because teaching–learning situations vary widely across the nation, college-level intermediate French classes (as well as upper-level high school French classes) have traditionally included students with disparate backgrounds and preparations. These courses have been oriented customarily toward both review and continued development of the four language skills. *Interaction's* straightforward explanations of grammar enable students to recall the essentials of the language while achieving the main goal of the textbook—to move progressively from the comprehension and use of structure to varied levels of communication in French.

In many key respects, *Interaction, First Edition* was a proficiency-oriented text before the proficiency movement gained widespread attention. Subsequent editions refined and revised the goal of helping the student function in the French language within an authentic cultural context and in realistic situations. *Interaction, Fourth Edition,* carries these goals even further by providing increased emphasis on authentic materials and natural language use.

Features of the Fourth Edition

The revisions in this *Fourth Edition* were based on recent research about second language acquisition, suggestions from reviewers, and on the authors' classroom experience with the text. We have concentrated on incorporating feedback from users, while maintaining the integrity of the features that contributed to the strengths of earlier editions. Significant features of *Interaction, Fourth Edition* include completely new non-scripted, real-world opening dialogues; an **A l'écoute** activity in each chapter which is devoted to the development of listening strategies; and expanded **Notes culturelles** that provide important cultural content related to the chapter themes.

Scope and Sequence

Interaction still has ten chapters. This length has proven suitable for use in a one-semester course or in a full-year course when supplemented by reading and other activities.

The order in which grammar is presented in *Interaction* allows students to move in progressive steps: the elements most necessary for basic communication precede those used in more complex expression. The first three chapters establish the linguistic foundation necessary for basic, functional usage of the language.

Chapter 3 now contains a review of numbers, dates, and time, practical notions that students often need to review early in the course. Chapters 4 and 5 review one of the most difficult concepts of French grammar for an English speaker: the past tenses. Users of previous editions have praised the effectiveness of the presentation of the past tenses, which deemphasizes rules and stresses communication through choice of a given past tense. Chapter 6 treats interrogative adverbs, pronouns, and the adjective **quel**. Object, possessive, and demonstrative pronouns follow immediately in Chapter 7, earlier than in previous editions, to provide continuity and encourage more sophisticated oral and written style through the use of pronouns. Chapter 8, in addition to emphasizing the more common subjunctive constructions, explains the psychological aspects of this mood. Chapter 9 deals with prepositions in general and especially in conjunction with infinitives. It has also been streamlined to focus on the relative pronoun, all other pronouns having now been introduced in earlier chapters. Chapter 10 has been lightened by the removal of information about numbers and expressions of time, and now focuses on the future and conditional tenses.

• • • • • • • • • • • • • •
Chapter Format
• • • • • • • • • • • • • •

The basic chapter format of *Interaction* has been retained, but there have been significant modifications to certain chapter features. Each chapter builds progressively using the following pattern:

Chapter openers. Each chapter's title page summarizes the contents to be presented. At a glance, students and instructors note the grammatical *structures*, the communicative *functions*, and the *cultural focus* to be covered. In addition, a culturally relevant photograph provides an at-a-glance orientation to the chapter theme.

Mise en train. This series of easily understood questions serves as an advance organizer and allows the instructor to put a new chapter in motion by soliciting students' responses to the cultural information it contains. Such values-clarification exercises help introduce the new cultural elements of the lesson by first exploring related issues as they occur within the student's own experience.

Perspectives. The most significant changes in the *Fourth Edition* are in the introductory materials for each chapter. Since we believe that the listening skill is crucial and deserves equal attention with reading, speaking, and writing within the language acquisition process, we developed a new series of activities. Replacing the scripted dialogs and readings found in earlier editions, recorded conversations (with accompanying tapescripts in the textbook) introduce the student to pertinent vocabulary and grammatical structures through dynamic conversations among native speakers using non-simplified speech. The socio-linguistic content of the dialogs as conveyed through the speakers' tone of voice, word stress, etc., promotes a deeper understanding of the layers of language that lie beneath the level of mere word recognition. Following the recorded dialogs, a new activity, **A l'écoute**, encourages the student to detect the cohesion and coherence of the conversation and to guess at its overall meaning from context clues that reach beyond the individual words. The **Note culturelle** that follows each **A l'écoute** gives additional background information in an effort to develop the cultural competence that makes for a better-informed listener.

The **Vie actuelle** section presents authentic readings of high cultural interest accompanied by pre- and postreading aids. These readings are taken from a variety of French-language publications and give students a chance to deal with materials aimed at the French-speaking general public. The same can be said of the **realia** found throughout the chapters, which encourage practice and discussion.

Vocabulaire actif. Specialized vocabulary items pertinent to each chapter's cultural theme appear in the French-English **Vocabulaire actif** immediately following the **Perspectives**. These words are also included in the end glossary of the text. Once a vocabulary item has been introduced, it is not listed again unless it has been used with a different meaning.

The *Fourth Edition* groups vocabulary items thematically, rather than alphabetically. This presentation facilitates the use of these practical expressions in the productive skills of writing and conversation by linking them within their most frequently used contexts. All vocabulary that is presented elsewhere for purely passive recognition is contained in the end glossary.

The **Exercices de Vocabulaire** that accompany the **Vocabulaire actif** have been thoroughly revised to familiarize students even more effectively with the essential vocabulary and cultural content of the chapter. Identification of key items from the **Vocabulaire actif** leads to the use of the other lexical elements within specific grammatical structures provided for this purpose. The **Vous comprenez?** that immediately follows verifies global comprehension of the reading and prepares the way for the concluding vocabulary practice: **A votre tour**, which directs students to search for and use in context expressions that will form their **Lexique personnel**, a personalized list of items from the chapter's vocabulary as well as other terms based on individual needs, interests, and knowledge. This sequence is designed to help students feel at ease with the cultural and lexical context that forms the basis for the rest of the chapter before they encounter any formal presentation of grammar principles.

Structures. The ultimate goal of *Interaction* remains unchanged: to encourage the use of spoken French in the classroom and to develop students' ability to function in realistic contexts.

Especially difficult points of French usage are highlighted by the culturally significant *Rappel* symbol. When the French wish to call a driver's attention to street repairs or construction work, they place a *Rappel* sign near the potentially hazardous site as a reminder that particular caution should be exercised when passing nearby. *Interaction* likewise urges students to remember the basic rules of the road and to apply them with prudence while operating in troublesome areas. The basic premise of *Interaction* is that students, like their counterparts on the French roads, have already demonstrated a knowledge of fundamental principles but must now be guided through hazardous zones, which, experience has shown, require special reminders and warnings.

For instructors who prefer all work at the intermediate level to be done in French, an all-French version, *Passerelles,* is available. In this text, all major features are the same as in *Interaction, Third Edition* except that grammar explanations in the **Structures** and **Rappel** sections are in French.

Exercices. All exercise material throughout the *Fourth Edition* is contextualized. In addition, every item has been reviewed and revised to ensure that each one leads students to produce authentic utterances and represents a viable linguistic pattern.

Once introduced, each grammar topic is immediately reinforced by a set of short, highly controlled exercises designed to drill each point separately. Instructors may use these exercises for in-class verification or assign them as independent work.

A set of **Exercices d'ensemble** occurs after a group of related grammar points in a chapter and provides combined practice of concepts presented up to that point.

The **Pratique**, a series of activities immediately following the **Exercices d'ensemble**, offers additional opportunities for guided personal expression and incorporates material from earlier lessons. These activities are semicontrolled and arranged in order of difficulty.

Each chapter culminates in a number of oral and written **Activités d'expansion.**

The **Pour s'exprimer** section presents circumstances that encourage students to give authenticity to their speaking and writing by using fillers, pat phrases, and other turns of phrase that characterize native French expression.

Each chapter culminates in two challenging activities. **Situations** presents contexts that require students to function in French while demonstrating mastery of the lessons' structure and vocabulary and recycling previously acquired knowledge. **Interactions** offers problem-solving activities similar to the situation cards used during the ACTFL/ETS oral proficiency interview. Students are placed in a realistic situation where there is some complication to be resolved. Because the problem is presented in English, no linguistic cues are provided. Students must rely solely on their ability to communicate in the target language, and they are forced to use all relevant acquired structure and vocabulary as accurately as possible. Only by true communication and functionality can students extricate themselves from the difficult situation. The lexical and cultural motifs of each chapter are always integrated into the **Interactions** activities, and the **Situations** are as realistic as possible.

Interaction, Fourth Edition continues to offer a thorough treatment of French structure and as wide a variety of exercise material as possible. The authors recognize that there is an abundance of material in each unit and that some of the exercise concepts can be time consuming. Such an approach makes the book into a highly adaptable teaching tool. In classes that meet fewer than five times a week, instructors will have to select exercises for use in and outside of class and may need to forego or modify some role-playing activities. Other instructors might choose the exercises that best suit their philosophy of language learning and/or the preparations and abilities of their students.

Back Matter

Appendices

Appendice A offers explanations of the passive voice, indirect discourse, literary tenses, and special uses of the definite article. Given that the units of **Appendice A** contain exercises, instructors may use them as supplementary chapters or introduce this material at any appropriate time during the course, according to student needs.

Appendice B provides charts of the principal regular, irregular, and stem-changing verbs.

French-English Vocabulary

The French-English end glossary contains all expressions used in the text that are neither cognates nor easily recognizable by students entering the intermediate level. The gender of all nouns as well as the feminine forms of adjectives are indicated. Slang or popular expressions are labeled as such. Each translation corresponds to the use of the term within the text.

Companion Texts

Teacher's Annotated Edition

The *Fourth Edition* of *Interaction* is accompanied by a *Teacher's Annotated Edition.* This expanded version of the textbook offers pedagogical suggestions for the presentation and practice of chapter structures, and recommendations for student-centered classroom activities. It also includes suggestions for alternative or supplementary activities, recommendations for the use of authentic documents and realia appearing in the text, identification of specific workbook exercises and activities that may be assigned to reinforce classroom instruction and symbols indicating where pair and group work would be appropriate:

Pair

Group

By incorporating the teacher's notes into the instructor's textbook, the authors have streamlined the process of planning lessons and student assignments.

Interaction: Cahier de laboratoire et de travaux pratiques

The Workbook/Laboratory program that accompanies *Interaction, Fourth Edition* contains both oral and written exercises that further reinforce the skills of writing, listening, speaking, reading, and cultural competence. It thus provides a practical, added dimension to classroom activities.

In the oral section of the *Cahier* there is a progressive development from more structured toward more open-ended listening activities that reflect natural language and authentic listening situations. These initial structured listening passages are followed by comprehension questions and exercises that reinforce the newly presented vocabulary in meaningful contexts. The dictation that follows is based on the cultural theme of the chapter and recycles the new vocabulary in a slightly different context. The **Structures** section contains exercises that verify student comprehension of the grammatical structures presented. The final comprehension activity is a non-scripted, improvisational conversation offering authentic auditory texts. These conversations represent the culmination of the lab component for each chapter.

The written exercises of the **Cahier** supplement the exercise material in the textbook itself. A wide variety of controlled and open-ended work challenges the student to go beyond the simple manipulation of structure. The emphasis remains on affective expression in situational contexts. A new feature, **Pratique**, corresponding to the equivalent section in the textbook, provides the opportunity for applied language use based on an authentic document that reflects the chapter's cultural theme and functional focus. **La Rédaction par étapes** offers a variety of approaches to written composition based on authentic documents and practical situations. These guided sequences implement a number of strategies to reach the goals established by the *ACTFL Proficiency Guidelines* for writing at the intermediate level. Such composition assignments conclude each chapter and lend themselves to innovative evaluation techniques, such as peer editing or the multistep revisional approach that presents writing as a process.

A review grammar has not truly accomplished its aims unless it leads beyond the level of structure. The authors of *Interaction* have created a literary and cultural reader that helps students in intermediate French-language courses put their knowledge into practice in a challenging and satisfying way. *Intersections, Second Edition*, is the point at which grammar, reading, discussion, and cultural awareness all come together. Inspired by recent developments in reading pedagogy, this reader does far more than ask students to respond to «questions sur le texte». Prereading organizers (**Mise en train**), helpful hints on how to read a text without resorting to the dictionary, in-depth probing of the cultural relevance of the written word, and postreading activities (**Mise au point**), are but a few of the exciting features of this reader.

Most students could, if they so desired, very easily maintain their reading skills in French beyond their years of formal study. If many choose not to do so, it is often because reading French has been such a chore. *Intersections, Second Edition*, with its varied format and far-ranging readings (*Le Monde, Le Nouvel Observateur, Le Français dans le monde, L'Express, Libération, La Revue d'esthétique, Première*, but also Philippe Labro, Maupassant, Ionesco, Baudelaire, Butor, Daninos, Prévert, Queneau, Maurois, and the Francophone writers Driss Chraïbi, Alioum Fantouré, Aimé Césaire, Claude Jasmin, Michèle Lalonde), prepares students to face the prospect of reading with a positive attitude.

The general subject of each chapter in *Intersections, Second Edition* parallels the cultural theme introduced in the **Perspectives** section of *Interaction*. Instructors may choose to devote one semester to grammar review and one to reading activities. It is also possible to follow a chapter in *Interaction* with its companion chapter in *Intersections* or to intersperse readings within a chapter of grammar review. Suggested points at which these reading might be introduced are indicated in the teacher's annotations by the symbol 📖

Interculture, Second Edition, a cross-cultural reader, offers another option for readings to accompany *Interaction*. Large numbers of intermediate classes across the United States have enjoyed *Interculture's* unique perspective in the area of contrastive cultures. Instructors may still choose to use it as an immediate sequel to the grammar review or, as we are now suggesting, as a follow-up to *Intersections*. Its thought-provoking texts and activities will satisfy the large number of students who wish to explore contemporary French culture. *Interculture* continues to be a pioneer in the field of fostering cultural awareness in students by drawing on their personal knowledge of cultural phenomena in their own society.

The video program that accompanies *Interaction, Fourth Edition* comprises a collage of cultural images, selected and assembled to provide students and instructors with natural language input that is visually reinforced through appropriate cultural contexts. The video segments (usually 2 or more per chapter) were chosen for their link with the chapter theme, as well as for their ability to spring from, but go beyond the material presented in the textbook. Individual segments (3–4 minutes in length) permit multiple in-class viewings while preserving time for class discussion and other activities.

The title of the video segments corresponding to a particular chapter theme appears on the opening page of each chapter of the textbook, accompanied by the symbol ▭. In order to ensure maximum flexibility, it is left to the discretion of the instructor to determine the appropriate point of the lesson to introduce the video. The video may immediately follow the **Notes culturelles** section of each chapter, it may be introduced mid-way through the chapter to provide a change of pace, or it may be saved for the end of the chapter, thereby serving as a culminating comprehension activity and/or springboard for speaking or writing skills practice.

One additional note: There is no video segment for Chapter 5 (*A la Page*) due to the primary focus on reading skills in that chapter. The authors recommend that authentic reading materials (ie: newspapers, magazines, poetry or short stories) be brought into class to serve as the basis for classroom discussion and reading/writing assignments.

Acknowledgments

The authors offer a special acknowledgment to co-author David W. King for his valuable contributions to the original edition of *Interaction*.

We would like to thank those users and reviewers of *Interaction* who read the manuscript in its various stages, and who offered invaluable comments, suggestions and advice: Mary E. Lavin-Crerand, Columbus, Ohio; Norma Mabry, Merrimac College; Amy Gumair, Hudson Valley Community College; Andrea Javel, Boston College; Damon DiMauro, Mankato State University; David Posner, Loyola University-Chicago.

Much appreciation for their enthusiasm, dedication and patience goes to the editorial staff of Heinle & Heinle, without whose vision, support and skill this project would not have been possible: Charles H. Heinle, Stanley J. Galek, Pat Menard, Gabrielle McDonald, and Susan Winer-Slavin. We would also like to thank our project manager, Julianna Nielsen; our copyeditor, Julia Price; our native readers, Nicole Dicop-Hineline and Esther Marshall; our designer, Bruce Kennett; and our proofreader, Sarah Zobel.

Canada

Québec

Québec
Montréal

Nouveau-
Brunswick

Amérique
du Nord

Etats-Unis

Maine

St-Pierre-
et-Miquelon

Nouvelle-
Écosse

Nouvelle-
Angleterre

Louisiane

La Nouvelle-
Orléans

Océan Atlantique

Haïti

Les Antilles

Port-au-
Prince

Guadeloupe

Martinique

Océan
Pacifique

Cayenne

Guyane
Française

Amérique
du Sud

Wallis et
Futuna

Polynésie
Française

Vanuatu

Tahiti

Australie

Nouvelle-
Calédonie

Le monde francophone

©1992 Magellan Geographix℠ Santa Barbara CA

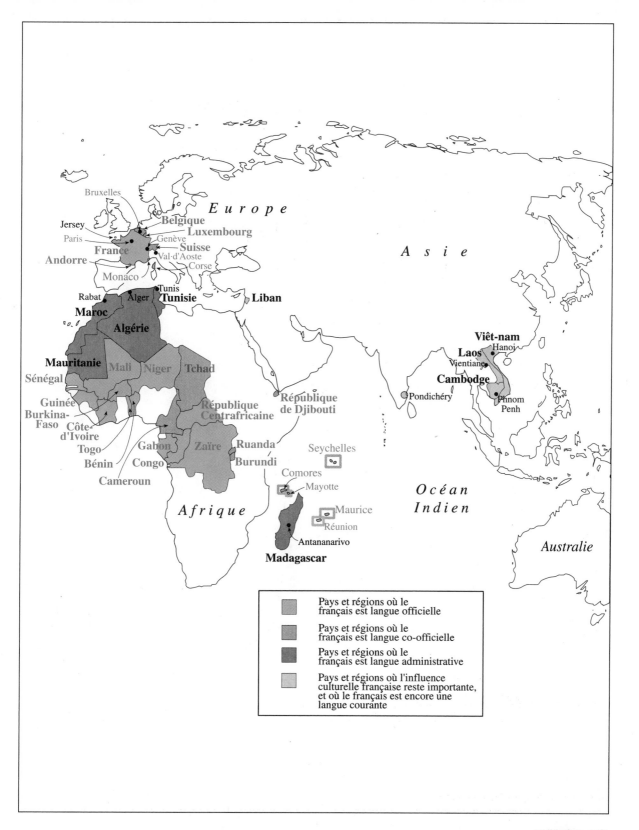

Europe

Bruxelles

Jersey
Belgique
Paris
Luxembourg
Genève
France
Suisse
Val-d'Aoste
Andorre
Corse
Monaco

Asie

Tunis
Rabat   Alger   **Tunisie**
Maroc
Liban
Algérie

Viêt-nam
Hanoi
Laos
Mauritanie
Vientiane
Mali   **Niger**   **Tchad**
Cambodge
Sénégal
République
Phnom
Centrafricaine
République
Pondichéry
Penh
Guinée
de Djibouti
Burkina-
Faso
Côte-
d'Ivoire
Gabon
Togo
Zaïre   **Ruanda**
Seychelles
Bénin   **Congo**
Burundi
Cameroun
Comores

Océan
Afrique
Mayotte
Indien

Maurice
Réunion
Australie
Antananarivo
Madagascar

	Pays et régions où le français est langue officielle
	Pays et régions où le français est langue co-officielle
	Pays et régions où le français est langue administrative
	Pays et régions où l'influence culturelle française reste importante, et où le français est encore une langue courante

France

Mer du Nord

Pays-Bas

Angleterre

Allemagne

Dunkerque

Calais

Belgique

NORD-PAS-
DE-CALAIS

Lille

Valenciennes

Luxembourg

La Manche

Cherbourg

Amiens

HAUTE-
NORMANDIE

PICARDIE

Le Havre

Rouen

Reims

Metz

LORRAINE

ALSACE

Caen

BASSE-
NORMANDIE

Seine

Paris

CHAMPAGNE-
ARDENNE

Nancy

Strasbourg

Saint-Malo

Versailles

ÎLE-DE-
FRANCE

Troyes

Brest

Fougères

VOSGES

Meuse

Moselle

Rhin

Rennes

Le Mans

Orléans

Mulhouse

BRETAGNE

PAYS DE LA LOIRE

Blois

Chambord

Seine

BOURGOGNE

Dijon

Besançon

Angers

Tours

Chenonceaux

Bourges

Chalon-sur-
Saône

FRANCHE-
COMTÉ

St-Nazaire

Loire

Nantes

Chinon

Azay-le-
Rideau

CENTRE

Nevers

Loire

JURA

Suisse

Poitiers

La Rochelle

LIMOUSIN

Vichy

Annecy

Océan

POITOU-
CHARENTES

Limoges

Clermont-
Ferrand

Rhône

Lyon

RHÔNE-ALPES

Italie

Atlantique

Perigueux

AUVERGNE

Saint Étienne

Grenoble

Bordeaux

MASSIF CENTRAL

ALPES

Rodez

Rhône

PROVENCE-
ALPES-
CÔTE-
D'AZUR

Monte
Carlo

AQUITAINE

Garonne

MIDI-PYRÉNÉES

Beaucaire

Avignon

Grasse

Nice

Biarritz

Bayonne

Nîmes

Tarascon

Aix-en-
Provence

Cannes

Pau

Toulouse

Montpellier

Béziers

Toulon

Carcassonne

Narbonne

Marseille

PYRÉNÉES

LANGUEDOC-
ROUSSILLON

Espagne

Andorre

Perpignan

Mer Méditerranée

0   75 km

CORSE

Ajaccio

©1992 Magellan Geographix℠Santa Barbara CA

PETITS COMMERCES ET HYPERMARCHES: TOUT POUR LE CLIENT

Chapitre 1

Quelles sont les similarités entre un hypermarché français et un hyper-marché américain? Quelles sont les différences?

PERSPECTIVES

Où allez-vous normalement pour retrouver vos copains?
Est-ce que vous faites quelquefois un pique-nique? Où allez-vous?
Qu'est-ce que vous apportez au pique-nique?
Qu'est-ce que vous achetez d'habitude à l'hypermarché, au centre commercial, aux petits magasins du quartier?

Nous sommes à Rennes, une ville universitaire de Bretagne. Véronique, Sébastien et Isabelle prennent un pot au café avec un copain américain, Jim. Ecoutons leur conversation.

Au café

SERVEUR: Bonjour, messieurs–dames! Qu'est-ce que vous prenez   1
aujourd'hui?

SEBASTIEN: Qu'est-ce que tu veux boire, Véro?

VERONIQUE: Ah, je vais prendre un Orangina.

SERVEUR: Un Orangina pour mademoiselle...   5

ISABELLE: Moi, je vais prendre un petit café, s'il vous plaît.

SERVEUR: D'accord. Un petit café...

JIM: Je prendrais bien un express.

SERVEUR: Un express...

SEBASTIEN: Moi, je vais boire un diabolo-menthe, s'il vous plaît.   10

SERVEUR: Un diabolo-menthe... Merci bien!

VERONIQUE: Bon, qu'est-ce qu'on fait le week-end prochain?

JIM: Ben[1], pourquoi pas pique-niquer?

VERONIQUE: Oui, c'est une bonne idée.

SEBASTIEN: Où est-ce qu'on pourrait aller faire ce pique-nique?   15

VERONIQUE: Oh, je ne sais pas... qu'est-ce que vous proposez?

SEBASTIEN: Pourquoi pas au Parc du Thabor?

---

[1] **Ben** is the way **bien** is sometimes pronounced in colloquial speech.

JIM: Parc du Thabor? Où est-ce que c'est?

SEBASTIEN: Ça se trouve en plein centre de Rennes. Il y a des équipements, des tables, des arbres, des fontaines, des pelouses, des animaux—c'est très agréable pour y pique-niquer. 20

ISABELLE: C'est une très bonne idée!

SEBASTIEN: J'espère qu'il va faire beau! Hmm...

VERONIQUE: Oui. Espérons!

ISABELLE: Alors, comment on s'organise? Sébastien, tu achètes le pain? 25

SEBASTIEN: Ah, non... la boulangerie est loin, la boulangère est désagréable. Ça m'embête vraiment d'aller chercher le pain.

ISABELLE: T'es[2] vraiment pénible, Sébastien!

JIM: On peut aller à l'hypermarché, Isabelle. 30

ISABELLE: Oui. Allons à Carrefour.

JIM: C'est assez loin, quand même!

ISABELLE: Ah, ben, écoute... j'ai ma voiture, on peut... je peux venir te prendre.

JIM: Ben, vers quelle heure? 35

ISABELLE: Ben, vers cinq heures et demie. Ça te va si je viens te prendre chez toi?

JIM: Il y a pas[3] de problème.

ISABELLE: D'accord.

A l'hypermarché

JIM: Voyons, on a déjà du pain, du beurre, du saucisson... Il nous manque quelque chose, Isabelle. 40

ISABELLE: Oui, qu'est-ce qu'il nous manque? Le vin, je crois... Qu'est-ce que tu préfères comme vin?

JIM: Moi, je préfère le beaujolais. Toi?

ISABELLE: Moi, je préfère le bordeaux. 45

JIM: Ben, on prend une bouteille de chaque...

ISABELLE: Bon, bien, d'accord...

---

[2] **T'es** is a grammatically incorrect form of **tu es** which is often used in colloquial speech.

[3] The negative marker **ne** is often dropped before the verb in colloquial speech. Here, **pas** conveys the negation.

JIM: Tiens! Je vois qu'il y a aussi des vêtements ici. Il me faut un blue-jean pour le pique-nique.

ISABELLE: Ah, non, non. Pas ici... la qualité n'est pas bonne. Allons plutôt dans le centre commercial. Il y a un Creeks'. Tu connais ta taille?   50

JIM: Non, je connais pas... je prends un 32 américain, mais je connais pas la taille en centimètres.

trente et deux

ISABELLE: Bon, ben, ils vont pouvoir te mesurer là-bas, je pense. D'accord?   55

JIM: Ouais[4], bonne idée! Allons-y.

ISABELLE: D'accord.

• •
A L'ECOUTE!
• •

1. La conversation qui a lieu au café est ponctuée de questions. Certaines de ces questions sont plus importantes que d'autres pour faire avancer le dialogue. A votre avis, quelles sont les trois questions essentielles du dialogue? Expliquez pourquoi.
2. Quels articles y a-t-il dans le chariot de Jim et d'Isabelle quand ils arrivent à la caisse? Faites la liste des provisions qu'ils achètent.
3. Ecoutez attentivement les propos échangés entre Isabelle et Sébastien (lignes 25–29). Répétez le rôle de Sébastien en imitant son intonation. Quelle sorte de personnalité a-t-il, à votre avis? Isabelle est-elle d'accord avec vous? Dites pourquoi.
4. Identifiez dans le dialogue cinq mots ou expressions qui ne font pas encore partie de votre vocabulaire français (par exemple: **un diabolo-menthe**). Expliquez quels aspects du dialogue facilitent leur compréhension.

Combien coûte un thé? un café? Où allez-vous pour retrouver vos amis? pour prendre un pot?

---

[4] **Ouais** is colloquial for **oui**.

5. Relevez dans le dialogue une situation culturelle que vous ne rencontrez pas normalement dans le contexte culturel de votre propre vie. Essayez d'expliquer pourquoi elle existe chez les autres mais pas chez vous.

NOTE CULTURELLE

Actuellement, de plus en plus de Français préfèrent acheter la plupart de leurs provisions une fois par semaine dans un supermarché. C'est souvent le cas des familles dont les parents travaillent et n'ont pas le temps de faire le marché tous les jours. Pourtant, beaucoup de Français continuent d'acheter le pain et la viande chez les commerçants du quartier et sont fidèles à leur boucher et à leur boulanger.

La plupart des supermarchés en France ressemblent au modèle américain: à l'extérieur, un parking; à l'intérieur, des allées où on pousse un chariot, les rayons **crémerie**, **boucherie-charcuterie**, **fruits et légumes**. Il y a aussi une série de caisses où les clients paient leurs achats. Dans le chariot typique on note qu'il n'y a pas énormément d'aliments surgelés, car les Français préfèrent les fruits et les légumes frais ou en boîte. Pour emporter les achats, la caissière donne aux clients une quantité de petits sacs en plastique. Puis ils portent leurs provisions au bras dans un cabas ou ils les mettent dans un chariot qu'ils poussent jusqu'à la voiture.

Il est vrai que les produits coûtent souvent moins cher au supermarché que chez les petits commerçants, mais le client regrette les petites attentions, le «Bonjour, monsieur.», «Au revoir, mademoiselle. Merci.», et les recommandations professionnelles de l'épicier ou du boucher. En effet, la plupart des Français apprécient les progrès de la technologie mais désirent conserver certains aspects de la vie traditionnelle. Cela est possible, mais pas toujours facile!

En dehors de beaucoup de villes et même souvent en plein centre, on trouve aussi des centres commerciaux, ces ensembles de magasins si pratiques pour la personne qui désire faire toutes ses courses une fois par semaine. Dans les grandes surfaces et les hypermarchés comme **Carrefour** ou **Géant Casino**, le consommateur achète tout pour la famille, la maison, la voiture... même ses vêtements! En plus, il est possible de payer ses achats par chèque, comme au supermarché, avec une carte bancaire ou, comme toujours, en espèces.

VOCABULAIRE ACTIF

LES ACTIVITES
acheter to buy
aimer bien to like
apporter to bring

avoir besoin de to need
charger to load
coûter to cost

emporter to take away;
à _____ carry out
faire son marché to go grocery shopping

faire les courses to run errands
oublier to forget
payer to pay; _____ **en espèces** to pay cash
porter to carry
pousser to push

LES PRODUITS

Les fruits et légumes
un **abricot** apricot
des **cerises** (*f pl*) cherries
des **champignons** (*m pl*) mushrooms
un **chou-fleur** cauliflower
une **courgette** zucchini
des **fraises** (*f pl*) strawberries
des *****haricots**[5] (*m pl*) beans
un **légume** vegetable
un **oignon** onion
une **pêche** peach
des **petits pois** (*m pl*) peas
une **poire** pear
un **poivron** green pepper
une **pomme** apple
une **pomme de terre** potato
de la **salade** lettuce

La boulangerie / la pâtisserie
une **baguette** loaf of French bread
un **gâteau** cake
du **pain** bread
une **pâtisserie** pastry

Les produits de base
du **café** coffee
de l'**eau** (*f*) water
de la **farine** flour
de l'**huile** (*f*) oil
la **nourriture** food
des **pâtes** (*f pl*) pasta
du **thon** tuna
du **vin** wine

Les produits laitiers
du **beurre** butter
du **fromage** cheese
du **bleu** blue cheese
du **chèvre** goat cheese
du **gruyère** Swiss cheese
du **lait** milk
du **yaourt** yogurt

Les viandes / les volailles
du **bœuf** beef
une **côte de porc** pork chop
du **jambon** ham
du **poulet** chicken
de la **viande** meat

LES CARACTERISTIQUES

épais(se) thick
frais, fraîche fresh
instantané(e) instant
nature plain
parfumé(e) flavored
rôti(e) roasted
surgelé(e) frozen

LES MAGASINS

un **achat** purchase
des **aliments** (*m pl*) food
une **allée** aisle
une **boucherie** butcher shop
une **boulangerie** bakery
un **cabas** tote bag, handbasket
une **caisse** cash register
un **centre commercial** shopping center
une **charcuterie** delicatessen
un **chariot** shopping cart
un **choix** choice
une **crémerie** dairy store
une **épicerie** grocery store
un **filet** mesh bag
une **grande surface** very large suburban store
un **hypermarché** supermarket / discount store

un **magasin** store
un **marché** open-air market
un **panier** basket
un **parking** parking lot
un **prix** price
un **produit** product
des **provisions** (*f pl*) groceries
la **publicité** advertising
un **rayon** department in a store
un **repas** meal
un **sac** sack
un **supermarché** supermarket

LES QUANTITES

assez de enough
une **boîte de** a can of
un **kilo (de)** 2.2 pounds (of); **au** _____ by the kilogram
un **litre de** a liter of
un **morceau de** a piece of
pas mal de a good many
une **tranche de** a slice of

LES COMMERÇANTS

un **boucher** / une **bouchère** butcher
un **boulanger** / une **boulangère** baker
un **caissier** / une **caissière** cashier
un **charcutier** / une **charcutière** delicatessen owner
un **épicier** / une **épicière** grocer
un **marchand** / une **marchande** merchant
un **pâtissier** / une **pâtissière** pastry chef; pastry shopkeeper
un **petit commerçant** small shopkeeper

---

[5] The asterisk preceding the **h** indicates that it is aspirate. There is no elision or liaison with an aspirate **h**.

A. Quelle expression dans chaque groupe n'est pas caractéristique des petits commerçants en France? Justifiez votre choix.

1. la publicité   une boîte de haricots   la haute qualité
2. le pain frais   un hypermarché   les sacs en plastique
3. les produits laitiers   les chariots   le marchand
4. un grand parking   un cabas   les pâtes
5. les produits surgelés   les produits en boîte   les produits frais
6. un grand choix   la caisse   les pâtisseries

B. Pendant votre séjour en France, vous désirez préparer des plats américains pour vos amis français. Pour les plats indiqués, qu'est-ce que vous achetez? Où faut-il aller pour trouver les provisions nécessaires?

J'achète...   Je vais au (à la, à l', aux)...

1. du poulet frit   5. des sandwiches au jambon et au fromage
2. une salade   6. des sandwiches au thon
3. des frites   7. des hamburgers
4. du café   8. une tarte aux pommes

C. Il y a toujours certaines différences entre les façons dont les Français et les Américains font les courses. Pour comparer les deux cultures, vous discutez avec un(e) copain (copine) français(e). Imaginez votre dialogue en répondant aux questions.

1. Quand on fait les courses en France, on transporte ses achats à la maison dans des sacs en plastique ou dans un cabas. Et en Amérique?
2. La majorité des Américains achètent leurs provisions dans un supermarché. Et en France?
3. Pour faire le marché aux Etats-Unis, on doit presque toujours prendre la voiture. Et en France?
4. Souvent, aux Etats-Unis, on fait son marché une fois par semaine ou parfois même deux fois par mois. Et en France?
5. Normalement, en Amérique, on achète son pain au supermarché. Et en France?
6. Aux Etats-Unis, on achète beaucoup de produits surgelés. Et en France?
7. En France, il y a beaucoup de petits magasins dans les quartiers résidentiels. Et en Amérique?
8. Les Français préfèrent les fruits et les légumes frais ou en boîte. Et les Américains?

1. Pourquoi les Français font-ils de plus en plus souvent le marché une fois par semaine? Quels sont les avantages des grandes surfaces?
2. Pourquoi les Français ont-ils tendance à rester fidèles à certains commerçants du quartier?
3. Quel appareil ménager *(household appliance)* encourage l'achat des aliments surgelés?
4. Dans un hypermarché en France, qui s'occupe de charger les sacs à la caisse?

LEXIQUE PERSONNEL

Cherchez les mots qui correspondent aux concepts suivants:
1. des plats que vous adorez
2. des plats que vous détestez
3. des produits que vous achetez souvent
4. des plats que vous aimez préparer

En utilisant le vocabulaire du chapitre et votre lexique personnel, complétez les phrases suivantes.

1. J'aime bien le (la, l', les)...
2. Je déteste le (la, l', les)...
3. Je mange souvent du (de la, de l', des)...
4. Je ne mange jamais de (d')...
5. Au supermarché, j'achète souvent du (de la, de l', des)...
6. Pour préparer mon repas préféré, il faut acheter du (de la, de l', des)...

VIE ACTUELLE

Avant de lire le petit article sur le téléshopping en France, répondez aux questions suivantes.
1. Est-ce qu'il y a du téléshopping aux Etats-Unis?
2. A quelles heures peut-on regarder le téléshopping? A votre avis, qui regarde le téléshopping?
3. Quels sont les avantages du téléshopping?

LES MEILLEURES VENTES DES BELLEMARE

Le Téléshopping de TF1, c'est 2 000 produits qui sont présentés régulièrement sur les ondes, dont 700 renouvelés chaque année. Les best-sellers? Le Larousse informatique, mais surtout des produits pratiques, comme le désoxydant pour métaux ou cet appareil qui nettoie tout avec la vapeur. « *Les consommateurs plébiscitent les objets qui répondent à un besoin* ou à un problème. On ne vend pas de gadgets », explique Emmanuelle Chollet, productrice de Téléshopping. Le plus dur selon elle est de savoir sélectionner les objets qui seront présentés aux téléspectateurs : « *Un bon produit de téléachat doit pouvoir être manipulé. La démonstration de ses qualités en image est le fondement de la réussite.* » Ainsi, sur M6, les spectatrices font un triomphe à la Beltonic, un produit pour faire maigrir à 1 500 francs, digne du marquis de Sade : ce sont des petites plaques métalliques qui envoient des électrochocs. « *La démonstration télévisée permet de dédramatiser et de vendre un produit qui ne passerait pas en magasin* », explique Roland Kluger de M6 Boutique. **C. S.**

Après avoir lu l'article, répondez aux questions suivantes.

4. Est-ce qu'il y a une seule ou plusieurs émissions *(programs)* de téléshopping à la télévision en France? Et aux Etats-Unis?
5. Quelles sortes de produits sont les *«best-sellers»* du téléshopping en France?
6. En vous basant sur l'article sur le téléshopping, dites si les phrases suivantes sont vraies ou fausses. Justifiez votre réponse.

    a. Les produits proposés ne coûtent jamais cher.
    b. Les produits qui répondent à un problème ont beaucoup de succès.
    c. On vend beaucoup de gadgets.
    d. Il est très difficile de sélectionner les produits à présenter aux téléspectateurs.
    e. La bijouterie *(jewelry)* a beaucoup de succès au téléshopping en France.
    f. Tous les produits présentés au téléshopping sont aussi vendus en magasin.
    g. Il est très important de pouvoir manipuler un produit pour démontrer visuellement ses qualités.
    h. Il y a très peu de produits présentés au téléshopping.

STRUCTURES

The Present Tense of Regular -er Verbs

To form the present tense of regular -er verbs, drop the -er ending of the infinitive and add the appropriate endings to the remaining stem: -e, -es, -e, -ons, -ez, -ent.

INFINITIVE: **chercher**	*to look for* STEM: **cherch-**
je cherch**e**	*I look for*
tu cherch**es**	*you look for*
il / elle / on cherch**e**	*he / she / one looks for*
nous cherch**ons**	*we look for*
vous cherch**ez**	*you look for*
ils / elles cherch**ent**	*they look for*

The present-tense form in French has three English equivalents, including two that contain more than one verb form; for example, **j'oublie** means *I forget, I am forgetting, I do forget.*

To make a present-tense form negative, place **ne** before the verb and **pas** after it.

    Tu oublies le filet?   Non, je **n'**oublie **pas** le filet.

● Note that the pronoun **on** is used quite frequently in French. **On** is the equivalent of the English indefinite subject *one,* and in informal conversation it can be the equivalent of *we, they,* or *people.* **On** always takes a third-person singular verb form.

En France, **on** achète souvent le pain à la boulangerie.
On va au supermarché ce soir?

*In France, **one** often buys (**people** often buy) bread at the bakery. Shall **we** go to the supermarket tonight?*

RAPPEL! RAPPEL!

Remember that **tu** and **vous** both mean *you*. The **tu** form is considered to be familiar and is used to address one person—a family member, a close friend, a small child—or an animal. The **vous** form is formal and is used to address strangers, acquaintances, or other adults that one does not know well. **Vous** can be used to address either one person or more than one person.

The **vous / tu** distinction is often puzzling to the English speaker. It may help to keep in mind that the rules governing the use of **vous** and **tu** are usually unwritten social codes. They are even more complicated than outlined here and are undergoing radical changes in modern French society. For example, French students almost universally use **tu** with each other, and they might be permitted to **tutoyer** a young professor, but they would certainly say **vous** to most instructors. Colleagues in an office or members of any kind of group (professional, social, or other) often democratically use **tu** with each other, but will **vouvoyer** the boss or other individuals perceived to be in authority. The safest policy when visiting in France is to use **vous** with all adults until they suggest: **On se tutoie?**

Exercice 1. Vous discutez avec vos camarades de chambre avant d'aller faire les courses pour la semaine. Donnez la réaction de vos camarades en répétant les éléments de la première phrase et en donnant la forme convenable du verbe principal.

MODELE: — Marc aime bien la bonne cuisine.
— J'_aime_ bien aussi la bonne cuisine.

1. — Marc aime le vin rouge.
— Marie et Hélène _aiment_ aussi le vin rouge.
2. — Jim, tu adores les légumes frais.
— Et vous, Pierre et Sébastien, vous _adorez_?
3. — Elles mangent une côte de porc.
— Marie _mange_ aussi une côte de porc.
4. — Nous aimons faire les courses.
— Moi aussi, j'_aime_ faire les courses.
5. — Vous désirez acheter des fruits?
— Et toi, Marc, tu _désires_ aussi acheter des fruits?
6. — Moi, je ne compare pas les prix.
— Mais nous, nous _comparons_ les prix.

Exercice 2. Vos copains français cherchent des renseignements [*information*] sur les habitudes [*habits*] des Américains. Utilisez le pronom **on** et les éléments suivants pour expliquer ces habitudes à vos copains.

1. dîner en général à ___ heures
2. manger du pain à tous les repas
3. manger la salade avant ou après la viande
4. demander souvent du vin au restaurant
5. aimer le fromage et les fruits comme dessert
6. passer beaucoup de temps à table
7. apporter du vin pour un pique-nique

Stem-Changing -**er** Verbs

Some -**er** verbs require spelling changes in the stem of certain persons for pronunciation purposes. The principal types of stem-changing -**er** verbs are summarized as follows.[6]

é→è

préférer   *to prefer*

je préfère
tu préfères
il / elle / on préfère
nous préférons
vous préférez
ils / elles préfèrent

espérer   *to hope*

j'espère
tu espères
il / elle / on espère
nous espérons
vous espérez
ils / elles espèrent

e→è

acheter   *to buy*

j'achète
tu achètes
il / elle / on achète
nous achetons
vous achetez
ils / elles achètent

l→ll

appeler   *to call*

j'appelle
tu appelles
il / elle / on appelle
nous appelons
vous appelez
ils / elles appellent

t→tt

jeter   *to throw*

je jette
tu jettes
il / elle / on jette
nous jetons
vous jetez
ils / elles jettent

y→i

payer   *to pay*

je paie
tu paies
il / elle / on paie
nous payons
vous payez
ils / elles paient

envoyer   *to send*

j'envoie
tu envoies
il / elle / on envoie
nous envoyons
vous envoyez
ils / elles envoient

essuyer   *to wipe*

j'essuie
tu essuies
il / elle / on essuie
nous essuyons
vous essuyez
ils / elles essuient

c→ç

commencer   *to start*

je commence
tu commences
il / elle / on commence
nous commençons
vous commencez
ils / elles commencent

g→ge

manger   *to eat*

je mange
tu manges
il / elle / on mange
nous mangeons
vous mangez
ils / elles mangent

---

[6] See **Appendix B** for further details on stem-changing verbs.

Exercice 3. Vous préparez un pique-nique avec des amis. Complétez la conversation par la forme convenable des verbes entre parenthèses.

— D'accord, les amis, on va faire un pique-nique, mais d'abord, il faut organiser l'affaire. Qu'est-ce que tout le monde (préférer) _préfère_ ?

— Alors, moi, je (préférer) _préfère_ le poulet rôti. Je suppose que Marc (préférer) _préfère_ la salade, et nous (préférer) _préférons_ tous le vin comme boisson.

— Bien, mais attention. Louise ne (manger) _mange_ pas de viande, Marc et Pierre ne (manger) _mangent_ absolument pas de thon. Heureusement, nous (manger) _mangeons_ tous des pâtisseries, n'est-ce pas?

— Maintenant, il faut faire les courses. François, tu (acheter) _achète_ le poulet. Marc et Pierre, vous (acheter) _achetez_ tout ce qu'il nous faut pour une bonne salade. Moi, j' (acheter) _achète_ du vin, et les filles (acheter) _achètent_ des pâtisseries. Nous (acheter) _achetons_ aussi des assiettes en carton et des serviettes en papier, d'accord?

— D'accord, mais écoute. Si tu (appeler) _appelle_ aussi Jean et les autres, ça ne va pas faire trop de monde?

— Tu as peut-être raison. Bon, je ne les (appeler) _appelle_ pas cette fois-ci. On les invite la prochaine fois.

Exercice 4. Interview. Utilisez les structures suivantes pour poser des questions à vos camarades de classe.

1. on / dépenser / beaucoup pour manger chez *(name of local restaurant)*?
2. tu / aimer / manger / beaucoup au petit déjeuner?
3. tu / préférer / les légumes frais ou surgelés?
4. tu / commencer / à apprécier le fromage français?
5. tu / acheter / souvent du fromage français?
6. tu / espérer / manger dans un restaurant français ce week-end?

The Imperative

The imperative forms of a verb are used to give commands, directions, or instructions. There are three imperative forms in French: the familiar (**tu** form), a collective imperative (**nous** form), and the formal or plural (**vous** form). To create the imperative of a regular **-er** verb, simply remove the subject pronoun from the present-tense form. The remaining verb form is the imperative.

parle	speak (*familiar*)
parlons	let's speak (*collective*)
parlez	speak (*formal or plural*)

Note that the ending **s** is dropped in the second-person singular form of regular **-er** verbs, but the **s** is retained when the affirmative command is followed by **y** or **en: achètes-en; penses-y.**

To make a command negative, place **ne** before the imperative form of the verb and **pas** after it.

> Yves, **ne mange pas** trop de chocolat!
> **N'oublions pas** le vin pour notre soirée!
> Roger et Marie, **ne parlez pas** à la caissière!

Exercice 5. Voici une conversation entre Mme Aubain et ses enfants. Ils font les courses ensemble à **Carrefour**. Pour compléter leur conversation, trouvez dans la liste le verbe approprié et mettez ce verbe à la forme correcte de l'impératif.

acheter (*2 fois*)	donner	passer	rentrer
apporter	manger	porter	trouver
chercher	parler	pousser	

MME AUBAIN: Roger, _____ un chariot pour maman, s'il te plaît.

MARIE: Maman, _____ de l'argent à Roger pour acheter des bonbons.

MME AUBAIN: D'accord. Mais ne _____ pas trop de sucre, les enfants! Et avant d'acheter des bonbons, _____ le chariot pour maman, s'il vous plaît.

ROGER: Maman, _____ des cerises, s'il te plaît.

MME AUBAIN D'accord. Mais, où sont-elles? Marie, _____ les cerises.

MARIE: Bon, je vais trouver des cerises. Mais, maman, _____ aussi des pâtisseries.

MME AUBAIN Roger, _____ les pâtisseries une petite minute; je vais faire de la place dans le chariot. Bon, voilà. C'est tout pour aujourd'hui. _____ à la caisse. Mais, s'il vous plaît, Roger et Marie, ne _____ pas à la caissière. Ensuite, mes enfants, _____ les sacs à la voiture, vous et moi, et _____ tous à la maison?

The Irregular Verbs **être, avoir, faire, aller**

Review the present-tense conjugations and the imperative forms of the following commonly used irregular verbs.

être *to be*	avoir *to have*
je **suis**	j'**ai**
tu **es**	tu **as**
il / elle / on **est**	il / elle / on **a**
nous **sommes**	nous **avons**
vous **êtes**	vous **avez**
ils / elles **sont**	ils / elles **ont**
Imperative: **sois, soyons, soyez**	Imperative: **aie, ayons, ayez**

faire *to do, to make*	aller *to go*
je **fais**	je **vais**
tu **fais**	tu **vas**
il / elle / on **fait**	il / elle / on **va**
nous **faisons**	nous **allons**
vous **faites**	vous **allez**
ils / elles **font**	ils / elles **vont**
Imperative: **fais, faisons, faites**	Imperative: **va,**[7] **allons, allez**

Exercice 6.   Françoise rencontre ^{*meet*} Marc dans la rue. Complétez leur conversation en mettant chaque verbe (**aller, avoir, être** ou **faire**) à la forme convenable.

— Salut, Marc! Qu'est-ce que tu (faire) _____ ? Où (aller) _____ -tu?

— Bonjour, Françoise. Je (aller) _____ au supermarché. J' (avoir) _____ des achats à faire. →

— Pourquoi (être) _*es*_ -tu seul? Tes camarades de chambre ne (faire) _font_ pas les courses?

— Non, pas aujourd'hui. Ils (aller) _vont_ en ville. Et moi, j' (avoir) _ai_ le temps de faire les courses.

— Tu n' (avoir) _as_ pas de filet ou de panier?

— Non, je n' (avoir) _ai_ pas besoin de beaucoup de choses; je (faire) _fais_ les achats pour une soirée que nous (aller) _allons_ donner samedi soir. Tu (être) _es_ libre? Tes copines et toi, vous (aller) _allez_ venir?

— Moi, je (aller) _vais_ venir à votre soirée, mais mes amies (avoir) _ont_ un examen important et elles (être) _sont_ trop fatiguées.

— Dommage! *— what a pity*

Aller and **faire** with Infinitives

• • • • • • • • • • • • •
Aller + Infinitive
• • • • • • • • • • • • •

A form of **aller** followed by the infinitive of another verb is one way to speak about the future in French. This construction refers to the near future and corresponds to the English *to be going to* + infinitive.[8]

Je vais acheter du lait.	*I am going to buy some milk.*
Il ne va pas **déjeuner** à la maison demain.	*He isn't going to eat lunch at home tomorrow.*
Vous allez rester ici.	*You are going to stay here.*
Ils vont aimer le vin.	*They are going to like the wine.*

---

[7] The imperative form **va** takes an **s** when followed by **y**: **vas-y.**

[8] For more information on **aller** + infinitive, see **Chapter 10.**

A form of **faire** followed by an infinitive expresses the concept *to have something done.*

Nous faisons préparer un repas spécial.
We are having a special meal **prepared.**

Je fais essuyer la table.
I'm having the table **wiped.**

- Note the differences in word order between French and English. In French, the infinitive immediately follows the form of **faire**.

Exercice 7. Tous vos copains ont des projets (*plans*) différents pour le week-end. Indiquez les projets de tout le monde en ajoutant la forme convenable du verbe **aller**.

1. On _va_ dîner au restaurant.
2. Nous _allons_ faire des achats.
3. Mes amis _vont_ donner une soirée.
4. Vous _allez_ préparer un repas français.
5. Tu _vas_ faire les magasins.
6. Je _vais_.

Exercice 8. Employez **aller** + l'infinitif pour indiquer les projets des personnes suivantes pour le week-end.

1. Le week-end prochain, je...
2. Mon / ma camarade de chambre...
3. Mes parents...
4. Mon professeur...
5. Mon / ma meilleur(e) ami(e)...

Exercice 9. Jim, Sébastien et leurs amis préparent une fête élégante. Ils font faire certaines choses par d'autres personnes. Complétez chaque phrase par la forme convenable du verbe **faire**.

1. On _____ préparer des hors-d'œuvre.
2. Ils _____ imprimer les invitations.
3. Nous _____ décorer la salle.
4. Tu _____ venir un cuisinier célèbre.
5. Je vais _____ faire des pâtisseries.

EXERCICES D'ENSEMBLE

A. Marie, Chantal et Béatrice partagent (*share*) un appartement. Marie raconte à Louise les activités et les habitudes des trois copines. Complétez chaque phrase de Marie par la forme convenable du verbe indiqué.

1. (faire) Nous _faisons_ nos études toutes les trois.
2. (écouter) On _écoute_ très souvent la radio.

TOURNEZ
S.V.P.

regardons

3. (regarder) Nous _regardons_ la télé pendant le week-end.
4. (aller) On _va_ quelquefois au cinéma.
5. (espérer) Moi, j'_espère_ faire du marketing cette année.
6. (faire) On _fait_ des courses au supermarché.
7. (manger) Nous _mangeons_ presque toujours à l'appartement.
8. (aller) Demain, elles _vont_ au marché pour acheter des fruits.
9. (préférer / acheter) Béatrice _préfère_ le café instantané, mais Chantal _achète_ toujours du café moulu (*ground*).
10. (avoir) Elles _ont_ toujours des courses à faire.

B. Interview

1. Est-ce que vous aimez les études que vous faites?
2. Est-ce que vous étudiez souvent à la bibliothèque?
3. Est-ce que vous dînez souvent au restaurant? Qu'est-ce que vous aimez manger?
4. Est-ce que vous allez souvent au cinéma?
5. D'habitude, qu'est-ce que vous faites le samedi soir?
6. Est-ce que vous regardez beaucoup la télé?
7. Est-ce que vous écoutez souvent la radio?

• •
PRATIQUE
• •

to tell (a story)

Activité 1. A la maison. Racontez vos habitudes et les habitudes de votre famille (ou de vos amis) quand vous êtes à la maison. Commencez par les activités indiquées et ajoutez d'autres.

Moi, je...

Ma famille et moi, nous...

Mon père...

Ma mère...

Mes frères et mes sœurs...

Mon / ma camarade de chambre

Mon mari

Ma femme

acheter souvent des légumes frais

manger du pain tous les jours

manger de la salade avant / après
le plat principal

être végétarien(ne)

aller souvent au restaurant

préparer des desserts élégants

faire des pique-niques

faire des courses le matin /
l'après-midi / le soir

Activité 2. Mes préférences. La nourriture est souvent liée à nos activités et à nos émotions. Indiquez vos préférences culinaires dans les circonstances suivantes.

Quand je suis pressé(e)...

Quand je suis fatigué(e)...

Quand j'étudie pour un examen...

Pour fêter mon anniversaire...

Quand j'ai besoin d'énergie...

Quand ???

Regardez attentivement cette photo. Quels sont les avantages de faire des courses chez un petit commerçant? Qu'est-ce que vous préférez comme légumes frais?

Activité 3.   La semaine prochaine.   Quels sont vos projets pour la semaine prochaine? Décrivez cinq activités que vous pensez faire pendant la semaine et trois activités que vous allez faire le week-end. Indiquez si vous allez faire ces activités avec quelqu'un ou seul(e).

MODELE: La semaine prochaine, mes amis et moi, nous allons étudier à la bibliothèque. Je vais passer un examen de biologie.

Le week-end prochain, mon camarade de chambre et moi, nous allons dîner au restaurant pour fêter son anniversaire.

Nouns

All French nouns are either masculine or feminine, and there is no fixed rule for determining the gender. You should develop the habit of consulting a dictionary when you are not sure of the gender of a noun.

The plural of most nouns is formed by adding **s** to the singular.

le marché	les marché**s**
la pêche	les pêche**s**
l'abricot (*m*)	les abricot**s**

Nouns ending in **s, x,** or **z** in the singular do not change in the plural.

le repas	les repas
le prix	les prix
le nez	les nez

Some nouns have irregular plural forms. Some common irregular plurals are listed below. Note that most of these nouns are masculine.[9]

SINGULAR ENDING	PLURAL ENDING	EXAMPLES	
-eau	-eaux	le couteau	les couteaux
-eu	-eux	le feu	les feux
-al	-aux	l'animal (*m*)	les animaux
-ou	-oux	le bijou	les bijoux

A few nouns have very different forms in the plural.

l'œil (*m*)	**les yeux**
monsieur	**messieurs**
madame	**mesdames**
mademoiselle	**mesdemoiselles**

The plural of a family name is indicated in French by the use of the plural definite article, but no **s** is added to the proper name itself.

les Dupont les Martin

Exercice 10. Complétez la conversation entre un étudiant français et une étudiante américaine en mettant le pluriel des noms suivants au bon endroit dans le dialogue.

boucherie	fruit	magasin	produit (*2 fois*)
consommateur	gâteau	morceau	repas
franc	légume	prix	supermarché

STEPHANE: Les Français achètent très souvent le pain à la boulangerie et la viande, quelques bons _____ de bœuf par exemple, dans les _____ du quartier, surtout pour les grands _____ de famille. Si on cherche des _____ au chocolat ou au Grand Marnier, on préfère aller à la pâtisserie.

SUZANNE: Mais les _____ sont beaucoup plus pratiques, même s'il faut y aller en voiture. Et les _____ sont plus avantageux.

STEPHANE: C'est peut-être vrai, mais la qualité des _____ n'est pas aussi bonne. En plus, les _____ et les _____ sont beaucoup plus frais au marché. Il ne faut pas sacrifier la qualité pour économiser quelques _____.

SUZANNE: Mais les _____ sont plus nombreux dans les grandes surfaces.

STEPHANE: Oui, bien sûr. Mais, même vous autres, les Américains, surtout pour une grande fête, n'achetez-vous pas vos _____ dans des _____ spécialisés qui assurent une excellente qualité?

SUZANNE: Bon. Tu as raison. Dans toutes les cultures, on cherche la qualité pour certaines choses et la rapidité pour d'autres.

---

[9] One common exception is **l'eau** (*water*), which is feminine.

Exercice 11. Vous habitez chez Mme Lenoir cet été et vous parlez avec elle pendant qu'elle se prépare à faire les courses. Complétez chaque déclaration en utilisant le pluriel d'une expression de la liste suivante. Il y a peut-être plus d'une réponse possible dans certains cas.

animal	courses	fromage	panier	provision
caissière	filet	fruit	pâtisserie	rayon
cerise	fois	légume	petit enfant	sac
chariot	français	oignon	produit	vin rouge

1. J'adore les _____ .
2. Pour faire une soupe on a besoin de _____ et d' _____ .
3. Les _____ sont bons (bonnes) en été.
4. Je préfère les _____ .
5. N'oubliez pas les _____ .
6. Il fait les provisions deux _____ par semaine.
7. Les _____ sont nécessaires pour faire le marché en France.
8. Je déteste les _____ .
9. Les _____ sont nécessaires dans un supermarché.
10. Je n'aime pas faire les _____ .

Articles

• • • • • • • • • • • • • • •

The Indefinite Article

• • • • • • • • • • • • • • •

The indefinite articles **un**, **une**, **des** accompany nouns used in a nonspecific sense and correspond to the English *a, an, some.*

	SINGULAR	PLURAL
MASCULINE	**un** rayon	**des** rayons
FEMININE	**une** salade	**des** salades

After most negative constructions, the indefinite articles **un**, **une**, **des** become **de**.

— As-tu **un** filet?

— Non, je n'ai pas **de** filet.

— Mais alors, tu vas acheter **une** bouteille de vin?

— Non, pas aujourd'hui, je n'achète pas **de** bouteille de vin. Et je ne vais pas non plus acheter **de** boîtes de conserves.

However, the article does not change after the verb **être** used negatively.

— Ce magasin-là, c'est **une** boucherie?

— Non, ce n'est pas **une** boucherie; c'est une charcuterie.

— Et voilà **des** artichauts!

— Non, ce ne sont pas **des** artichauts; ce sont des poivrons.

Exercice 12. Des amis se retrouvent au café. Que disent-ils et que font-ils? Complétez chaque phrase par la forme convenable de l'article indéfini (**un, une, des, de**).

1. Cherchons ___une___ table.
2. Moi, je vais prendre ___des___ frites.
3. On ne commande pas ___de___ Coca.
4. ___Un___ express, s'il vous plaît.
5. On a envie de manger ___des___ sandwiches.
6. Véronique commande ___une___ Orangina.
7. On apporte à Isabelle ___une___ tasse de café.
8. Le groupe ne prend pas ___de___ dessert.

The Definite
Article

The forms of the definite article, **le, la, l', les**, correspond to the English word *the*.

	SINGULAR	PLURAL
MASCULINE	**le** marché	**les** marchés
FEMININE	**la** pâtisserie	**les** pâtisseries
MASCULINE OR FEMININE	**l'**hélicoptère **l'**épicerie	**les** hélicoptères **les** épiceries

The form **l'** is used before both masculine and feminine nouns that begin with a vowel or a mute **h**.[10]

When the definite articles **le** or **les** are preceded by **à** or **de**, the following contractions are made.

à + **le** → **au**	Je vais aller **au** marché.
à + **les** → **aux**	Il donne le panier **aux** marchands.
de + **le** → **du**	Je parle **du** marché.
de + **les** → **des**	Elles sont contentes **des** fruits du marché.

There is no contraction with **la** or **l'**.

Elle va **à l'**épicerie.   Elle parle **de la** caissière.

The definite article is normally used to refer to specific persons or things.

— Où vas-tu?	— *Where are you going?*
— Je vais à **la** boulangerie.	— *I'm going to **the** bakery.*

---

[10]A few French words contain an aspirate **h** and take the definite article **le** or **la**: le *héros, le *haricot, le *hors-d'œuvre, le *homard, la *honte, le *huit. Other exceptions: **la une, le onze.**

— N'oublie pas **le** filet et n'oublie pas non plus **les** croissants pour le petit déjeuner.	— *Don't forget **the** grocery bag and don't forget **the** croissants for breakfast either.*

The definite article in French has some uses that do not parallel English usage.[11] For example, the definite article is used when speaking of a thing or things in general, in an abstract sense, or as a whole.

La viande coûte cher.	**Meat** is expensive.
Les Français apprécient **le progrès**.	**French people** appreciate **progress**.
Les traditions sont importantes en France.	**Tradition** is important in France.

The definite article accompanies nouns that follow the verbs listed below, in both affirmative and negative forms, because such nouns are being used in a general sense.

aimer (mieux)	Ils n'**aiment** pas **le** vin.
adorer	J'**adore la** salade.
préférer	Nous **préférons les** supermarchés.
détester	Elle **déteste les** champignons.
apprécier	Il **apprécie les** marchés français.

Exercice 13.   Voici une conversation entre Christine et Jacques. Complétez le dialogue en utilisant la forme correcte de l'article défini (**le**, **la**, **l'**, **les**) et faites les contractions nécessaires avec **à** ou **de** si nécessaire.

— Christine, tu vas (à) _____ marché?

— Salut, Jaques. Oui, je fais _____ marché de la semaine.

— Ah, et _____ provisions coûtent cher, n'est-ce pas?

— En effet. C'est pourquoi je préfère _____ supermarché. Mais, j'aime certains aspects (de) _____ magasins du quartier aussi. J'aime _____ légumes frais et j'adore parler (à) _____ charcutier.

— Tu parles (de) _____ charcutier là-bas, au coin de la rue? Il est gentil, mais je n'aime pas _____ salades composées qu'il y a dans son magasin. Je vais souvent (à) _____ rayon charcuterie (de) _____ supermarché. _____ viande est très bonne à Carrefour.

— Ah! Les goûts et les couleurs. C'est _____ vie, n'est-ce pas?

---

[11] For other uses of the definite article, see **Appendix A**.

•••••••••••••••
The Partitive
•••••••••••••••

The partitive is formed with **de** + the definite article. It corresponds to the English words *some* or *any*.

MASCULINE NOUN	J'achète **du** lait.
FEMININE NOUN	Il commande **de la** viande.
VOWEL SOUND OR MUTE *h*	Demandez **de l'**eau.

This construction is called the partitive because it refers to *part* of a whole. In English, we often omit the words *some* or *any*, even when they are implied. In French, you must use the partitive whenever the sense of the sentence limits the quantity to which you are referring. To see if you need to use the partitive, ask yourself: Do I mean all of the concept referred to or only part of it?

J'achète **du** lait.	*I'm buying (**some**) milk.* (Not all the milk in the store.)
Il commande **de la** viande.	*He orders (**some**) meat.* (Not all of it.)
Demandez **de l'**eau, s'il vous plaît.	*Ask for (**some**) water, please.* (Only part of all the water available.)

Qu'est-ce qu'on achète dans une charcuterie?

Note that **des** is considered to be an indefinite article when it is the plural of **un / une** and denotes things that can be singled out and counted: **Il a une pomme. / Il a *des* pommes.** The same form **des** is a true partitive article when it denotes things that cannot be counted: **Il mange *des* épinards** (*spinach*). This distinction is purely grammatical, however, and does not change the basic rules governing the use of the plural article **des.**

- In the negative, **de (d')** is used.

Il achète **du** vin.	Il n'achète pas **de** vin.
Je mange **de la** viande.	Je ne mange pas **de** viande.
Jetez **de l'**eau sur le feu.	Ne jetez pas **d'**eau sur le feu.
Elle apporte **des** fruits.	Elle n'apporte pas **de** fruits.

- **De (d')** is also used with a plural adjective that precedes a noun.

Ils ont **des** amis.	Ils ont **de bons** amis.
Elle visite **des** hôtels chers.	Elle visite **de grands** hôtels.
Elle achète **des** fruits.	Elle achète **d'excellents** fruits.

- Most expressions of quantity use only **de (d')** before a noun. Here are some widely used expressions of quantity.

assez de *enough*	Tu as **assez de** café?
pas mal de <u>*pretty many, much*</u>	Il y a **pas mal de** clients dans le magasin.
beaucoup de *a lot, many*	Elle fait **beaucoup d'**achats.
peu de *few*	Il y a **peu de** magasins ouverts le lundi matin en France.
un peu de *a little*	Achetez **un peu de** fromage.
trop de *too much*	J'ai **trop de** courses à faire.
tant de *so much*	N'achète pas **tant de** vin.
moins de *fewer, less*	Achetons **moins de** fruits.
une bouteille de *a bottle of*	Il apporte **une bouteille de** vin.
un verre de *a glass of*	Il désire **un verre d'**eau.
une tasse de *a cup of*	Je désire **une tasse de** café.
un kilo de *a kilo of*	Je vais acheter **un kilo de** viande.
un morceau de *a piece of*	Tu manges **un morceau de** gâteau?
une tranche de *a slice of*	Je vais manger **une tranche de** jambon.
une boîte de *a can of*	Va chercher **une boîte de** petits pois.

des → de (d')	NEGATIVE	→	Il n'a **pas de (d')**	pommes. épinards.
	QUANTITY	→	Il a **beaucoup de (d')**	pommes. épinards.
	PRECEDING ADJECTIVE	→	Il a **de (d')**	**bonnes** pommes. **bons** épinards. **horribles** épinards.

The expressions **la plupart** *(most)* and **bien** *(many)* are exceptions and always take **des** before a plural noun.

> **La plupart des** gens aiment le vin.
> **Bien des** étudiants étudient à la bibliothèque.

- Some verbal expressions use only **de** before a noun, such as **manquer de** *(to lack)* and **changer de** *(to change)*.

> Nous manquons **de** lait à la maison.   *We are out of milk at home.*
> On n'aime pas changer **de** boulangerie.   *People don't like to change bakeries.*

Expressions such as **avoir besoin de** *(to need)* and **se passer de** *(to do without)* use **de** alone when they are followed by a noun used in the partitive sense.

> Tu as **de l'**argent pour faire les courses?   Non, j'**ai besoin d'**argent.

When these expressions are followed by a singular noun used in a particular, nonpartitive sense, the indefinite article is retained because of its numerical value.

> Tu as deux filets? Tu peux m'en prêter un?
> Oui, je peux **me passer d'un** filet aujourd hui. *(numerical value)*

BUT:

> Je vais **me passer du** filet rouge. *(definite article: specific item)*
> Généralement, **je me passe de** filet. *(general sense: any item of a kind)*

Exercice 14. Suzanne et Annick déjeunent dans un petit restaurant près du boulevard St-Michel. Complétez leurs remarques par la forme appropriée des éléments entre parenthèses.

1. (de / des) Il y a beaucoup ___*de*___ clients dans le restaurant.
2. (de / de la) Demande s'il y a ___*de la*___ place pour deux.

3. (du / de) Moi, je vais commander _du_ poulet.
4. (de la / de) Mais, moi, je ne mange pas _de_ viande.
5. (du / de) Vous désirez _du_ vin, mesdemoiselles?
6. (du / de) Une demi-bouteille _de_ rouge, s'il vous plaît.
7. (de l' / d') Apportez _de l'_ eau aussi, s'il vous plaît.
8. (du / de) A la fin du repas, je vais demander _du_ fromage.
9. (des / de) Moi, non, je vais commander _des_ fraises.
10. (des / d') Très bien. Ils ont _d'_ excellentes fraises ici.
11. (du / de) Une tasse _de_ café pour moi aussi.
12. (d' / de l') On mange bien ici, et on dépense peu _d'_ argent!

Exercice 15. Interview. Employez les éléments indiqués pour poser des questions à votre voisin(e). Faites attention à l'emploi des articles.

1. tu / manger / viande tous les jours?
2. tu / faire / souvent / repas français?
3. tu / acheter / souvent / fromage français?
4. tu / commander / toujours / vin au restaurant?
5. tu / manger / souvent / hamburgers? → aspire
6. tu / manger / beaucoup / fruits en général?
7. tu / faire / pain français à la maison?
8. tu / manger / autant / pain que les Français?

as much as — autant de

RAPPEL! RAPPEL!

Certain uses of articles in French parallel English usage. When you use *a* or *an* in English, the indefinite article **un** or **une** is usually appropriate in French. If English usage specifies *the*, the definite article **le, la, l'**, or **les** is used in French.

> J'apporte **un** filet.   *I am bringing **a** shopping bag.*
> Nous allons à **la** boulangerie.   *We are going to **the** bakery.*

Particular attention should be paid to cases where French and English uses of articles may not be parallel:

- English often omits the article altogether. In French, however, nouns are usually not used without articles.
- In French, the definite article may accompany both a noun used in a general sense and a noun used in a specific sense.
- If the concepts of *some* or *any* are either stated or implied in English, the partitive must be used in French.

TOURNEZ
S.V.P.

Compare the following examples:

GENERAL SENSE	**La** viande coûte cher.	*Meat is expensive.*
SPECIFIC SENSE	**La** viande que vous achetez coûte cher.	***The** meat that you're buying is expensive.*
PARTITIVE SENSE	J'achète **de la** viande.	*I'm buying (**some**) meat.*

Be careful not to use the definite article when the context of the sentence limits the quantity being referred to and calls for the partitive. If you said something like **As-tu *le* Coca?,** it would be very confusing to a French speaker. Either you would be referring to the entire concept of Coca-Cola, which is impossible in the context of *Do you have...?*, or you would be referring to some specific Coca-Cola that had been previously discussed, as in **As-tu le Coca (que nous allons servir à la soirée)?** The notion of *Do you have (any) Coke?* requires the partitive in French: **As-tu *du* Coca?**

EXERCICES D'ENSEMBLE

A. Martin rentre aux Etats-Unis après une année à Paris. Il raconte à ses amis comment on fait les courses en France. Complétez les phrases de Martin en ajoutant la forme convenable des articles (définis, indéfinis ou partitifs).

1. Les Français traditionalistes n'aiment pas _____ supermarchés; ils préfèrent _____ magasins de quartier.
2. Ils préfèrent acheter _____ provisions tous les jours.
3. Dans _____ épicerie, ils achètent _____ boîtes de conserve, _____ farine, _____ vin et _____ produits alimentaires, mais pas _____ viande.
4. Ils vont à _____ boulangerie pour acheter _____ pain et _____ pâtisseries.
5. Les Français utilisent de plus en plus _____ aliments surgelés.
6. A _____ charcuterie on trouve _____ porc, _____ poulet, _____ salades composées et _____ charcuterie en général.
7. Moi, personnellement, j'aime bien _____ supermarché; _____ supermarchés français ressemblent beaucoup aux supermarchés américains.
8. Mais même au supermarché, on a besoin d' _____ chariot ou d' _____ panier.
9. On n'a pas _____ sacs en papier; il y a _____ petits sacs en plastique.
10. _____ viande et _____ produits surgelés coûtent cher en France, mais les Français achètent peu _____ produits de luxe surgelés.
11. Au marché, on trouve _____ bons légumes frais et _____ fruits superbes. J'adore _____ marchés en plein air, peut-être parce que nous, aux Etats-Unis, on n'a pas beaucoup _____ marchés.

12. Surtout, les Français n'aiment pas se passer _____ pain, et ils hésitent souvent à changer _____ boulangerie, parce qu'ils préfèrent _____ croissants et _____ baguettes d'un certain boulanger.

B. Interview. Répondez aux questions suivantes.

1. Achetez-vous les provisions de la semaine le samedi?
2. Préparez-vous du café tous les matins?
3. Aimez-vous le café? le thé?
4. Faites-vous beaucoup de courses le vendredi soir?
5. Achetez-vous souvent des pâtisseries françaises?
6. Y a-t-il un marché près de chez vous?
7. Préférez-vous payer en espèces ou par carte de crédit?
8. Faites-vous certains achats tous les jours?

C. Vous essayez de donner à Mme Lenoir une idée des préférences alimentaires en Amérique. Complétez les déclarations suivantes pour donner une image de vos habitudes alimentaires.

1. Le week-end, d'habitude, je mange _____.
2. En général, j'aime la viande, mais je ne mange pas _____.
3. Quand je fais les courses, j'achète normalement _____.
4. Franchement, je déteste _____.
5. Mais, j'adore _____.
6. Au déjeuner, je mange souvent _____.
7. Chez nous, on prépare très souvent _____.
8. Pour un repas spécial, j'aime bien préparer _____.

D. Vos copains français désirent préparer de vrais cheeseburgers américains, mais ils ont besoin d'instructions. Mettez les indications suivantes dans l'ordre chronologique et utilisez la forme impérative pour donner des instructions à vos copains.

ajouter du ketchup, de la moutarde ou de la mayonnaise selon le goût
faire cuire chaque steak de bœuf haché pendant six à huit minutes de chaque côté
acheter du pain—des petits pains ronds, si possible
poser une tranche de fromage sur chaque steak
former des steaks avec le bœuf haché
acheter du bœuf haché (cinq cents grammes de viande pour quatre personnes)
préparer une tranche de fromage jaune pour chaque cheeseburger
couper en deux moitiés chaque petit pain
poser un steak haché entre les deux moitiés d'un petit pain

Avez-vous d'autres suggestions pour créer un cheeseburger typiquement américain?

Activité 1.   A la dernière minute. Des amis arrivent chez vous vers six heures du soir et vous les invitez à dîner. Décrivez le repas que vous allez préparer à la dernière minute.

Activité 2.   Une recette. Proposez une des recettes qui suivent pour un repas organisé par le Cercle français. Expliquez pourquoi vous préférez cette recette et indiquez les ingrédients dont vous avez besoin. N'oubliez pas d'indiquer les quantités nécessaires pour douze personnes. Ensuite, résumez la réalisation de la recette.

Fenouils braisés
à la sauce tomate

★ *Préparation: 15 min* ★ *Cuisson: 40 min.*

Pour 4 personnes
• *4 bulbes de fenouil*

Pour la sauce et la cuisson
• *200 g de jambon de Paris • 1 oignon • 15 cl de coulis de tomates • 1 cuil. à soupe de concentré de tomates • 1 cuil. à soupe de farine • 1 tablette de bouillon •10 cl de vin blanc • 1 pincée de sucre • 2 cuil. d'huile • 3 cuil. de parmesan râpé • sel, poivre*

REALISATION

■ Coupez le trognon des bulbes de fenouil et éliminez les côtes extérieures trop dures ou abîmées. Prélevez les brins vert tendre au bout des bulbes et réservez-les. Coupez les bulbes en deux dans la longueur.
■ Faites chauffer l'huile dans une cocotte à fond épais et mettez-y à revenir l'oignon épluché et finement émincé. Ajoutez les demi-bulbes de fenouil et arrosez avec le vin blanc. Attendez l'ébullition avant de verser 50 cl de bouillon que vous aurez préparé avant avec la tablette.

Couvrez et laissez mijoter pendant 20 à 25 min.
■ Dès que les fenouils sont bien tendres, retirez-les de la cocotte et tenez-les au chaud.
■ Faites réduire le jus de cuisson sur feu vif jusqu'à ce qu'il n'en reste que 15 cl.
■ Versez-y le coulis de tomates mélangé avec le concentré, la farine et la pincée de sucre. Faites épaissir 6 à 7 min.
■ Hachez le jambon et ajoutez-le dans la sauce tomate. Rectifiez l'assaisonnement en sel et poivrez. Parfumez avec les brins de fenouil hachés.
■ Nappez les fenouils de sauce tomate au jambon, parsemez de parmesan et servez aussitôt.

Conseil micro-ondes

Comptez 6 à 8 min de cuisson sur puissance maxi en faisant cuire les fenouils deux par deux sous un film plastique piqué de quelques trous. Pour la sauce, 4 à 5 min suffisent, mais n'ajoutez surtout pas de farine, car elle réagit mal au micro-ondes.

Poitrine de porc farcie

Poitrine de porc farcie

★ *Préparation: 20 min* ★ *Cuisson: 3h 15*

Pour 4 personnes
• *1,2 kg de poitrine de porc désossée*
• *6 fines tranches de poitrine fumée*
• *2 tablettes de bouillon*
• *3 cuil. d'huile*

<u>Pour la farce</u>
• *150 g de foies de volaille*
•*200 g de champignons de Paris* • *4 tranches de pain de mie* • *1 œuf* • *2 gousses d'ail* • *4 brins de persil* • *6 feuilles de sauge* • *20 g de beurre* • *sel, poivre*

REALISATION
■ Préparez la farce: nettoyez les champignons de Paris et hachez-les finement.
■ Faites chauffer le beurre dans une poêle et mettez-y les foies à raidir sur feu vif.
■ Retirez les foies de volaille et remplacez-les par le hachis de champignons. Ajoutez l'ail épluché et émincé. Laissez cuire jusqu'à ce que le jus de cuisson soit entièrement évaporé.

■ Mixez les foies de volaille (sauf 2 ou 3 que vous réservez) avec la mie de pain trempée et essorée et le hachis de champignons déjà cuit.
■ Incorporez l'œuf, les foies réservés et coupés en morceaux, le persil et la sauge ciselés à cette purée. Salez et poivrez.
■ Etalez la farce régulièrement sur la poitrine de porc et roulez-la. Ficelez la viande.
■ Faites chauffer l'huile dans une cocotte à fond épais et mettez-y le rôti à revenir sur toutes les faces. Mouillez alors d'1,5l de bouillon préparé avec les tablettes. Couvrez et laissez cuire 2 h 30 à feu doux.
■ Ce temps passé, découvrez la cocotte et laissez réduire le bouillon à feu vif 30 à 45 min. Laissez colorer la viande.
■ Au moment de servir, faites revenir les tranches de poitrine fumée et disposez-les sur le rôti. Servez chaud avec des champignons sautés ou de la purée.

Voilà and il y a

Both **voilà** and **il y a** mean *there is*, *there are*, but the two constructions are used in different senses.

Voilà is used to point out or indicate something. It is the verbal equivalent of gesturing with your hand to show something to someone.

> Regardez, **voilà** les Dupont. Les **voilà** déjà?
> **Voilà** les fruits que vous cherchez.

Il y a simply states the existence or presence of something.

> **Il y a** un marchand de fruits par ici.
> **Il y a** des marchés en France.

Note that both constructions are invariable, even when they are the equivalents of *there are*.

Exercice 16. Vous préparez une fête et, avec votre copain Alain, vous achetez des provisions au supermarché. Utilisez **voilà** ou **il y a** pour compléter la conversation suivante.

— _Il y a_ le parking du centre commercial.

— Est-ce qu'_il y a_ des chariots? Oui, _voilà_ les chariots.

— _Il y a_ de bons légumes aujourd'hui.

— _Il y a_ beaucoup de choix dans ce supermarché.

— Oui, _voilà_ des poivrons. Et _voilà_ des haricots aussi.

— Où est la caisse? _Voilà_ la caisse, près de l'entrée.

— Alors, ça fait 28 francs. _Voilà_ votre monnaie. Et _il y a_ aussi des sacs en plastique.

Quelles sont les activités prévues pour cette fête? Qu'est-ce qu'on peut gagner comme prix?

ACTIVITES D'EXPANSION

Voici quelques expressions utiles pour réagir à une déclaration ou une suggestion. Imaginez que vous préparez un pique-nique avec un groupe d'amis français. Lisez les remarques de vos ami(e)s et répondez à chacune avec une des expressions des listes suivantes en justifiant votre réaction.

REACTIONS POSITIVES
Formidable!
Sensationnel!
Fantastique!
Chouette!
Mais si...!
Pas de problème!
Super!

REACTIONS MARQUANT L'INDIFFERENCE
Ça m'est égal.
C'est sans importance.
Tant pis!
Je m'en fiche.

REACTIONS NEGATIVES
Zut!
C'est dommage!
C'est affreux!
Oh non! C'est pas possible!

MODELE: — On va jouer au football après le pique-nique.
— Super! J'adore jouer au football.

OU: — Oh non! C'est pas possible! Tout le monde n'aime pas jouer au football.

1. Allons faire un pique-nique demain.
2. Nous allons apporter du vin, du pain et du fromage.
3. Magali va apporter une radiocassette.
4. Tu vas acheter des fruits et des pâtisseries.
5. Marc va amener son gros chien.
6. Je vais inviter plus de vingt personnes.
7. On va aussi inviter notre prof de français.
8. Tout le monde va aller au parc à bicyclette.
9. Il ne va pas y avoir de bière.
10. Il va peut-être pleuvoir demain.

1. Vous êtes en France avec des amis et vous désirez faire un pique-nique. Dans quels magasins allez-vous pour acheter vos provisions? Qu'est-ce que vous demandez dans chaque magasin?
2. Pendant un séjour en France, vous parlez avec des gens. Vous répondez à leurs questions: Qu'est-ce qu'on mange pendant une journée ordinaire aux Etats-Unis? Comment est-ce qu'on fait les courses aux Etats-Unis?
3. Vous parlez des achats de la semaine avec vos camarades de chambre. Utilisez des verbes à l'impératif pour dire à vos camarades ce qu'il faut acheter (ou ne pas acheter). Vos ordres vont sûrement provoquer des réactions chez vos camarades!

MODELE: — Achète des légumes surgelés.
        — Mais non, je déteste les légumes surgelés.

Interactions

You are spending the summer in France with the Dumont family.

A. Mme Dumont is preparing her shopping list and wants to know your food preferences. Explain to her what you like, what you do and do not eat, and what you hate.

B. You have volunteered to do some shopping for Mme Dumont in the neighborhood stores, but you're not sure where to find everything on the list. Another student should play the role of Mme Dumont and make out a shopping list of five to seven items (each from a different type of store), indicating the quantity needed and where to purchase each item.

LA VIE DE FAMILLE

Combien de personnes font partie de votre famille? Quelles activités faites-vous avec votre famille? Lesquelles est-ce que vous faites avec des amis?

 La vie quotidienne

PERSPECTIVES

A quelle heure votre famille prend-elle le grand repas de la journée?
Tous les membres de votre famille dînent-ils ensemble en général?
Décrivez un repas typique dans votre famille.
De quoi parlez-vous à table?

Nous allons maintenant faire la connaissance de la famille Dumont. Pierre est architecte et sa femme, Sophie, est psychiatre. Ils ont trois enfants: Philippe, 18 ans, est en année terminale au lycée; Béatrice, 16 ans, est élève de seconde; Bruno, 12 ans, est en quatrième. Joignons-nous à eux dans leur appartement à Paris.

SOPHIE: A table, les enfants! Le dîner est servi.   1

PIERRE: Qu'est-ce qu'on mange, ma chérie? Je crève de faim.

SOPHIE: Du poulet et des frites.

TOUS: ENCORE!

SOPHIE: Il y a de la soupe aussi.   5

PHILIPPE: Ah bon, de la soupe.

SOPHIE: Pierre, tu viens? Tu liras ton journal plus tard.

PIERRE: Oui, oui. J'adore les frites!

BEATRICE: Tiens, maman. J'ai eu dix-neuf en maths aujourd'hui.

PIERRE: Ah, bon. C'est très bien, ça.   10

SOPHIE: Je suis fière de toi, Béatrice. Et en anglais?

BEATRICE: Dix-sept.

SOPHIE: Très bien... Tiens, passe-moi ton assiette.

BEATRICE: Je voulais savoir si c'était possible de... que je sorte
vendredi soir... avec quelques copines.   15

SOPHIE: C'est pour aller où?

BEATRICE: Euh, Caroline fait une soirée.

SOPHIE: Caroline... qui c'est, Caroline?

BEATRICE: Tu sais bien, elle habite à Clichy.

SOPHIE: Ah, et comment tu vas aller?   20

BEATRICE: On voudrait y aller en métro.

SOPHIE: En métro?

BEATRICE: Mais, on va être en groupe, hein.

SOPHIE: A quelle heure tu veux aller à cette soirée?

BEATRICE: De huit heures à onze heures. 25

SOPHIE: Onze heures du soir? Mais, tu es folle! C'est trop tard!

BEATRICE: Oh, ben, écoute...

SOPHIE: Ben, à ton âge... à seize ans, on se promène pas dans le métro à onze heures du soir.

PIERRE: Mais, enfin, Sophie. N'exagère pas! Bon, écoute... 30

SOPHIE: Ecoute, je m'inquiète pour elle.

BEATRICE: Ecoute, tu sais bien que je fais bien mes devoirs et tout. Que j'ai des idées. Que je sais ce que je veux faire, je veux faire Sup de Co. Donc, quand même, tu pourrais me laisser sortir.

SOPHIE: C'est vrai. C'est vrai, j'avoue que tu es sérieuse. Mais tu 35 as ta leçon de piano... je crois que tu as oublié.

BEATRICE: Mais, je serai pas[1] fatiguée. Parce que, non... onze heures...

PIERRE: Ecoute, Béatrice, tu peux y aller, je crois, je vois pas de problème. Mais... il faut que tu rentres à dix heures.

BEATRICE: A dix-heures et demie, heh? 40

PIERRE: Dix heures!

PHILIPPE: Oh, dur!

BEATRICE: Oh, d'accord.

SOPHIE: Ecoute, obéis à ton père. Tu rentreras à dix heures.

BEATRICE: D'accord. 45

SOPHIE: Qui en veut de la soupe?

TOUS: Non, merci.

PIERRE: Moi, je veux bien des frites, par contre...

SOPHIE: Donne-moi ton assiette.

PHILIPPE: C'est quoi comme soupe, maman? 50

SOPHIE: La soupe à la tomate.

PHILIPPE: Ah, bon?

BRUNO: Philippe, tu peux me passer le sel, s'il te plaît?

---

[1] See note 3, page 3.

PHILIPPE: Oui, tiens.

BRUNO: Merci. 55

PIERRE: Tu as bien besoin de manger, Bruno, toi. Parce que... avec le foot, tu as besoin de force.

BRUNO: Ah, en parlant de foot...

SOPHIE: Et puis, tu es plutôt «pâlot» en ce moment, hein?

BRUNO: Comment? Ben, en parlant de foot... je... il y a un 60 tournoi de foot dimanche, de onze heures à une heure au stade.

PHILIPPE: Ah, oui? C'est contre qui?

BRUNO: Contre l'O.M.

BEATRICE: Ils sont bons?

BRUNO: Ouais. 65

SOPHIE: Va te laver les mains, Bruno.

BRUNO: Je l'ai déjà fait tout à l'heure, maman.

SOPHIE: Ah, bon. Et tu t'es peigné avec quoi?

BRUNO: Avec un peigne.

Faites une description d'un repas typique chez vous.

PHILIPPE: On dirait un râteau, plutôt! 70

PIERRE: Oh, ben, toi, tu peux parler! T'as vu comment tu t'es rasé?

BRUNO: Ouais!

PHILIPPE: Oh, ça suffit, papa.

SOPHIE: Bon, ton tournoi de foot dimanche... je suis désolée,
mais ton travail à l'école n'est pas du tout satisfaisant, eh? 75

BRUNO: Mais, j'ai eu une bonne note en anglais aujourd'hui. J'ai
eu un dix-neuf.

SOPHIE: Ça ne suffit pas. Et en plus, dimanche, tu es de corvée
pour laver la voiture.

BRUNO: Mais, ça ne va pas me prendre quatre heures. Je peux le 80
faire avant.

SOPHIE: Bon, ben, écoute, c'est ton père qui décide, hein?

PIERRE: Bon, ben, écoute, tu fais tes devoirs samedi, et puis alors
ton match de foot... on fait la voiture ensemble, et puis tu vas faire
le match de foot après. Ça va? 85

SOPHIE: Ecoute, Pierre, t'es toujours trop gentil avec tes enfants.

BRUNO: Marché conclu!

SOPHIE: Et toi, Philippe, comment se passe ton travail?

BEATRICE: Bah, tu sais, il a un peu mal à la tête, eh? Il bachote
trop, eh? 90

SOPHIE: Comment, mal à la tête?

PHILIPPE: Ouais, c'est vrai! Je sais pas. Je crois que j'en ai marre
de bouquiner comme ça. Mais tu sais, j'ai le trac, un peu. C'est pas
facile comme examen.

PIERRE: Tu t'inquiètes trop! 95

PHILIPPE: Je sais pas. Moi, j'ai pas l'intention de le rater et de redoubler.

SOPHIE: Ecoute. Si tu veux, j'ai un très bon remède pour le mal à la
tête: Tous les soirs, avant de te coucher, tu te mets de la musique. Et
tu verras, le lendemain matin, c'est radical, tu seras en forme!

PHILIPPE: Ouais, peut-être. Mais tu sais, ce que je veux vraiment 100
faire? C'est aller aux Etats-Unis.

TOUS: Ah, bon?

A. Pour chacune des situations suivantes, choisissez la réponse appropriée. Puis, justifiez votre réponse en vous basant sur le dialogue.

1. Béatrice demande la permission...
   a. de faire une soirée chez elle.
   b. de dormir chez Caroline à Clichy.
   c. de rentrer à onze heures du soir en métro.
2. D'après la réponse que Béatrice obtient de ses parents on peut conclure que...
   a. son père lui donne la permission de rentrer à 10 h.
   b. sa mère trouve que Béatrice n'est pas très sérieuse.
   c. Béatrice peut sortir mais pas en métro.
3. Quand Bruno dit: «Marché conclu!» il accepte...
   a. de faire de son mieux pour avoir un dix-neuf en anglais la prochaine fois.
   b. que son père lave la voiture à sa place dimanche matin.
   c. de faire ses devoirs samedi, puis de laver la voiture et de jouer au foot le lendemain.
4. Philippe...
   a. prépare son départ aux Etats-Unis.
   b. souffre d'un mal de tête provoqué par le bachotage.
   c. rate son bac.

B. La famille Dumont se met à table pour dîner. Relevez trois questions posées par Monsieur Dumont, Madame Dumont et Philippe pour obtenir des renseignements sur la nourriture qui est servie. Que répond-on à ces questions? Répétez les questions en imitant le ton utilisé par les personnages du dialogue. Puis, inventez une autre réponse.

C. Relevez dans le dialogue une situation culturelle que vous ne rencontrez pas normalement dans le contexte culturel de votre propre vie. Essayez d'expliquer pourquoi elle existe chez les Dumont mais pas chez vous.

NOTE CULTURELLE

Les Dumont représentent une famille assez typique dans la société française actuelle. C'est une famille dans laquelle les enfants sont élevés par deux parents qui exercent une activité professionnelle. Les enfants Dumont sont des adolescents qui vivent encore sous la protection de leurs parents, mais ils évoluent vers la vie d'adulte et connaissent, à des degrés différents, de plus en plus d'autonomie.

Trois grandes préoccupations semblent dominer les relations entre les parents et leurs enfants: le développement intellectuel des jeunes, leur santé physique et leur éducation morale. Pour les Dumont, la famille est l'endroit où les enfants apprennent les valeurs essentielles qui vont leur permettre d'avoir plus tard une vie harmonieuse. On voit bien que la méthode du laisser-faire total n'est pas employée chez eux. C'est plutôt ce qui s'appelle la main de fer dans un gant de velours qui guide les enfants vers la post-adolescence. Même si, de temps en temps, des conflits interrompent la communication entre les générations, les problèmes ne sont pas graves.

Pourtant, si la famille Dumont est assez normale, d'autres types de modèles familiaux existent aussi dans la société moderne en France. Plus d'un million de familles n'ont qu'un seul parent, le plus souvent la mère, pour élever les enfants. Les mères divorcées qui ont la garde de leurs enfants, les mères célibataires, les parents qui divorcent, puis ont des enfants d'une seconde union—voilà des modèles qui définissent la vie de beaucoup d'enfants aujourd'hui. Mais la société, au lieu de marginaliser ces enfants, essaie de les comprendre et cherche à diminuer le nombre de difficultés sociales qu'ils rencontrent dans la vie.

D'ailleurs, nous avons le droit d'être optimistes en ce qui concerne l'avenir de la famille car, selon le Centre de Recherche pour l'Etude et l'Observation des Conditions de Vie, plus de 70% des Français affirment que la famille est le seul endroit où l'on se sent bien détendu.

VOCABULAIRE ACTIF

LA VIE QUOTIDIENNE
Les activités
se coiffer   to fix one's hair
se coucher   to go to bed
se dépêcher   to hurry
se détendre   to relax
s'en aller   to leave
être de retour   to be back
être en retard   to be late
s'habiller   to get dressed
s'inquiéter   to worry
se laver   to wash oneself
se lever   to get up
se moquer de   to make fun of
obéir à   to obey
se peigner   to comb one's hair

se raser   to shave
rentrer   to come home
se réveiller   to wake up
Les conditions
avoir besoin de   to need
avoir envie de   to feel like
avoir faim   to be hungry
avoir l'air   to seem
avoir le trac   to be afraid;
   to be nervous
avoir mal à ...   to have an ache
avoir raison   to be right
avoir sommeil   to be sleepy

Pour passer le temps
un **clip**   music video
un **copain** / une **copine**   pal
les **informations** (*fpl*)   news

A L'ECOLE
Les activités
bachoter   to prepare for the bac
bouquiner   to read (*coll.*)[2]
se débrouiller   to manage
devoir   to have to
passer un examen   to take an
   exam
présenter sa candidature   to
   be a candidate
rater   to fail (an exam)

---

[2] coll. = colloquial

redoubler to repeat (a year)
réussir à to succeed; to pass
(an exam)

Les expressions scolaires
le **bac** *abbrev. of*[3] **baccalauréat**
le **baccalauréat** diploma
based on a series of exams
taken at the end of
secondary education

le **bachotage** studying for the
bac (*coll.*)
du **boulot** work (*coll.*)
un **bouquin** book (*coll.*)
une **carrière** career
un **cours** course
un **devoir** written assignment
un **diplôme** diploma

un **exposé** classroom presentation
la **fac** *abbrev. of* la **faculté**
la **faculté** university department
le **lycée** last three years of
secondary school
la **seconde** first year of **lycée**
la **terminale** last year of **lycée**

olivetti

Notre Quaderno tient dans un seul petit kilo
et c'est un vrai PC.

Nos seuls concurrents qui font le poids ne
sont pas des PC.

OLIVETTI QUADERNO

Design de Mario Bellini. Il mesure 14 cm X 21 cm
et ne pèse qu'un kilo. Processeur cadencé à 16 MHz.
RAM 1 Mo. Disque Dur 20 Mo. Emplacement pour
carte mémoire PCMCIA. Ports série et parallèle. Clavier
ergonomique. Dictaphone numérique intégré. MS-
DOS 5.0 installé. 7 logiciels personnels intégrés.
Livré avec un câble de connexion à d'autres PC. Il
vous permet d'utiliser des milliers de logiciels com-
patibles MS-DOS, en particulier, tableurs, traitements
de textes et intégrés parmi les plus performants
comme Microsoft Works 3... dans un seul petit kilo!
5590 F. TTC.*
Informations et adresses des points de vente FNAC
et Distributeurs Agréés:

LA PAROLE EST AU DIALOGUE

N°Vert 05.000.486
APPEL GRATUIT

*Prix spécial incluant Microsoft Works 3 pré-installé sur le Quaderno.

Quelles sont les caractéristiques de cet ordinateur d'Olivetti? Pourquoi cette image de carottes est-elle si frappante?

• • • • • • • • • • •
**Exercices de
vocabulaire**
• • • • • • • • • • • •

A. Dans chaque groupe trouvez l'expression qui ne convient (*fit*) pas. Justifiez
votre choix.

1. se coiffer	s'habiller	se détendre
2. se réveiller	s'en aller	se lever
3. s'en aller	être de retour	rentrer
4. être en retard	se dépêcher	s'inquiéter
5. obéir	se peigner	se coiffer
6. se détendre	se laver	se raser
7. avoir faim	avoir sommeil	se coucher
8. avoir mal	se coucher	se réveiller

B. La vie de famille chez les Dumont. Employez une expression verbale du
Vocabulaire actif pour décrire chacune de ces situations dans une phrase complète.

1. Béatrice a un 19 sur 20 à l'interrogation d'anglais.
2. Madame Dumont ne veut pas que Béatrice rentre trop tard de la soirée.
3. Béatrice écoute ses parents et elle va rentrer à dix heures.
4. Philippe va bientôt passer son bac.

---

[3] abbrev. of = abbreviation of

5. Philippe va au café et rentre à la maison à une heure du matin.
6. Bruno n'est pas encore à l'école, et il est déjà huit heures et quart.
7. Monsieur Dumont décide de ne pas se laisser pousser la barbe *(beard)*.
8. Bruno a un 5 sur 20 au devoir de maths.
9. Béatrice est nerveuse parce qu'elle doit faire un exposé sur l'Amérique devant tous les élèves de sa classe d'anglais.
10. Philippe étudie beaucoup pour le bac.

C. Voici une description de certains aspects de la vie scolaire en France. Choisissez les expressions convenables pour compléter la description.

A l'âge de quinze ou seize ans, les élèves français vont (en fac / au lycée) _____. Ils ont normalement cinq ou six (cours / devoirs) _____ différents chaque année. Les élèves ont souvent des (devoirs / diplômes) _____ à faire à la maison et ils doivent aussi faire des (bouquins / exposés) _____ devant leurs camarades de classe. A la fin de la (seconde / terminale) _____, tout le monde (rater / passer) _____ le bac. Il faut (rater / réussir à) _____ cet examen pour aller (en fac / au lycée) _____. Juste avant le bac, tout le monde a tendance à (se débrouiller / s'inquiéter) _____ ; les élèves (bachoter / se présenter) _____ en passant des heures devant leurs (exposés / bouquins) _____. Tout le monde a (le trac / raison) _____. Les bons candidats sont extrêmement contents de (rater / réussir à) _____ cet examen important.

Vous comprenez?

1. Quelle sorte de repas les Dumont prennent-ils le soir?
2. Quel moyen de transport Béatrice va-t-elle prendre pour aller à la soirée?
3. Que font Béatrice et Bruno pour se détendre?
4. Pourquoi Philippe s'inquiète-t-il en ce moment?
5. Où est-ce que Philippe veut aller?
6. Avez-vous l'impression que les Dumont sont plutôt sévères ou indulgents envers leurs enfants? Expliquez. Est-ce qu'ils sont plus ou moins sévères que les parents américains typiques? Pourquoi, d'après vous?

A votre tour

LEXIQUE PERSONNEL

Cherchez les mots qui correspondent aux concepts suivants:

1. les cours que vous suivez à la fac
2. vos activités habituelles
3. comment vous vous détendez

En utilisant le vocabulaire du chapitre et votre lexique personnel, répondez aux questions suivantes.

1. Est-ce que votre famille habite un appartement ou une maison?

TOURNEZ
S.V.P.

2. Combien de chambres y a-t-il dans cette maison ou cet appartement? Combien de salles de bains?
3. Avez-vous une famille nombreuse (*large*)?
4. Que font vos frères et sœurs? Sont-ils / elles étudiant(e)s?
5. A quelle heure la famille américaine typique dîne-t-elle?
6. A quelle heure est-ce qu'on peut regarder les informations à la télé en Amérique?
7. Combien de cours avez-vous ce semestre?
8. Avez-vous quelquefois des exposés à faire? Pour quels cours?
9. Est-ce que vous faites beaucoup de devoirs tous les soirs? Dans quel(s) cours avez-vous beaucoup de devoirs?
10. Que faites-vous pour vous détendre pendant le week-end?
11. Est-ce que les élèves américains se détendent souvent en famille ou plutôt avec leurs copains?
12. Est-ce qu'il faut passer un examen important pour pouvoir aller à l'université en Amérique?

E Le "CD Sound machine" de PHILIPS. Une technologie performante au service de la musique. **Radio double cassettes à lecteur CD. Tuner analogique.** 4 gammes d'ondes PO/GO/OC/FM stéréo. **Lecteur CD** 20 plages programmables. Fonction Introscan pour écouter les premières secondes de chaque morceau. Fonction "Shuffle" : lecture aléatoire des morceaux. Touche répétition. Saut de plage avant/arrière, recherche rapide. **Double platine cassette** dont **1 autoreverse,** copie rapide, lecture continue. Contrôle automatique du niveau d'enregistrement. Sélecteur cassette chrome/métal. 3 amplis, 5 HP : 2 HP graves, 2 HP aigus + **Turbo bass generator** modulable pour un meilleur rendu des basses. Egaliseur graphique 3 bandes. Sortie ligne CD. Puissance musicale 2 x 9 W + 16 W, nominale 2 x 4,5 W. Alimentation 220 V ou 8 piles R20 (non livrées). Dim. 68 x 23 x 22 cm. Garantie 1 an, S.A.V. assuré, voir p.1153.

| sans télécommande 471.8046 | **1990 F** |
| avec télécommande 471.8054 | **2290 F** |

Quels sont les aspects les plus intéressants de cette chaîne stéréo? Identifiez les termes dans la description qui sont aussi employés en anglais.

VIE ACTUELLE

A. Même si la moitié des Français habite toujours dans des appartements en ville, de plus en plus on commence à construire des maisons individuelles, souvent avec garage et petit jardin, en dehors des villes. Voici deux solutions possibles au problème de l'espace qui existe toujours en ville, même dans les appartements les plus luxueux.

La maison du mois
Examinez d'abord le plan de la maison à la page suivante. Puis lisez la description de la maison et répondez aux questions.

L'extérieur a des allures américaines, l'intérieur est conçu selon un plan original : c'est une maison résolument moderne destinée aux amoureux de l'espace. De grandes pièces, des rangements un peu partout, deux salles de bains et un cabinet de toilette, une cuisine communiquant directement avec un vaste coin repas, un espace jeux-travail pour les enfants… tout est fait pour rendre la vie plus facile.

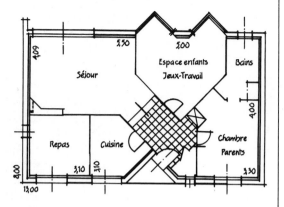

MODELE : Christelle.

CONSTRUCTEUR
Maison PUMA, 2 rue Louis-Pergaud.
Les Julliotes, RN 19.
94700 Maison Alfort.
Tél. : 43.76.22.00.

RAYON D'ACTION
Ile-de-France (100 km autour de Paris).

NOMBRE DE PIECES
sept.

SURFACE HABITABLE
145, 70 m².

PRIX
615 000 francs.
Ce prix comprend : la maison entièrement terminée sans revêtements muraux intérieurs.

OPTIONS
sous-sol, garage, sanitaires couleurs…

DESCRIPTIF TECHNIQUE
Fondations : semelles filantes en béton armé sur terre-plein.
Murs : parpaings avec doublage isolant en polystyrène et contre-cloison en carreaux de plâtre.
Charpente : en bois traité.
Isolation : laine de verre dans les combles, doubles vitrages, polystyrène pour les murs.
Couverture : en tuile Redland.

SECOND-ŒUVRE ET FINITIONS
Chauffage : électrique.
Eau chaude : ballon électrique de 300 litres.
Sanitaires : lavabos en céramique blanche, baignoire en fonte

émaillée blanche.
Cuisine : évier en inox ou en grès sur meuble évier.
Revêtements de sol : moquette dans les chambres, carrelage dans l'entrée, le séjour, les salles de bains, la cuisine et les W.-C.
Menuiseries : en bois (en alliage anodisé sur option), volets en bois, escalier en bois.

AUTRES VERSIONS DE CE MODELE
L'architecture intérieure de ce modèle peut être modifiée selon les désirs de ses futurs habitants et l'on peut y installer de 5 à 8 pièces adaptées aux besoins de la petite famille.

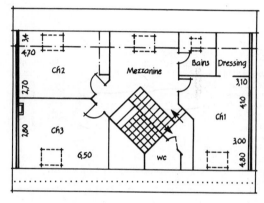

1. Comment la publicité décrit-elle l'extérieur de la maison?
2. Que fait-on pour montrer qu'il y a beaucoup d'espace dans la maison?
3. Si la publicité indique qu'il y a sept pièces dans cette maison, quelles pièces est-ce qu'on ne compte pas?
4. Est-ce qu'on peut faire construire cette maison dans le sud de la France?
5. Quel est le prix de la maison? Qu'est-ce qui est inclus dans ce prix? Est-ce que cette maison est complètement finie à l'intérieur?
6. Est-ce que cette maison est plus ou moins chère qu'une maison équivalente chez vous?
7. Parmi les autres versions de cette maison, on mentionne la possibilité d'un modèle à cinq pièces. Combien de chambres y a-t-il dans ce modèle?

B. Vous connaissez déjà le sens du mot **grandir**. Lisez cette autre solution au problème de l'espace, l'agrandissement d'une maison existante.

La famille s'agrandit. Acheter une nouvelle maison? Ce n'est pas toujours facile. La solution existe : EXTEMBAT, spécialiste de l'agrandissement, et filiale d'un grand constructeur de maisons, vous offre un maximum de garanties et de solutions.

Transformez vos combles perdus et gagnez un étage.
En 15 à 20 jours, sans démonter votre toit, nous pouvons aménager vos combles ou transformer votre séjour par une superbe mezzanine. Vos enfants, vos amis, auront ainsi leur espace bien à eux, chambres ou salle de jeux, bien isolé et bien éclairé.

EXTEMBAT

GROUPE MAISON FAMILIALE

Gagnez des m² avec une extension arrière ou latérale.
Agrandir votre maison, sur le côté ou à l'arrière, c'est souvent possible, en fonction de votre jardin.
Vous pouvez ainsi rendre votre garage habitable, aménager deux chambres au-dessus ou agrandir votre salon par une extension largement ouverte sur la terrasse.

Profitez mieux de votre jardin avec une véranda.
Quoi de plus agréable qu'une véranda, pièce à vivre en toutes saisons, grâce aux rayons du soleil. Idéale pour déjeuner, recevoir ses amis ou se détendre.

Faire grandir une maison, c'est un métier.

Les pièces dont vous avez besoin... elles sont là.

1. Combien de temps faut-il pour créer une mezzanine au-dessus du séjour? Quel terme utilise-t-on en anglais pour parler d'une mezzanine? Quels sont les emplois possibles pour la nouvelle mezzanine?
2. Quelles sont les options pour agrandir la maison sur le côté ou à l'arrière?
3. Pour quelles activités est-ce qu'une véranda est idéale? En Amérique du Nord, comment appelle-t-on cette sorte de patio entouré de fenêtres? Que veut dire le mot *véranda* en anglais?

STRUCTURES

Regular -ir Verbs

To form the present tense of regular -ir verbs, drop the -ir ending of the infinitive and add the appropriate endings to the remaining stem: **-is, -is, -it, -issons, -issez, -issent**.

finir *to finish*

je fin**is**	nous fin**issons**
tu fin**is**	vous fin**issez**
il / elle / on fin**it**	ils / elles fin**issent**

. . . .

The Imperative

. . . .

To form the imperative of a regular **-ir** verb, simply use the present tense **tu**, **nous**, or **vous** form and omit the subject pronoun.

Finis ton repas, Bruno. (*familiar*)
Finissons notre boulot. (*collective*)
Finissez le devoir pour demain. (*formal or plural*)

Note the **-iss-** infix that appears in the plural forms of all regular **-ir** verbs.
  Following is a list of some regular **-ir** verbs.

bâtir	*to build*	**obéir**	*to obey*
choisir	*to choose*	**punir**	*to punish*
finir	*to finish*	**réfléchir**	*to think*
grandir	*to grow up*	**remplir**	*to fill*
nourrir	*to nourish, to feed*	**réussir à**	*to suceed, to pass*

Exercice 1. Pour pouvoir faire des projets avec des amis, vous devez trouver le moment où les personnes indiquées sont libres. Utilisez la forme correcte du verbe **finir** et indiquez l'heure où vos amis sont libres.

1. mon ami(e) / finir / son travail / à — heures   *finissent*
2. mes camarades de chambre / finir les cours / à — heures le vendredi
3. tu / finir / tes devoirs / à — heures   *finis*
4. nous / finir / de dîner / vers — heures   *finisson*
5. vous / finir / de travailler / à — heures .   *finissez*
6. je / finir / de ??? / à — heures   *finis*

Exercice 2. Bruno et ses camarades racontent une journée typique à l'école. Employez la forme convenable du verbe pour rappeler les activités de tout le monde ce jour-là.

1. les élèves / obéir / au professeur   *obéissent*
2. Bruno / finir / ses devoirs   *finit*
3. Monsieur, vous / punir / rarement les élèves   *punissez*
4. nous / réfléchir / aux problèmes de maths   *réfléchons*
5. Marc, tu / réussir à / ton examen?   *réussis*
6. je / choisir / un sujet de dissertation (*essay*)   *choisis*

Exercice 3. Interview. Et vous? Que faites-vous?

1. Choisissez-vous vos propres cours chaque semestre?
2. Réussissez-vous à tous vos examens?
3. Finissez-vous toujours vos devoirs?
4. Obéissez-vous à vos professeurs?
5. Pensez-vous à des problèmes sérieux—à l'écologie, par exemple?

Regular -re Verbs

To form the present tense of regular -re verbs, drop the -re ending of the infinitive and add the appropriate endings to the remaining stem: -s, -s, —, -ons, -ez, -ent.

répondre   *to answer*

je répon**s**	nous répond**ons**
tu répon**s**	vous répond**ez**
il / elle / on répond	ils / elles répond**ent**

Note that the **il / elle / on** form adds no ending to the basic stem.

• • • • • • • • • • • • •
The Imperative
• • • • • • • • • • • • • •

Réponds à ton père, Bruno. (*familiar*)
Répondons au professeur. (*collective*)
Répondez aux questions. (*formal or plural*)

Following is a list of some regular -re verbs.

attendre	*to wait for*	**perdre**	*to lose*
dépendre	*to depend*	**rendre**	*to give back*
descendre	*to go down*	**répondre**	*to answer*
entendre	*to hear*	**vendre**	*to sell*

Exercice 4.   Philippe va vendre son vélo pour acheter une moto. Complétez le dialogue entre Philippe et Mme Dumont en utilisant la forme convenable des verbes indiqués.

— Dis, maman, tu sais que je (vendre) *vends* mon vélo?

— Tu (vendre) *vends* ton vélo? Pourquoi? Il marche bien. Un beau vélo comme ça ne se (vendre) *vend* pas!

— Mais si! C'est parce qu'il est beau que je le (vendre) *vends* pour 1 600 francs. Je vais m'acheter une moto. Tu me (rendre) *rends* un petit service?

— Ça (dépendre) *dépend*! Qu'est-ce que tu veux?

— Eh bien, si quelqu'un téléphone, tu (répondre) *réponds* pour moi? Béatrice et moi, nous (descendre) *descendons* en ville.

— D'accord. Je (répondre) *réponds* au téléphone, mais pourquoi vous (descendre) *descendez* en ville?

— Les copains nous (attendre) *attendent* au café; c'est un rendez-vous très important.

— O.K. Je t'aide, mais tu me (rendre) *rends* aussi un petit service ce soir, au moment du dîner!

Exercice 5. **Interview.** Répondez aux questions suivantes.

1. Attendez-vous avec impatience la fin du semestre?
2. Rendez-vous souvent des livres à la bibliothèque?
3. Est-ce que votre professeur répond toujours aux questions de la classe?
4. Est-ce que vos amis descendent souvent en ville?
5. Est-ce que les étudiants vendent leurs bouquins à la fin du semestre?

Exercice 6. Vous êtes président du Cercle français de l'université et vous organisez la première réunion de l'année. Utilisez l'impératif des verbes indiqués pour donner les ordres suivants.

> MODELE: Dites aux autres étudiants de réfléchir avant de répondre.
> Réfléchissez avant de répondre.

1. Proposez au groupe de choisir un projet intéressant.
2. Proposez au groupe de vendre des bonbons.
3. Dites à tous les membres de remplir les fiches.
4. Dites à une des personnes de répondre aux lettres.
5. Dites à une des personnes de ne pas perdre l'argent du club.
6. Dites à une des personnes d'attendre la prochaine réunion.
7. Proposez au groupe de finir la réunion.
8. Proposez au groupe de descendre au café.

Negation

Basic Negative Constructions

To form a basic negative construction, place **ne** before the conjugated verb and **pas** (or other negative expression) after the conjugated verb.

The most common negative expressions are summarized below.

ne... pas	*not*	Il **ne** répond **pas**.
ne... plus	*no longer*	Elle **ne** travaille **plus** ici.
ne... jamais	*never*	Ils **ne** s'ennuient **jamais**.
ne... rien	*nothing*	Nous **n'**achetons **rien**.
ne... personne	*no one*	Il **n'**aime **personne**.
ne... pas encore	*not yet*	Je **n'**ai **pas encore** de congé.
ne... ni... ni...	*neither . . . nor . . .*	Elle **n'**a **ni** sœurs **ni** frères.
ne... que	*only*	Il **n'**a **que** quelques francs sur lui.

Most negative expressions are adverbs, which explains why they are placed directly after the conjugated verb. However, **rien** and **personne** are pronouns that may also be used as the subject or object in a sentence. In such cases, these negatives are placed in the normal subject or object position. **Ne** is still placed before the verb.

Rien n'arrive ici.	Je **ne** vois **rien**.
Personne ne va à ce concert.	Il **n'**aime **personne**.

Note that **ne... ni... ni...** and **ne... que** do not follow the pattern of other negative expressions. Instead of always following the conjugated verb, **ni** and **que** are placed before the word they modify.

Le vendredi soir, je **ne** regarde d'habitude **que** les informations. Elle **n'achète que** les disques de U2.

Use of Articles in Negative Constructions

1. After most negative expressions, the partitive form **de** is used.

   Il **ne** boit **pas de** bière.
   Nous **ne** mangeons **jamais de** pâtisseries.
   Il **n'**y a **plus de** beurre dans le frigo.

2. With **ne... ni... ni...**, a partitive or indefinite article will be dropped completely, but a definite article will be retained.

   Il **ne** boit **ni** bière **ni** vin.
   Il **n'**aime **ni la** bière **ni le** vin. — *general*
   Je **n'**ai **ni** moto **ni** vélo.

3. After **ne... que**, a definite article and a partitive will be retained. The partitive is retained because this construction does not negate the noun; it simply qualifies the noun.

Nous **ne** fréquentons **que les** cafés du quartier.	*We go **only** to the local cafés.*
Il **ne** boit **que de la** bière.	*He drinks **only** beer.*
Je **n'**apporte **que des** fruits.	*I'm bringing **only** fruit.*

4. Remember also that after **être** used negatively, the partitive will also be retained.

Ce **n'est pas de la** bière; c'est du jus de pomme.	*That's **not** beer, that's apple juice.*

- In negative questions, both **ne** and the appropriate negative expression assume their normal positions. In response to a negative question, **si** is used instead of **oui** if the answer is affirmative.

  Est-ce que vous **n'allez pas** à la soirée?
  N'allez-vous pas à la soirée?
  Vous **n'allez pas** à la soirée?
  Si, je vais à la soirée.

- With reflexive verbs, **ne** is placed before the reflexive pronoun.

  — Tu t'amuses à la soirée?
  — Non, je **ne** m'amuse **pas** tellement. Je **ne** m'entends **pas** avec ce groupe.

- An infinitive may be made negative by placing both elements of the negative expression before the infinitive.

  Il préfère **ne pas** partir.
  Nous désirons **ne plus** avoir de soirées.
  Faites attention de **ne jamais** aller là-bas.

Exercice 7. Votre camarade de chambre est de très mauvaise humeur. Il / Elle dit le contraire de ce que vous dites. Faites les transformations en utilisant les mots indiqués. Employez **je** comme sujet en répondant aux phrases 6, 7 et 8.

1. Nous faisons **quelque chose** d'intéressant aujourd'hui. (ne... rien)
2. **Quelque chose** d'amusant arrive **toujours**. (rien... ne / ne... jamais)
3. **Tout le monde** va s'amuser à la soirée chez nos copains. (personne... ne)
4. On s'amuse **toujours** chez Annick. (ne... jamais)
5. Pour le déjeuner, je voudrais **de la** pizza **et du** Coca. (ne... ni... ni)
6. Tu as besoin de **quelque chose** pour te détendre. (ne... rien)
7. Mais alors! Aujourd'hui tu détestes **tout**. (ne... rien)
8. Tu es **toujours** de mauvaise humeur. (ne... jamais)

Exercice 8. Les déclarations suivantes concernant la famille Dumont sont fausses. Vous allez mettre chaque phrase à la forme négative pour rectifier les erreurs.

1. Philippe est **déjà** à l'université.
2. **Quelqu'un** va au cinéma ce soir.
3. Béatrice a l'intention d'aller en fac.
4. **Quelqu'un** est de mauvaise humeur dans la famille Dumont.
5. Béatrice est **toujours** en quatrième.
6. La famille Dumont habite une maison individuelle.
7. Il y a quatre enfants dans la famille Dumont.
8. Béatrice rentre **toujours** à onze heures.
9. M. Dumont est un homme très sévère.
10. Bruno prend **quelque chose** à boire avec son repas.

Exercice 9. Chantal et Gérard parlent d'une fête récente. Chantal n'est pas d'accord avec les critiques de Gérard. Complétez ses réponses en utilisant les expressions négatives présentées dans le chapitre.

1. — Margot invite encore des personnes ennuyeuses.
   — Mais non, _n' plus_____.
2. — Margot sert toujours de la pizza et du Coca à ses invités.
   — Mais non, _ne jamais de_____de_____.
3. — Tout le monde s'ennuie chez elle.
   — Au contraire, _personne ne_____N' jamais_____.
4. — Quelque chose de désagréable arrive toujours pendant ses fêtes.
   — Mais non, _____.
5. — Et on est toujours obligé d'apporter quelque chose à la soirée.
   — Au contraire, _____.
6. — Il y a toujours quelqu'un d'impossible chez Margot.
   — Ce n'est pas vrai, _____.
7. — On passe toujours des disques démodés.
   — Mais écoute, _____.
8. — Tout le monde part toujours trop tôt.
   — Mais qu'est-ce que tu racontes? _____.

Exercice 10. Vous êtes parfois très mélancolique. Complétez les phrases suivantes avec vos idées personnelles.

1. Je ne suis plus...
2. Personne ne...
3. Je ne suis jamais...
4. Je ne vais jamais...
5. Rien ne...
6. Je n'ai plus...
7. Je n'aime ni... ni...
8. Je ne suis ni... ni...

Basic Question Patterns

To transform a declarative statement into a question for which a simple *yes* or *no* answer is expected, the techniques outlined below are used. These transformations apply to all simple tenses.

Est-ce que

The simplest and most common way to ask a question is to place **est-ce que** at the beginning of the sentence. Using **est-ce que** requires no change in word order.

DECLARATIVE SENTENCE	QUESTION	
Vous restez à la maison.	**Est-ce que** vous restez à la maison?	*Are you staying at home?*
Les enfants font un pique-nique.	**Est-ce que** les enfants font un pique-nique?	*Are the children having a picnic?*
Jean va finir ses devoirs.	**Est-ce que** Jean va finir ses devoirs?	*Is John going to finish his homework?*

Do not try to translate **est-ce que**. Think of it as a single unit that transforms statements into questions, much like a question mark.

Exercice 11. Pour apprendre quelque chose sur vos camarades de classe, transformez les phrases suivantes en questions en employant **est-ce que**.

1. Tu habites dans une résidence universitaire.
2. Tu déjeunes toujours à la cafétéria.
3. Tu as un(e) camarade de chambre.
4. Il / Elle a une chaîne stéréo.
5. Il / Elle est sympathique.
6. Vous allez ensemble à la cafétéria.
7. Vous dînez ensemble.
8. Tu aimes aller à des soirées.

Inversion

When the subject of a sentence is a pronoun, a question may also be formed by inverting the subject and verb.

DECLARATIVE SENTENCE	QUESTION
Vous restez à la maison.	**Restez-vous** à la maison?
Il va au marché.	**Va-t-il** au marché?
Nous allons réussir à l'examen.	**Allons-nous** réussir à l'examen?

When the subject of the sentence is a noun, the noun subject itself cannot be inverted. However, a pronoun that agrees in gender and number with the preceding noun subject can be inserted directly after the verb to form the question.

DECLARATIVE SENTENCE	QUESTION
Les enfants restent ici.	**Les enfants restent-ils** ici?
Jean va au marché.	**Jean va-t-il** au marché?

Note that, for pronunciation purposes, a -t- is inserted between third-person singular verbs that end in a vowel and their subject pronoun, as in **Va-t-il?** and **Ecoute-t-elle?**

N'est-ce pas

Placed directly after a declarative sentence, **n'est-ce pas** may be used to form a question when confirmation of the statement is anticipated. **N'est-ce pas?** is the equivalent of the English expressions *isn't that right?*, *aren't they?*, *doesn't he?*, etc.

DECLARATIVE SENTENCE	QUESTION	
Vous restez ici.	Vous restez ici, **n'est-ce pas?**	*You're staying here, **aren't you**?*
Les enfants font un pique-nique.	Les enfants font un pique-nique, **n'est-ce pas?**	*The children are having a picnic, **aren't they**?*
Jean finit ses devoirs.	Jean finit ses devoirs, **n'est-ce pas?**	*John is finishing his homework, **isn't he**?*

In everyday conversation, questions are often formed by using intonation—that is, a rising tone of voice. Because this is the simplest way of asking a question, it is the pattern that is most often heard in popular speech. Although a very useful form in informal conversation, it is rarely encountered in written language or in formal situations.

DECLARATIVE SENTENCE	QUESTION
Vous restez ici.	Vous restez ici?
Les enfants font un pique-nique.	Les enfants font un pique-nique?
Jean finit ses devoirs.	Jean finit ses devoirs?

Exercice 12. **Que font-ils?** Employez chacun des verbes pour poser des questions à un(e) camarade de classe au sujet de la personne (ou des personnes) indiquée(s) entre parenthèses. Utilisez l'inversion du verbe et du pronom sujet.

>   MODELE: (ta mère) avoir des frères et des sœurs
>   — A-t-elle des frères et des sœurs?

1. (ton père) travailler
2. (tes parents) habiter près d'ici
3. (tes parents et toi) déjeuner souvent ensemble
4. (ton [ta] meilleur[e] ami[e]) être étudiant(e)
5. (ton prof de français) rendre vite les devoirs
6. (tes camarades de classe et toi) parler souvent français
7. (toi) avoir des frères et des sœurs
8. (tes frères ou tes sœurs) être gentil(le)s
9. (ton [ta] camarade de chambre) parler beaucoup
10. (toi et moi) terminer cet exercice

Exercice 13. Vous désirez partager un appartement avec quelqu'un. Employez les expressions suivantes et posez des questions à des «candidats» dans la classe. Utilisez l'inversion.

aimer faire la cuisine	avoir un animal domestique
aimer faire le marché	étudier beaucoup
aimer les animaux	fumer
aller à l'université	parler souvent au téléphone
???	???

Exercice 14. Qui sont vos camarades de classe? Interviewez vos voisins en associant à votre choix les verbes et les éléments indiqués. Employez toutes les formes interrogatives. Ecoutez la réponse de la personne, puis posez encore une question ou faites une autre remarque.

MODELE: — Tu as des frères et des sœurs?
           — Oui, j'ai une sœur.
           — Est-elle étudiante?
           — Non, elle est médecin.

acheter	un appartement
aimer	du boulot
avoir	des cassettes
choisir	une chaîne stéréo
dîner	des copains
être	tes devoirs
finir	des frères et des sœurs
parler	étudiant(e)
???	raisonnable
	en ville
	???

Reflexive and Reciprocal Verbs

A reflexive verb is always accompanied by a reflexive pronoun that refers to the subject of the verb and indicates that the subject is performing an action on or for itself. The reflexive pronoun is placed after the subject and directly before the verb.

se réveiller *to wake (oneself) up*	
je **me** réveille	nous **nous** réveillons
tu **te** réveilles	vous **vous** réveillez
il / elle / on **se** réveille	ils / elles **se** réveillent

Following is a list of some of the more common reflexive verbs.[4]

s'arrêter	*to stop*	**se laver**	*to wash*
se brosser	*to brush*	**se lever**	*to get up*
se coucher	*to go to bed*	**se moquer de**	*to make fun of*
se détendre	*to relax*	**se peigner**	*to comb*
se fâcher	*to become angry*	**se raser**	*to shave*
s'habiller	*to get dressed*	**se reposer**	*to rest*

---

[4] Most of these verbs are regular -er verbs, although you may see verbs of other conjugations used reflexively. The fact that a verb is reflexive does not alter its normal conjugation: **se lever** is conjugated like **lever**.

The pronouns **me, te,** and **se** drop the -e before verb forms beginning with a vowel or a mute **h.**

> Elles **s'**habillent élégamment.
> Je **m'**arrête à la charcuterie.

To form the negative of a reflexive verb, place **ne** before the reflexive pronoun and **pas** (or another appropriate negative expression) after the verb.

> Je **ne** me réveille **pas** tôt.
> Vous **ne** vous réveillez **jamais** vite.

If a reflexive verb is used in the infinitive form following a conjugated verb, the reflexive pronoun is placed before the infinitive and must agree in person and number with the subject of the conjugated verb.

> **Je** désire **me reposer.**   **Nous** allons **nous dépêcher.**
> **Tu** ne dois pas **te fâcher.**   **Vous** savez **vous débrouiller.**
> **Anne** adore **s'amuser.**   **Mes frères** détestent **se réveiller** tôt.

To form an affirmative command, place the reflexive pronoun after the verb form and attach the pronoun to the verb by a hyphen.

> **Dépêche-toi.** (*familiar*)
> **Reposons-nous.** (*collective*)
> **Réveillez-vous.** (*formal or plural*)

Note that the pronoun **te** changes to the stressed form **toi** when in this final position. Remember to drop the final **-s** on the familiar imperative of reflexive verbs that end in **-er.**

In a negative command, the reflexive pronoun will precede the verb form. **Ne** is placed before the reflexive pronoun and **pas** after the verb form.

> **Ne te moque pas** de ta sœur, Bruno.
> **Ne nous levons pas** si tôt demain.
> **Ne vous couchez pas** si tard, les enfants.

For reflexive verbs, the simplest way to form a question is to use **est-ce que.** To use inversion with reflexive verbs, invert only the subject pronoun. The reflexive pronoun remains in its normal position before the verb.

> **Est-ce que vous vous amusez?**   **S'habille-t-elle?**
> **Vous amusez-vous?**   **Se couchent-ils?**

Inversion poses no special problem when the subject of a reflexive verb is a noun. Insert the appropriate extra subject pronoun after the verb form, as outlined above.

> **Les enfants se couchent-ils?**
> **Jean se lave-t-il?**

Reciprocal verbs are identical in structure to reflexive verbs. When a verb is used reciprocally, the reflexive pronoun indicates that two or more persons are performing actions on or for each other rather than on or for themselves.

Nous nous voyons souvent.	*We see each other often.*
Vous vous regardez.	*You look at each other.*
Ils s'aiment beaucoup.	*They like each other a lot.*

Because two or more persons must be involved in reciprocal actions, only the plural forms (**nous, vous, ils, elles**) of verbs may be used reciprocally. For emphasis, or to avoid confusion, the construction **l'un(e) l'autre** or **les un(e)s les autres** may be added after the verb.

Ils se regardent.	*They look at themselves.* (REFLEXIVE)
Ils se regardent les uns les autres.	*They all look at each other.* (RECIPROCAL)
Elles se voient.	*They see themselves.* (REFLEXIVE)
Elles se voient l'une l'autre.	*They both see each other.* (RECIPROCAL)

Certain verbs change meaning when used reflexively. Following is a partial list of such reflexive verbs.

aller	*to go*	**s'en aller**	*to go away*
amuser	*to amuse*	**s'amuser**	*to have a good time*
débrouiller	*to straighten out*	**se débrouiller**	*to get by, to manage*
demander	*to ask*	**se demander**	*to wonder*
dépêcher	*to send quickly*	**se dépêcher**	*to hurry*
ennuyer	*to bother*	**s'ennuyer**	*to get bored*
entendre	*to hear*	**s'entendre**	*to get along*
habituer	*to familiarize*	**s'habituer à**	*to get used to*
rendre compte	*to account for*	**se rendre compte de**	*to realize*
tromper	*to deceive*	**se tromper**	*to be wrong*

RAPPEL! RAPPEL!

Like the idiomatic reflexive verbs listed above, many verbs can be used reflexively or nonreflexively, depending on whether the action of the verb is reflected on the subject or on a different object. Remember, in the reflexive construction, the subject and the object are the same person(s).

Il s'amuse.	*He has a good time.*
Il amuse son frère.	*He amuses his brother.*
Vous vous arrêtez.	*You stop.*
Vous arrêtez la voiture.	*You stop the car.*
Elles se couchent.	*They go to bed.*
Elles couchent les enfants.	*They put the children to bed.*

Exercice 15. Votre correspondant(e) (*pen pal*) à Marseille vous pose des questions sur votre vie de tous les jours (*daily life*). Faites la description d'une journée typique en complétant les phrases suivantes.

Cher (-ère) _____ ,

Ma vie de tous les jours n'est pas très intéressante, mais elle est bien remplie. Je (se lever) *se lève* normalement à sept heures. Mon / ma camarade de chambre (se lever) *se lève* à sept heures et quart. Je (se laver) *me lave* et je (se coiffer) *me coiffe* Puis je (s'habiller) *m' habille* très vite parce que je suis souvent en retard. Presque tous les étudiants ici (s'habiller) *s'habillent* en jean. Dans notre université le look est assez décontracté (*laid back*).

Normalement, chez nous, on (se coucher) *se couche* vers onze heures, mais le vendredi soir je vais (se coucher) *me coucher* assez tard et je peux (se reposer) _____ le samedi après-midi. Mes amis et moi, on (se retrouver) *se retrouve* souvent le samedi soir. On (s'amuser) *s'amuse* beaucoup à des soirées. On (se lever) *se lève* tard le dimanche matin.

Je (se dépêcher) *me dépêche* de finir cette lettre. Voilà ma vie de tous les jours. Il est certain que je ne (s'ennuyer) *s'ennuie* jamais!

Amicalement,

Exercice 16. Maintenant vous voulez poser des questions à votre correspondant(e) au sujet de sa journée typique. Inspirez-vous des verbes de l'**Exercice 15** pour lui poser au moins six questions.

MODELE: A quelle heure te lèves-tu normalement?

Exercice 17. Quand on a des camarades de chambre, il est souvent nécessaire de leur demander de faire certaines choses. Employez la forme impérative du verbe convenable pour compléter les phrases suivantes.

s'amuser	se lever
se coucher	ne pas se moquer
se débrouiller	se raser
ne pas s'habiller	se reposer

1. _____ ! Il est déjà sept heures. Vous êtes en retard.
2. Dis donc, Philippe, _____ . Les femmes n'aiment plus la moustache.
3. Nous travaillons sans arrêt depuis trois heures. _____ un moment avant de finir nos devoirs.
4. Mais alors, vous autres, _____ de mon devoir de français!
5. Quoi? Tu refuses d'étudier avant ton examen? Eh bien, _____ .
6. Ah non, _____ comme ça; tu ne vas pas mettre un jean pour aller au restaurant.
7. Quand même, vous autres! _____ et arrêtez de passer des disques. Il est trois heures du matin!
8. C'est le week-end, et nous n'avons pas de devoirs: _____ !

Exercice 18. Vos amis et vous. Parlez de vos activités mutuelles en utilisant les verbes suivants.

s'aider	se parler
se disputer	se retrouver
s'écrire	se réunir
s'entendre	se téléphoner

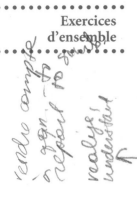

Exercices
d'ensemble

A. Anne et sa copine Chantal entrent au lycée en septembre. Philippe donne des conseils (*advice*) aux deux jeunes filles. Formez les phrases de Philippe en mettant les verbes indiqués à l'impératif.

1. (ne pas s'arrêter) Anne, _____ trop souvent au café.
2. (réfléchir) _____ avant de répondre aux questions du prof.
3. (ne pas perdre) Chantal, _____ tes bouquins comme d'habitude.
4. (finir) _____ toujours vos devoirs avant d'aller vous coucher.
5. (s'habituer) _____ à beaucoup étudier.
6. (se dépêcher) _____ toujours pour arriver en cours à l'heure.
7. (se rendre compte) _____ qu'il faut aussi s'amuser.
8. (ne pas s'ennuyer) _____ en cours de maths.

B. Votre camarade de classe prépare un article sur les étudiants dans votre université. Il a besoin d'exemples précis et vous acceptez de répondre à ses questions.

1. Si je n'ai pas de devoirs à faire le soir, je...
2. Si je ne finis pas mes devoirs avant le cours, je...
3. Quand un examen est très difficile, je...
4. Avant de répondre aux questions compliquées, je...
5. Après avoir passé un examen difficile, je...
6. Quand j'étudie comme il faut, je...
7. Quand un cours n'est pas intéressant, je...
8. Si je rate un examen, je...

PRATIQUE

Activité 1. Les week-ends américains. Décrivez votre emploi du temps pendant la semaine, puis expliquez comment vos activités changent pendant le week-end. Comparez vos habitudes avec celles de vos camarades de classe. Quelles sont les activités les plus populaires?

Activité 2. Etes-vous compatible? Posez des questions à un(e) camarade de classe pour déterminer les différences entre ses activités quotidiennes et votre propre emploi du temps. Pouvez-vous être camarades de chambre ou avez-vous des horaires incompatibles? Quelles sont les qualités les plus importantes chez un(e) camarade de chambre?

Activité 3. Les week-ends des Français. Voici quelques statistiques sur les week-ends des Français (*Francoscopie 1993*). Comparez vos résultats de l'**Activité 1** avec les activités typiques des Français.

Les week-ends des Français

Les activités pratiquées habituellement par les Français pendant les week-ends:

- 65 % restent à la maison à lire, regarder la télévision, bricoler, écouter de la musique.
- 39 % sortent au moins une journée, se promènent dans les rues ou à la campagne.
- 20 % travaillent (à la maison ou ailleurs).
- 19 % partent à la campagne dans leur résidence secondaire, chez des parents ou amis.
- 16 % bricolent.
- 14 % jardinent.
- 14 % font une «virée», une journée ou plus, en vélo, moto, voiture, train, car…
- 11 % font des courses.
- 11 % font du sport, seuls ou en club, en salle ou en plein air.
- 10 % vont au cinéma, au théâtre, au restaurant.
- 9 % s'occupent de cuisine, réceptions et font des écarts gastronomiques.
- 3 % visitent des musées ou expositions.
- 8 % vont danser, vivent la nuit.
- 6 % s'occupent d'eux-mêmes.
- 6 % font des excursions, des visites culturelles.

Secodip/Openers

Irregular Verbs Ending in **-oir**

vouloir *to want*	**pouvoir** *to be able, can*
je **veux**	je **peux**
tu **veux**	tu **peux**
il / elle / on **veut**	il / elle / on **peut**
nous **voulons**	nous **pouvons**
vous **voulez**	vous **pouvez**
ils / elles **veulent**	ils / elles **peuvent**

voir *to see*	recevoir *to receive*
je **vois**	je **reçois**
tu **vois**	tu **reçois**
il / elle / on **voit**	il / elle / on **reçoit**
nous **voyons**	nous **recevons**
vous **voyez**	vous **recevez**
ils / elles **voient**	ils / elles **reçoivent**

devoir *to have to; to owe*	savoir *to know*
je **dois**	je **sais**
tu **dois**	tu **sais**
il / elle on **doit**	il / elle / on **sait**
nous **devons**	nous **savons**
vous **devez**	vous **savez**
ils / elles **doivent**	ils / elles **savent**

Note that the verb **devoir** has two different meanings. When it means *to owe*, it is followed by a direct object, usually indicating a sum: **Je dois cinq dollars à mes parents.** When **devoir** means *to have to*, it is an auxiliary verb and is followed by the infinitive form of a main verb.

Je dois étudier maintenant.	*I have to study now.*
Vous devez vous reposer un peu.	*You have to rest a little.*
Elles doivent répondre aux questions.	*They must answer the questions.*

The verbs **falloir**, **valoir mieux**, and **pleuvoir** are all impersonal verbs that are conjugated only in the **il** form but may be used in any tense.

falloir to have to; to be necessary	**il faut**
valoir mieux to be better	**il vaut mieux**
pleuvoir to rain	**il pleut**

Note that **falloir** and **valoir mieux** are followed by the infinitive of another verb.

Il faut répondre.	*It is necessary to answer.*
Il vaut mieux rentrer.	*It's better to go home.*

Used in this way, **falloir** has the same basic meaning as **devoir**, but **devoir** is conjugated in all persons. **Falloir** is considered to be more general and somewhat stronger in its statement of necessity.

Il faut rentrer.	*It is necessary to go home.*
Je dois rentrer.	*I have to go home.*

Falloir and **devoir** are interchangeable when **il faut** is used with the appropriate indirect-object pronoun to make the statement of necessity more personal.

Il me faut rentrer.
Je dois rentrer.

The expression **valoir la peine** means *to be worth the trouble*. Its subject will always be a thing, not a person, and it is used only in the third-person singular or plural.

> **Ce travail vaut la peine.**
> **Les études valent la peine.**

Exercice 19. Ce sont souvent les parents qui donnent aux enfants une partie de leur argent de poche. Utilisez la forme correcte du verbe **recevoir** pour indiquer la somme en question.

1. Philippe ne _____ plus d'argent de ses parents.
2. Béatrice et Bruno _____ entre 100F et 150F.
3. Vous _____ beaucoup d'argent.
4. Nous _____ une somme minime parce que nous travaillons.
5. Et toi, combien _____ -tu par mois?
6. Moi, je _____ (X) dollars par mois de mes parents.

Exercice 20. **Qui voient-ils?** Philippe, sa petite amie Maryse et leurs copains vont au concert de Paul McCartney à Paris. Complétez chaque phrase en utilisant la forme convenable du verbe **voir**.

1. Evidemment Philippe _____ Maryse, mais Maryse _____ un ancien petit ami.
2. Paul et Jean-Marc _____ d'autres copains du lycée.
3. Vous _____ beaucoup de jeunes Français.
4. Et toi, qui est-ce que tu _____?
5. Nous _____ Linda, bien sûr.

Exercice 21. Philippe a besoin de l'aide de sa sœur. Complétez le dialogue en utilisant la forme appropriée des verbes indiqués.

— Salut, Béa. Dis donc, tu (pouvoir) _____ me rendre un service?

— Oui, je (vouloir) _____ bien, Philippe. Que (vouloir) _____ -tu?

— Eh bien, je (devoir) _____ aller à la fac, et je ne (pouvoir) _____ donc pas descendre chercher la pièce de rechange (*spare part*) dont j'ai besoin pour régler (*adjust*) le moteur de ma mobylette. Tu (pouvoir) _____ passer au garage la chercher pour moi?

— D'accord. Je retrouve mes copines au café à midi, et ensuite je (pouvoir) _____ aller au garage. Mais moi, je ne (savoir) _____ rien au sujet de la mécanique.

— Pas de problème. D'abord, le garage ne (recevoir) _____ les pièces qu'à deux heures. Tu dis au garagiste que tu es ma sœur et tu prends la pièce qu'il te donne. C'est très simple. Et merci, Béa.

Exercice 22.   Les personnes suivantes peuvent faire exactement ce qu'elles veulent le week-end prochain. Employez le verbe **vouloir** plus un infinitif pour indiquer les préférences des personnes en question.

1. Nous...
2. Mes camarades de chambre...
3. Mon ami(e)...
4. Monsieur / Madame __ (nom de votre prof de français), vous...
5. Moi, je...

Exercice 23.   On doit souvent changer de projets à la dernière minute. Utilisez la forme convenable du verbe **devoir** pour expliquer pourquoi les personnes indiquées doivent abandonner leurs projets pour le week-end.

1. Mon ami(e)...
2. Mes camarades de chambre...
3. Nous...
4. Et toi, tu...
5. Moi, je...

Exercice 24.   Les nécessités de la vie. Nous sommes obligés de faire toutes sortes de choses dans la vie. Parlez de ces obligations et complétez chaque début de phrase en utilisant une expression d'obligation (**devoir, il faut, il vaut mieux).**

1. En cours de français...
2. Pendant le week-end...
3. Pour être heureux dans la vie...
4. Avant de rentrer...
5. Pour avoir de bons copains...
6. Pour s'entendre avec les membres de sa famille...
7. Pour réussir dans la vie...
8. Ce soir...

Exercice 25.   Les gens ont différents talents. Utilisez la forme correcte du verbe **savoir** plus un verbe à l'infinitif pour indiquer le talent prédominant des personnes en question.

> MODELE: Je...
> Je sais parler français.

1. Mon ami(e)...
2. Mes parents...
3. Mon / ma camarade de chambre...
4. Mon prof de français...
5. Je...

Activité 1.   Sondage sur les loisirs. Posez des questions à vos camarades de classe pour savoir comment ils occupent leur temps libre, et notez les réponses. Divisez les réponses selon le sexe des personnes interrogées (nombre d'hommes et de femmes qui répondent affirmativement à ces questions).

lire un quotidien tous les jours
lire régulièrement un hebdomadaire d'information
lire régulièrement une revue scientifique
écouter la radio tous les jours pour les informations
regarder la télévision tous les jours ou presque
posséder un magnétoscope au foyer
posséder des disques compacts
avoir lu au moins un livre au cours des 12 derniers mois
faire une collection
faire de la photographie
sortir régulièrement: restaurant, cinéma, musée, galerie d'art, opéra, match

Activité 2.   L'âge des loisirs. Comparez vos résultats de l'**Activité 1** avec les pratiques culturelles des Français.

L'âge des loisirs

Différences de pratiques culturelles en fonction de l'âge (en % de la population concernée) :

	15-19	20-24	25-34	35-44	45-54	55-64	65 et +
• Lit un quotidien tous les jours	26	29	31	44	50	57	58
• Lit régulièrement un hebdomadaire d'information	10	19	17	20	14	13	8
• Possède un magnétoscope au foyer	36	30	30	32	24	17	6
• Possède des disques compacts	15	17	12	13	11	7	2
• N'a lu aucun livre au cours des 12 derniers mois	14	19	20	23	29	32	38
• Ne fait pas de sorties ou de visites*	4	8	9	10	17	21	32
• Fait une collection	41	29	24	22	22	19	14

* Liste de 24 activités : restaurant, cinéma, musée, brocante, bal, match, zoo, galerie d'art, spectacle, opéra, etc.

Ministère de la Culture et de la Communication

Activité 3. Le sexe des loisirs. Comparez vos résultats de l'**Activité 1** avec les résultats français (*Francoscopie 1993*). Est-ce qu'il y a beaucoup de similarités ou de différences?

Le sexe des loisirs

Différences de pratiques culturelles en fonction du sexe (en % de la population de 15 ans et plus) :

	Hommes	Femmes
• Lit un quotidien tous les jours	47	39
• Lit régulièrement un hebdomadaire d'information	17	13
• Lit régulièrement une revue scientifique	13	6
• Ecoute la radio tous les jours pour les informations	59	41
• Regarde la télévision tous les jours ou presque	71	74
• A lu au moins un livre au cours des 12 derniers mois	73	76
• Fait une collection	27	20
• Fait de la photographie	13	9

Ministère de la Culture et de la Communication

Quelle est cette "touche d'intelligence" dans la salle de bains mentionnée dans la publicité? Imaginez la personne (ou les personnes) qui habite(nt) l'appartement dans lequel se trouve cette salle de bain. Décrivez ses habitants.

Idioms with être and avoir

Certain French idiomatic expressions that use the verb **être** closely parallel their English equivalents, which use the verb *to be*.

être en train de	*to be in the process of*
être de retour	*to be back*
être à l'heure	*to be on time*
être en retard	*to be late*

— Allô, Bruno? Où es-tu? La famille **est en train de** préparer le dîner. Quand est-ce que tu vas **être de retour**? A huit heures? Bon, d'accord, mais **ne sois pas en retard**! Pour une fois, fais un effort pour **être à l'heure**.

Many French idioms that take the verb **avoir** have English equivalents using the verb *to be*.

PHYSICAL CONDITIONS

avoir chaud	*to be hot*	**J'ai chaud** en été.
avoir froid	*to be cold*	**Il a froid** en hiver.
avoir faim	*to be hungry*	A midi, **les enfants ont faim**.
avoir soif	*to be thirsty*	**Nous avons soif** après le travail.
avoir sommeil	*to be sleepy*	A minuit, **j'ai sommeil**.
avoir mal à	*to have an ache, pain*	**J'ai mal à la tête**.
avoir l'air	*to seem*	**Elle a l'air** triste.
avoir __ ans	*to be __ years old*	**Il a vingt ans**.

PSYCHOLOGICAL STATES

avoir peur de	*to be afraid of*	**J'ai peur des** serpents.
avoir honte de	*to be ashamed of*	**Il a honte de** ses notes.
avoir raison	*to be right*	**Vous avez raison**.
avoir tort	*to be wrong*	**Ils ont tort** de ne pas venir.
avoir envie de	*to feel like*	**Elle a envie de** pleurer.
avoir besoin de	*to need*	**Nous avons besoin de** nous détendre.

CIRCUMSTANCES

avoir lieu	*to take place*	**La réunion a lieu** à neuf heures.
avoir de la chance	*to be lucky*	**Vous avez de la chance**.
avoir l'occasion de	*to have the opportunity*	**J'ai l'occasion de** voyager.

Quand les enfants Dumont rentrent l'après-midi, **ils ont** toujours **faim** et **soif**. En décembre, **ils ont** aussi **froid** et puisqu'en France on va à l'école jusqu'à la fin du mois de juin ou même jusqu'au début du mois de juillet **ils ont chaud** dans la salle de classe avant les vacances. A dix ou onze heures du soir, **ils ont sommeil** parce qu'ils se lèvent toujours à sept heures du matin. Et ce soir **Béatrice a l'air** triste. **A-t-elle mal à la tête**? Non, son seul problème c'est qu'**elle a seize ans**.

Il y a **beaucoup d'étudiants** qui **ont peur de** faire des exposés devant la classe. Ils veulent toujours **avoir raison** et **ils ont honte d'avoir tort** devant leur prof et surtout devant leurs camarades de classe. Le jour de l'exposé, **ils ont** toujours **envie de** rester au lit. **Ils ont besoin de** courage.

Le bac a lieu en France au mois de juin. **Les élèves** qui réussissent au bac **ont de la chance** parce qu'ils peuvent aller à l'université où **ils ont l'occasion de** faire de nouvelles expériences.

Exercice 26. Vous discutez avec un(e) ami(e) de la façon dont différentes personnes réagissent face à certaines situations ou attitudes. Complétez les phrases suivantes en utilisant des expressions idiomatiques avec **être** ou **avoir**.

1. Le prof pose une question et vous répondez correctement. Il annonce: _____

2. Votre copain, qui n'étudie pas beaucoup, ne répond jamais correctement aux questions du prof. Vous pensez: _____

3. Vous n'avez pas de devoirs à faire, et vous pensez aller au cinéma. Vous téléphonez à une amie qui prépare un exposé pour son cours de philosophie. Vous lui demandez si elle veut aller au cinéma. Elle répond: _____

4. Lundi, votre prof de maths annonce un examen pour vendredi. Plus tard, vous oubliez le jour de cet examen. Vous demandez le jour à un copain. Il répond: _____

5. Vous vous levez à huit heures et demie. Votre cours d'anglais a lieu à neuf heures. Vous pensez: _____

6. Votre cours de français commence à dix heures. Vous quittez la maison plus tard que d'habitude. Vous avez peur d'être en retard, mais vous arrivez à dix heures juste. Vous pensez: _____

7. Il est onze heures du soir. Vous terminez vos devoirs et vous êtes très fatigué(e). Vous dites: _____

Depuis + Present Tense

Depuis means *for* when followed by an expression of time. It is used with the present tense to denote an action that began in the past but is still going on in the present. This construction is equivalent to the English concept *has (have) been __ing*.

J'habite ici **depuis** cinq ans.	*I have been living here for five years.*
Il parle depuis une heure.	*He has been speaking for an hour.*
Nous nous reposons depuis un quart d'heure.	*We have been resting for fifteen minutes.*
Vous attendez ici **depuis** une heure?	*You have been waiting here for an hour?*

Remember that **depuis** plus the present tense in French is used to express the English idea *has (have) been —ing.* Don't fall into the trap of trying to translate the structure word for word.

This idiom is particularly important because it is commonly used. When conversing with speakers of French, you will surely be asked questions involving **depuis** + present tense.

> **Vous étudiez** le français **depuis** longtemps?
> **Vous êtes** en France **depuis** quand?
> **Vous habitez** Paris **depuis** combien de temps?

Exercice 27. *Depuis combien de temps?* Pour chacun des concepts suivants, composez une phrase qui contient **depuis** + le présent pour décrire votre propre situation.

> MODELE: habiter à (nom de ville)
> J'habite à (nom de ville) depuis ___ ans (mois).

1. habiter à (nom de ville)
2. étudier le français
3. être à l'université
4. faire du (nom d'un sport)
5. sortir avec (nom d'un[e] ami[e])
6. connaître mon / ma meilleur(e) ami(e)
7. écouter le prof de français
8. aimer (nom d'un groupe de rock)

Maintenant posez deux questions à votre professeur de français. Employez **depuis** + le présent.

EXERCICES D'ENSEMBLE

A. Le soir, chez les Dumont, Béatrice et Bruno parlent de leurs projets pour la soirée. Complétez la conversation en utilisant des expressions idiomatiques avec **être** ou **avoir**.

— Bruno, tu _____ regarder la télé ce soir?

— Non, je ne peux pas. Je _____ de préparer un exposé sur les anciennes colonies françaises, et je dois présenter ça demain en cours de géographie.

— A quelle heure est-ce que ce cours _____?

— A neuf heures, et j' _____ ne pas pouvoir finir l'exposé ce soir.

— Tu dois donc commencer tout de suite, Bruno.

— D'accord, tu *a raison*. Et si j'*ai de la chance*, je vais le finir avant minu[it]

— Moi, j'*ai envie de* regarder un film qui commence à huit heures. Ap[rès] me coucher parce que je suis fatiguée et que j'*ai sommeil*. Bonne chan[ce] demain.

— Merci, Béatrice! Bonne soirée!

B. Interview. Un sociologue français fait des recherches sur la vie de famille des étudiants américains. Avec un(e) camarade de classe, jouez le rôle du sociologue et de l'étudiant(e).

1. Votre père, que fait-il? Depuis combien de temps?
2. Et votre mère, que fait-elle? Depuis combien de temps?
3. Est-ce que vous recevez souvent vos parents chez vous? Pourquoi?
4. Est-ce que vous vous entendez bien avec vos parents?
5. Est-ce que vous vous fâchez quelquefois contre vos parents?

- -
PRATIQUE
- -

Activité 1. Les circonstances. Décrivez les circonstances qui expliquent souvent pourquoi...

1. vous avez sommeil
2. vous êtes en retard
3. vous avez peur
4. vous avez besoin de vous détendre
5. vous avez mal à la tête
6. vous avez faim

Activité 2. Depuis combien de temps... ? Posez au moins cinq questions à votre professeur sur son travail.

MODELE: Depuis combien de temps est-ce que vous enseignez?
Depuis combien de temps parlez-vous français?
Depuis combien de temps êtes-vous professeur dans cette université?

Activité 3. Pour réussir à l'université... De quoi avez-vous besoin pour réussir à l'université? Donnez quatre exemples.

MODELE: Pour réussir à l'université, j'ai besoin d'étudier tous les jours.
Pour réussir à l'université, j'ai besoin de bien manger pour avoir de l'énergie.

ACTIVITES D'EXPANSION

POUR S'EXPRIMER

Choisissez un des contextes indiqués et décrivez votre vie quotidienne en utilisant les termes suivants.

d'abord	enfin	ensuite	plus tard
puis	pendant	d'habitude	alors

1. avant de venir en cours de français
2. le vendredi soir
3. le samedi matin

Situations

1. Vous êtes en France et vous parlez avec un(e) étudiant(e) qui vous demande de décrire votre journée ou votre emploi du temps.
2. Vous acceptez d'accueillir un(e) étudiant(e) français(e) pendant une partie de l'été prochain. Il / Elle écrit pour vous demander de décrire votre famille et vos activités quotidiennes. Répondez à sa lettre.
3. Comparez la vie des lycéens français à la situation des élèves de «high school» en Amérique.
4. Relisez la description de la maison du mois à la page 43. Comparez votre maison et la maison dans la publicité.
5. Faites une liste des dix ordres qu'on entend très souvent dans une famille américaine typique. Comparez votre liste d'impératifs et la liste préparée par un(e) camarade de classe. Quels sont les ordres qui sont les mêmes?

Interactions

A. Before going on your academic year abroad you requested to live with a French family. After a few weeks, you decide that the arrangement with your family is not working out because your routine and habits are too different. Go to the director of your program and request to be moved to another living situation. You will need to describe the problem in order to justify your request.

B. You are having trouble with your roommates because your routines are very different, and they are not doing their share of the household chores. Confront your roommates, describe the problems, and let them know what they must do differently.

LA VIE DES JEUNES

Où allez-vous pour retrouver vos amis? Sortez-vous souvent pendant la semaine? Où aimez-vous sortir le week-end?

 Les jeunes s'amusent

PERSPECTIVES

Que faites-vous pour vous amuser avec vos copains? Combien dépensez-vous environ par semaine pour les loisirs?
Recevez-vous toujours de l'argent de poche de vos parents?
Avez-vous votre propre voiture? Depuis quand?

Un journaliste parisien doit faire une série de reportages sur les jeunes Français d'aujourd'hui. Il se rend donc dans la rue pour enregistrer des jeunes qui veulent bien répondre à ses questions. Il s'approche des enfants Dumont—Philippe, Béa et Bruno.

BEATRICE: Tiens, à quelle heure est-ce qu'elle nous attend maman?

PHILIPPE: A quatre heures. On se retrouve aux Galeries Lafayette.

BRUNO: Oh, eh bien, il faut se dépêcher. Parce que... sinon... on va être en retard et elle va s'inquiéter comme d'habitude.

PHILIPPE: Oui, allez. On y va.   5

JOURNALISTE: Excusez-moi! Je peux vous interrompre une seconde?

TOUS: Oui. Tout de suite.

JOURNALISTE: Je fais... je fais une enquête sur la jeunesse française. Vous pouvez répondre à quelques questions?

TOUS: Pas de problème! Pourquoi pas?   10

JOURNALISTE: D'accord! Je m'appelle Laurent. Et vous, alors?

BEATRICE: Moi, c'est Béatrice.

PHILIPPE: Moi, je m'appelle Philippe.

BRUNO: Et Bruno.

JOURNALISTE: Bien. Parlez-moi un petit peu de vos amis. Béatrice...   15

BEATRICE: J'ai beaucoup de copines. Et j'ai surtout une très bonne amie, c'est ma meilleure amie, elle s'appelle Magali. Donc, on sort tous les week-ends. On s'amuse bien. Et, comme on est une bande de copains, eh ben... on va au ciné, on se promène. C'est super.

JOURNALISTE: Et Bruno, toi, tu as des copains aussi?   20

BRUNO: Ouais. J'ai beaucoup de copains. Et d'habitude on... va au ciné, on joue au foot, on se balade et on s'amuse bien.

JOURNALISTE: D'accord, oui. Philippe?

PHILIPPE: Oui, j'ai pas mal d'amis. Et j'ai surtout une petite amie, euh... Maryse, qui est très... très charmante. On passe pas mal de temps ensemble. Mais les week-ends, on sort surtout en groupe. On a pas mal d'amis ensemble, et on sort en groupe, comme ça.   *25*

JOURNALISTE: Et qu'est-ce que vous faites en groupe? Vous allez au ciné, ou...

PHILIPPE: Oui, on va au ciné, ou bien on a des soirées chez l'un ou chez l'autre. Mais on se retrouve toujours, chaque week-end.   *30*

JOURNALISTE: Oui. Vous faites du sport aussi?

PHILIPPE: Ben, moi, je fais du sport. Ensemble, on ne fait pas tellement de sport. Mais, moi, je fais du basket, surtout. Et j'aime bien regarder le basket aussi, tard le soir. Ils ont des matchs de basket américain.   *35*

JOURNALISTE: Ah, oui, très bien. Alors... Béatrice, dis-moi, un peu... comment est-ce que tu te déplaces avec tes copines? Euh... en vélo, ou...?

BEATRICE: Moi, surtout en métro, parce que... bon, c'est pratique... ça dessert beaucoup de stations. Et... j'attends désespérément le jour où Philippe pourra conduire pour que je puisse prendre sa «mob»...   *40*

JOURNALISTE: Ah bon, il doit passer son permis?

PHILIPPE: Oui, en fait, je viens de le passer. Et je l'ai eu.

JOURNALISTE: Félicitations!   *45*

PHILIPPE: Merci. Et, en ce moment, j'ai une «mob» super... mais j'aimerais bien m'acheter une voiture... d'occasion, bien sûr!

JOURNALISTE: Oui, je comprends ça! Et, Bruno, alors, comment est-ce que tu te déplaces, toi?

BRUNO: Ben, d'habitude, en bus, en vélo, quelquefois en métro et à pied.   *50*

JOURNALISTE: Ah, très bien. Alors... question importante: l'argent! Est-ce que vous recevez de l'argent de poche?

BEATRICE: Donc, moi, je reçois cent vingt francs par mois. Et avec... je me paie les sorties, tout ce dont j'ai besoin mais, bon, mes parents m'achètent les fournitures, les habits, toutes les choses qui coûtent assez cher.   *55*

JOURNALISTE: D'accord. Et toi, Bruno, alors. Tu as de l'argent de poche aussi?

BRUNO: Oui, cent francs par mois... Je l'utilise pour m'acheter des disques, des bandes dessinées, euh... pour me payer des tickets de métro et les tickets de ciné.   *60*

JOURNALISTE: Ah, tu vas au ciné aussi, hein? Bien. Alors, Philippe, argent de poche?

PHILIPPE: Ben, moi, j'ai mon propre argent de poche. En fait, je fais   65
pas mal de baby-sitting dans le quartier. Et, euh... ça paie assez bien,
et puis, puisque maman et papa ne me donnent plus d'argent de poche,
il faut bien que je me débrouille.

BEATRICE: Ah, ben, dis-donc, il est passé quatre heures! Il faut qu'on
aille rejoindre maman, là, eh?   70

PHILIPPE: Ah, zut! Oui, t'as raison.

BRUNO: Elle va s'inquiéter.

JOURNALISTE: Bon, mais... écoutez, je vous remercie d'avoir répondu
à toutes mes questions.

TOUS: Au revoir!   75

. . . .
A L'ECOUTE!
. . . .

1. On fait une enquête sur la vie sociale des étudiants. En imitant le journaliste et les jeunes Français, imaginez un dialogue dans lequel vous arrêtez vos camarades dans la rue pour les interviewer.
2. Faites une liste des activités que Béatrice, Bruno et Philippe font avec leurs amis. Comment s'amusent les jeunes du même âge (douze, seize et dix-huit ans) que vous connaissez?
3. Béatrice dit qu'elle attend désespérément le jour où Philippe va conduire la voiture, car elle veut prendre sa «mob». Même si vous ne connaissez pas le mot «mob», comment pouvez-vous deviner le sens de la phrase en question? Qu'est-ce qu'il y a dans le contexte qui vous aide à comprendre ce mot?
4. Pour s'adresser individuellement aux trois jeunes Français, le journaliste choisit entre la forme **vous** et la forme **tu**. Qui **vouvoie**-t-il? Qui **tutoie**-t-il? Est-ce qu'il change de pronom quelquefois? Essayez d'expliquer pourquoi.

NOTE CULTURELLE

according to
Selon certaines informations venant de l'Institut de l'enfant, les jeunes Français, de 15 à 25 ans, sont nombreux: plus de 8 millions ou 15% de la population. Pour la plupart, ils habitent chez leurs parents, une pratique qui se prolonge d'ailleurs, car à 24 ans ils sont encore 24% à vivre chez papa-maman. Parmi les 21 à 24 ans, 35% sont mariés ou vivent en couple.

Les 15 à 25 ans ont des habitudes qui peuvent surprendre: ils se lèvent en moyenne à 6h50 et se couchent à 22h40. Mais les lycéens et les étudiants se lèvent et se couchent plus tôt que les jeunes qui exercent une activité professionnelle! En ce qui concerne leurs revenus, ceux qui ne sont pas encore actifs dans le monde du travail disposent tous les mois de 127F d'argent de poche, de 829F gagnés en faisant des petits travaux et 251F reçus en cadeau.

Les jeunes sont aussi des consommateurs: 59% possèdent personnellement un walkman, 53% une télévision, 19% un magnétoscope, 52% une chaîne stéréo, 36% une carte de crédit, 36% une voiture, 19% un cyclomoteur, 7% une moto, 16% un micro-ordinateur, 14% un lecteur de disques compacts et 4% une planche à voile. Et près de 50% vont au cinéma au moins une fois par mois.

VOCABULAIRE ACTIF

LES ACTIVITES
se balader to stroll
boire un verre to have a drink
se donner rendez-vous to arrange to meet
faire du lèche-vitrines to go window-shopping
fréquenter to see often
passer to spend (time)
rencontrer to meet by chance
(se) retrouver to meet by design
rigoler to laugh (*slang*)
sortir to go out

LES RAPPORTS
une **bande** gang (*slang*)
un(e) **petit(e) ami(e)** boyfriend / girlfriend
un **rapport** relationship

LES CARACTERISTIQUES
bavard(e) outgoing, talkative
chouette neat, nice (*slang*)
libre free

passionné(e) (de) crazy (about)
sportif (-ive) athletic

LES LOISIRS
le **basket** basketball
le **cinéma** movies
une **colonie de vacances** summer camp for children
une **distraction** amusement
le **football** soccer
le **loisir** leisure time
une **soirée** party

LES POSSESSIONS
l'**argent de poche** (*m*) spending money, allowance
une **chaîne stéréo** stereo system
un **cyclomoteur** moped
les **dépenses** (*f pl*) expenses
un **lecteur de disques compacts** CD player
un **magnétoscope** VCR

un **micro-ordinateur** personal computer
une **mobylette** («**mob**») moped
une **moto** motorcycle
le **permis de conduire** driver's license
une **planche à voile** windsurfer
un **vélo** bicycle
un **walkman** / un **baladeur** portable cassette player

A L'ECOLE
le **CES** (**Collège d'enseignement secondaire**) first level of secondary school (ages 11–15)
un **congé** time off
un(e) **lycéen(ne)** student at the **lycée** (ages 16–18)
la **rentrée** opening of school year
le **terrain de jeu** playing field

A. Dans chaque groupe, choisissez l'expression qui ne convient pas. Expliquez votre choix.

1. une soirée — la rentrée — boire un verre
2. boire un verre — un vélo — sportif
3. le football — une planche à voile — le terrain de jeu
4. les dépenses — la rentrée — les loisirs
5. un vélo — une moto — un cyclomoteur
6. retrouver — rencontrer — se donner rendez-vous

B. Comparez votre vie quotidienne à celle des Dumont. Utilisez les expressions du **Vocabulaire actif** pour compléter les phrases.

1. Philippe voudrait avoir... *une voiture*
   Et moi, je voudrais avoir... *une voiture aussi*
2. Béatrice et ses copines se déplacent... *à metro*
   Mes amis et moi, on se déplace... *à pied et en bus*
3. Philippe retrouve ses amis... *les week-ends*
   Normalement, je retrouve mes amis... *à tous moment*
4. Pour s'amuser, Bruno et ses copains... *vont au cinéma; jouent au foot*
   Pour nous amuser, mes amis et moi, nous... *se balade vont au cinéma, vont à mall*
5. Au café, Philippe et ses amis...
   Au restaurant ou en boîte (*club*), mes amis et moi, nous...
6. Les jeunes Français sortent en groupe pour... *les week-ends*
   Les jeunes Américains sortent...
7. Philippe a... *"mob"*
   Moi,... *j'ai mes pieds.*
8. Comme sport, Philippe fait... *du basket*
   Mes amis et moi, on fait... *du aikido*

Un(e) étudiant(e) français(e) vient vous parler en cours de français. Quelques étudiants disent les choses suivantes. Anticipez leurs réactions en spécifiant si vos camarades ont raison ou tort. Corrigez les déclarations inexactes.

1. La plupart des étudiants en France habitent dans des résidences universitaires ou des appartements.
2. Les étudiants français se lèvent tard le matin.
3. Certains lycéens et étudiants exercent une activité professionnelle, mais pas beaucoup.
4. Les étudiants français ont beaucoup d'argent disponible.
5. Les jeunes Français ont tendance à sortir en groupe.
6. Comme les jeunes Américains, les jeunes Français s'intéressent aux sports.
7. En général, après l'âge de dix-sept ou dix-huit ans, un(e) jeune Français(e) possède une voiture.
8. Les jeunes Français vont assez souvent au cinéma.
9. Beaucoup de jeunes Français écoutent souvent de la musique.
10. La plupart des jeunes Français possèdent un micro-ordinateur.

LEXIQUE PERSONNEL

Cherchez les mots que vous pouvez utiliser pour:

1. décrire vos meilleurs copains.
2. parler de vos sports et de vos jeux préférés.
3. dire où vous allez pour vous détendre.
4. dire où vous aimez retrouver vos amis pour passer une soirée.
5. parler des activités préférées de votre petit(e) ami(e) ou de votre meilleur(e) ami(e).
6. parler des objets préférés de vos amis.
7. parler de vos dépenses pendant un mois ordinaire.

En utilisant le vocabulaire du chapitre et votre lexique personnel, répondez aux questions des Exercices A et B.

A. Questions personnelles.

1. Avez-vous beaucoup de copains?
2. Décrivez quelques-uns de vos copains.
3. Comment est-ce que vous vous divertissez?
4. Où est-ce que vous retrouvez vos amis?
5. Quel(s) sport(s) faites-vous individuellement? Avec vos ami(e)s?
6. Comment est votre petit(e) ami(e)? Qu'aîme-t-il / elle faire?
7. Avez-vous une voiture? Depuis combien de temps l'avez-vous?
8. Est-ce que vos copains ont des voitures? des motos? des vélos?

B. Avez-vous un emploi à mi-temps *(part-time job)*? Combien gagnez-vous par mois? Décrivez quelques-unes de vos dépenses pendant un mois ordinaire.

Maintenant imaginez que vous êtes un(e) étudiant(e) français(e). Vos parents vous donnent 200 francs par mois, et vous travaillez quelquefois comme baby-sitter. Vos revenus s'élèvent à 400 francs par mois. Voici une liste d'achats possibles. Qu'est-ce que vous allez acheter avec vos 400 francs?

une cassette = 90F
un billet de cinéma = 36F
un disque compact = 150F
une chemise = 225F
un billet de concert = 185F
un pull-over = 350F
un dîner au restaurant = 150F
des chaussures = 300F
un jean = 375F
un tee-shirt = 120F

To be or not to be... chez ses parents. Un article dans la revue *20 ANS* explique qu'il y a «une écrasante majorité» de jeunes entre 20 et 25 ans qui habitent toujours chez leurs parents. Avant de lire les deux extraits tirés de cet article, répondez aux questions suivantes.

1. Habitez-vous toujours chez vos parents?
2. Si oui, pourquoi êtes-vous toujours chez eux?
3. Sinon, pourquoi avez-vous déménagé? *— to move out, remove*
4. Avez-vous des amis qui vivent chez leurs parents? Est-ce qu'ils paient au moins une partie des frais?
5. A votre avis, quels problèmes peut-il y avoir quand des enfants de 20 ou 25 ans habitent toujours chez leurs parents?

THERESE
24 ans, graphiste

«Les problèmes pratiques ne m'encombrent pas l'esprit: je peux me concentrer sur mon travail.»

«Je vis chez mes parents et je ne suis pas vraiment pressée de les quitter. Avec eux, ça baigne! On est très proches, ils me font confiance, moi aussi. Ils m'ont beaucoup guidée dans le choix de mes études. Et puis, ils ont vraiment mis le paquet pour que je me sente libre à la maison; même percé une porte supplémentaire dans l'appartement afin que j'aie une entrée indépendante! En plus, ils m'ont laissé une autre pièce à côté de ma chambre, dont j'ai fait mon atelier de dessin (les planches et les cartons, c'est encombrant!). Ça me fait presque un studio dans l'appartement. Dans ces conditions, j'hésite à déménager. Mon salaire ne me garantirait pas le même confort ni le même train de vie. Sans parler de la galère pour trouver un logement à Paris. Habiter seule? Hmmm... Ça veut dire aussi prendre en charge ses courses, ses repas, son ménage, son linge. Pour le moment, je n'ai pas envie de m'encombrer l'esprit ni de perdre mon temps avec cela. Je préfère me concentrer sur mon travail. En début de carrière, il faut s'imposer. C'est Maman qui se charge de tout dans la maison et c'est bien agréable de pouvoir rester plus tard au bureau le soir sans avoir en rentrant à se coltiner une lessive parce qu'on n'a plus rien à se mettre. Pas envie non plus de me cogner à la solitude certains soirs ou pendant les week-ends; ça me déstabiliserait pour mon boulot. Me retrouver devant la télé avec mon assiette sur les genoux, non merci... Le jour où j'aurai un petit ami fixe, alors oui, je prendrai un appartement tout de suite. Mes parents ont beau être hyper-ouverts, je me sentirais mal à l'aise le matin, au petit déj' entre mon père et mon jules! En fait, je me vois tout à fait passer directement de la vie familiale à la vie de couple. Ou alors, opter, dans les mois à venir pour une formule de transition, en partageant un appart' avec une copine. Ça m'inciterait peut-être davantage à sortir, à rencontrer des gens... »

Après avoir lu le premier extrait, répondez aux questions suivantes.

6. Est-ce que Thérèse s'entend plutôt bien ou mal avec ses parents?
7. Quel exemple donne-t-elle de son indépendance?

8. Qui s'occupe des repas, du ménage, du linge de Thérèse?
9. Est-ce que Thérèse pense habiter seule bientôt? Avec qui pense-t-elle partager un appartement? Pourquoi?
10. Que veulent dire le **petit déj'**, **un jules**, **un appart'**?

SOPHIE

19 ans, laborantine

«Tant que je serai chez mes parents, je serai inachevée... La vie est ailleurs!»

«Depuis que j'ai trouvé du travail et que je gagne ma vie je n'ai plus envie d'habiter chez mes parents. Oh! ça n'aura rien d'un clash. Ce n'est pas dans les habitudes de la maison; chez nous il n'y a jamais l'écho d'une dispute. Mes parents sont plutôt sympas, mais on cohabite sans vraiment communiquer... On se croise le matin devant un petit déj' vite avalé et, le soir, on se raconte les menus faits de la journée, histoire de garder le contact. Affectivement, ils ne m'apportent plus rien. Je n'ai plus besoin d'eux. Eux, par contre, ont encore sacrément besoin de leur fille. Ils projettent un max sur moi et ils auraient même des plans assez précis pour mon avenir. En attendant, ils me couvent dans la ouate. Ils ont peur de jeter dans la jungle leur fragile fille unique, peur que les patrons m'exploitent et que les hommes me fassent bobo. Pas moi. C'est leur trop d'amour qui me fait flipper, et m'étouffe. Longtemps ça m'a coupé les ailes. Je voudrais maintenant prouver à ma mère que je suis une grande fille! J'aime mes parents mais je les aimerai beaucoup mieux quand j'aurai pris une distance et qu'ils auront avec moi un rapport d'adulte à adulte.

Sous leur toit, l'autonomie a inévitablement des limites: je dois les prévenir si je ne rentre pas dîner ou dormir, pour qu'ils ne s'inquiètent pas. OK. C'est normal. Je leur dois ce minimum d'égards. Mais toutes ces petites contraintes de la vie familiale, Basta! Je n'ai plus envie d'avoir à rendre des comptes. Vivre indépendante me permettra de mieux me connaître et de mesurer ce dont je suis capable: gérer un budget, faire face à l'imprévu... Tant que je serai chez mes parents, je resterai inachevée, même dans mes relations avec les autres. Seule, je ferai davantage d'efforts pour garder mes amis, je pourrai les inviter chez moi. La solitude ne me fait pas peur. On peut être aussi seule chez ses parents que chez soi. C'est plus une question d'état moral, de personnalité, que de mode de vie. Rester longtemps dans sa famille, ça protège, comme de faire des études, mais on ronronne dans une sécurité affective et matérielle dont on croit qu'elle vous suffit. En fait, on se frustre d'expériences et de rencontres. La vie est ailleurs!»

Après avoir lu le deuxième extrait, répondez aux questions suivantes.

11. Est-ce que Sophie a envie de quitter le foyer de ses parents? Est-ce qu'elle s'entend bien avec ses parents?
12. Et les parents de Sophie, est-ce qu'ils accordent à leur fille la même indépendance que les parents de Thérèse? Donnez des exemples pour justifier votre réponse.
13. Qu'est-ce que Sophie veut prouver en déménageant? Que veut-elle apprendre en menant une vie indépendante?
14. Quel est le sens de **fille unique** et de **flipper**?
15. Que pensez-vous de l'histoire et de l'attitude de ces deux jeunes Françaises?

STRUCTURES

Irregular -ir Verbs

The following irregular verbs have been grouped according to similarities of conjugation.[1]

partir *to leave*

je **pars**
tu **pars**
il / elle / on **part**
nous **partons**
vous **partez**
ils / elles **partent**

dormir *to sleep*

je **dors**
tu **dors**
il / elle / on **dort**
nous **dormons**
vous **dormez**
ils / elles **dorment**

sortir *to go out*

je **sors**
tu **sors**
il / elle / on **sort**
nous **sortons**
vous **sortez**
ils / elles **sortent**

servir *to serve*

je **sers**
tu **sers**
il / elle / on **sert**
nous **servons**
vous **servez**
ils / elles **servent**

ouvrir *to open*

j'**ouvre**
tu **ouvres**
il / elle / on **ouvre**
nous **ouvrons**
vous **ouvrez**
ils / elles **ouvrent**

offrir *to offer*

j'**offre**
tu **offres**
il / elle / on **offre**
nous **offrons**
vous **offrez**
ils / elles **offrent**

courir *to run*

je **cours**
tu **cours**
il / elle / on **court**
nous **courons**
vous **courez**
ils / elles **courent**

venir *to come*

je **viens**
tu **viens**
il / elle / on **vient**
nous **venons**
vous **venez**
ils / elles **viennent**

Devenir (*to become*), **revenir** (*to come back*), **se souvenir de** (*to remember*), **tenir** (*to hold*), and **obtenir** (*to obtain*) are conjugated like **venir**.

Venir de conjugated in the present tense and followed by the infinitive is the equivalent of *to have just* + past participle.

Il vient d'arriver.   *He has just arrived.*
Je viens de faire mes devoirs.   *I have just done my homework.*

---

[1] See also **Appendix B.**

Exercice 1. On emploie aussi le verbe **sortir** dans le contexte du rendez-vous romantique. Utilisez la forme correcte du verbe **sortir** pour compléter les phrases suivantes.

1. Philippe _sort_ avec Maryse.
2. Bruno et Béatrice ne _sortent_ avec personne.
3. Est-ce que les jeunes Américains _sortent_ moins en groupe que les Français?
4. Et toi, tu _sors_ avec qui?
5. Je _sors_ avec...

Exercice 2. Vous partagez déjà un appartement avec deux copains / copines, mais vous cherchez une quatrième personne. Les candidats téléphonent pour obtenir des renseignements (*information*). Complétez le dialogue en donnant la forme appropriée des verbes indiqués.

— Allô, oui.

— Bonjour, mademoiselle (monsieur). Je téléphone au sujet de la chambre à louer (*rent*).

— Oui, oui, nous avons une chambre disponible (*available*) dans notre appartement. Vous êtes étudiant(e)?

— Oui, je (revenir) _reviens_ d'un séjour aux Etats-Unis et je veux reprendre mes études de pharmacie.

— Bon. Alors, quelques petites questions. A quelle heure (partir) _partons_ vous pour la fac en général?

— Eh bien, normalement, je (partir) _pars_ le matin vers huit heures. Et vous?

— Ici, on (partir) _part_ entre sept heures et demie et huit heures. Vous (dormir) _dormez_ tard le week-end?

— Oui, en général. Mais quelquefois je me lève assez tôt le samedi ou le dimanche matin parce que je (courir) _cours_.

— Ah bon? Vous (courir) _courez_? Super! Nous (courir) _courons_ aussi.

— Et vous, vous (sortir) _sortez_ souvent?

— En général, nous (sortir) _sortons_ le week-end. Mon ami(e) (sortir) _sort_ aussi pendant la semaine. Mais, moi, je ne (sortir) _sors_ que le vendredi ou le samedi soir.

— Dînez-vous ensemble à la maison ou (sortir) _sortez_-vous?

— D'habitude, on reste ici et on (servir) _sert_ le dîner vers sept heures. Mais très souvent on ne (servir) _sert_ rien de spécial. Ecoutez, vous (venir) _venez_ à l'appartement pour nous parler un peu?

— Oui, oui, bien sûr. Je (venir) _viens_ cet après-midi si ça va...

— Parfait. A tout à l'heure.

Exercice 3. Racontez ce que les personnes indiquées viennent de faire avant le cours de français.

1. le professeur / préparer le cours
2. les étudiants / écrire des dissertations
3. Marie / étudier à la bibliothèque
4. Thomas et Paul / acheter des livres
5. tu / dormir dans ton lit
6. nous / préparer cet exercice

Exercice 4. Tout le monde a un horaire différent. A l'aide des éléments suivants, composez des phrases qui expliquent quand les personnes indiquées font les choses suivantes.

mon ami(e)	finir ses cours le lundi (le jeudi)
mes camarades de chambre	sortir le samedi soir
je	revenir à la maison
nous	courir
M. / Mme / Mlle __ (votre prof de français)	servir de la pizza
	partir travailler le matin
les étudiants	venir en cours de français
	partir du cours de français

Exercice 5. **Interview.** Posez des questions à un(e) camarade de classe en utilisant les éléments indiqués. Ensuite, posez une autre question selon la réponse de votre partenaire.

1. sortir / souvent
2. dormir / tard le week-end
3. courir / le matin
4. venir / à la fac le dimanche
5. offrir / des cadeaux aux copains
6. partir / souvent en voyage le week-end
7. revenir / souvent étudier à la bibliothèque universitaire
8. obtenir / de bonnes notes ce semestre

Descriptive Adjectives

• • • • • • • • • • • • • • • •
Agreement of
Adjectives
• • • • • • • • • • • • • • • •

1. A French adjective always agrees in gender and number with the noun it modifies.

	SINGULAR	PLURAL
MASCULINE	Le garçon est **grand**.	Ses amis sont **bavards**.
FEMININE	C'est une femme **amusante**.	Ses sœurs sont **intelligentes**.

2. To form the feminine singular of most adjectives, simply add **-e** to the masculine singular.[2]

français	française
amusant	amusante

3. If a masculine adjective ends in **-e**, the feminine form is identical.

    Paul est **sympathique** et Virginie est **sympathique** aussi.

4. Certain adjectives do not derive the feminine singular form in the regular manner. These irregular feminine formations are summarized below.

MASCULINE ENDING	FEMININE ENDING	EXAMPLES	
		MASCULINE	FEMININE
mute **e**	mute **e**	facile	facile
		jeune	jeune
-el	double consonant + **-e**	cruel	cruelle
-eil		pareil	pareille
-il		gentil	gentille
-en		ancien	ancienne
-on		bon	bonne
-s		gros	grosse
-et	**-ète**	complet	complète
		secret	secrète
-er	**-ère**	cher	chère
		dernier	dernière
-eux	**-euse**	nombreux	nombreuse
		ennuyeux	ennuyeuse
-eur	**-euse**	menteur	menteuse
		trompeur	trompeuse
-eur	**-rice**	conservateur	conservatrice
		créateur	créatrice
-f	**-ve**	actif	active
		neuf	neuve

5. A few adjectives are totally irregular in the feminine form. For example:

long	**longue**
frais	**fraîche**
fou	**folle**

---

[2] Note that a final consonant will be silent in the masculine form, but the same consonant will be pronounced in the feminine form because of the added **-e**: amusant, amusan<u>te</u>; petit, peti<u>te</u>.

6. The following adjectives have an alternate form to be used before a masculine singular word beginning with a vowel or a mute **h**.

MASCULINE	FEMININE	ALTERNATE FORM	EXAMPLE
beau	belle	bel	un **bel** homme
nouveau	nouvelle	nouvel	un **nouvel** emploi
vieux	vieille	vieil	un **vieil** ami

7. To form the plural of most adjectives, add -**s** to the singular.

MASCULINE		FEMININE	
SINGULAR	PLURAL	SINGULAR	PLURAL
amusant	amusants	amusante	amusantes
réel	réels	réelle	réelles
neuf	neufs	neuve	neuves

If a single adjective modifies two nouns, one masculine and one feminine, the adjective will be in the *masculine plural* form.

Le frère et la sœur sont **intelligents**.
Les disques compacts et les soirées sont **importants** pour les jeunes.

8. Certain adjectives have irregular forms in the plural.

SINGULAR ENDING	PLURAL ENDING	EXAMPLES SINGULAR	PLURAL
-**s**	-**s**	frais	frais
		gros	gros
-**x**	-**x**	heureux	heureux
		dangereux	dangereux
-**eau**	-**eaux**	beau	beaux
-**al**	-**aux**	international	internationaux
		loyal	loyaux

The feminine plural of these adjectives is regular.

fraîche   fraîches
heureuse heureuses
loyale   loyales

Exercice 6. Philippe parle de sa famille et de ses amis. Complétez les descriptions suivantes en mettant au féminin les adjectifs utilisés dans la première partie de la phrase.

1. Eh bien, mon grand-père est vieux, et ma grand-mère est _vieille_ aussi.
2. Mon copain Marc est drôle, et Louise est _drôle_ aussi.
3. Bruno est bavard et sportif; Béatrice est _bavarde_ mais elle n'est pas du tout _sportive_
4. Bruno n'est pas sérieux, mais Béatrice est très _sérieuse_
5. Moi, je suis plutôt ambitieux, énergique et gentil; je sors avec Maryse parce qu'elle est aussi _ambitieuse_, _énergique_ et _gentille_.

Exercice 7. Mme Dumont écrit à sa mère, qui habite maintenant en Corse, pour lui dire ce que font ses enfants. Complétez sa lettre en donnant la forme correcte des adjectifs entre parenthèses.

Chère Maman,

Je t'écris pour te décrire les enfants, qui grandissent beaucoup, surtout depuis ta (dernier) _dernière_ visite. Je suis très (fier) _fière_ d'eux en ce moment. Ils sont tous les trois très (individualiste) _individualistes_ et, pourtant, très (gentil) _gentils_, chacun à sa façon. Ils ont beaucoup d'amis (loyal) _loyaux_ et (honnête) _honnêtes_ Ils adorent les sports (difficile) _difficiles_, même s'ils rentrent (fatigué) _fatigués_. En plus, ils sont (amusant) _amusants_ et (ouvert) _ouverts_, et ils me racontent des histoires vraiment (drôle) _drôles_ sur leurs aventures à l'école. Bruno et ses copains sont (bavard) _bavards_, mais ils sont généralement (correct) _corrects_. Béatrice et ses amies ne sont pas très (énergique) _énergiques_ mais elles sont (généreux) _généreuses_ et (amusant) _amusantes_ Pour Philippe, je suis très (content) _contente_ qu'à son âge il trouve des copains assez (prudent) _prudents_, (sérieux) _sérieux_ et (sympathique) _sympathiques_ Ils sont, d'ailleurs, extrêmement (poli) _polis_ et tous très (sincère) _sincères_. Eh bien, Maman, comme tu vois, je suis (heureux) _heureuse_ et (satisfait) _satisfaite_ des caractères et des activités des enfants. Ils me sont tous les trois très (cher) _chers_.

> Je t'embrasse,
> Sophie

Position of
Adjectives

1. Most French adjectives follow the nouns they modify.

    un ami **content**
    une soirée **amusante**

    des emplois **intéressants**
    des amies **loyales**

The following adjectives are exceptions because they normally precede the noun.[3]

autre	un **autre** copain	bon	un **bon** repas
jeune	un **jeune** ami	grand	un **grand** terrain
court	une **courte** distraction	gros	un **gros** monsieur
haut	une **haute** montagne	long	une **longue** soirée
joli	un **joli** cadeau	gentil	un **gentil** copain
mauvais	un **mauvais** garçon	beau	un **beau** vélo
meilleur	mon **meilleur** ami	nouveau	une **nouvelle** voiture
petit	une **petite** fille	vieux	un **vieux** quartier

2. When there is more than one adjective modifying a noun, each adjective assumes its normal position.

> une femme **intelligente et importante**
> une **jeune** femme **intelligente**
> une **bonne jeune** femme

Note that when two adjectives follow the noun, they are generally linked by **et**. But when two adjectives precede the noun, **et** is not used.

3. Some adjectives change meaning according to whether they are placed before or after a noun. When they follow the noun, these adjectives usually express a nonessential quality, but when they are placed before the noun, they are more closely linked to the meaning of the word they modify and the two form a logical unit.

ADJECTIVE	AFTER NOUN		BEFORE NOUN	
ancien(ne)	*ancient*	un bâtiment **ancien** an **ancient** building	*former*	un **ancien** professeur a **former** teacher
bon(ne)	*kind*	un homme **bon** a **kind** man	*enjoyable*	une **bonne** soirée a **good** party
cher(-ère)	*expensive*	une robe **chère** an **expensive** dress	*dear*	une **chère** amie a **dear** friend
dernier(-ère)	*preceding*	la semaine **dernière** **last (preceding)** week	*final*	la **dernière** fois the **last** time
grand(e)	*tall*	un enfant **grand** a **tall** child	*great*	un **grand** acteur a **great** actor
pauvre	*penniless*	un lycéen **pauvre** a **poor (penniless)** student	*unfortunate*	un **pauvre** chat a **poor (to be pitied)** cat
prochain(e)	*next*	la semaine **prochaine** **next** week	*following*	la **prochaine** fois the **next (following)** time
propre	*clean*	sa chambre **propre** his **clean** room	*own*	son **propre** frère his **own** brother

---

[3] Remember, when one of these preceding adjectives is used in the plural, the partitive article **des** will change to **de**: *de* **petits animaux**, *de* **bonnes distractions**. This rule, however, is often not observed in everyday speech.

1. Most French adjectives follow the nouns they modify.
2. There are several adjectives that precede the noun.
3. A few adjectives change meaning depending on whether they are placed before or after the noun.

Exercice 8. Maryse, Philippe et leurs copains sont au café où ils parlent des autres lycéens et de la vie en général. Ajoutez à leurs remarques les adjectifs indiqués.

MODELE: Tina Turner voyage dans son bus. (propre)
Tina Turner voyage dans son propre bus.

1. Jean-Paul a raté son bac? Ah, ce type n'a pas de chance. (pauvre) *pauvre*
2. Roberta et Sylvia? Ce sont des amies de Nicole. (bon / américain) *bonnes américaines*
3. M. Martin? C'est le prof de Philippe au CES. (ancien) *ancien*
4. Marc veut une moto, une BM par exemple. (gros / allemand) *gros allemande*
5. Je ne sais pas où elle fait ses achats. Elle choisit toujours des vêtements. (joli / cher) *chers*
6. Des billets pour le concert de Tina Turner? Pas question! Nous ne sommes que des étudiants. (pauvre) *pauvres*
7. Ah, regardez! Voilà la petite amie de Paul. (nouveau) *nouvelle*
8. Oh, là, là, le cours d'anglais! Voilà un cours. (long / ennuyeux) *long ennuyeux*
9. Isabelle Adjani? Je l'aime bien. C'est vraiment une actrice. (grand) *grande*

Exercice 9. Décrivez quelques aspects importants de votre vie en modifiant les phrases suivantes à l'aide d'un ou deux adjectifs.

1. J'ai une famille.
2. Je cherche des amis.
3. Je déteste les devoirs.
4. J'ai un(e) camarade de chambre.
5. J'adore mon chien (chat / oiseau / poisson rouge).
6. Je cherche un(e) petit(e) ami(e).
7. J'aime (je n'aime pas) ma chambre.
8. Je prends mes repas au restaurant universitaire.

Rythme journalier moyen d'un élève du 1er cycle

Comment la vie lycéenne en France compare-t-elle aux autres pays d'Europe? à la vie scolaire du même niveau dans votre pays?

Il / Elle est and c'est

Both **il / elle est** and **c'est** can mean *he / she / it is*. However, the two constructions are not interchangeable. Certain grammatical situations require choosing between **il / elle est** and **c'est**. These constructions are outlined below.

il / elle est + adjective referring to a specific person or thing	J'aime ce vin. **Il est** bon. Je préfère cette boulangerie. **Elle est** excellente.
il / elle est + unmodified noun referring to a profession	**Il est** marchand.
il / elle est + adjective referring to nationality, political affiliation, or religious persuasion	**Elle est** française.[4] **Il est** protestant.

Note that the indefinite article is omitted before *unmodified* nouns of profession.

c'est + proper noun	**C'est** Monsieur Dupont. **C'est** Marie.
c'est + pronoun	**C'est** moi. **C'est** elle.
c'est + masculine adjective referring to an idea or situation	Jacques mange trop, **c'est** vrai. Ces légumes ne sont pas bons, **c'est** certain. La salade n'est pas fraîche, **c'est** évident.
c'est + modified noun	**C'est** un bon vin. **C'est** une boulangerie excellente. **C'est** un professeur intéressant. **C'est** une Française cosmopolite. **C'est** le directeur du département.

Note that **c'est** will be used with *any modified noun*, including nouns of profession, nationality, political party, or religious persuasion. The article immediately preceding the noun is considered a modifier.

---

[4] A noun indicating nationality is usually capitalized: **une *Française***. Adjectives of nationality are not: **une femme *française***.

To state a person's profession, nationality, political affiliation, or religious persuasion, you may choose either **il / elle est** or **c'est un(e)**. Remember to omit the indefinite article if you choose **il / elle est** and to retain it if you choose **c'est**. If the noun is modified by an adjective, you must use **c'est un(e)**.

> — Qui est cet homme là-bas?
> — **Il est** marchand.

BUT:

> **C'est un** marchand.
> **C'est un** marchand de la rue Victor-Hugo.

The distinctions outlined above also apply to the plural forms of both constructions: **ils / elles sont** and **ce sont**.

> J'aime ces vins. **Ils sont** bons.
> J'aime bien les Dupont. **Ils sont** professeurs. **Ce sont** de bons linguistes.

Exercice 10. Philippe, votre ami français, vous rend visite et vous faites une promenade avec lui dans le quartier de votre université. Il pose beaucoup de questions. Complétez vos réponses en utilisant **c'est, ce sont, il / elle est** ou **ils / elles sont**.

— Ce magasin en face de nous, qu'est-ce que c'est?

— _C'est_ une espèce d'hypermarché. _Il est_ très grand.

— Et cette voiture? Qu'est-ce que c'est?

— _C'est_ une Mazda RX7. _Elle est_ belle, non? Et _elle est_ rapide aussi.

— Le «Mountain Dew», c'est quoi?

— Oh, ça, _c'est_ une boisson. _Il est_ assez bonne.

— Qui est la personne à qui tu fais signe? → to wave

— M. (Mme / Mlle)..., _c'est_ mon professeur de français. _Elle est_ très gentil(le).

— Dis, ce grand bâtiment devant nous, c'est quoi?
— ~~Ce sont~~ _C'est_ une des résidences universitaires. ~~Elles sont~~ _est_ grande, mais ~~Elles sont~~ _est_ assez vieille.

— Et toutes ces personnes là-bas?

— Ah, ~~C'est~~ _sont_ mes copains. _Ils sont_ sympa. _Ils sont_ étudiants avec moi. Viens, on va déjeuner à la cafétéria ensemble.

— D'accord. Mais le grand type mince, là. C'est ton camarade de chambre?

— Oui, _c'est_ lui. _Il est_ aussi un étudiant de troisième année.

Activité 1.   Une personne importante. Faites le portrait d'une personne que vous admirez et qui vous a beaucoup influencé(e). Vos camarades de classe vont vous poser des questions pour avoir une idée plus précise de cette personne.

Activité 2.   Ma personnalité. Choisissez quatre adjectifs qui décrivent votre personnalité. Comparez ces caractéristiques avec celles de vos camarades de classe et essayez de trouver quelqu'un avec qui vous avez au moins deux traits en commun. Y a-t-il d'autres personnes avec qui vous partagez des caractéristiques? Parmi les adjectifs qui vous décrivent, lesquels décrivent également un grand nombre de vos camarades de classe?

EN SCOOTER PEUGEOT, VOUS NE MANQUEZ PAS UN RENDEZ-VOUS

ST   SC   SX

Côté raisons, vous n'en manquez pas en scooter Peugeot : tout automatique, démarreur électrique, fiable, propre et confortable, il se faufile partout, se gare sans problème.
Bref, le véhicule idéal de votre dynamisme. Mais, entre nous, le plus important n'est-ce pas son charme ?
Scooter Peugeot 80 cc (SX) conduisible avec tout permis voiture, scooters 50 cc (ST et SC) dès 14 ans sans permis, sans immatriculation.

PEUGEOT

Quelle est la différence entre les trois types de véhicules (St, Sc, Sx)? Quels sont les avantages d'un «scooter» Peugeot qu'une voiture n'a pas?

Possessive Adjectives

The possessive adjectives in French are equivalent to the English terms *my, your, his, her, its, our, their.*

ONE POSSESSOR	SINGLE POSSESSION	PLURAL POSSESSIONS
my	**mon** (*m*) **ma** (*f*)	**mes**
your (fam.)	**ton** (*m*) **ta** (*f*)	**tes**
his / her / its	**son** (*m*) **sa** (*f*)	**ses**
MORE THAN ONE POSSESSOR	SINGLE POSSESSION	PLURAL POSSESSIONS
our	**notre** (*m & f*)	**nos**
your (formal)	**votre** (*m & f*)	**vos**
their	**leur** (*m & f*)	**leurs**

Mon ami et **ma** cousine adorent **mes** parents.
Ton père et **ta** mère parlent à **tes** amies.
Son frère et **sa** sœur apportent leurs affaires.
Notre chien et **notre** enfant restent chez **nos** parents.
Votre vélo et **votre** cercle d'amis constituent **vos** distractions préférées.
Leur piscine et **leur** voiture sont **leurs** possessions favorites.

The forms **mon, ton, son** are used before a feminine word beginning with a vowel or a mute **h** for the purpose of pronunciation.

mon amie   **ton** histoire   **son** école

RAPPEL! RAPPEL!

1. French possessive adjectives agree in gender and number with the thing or person possessed, *not* with the possessor.

   sa sœur   *his or **her** sister*   **son vélo**   *his or **her** bicycle*

2. You must repeat the appropriate possessive adjective before each noun in a series to avoid ambiguity.

   son père et **son frère**   *her father and brother*

TOURNEZ
S.V.P.

3. The choice between **son, sa, ses** and **leur, leurs** often poses a problem for English speakers. Remember: when **son, sa,** and **ses** are used, there is only one possessor who may possess one thing (**son vélo**) or more than one thing (**ses livres**).

When **leur, leurs** are used, there is more than one possessor, but they may possess one thing among them (**leur maison**) or more than one thing (**leurs enfants**).

Exercice 11. Béatrice écrit à sa correspondante américaine pour lui parler de sa famille et de ses amis. Utilisez les adjectifs possessifs convenables pour compléter ses phrases.

Chère Jennifer,

Eh bien, aujourd'hui, je vais te parler de _Ma_ petite famille. _Mes_ parents sont gentils; ils ont _leurs_ amis et _leur_ travail. _Mon_ frère Bruno est plus jeune que moi; il s'amuse avec _ses_ copains et _ses_ jeux. Mon grand frère Philippe, il est sympa. Il sort avec _sa_ petite amie, Maryse, et il va acheter _sa_ propre voiture. Il termine _ses_ études au lycée en juin et va bientôt aller en fac.

Mon grand-père est mort. _Ma_ grand-mère habite en Corse où _son_ deuxième mari a pris sa retraite (*retired*). Elle est bien, Mamie. Elle a _ses_ amis, _ses_ passe-temps et _ses_ animaux domestiques.

Bon, ça suffit pour aujourd'hui. Je dois aller faire _mes_ devoirs et apprendre _mon_ leçon sur l'Amérique.

A bientôt,
Béatrice

Exercice 12. Interview. Posez les questions suivantes à vos camarades de classe. Après chaque réponse, posez une autre question.

1. Comment est ta famille? Comment sont tes frères et tes sœurs?
2. Tu t'entends bien avec tes parents?
3. Tes copains sont gentils?
4. Ton / ta meilleur(e) ami(e) habite près de chez toi?
5. Tu as ta propre voiture?
6. Tu sors souvent avec tes copains ou avec tes camarades de chambre?
7. Tu sors le week-end avec ton / ta petit(e) ami(e)?
8. Tu réfléchis déjà à ta carrière?

Demonstrative Adjectives

The French demonstrative adjectives are equivalent to the English *this, that, these, those.*

As with other adjectives in French, demonstrative adjectives must agree in gender and number with the nouns they modify.

	SINGULAR		PLURAL	
MASCULINE	ce (cet)	} this, that	ces	} these, those
FEMININE	cette		ces	

J'achète **ce** livre et **ces** disques.
Elle aime **cette** chambre et **ces** affaires.

The alternate form **cet** is used before a masculine singular noun beginning with a vowel or a mute **h**.

cet emploi   **cet** homme

RAPPEL! RAPPEL!

In English, the distinction between *this* and *that* or *these* and *those* is based on the context of the sentence. In French, you add **-ci** and **-là** after the nouns only when you wish to make a direct comparison between the two elements or stress the distance between yourself and a person or object.

Ce CD est bien.   ***This (that) CD** is good.*
Ce garçon est mon frère.   ***That (this) boy** is my brother.*

BUT:

Ce garçon-ci est mon   ***This boy** is my*
   ami, et **ce garçon-là**   *friend, and **that boy***
   est mon frère.   *is my brother.*
Tu vois **ce livre-là**?   *Do you see **that book***
   Il coûte cher!   *(there)? It's expensive!*

Exercice 13. Béatrice et ses copines font du lèche-vitrines. Utilisez la forme correcte de l'adjectif démonstratif pour compléter leur conversation.

— Béatrice, tu vois _Ce_ CD? Tu préfères _Ce_ CD ou _Cette_ cassette?

— Moi, j'aime mieux _Ce_ CD -ci-là, parce que c'est _Cette_ groupe que j'adore. Et toi, tu vas acheter _Cette_ cassette _-là_ dans la vitrine?

— Non, je n'aime pas tellement _Cette_ cassette-ci, je préfère _Cette_ cassette-là.

— _Ces_ disques compacts et _Ces_ cassettes ne m'intéressent pas beaucoup. Je vais garder _Cet_ argent pour faire d'autres achats.

Pourquoi cette offre est-elle proposée exclusivement aux gens de 13–21 ans? Pour quels autres produits y a-t-il des efforts publicitaires concentrés sur les jeunes?

EXERCICES D'ENSEMBLE

A. Philippe et Béatrice parlent de leurs amis. Philippe pense que ses amis sont plus sympathiques que les copains de sa sœur. Béatrice défend ses copains. Utilisez la forme convenable des noms et des adjectifs employés par Philippe dans la réplique (*reply*) de Béatrice.

1. — Jean est actif, créateur et gentil.
   — Et Chantal aussi est *active. et gentille*
2. — Charles est amusant, bavard et généreux.
   — Et Magali aussi est *amusante, bavarde, et généreuse*

3. — Ma copine est belle, sincère et modeste.
   — Et mon copain est aussi _beau, sincère et modest_

4. — Louis et Luc sont loyaux, heureux et discrets.
   — Et Marie et Claire sont aussi _loyals, heureuses et discretes_

5. — Louise est une vieille amie très chère.
   — Et Mark est aussi _un viel amie très cher._

B. Interview. Utilisez une variété d'adjectifs pour faire la description des personnes et des choses indiquées.

1. Comment est votre frère ou votre sœur?
2. Comment sont vos parents?
3. Comment est votre ami(e)?
4. Comment est votre animal domestique?
5. Comment sont vos cours?
6. Comment est votre maison, votre appartement ou votre chambre?

C. Roger écrit à son ancien camarade de chambre. Complétez sa lettre en donnant la forme convenable de l'adjectif possessif.

Cher ami,

Ça fait longtemps que je ne reçois plus de _tes_ nouvelles. Comment vas-tu? Et _tes_ études, _ton_ travail, _ta_ petite amie? Moi, je vais très bien. _Ma_ nouvelle voiture est extra! _Mes_ cours ne sont pas trop difficiles cette année. J'aime toujours _mon_ appartement.

Cette année, Paul a beaucoup de problèmes. Il n'aime pas _ses_ profs. _Sa_ chambre à la résidence universitaire est trop petite. Il a aussi des difficultés avec _son_ auto. Bref, il ne va pas très bien.

Tout va bien chez mes parents. _Sa leur_ nouvelle maison est très belle et pas trop grande. _Leurs_ amis aiment beaucoup la piscine.

Tu vas bientôt m'écrire à propos de _ta_ nouvelle vie là-bas, n'est-ce pas? _Tes_ commentaires sur la vie me manquent et _ton_ sens de l'humour aussi.

Bien à toi,
Roger

D. Donnez le nom des personnes qui suivent en utilisant **c'est / ce sont** dans vos phrases. Ensuite, décrivez ces personnes en faisant deux phrases avec **il / elle est** ou **ils / elles sont**.

MODELE: votre frère
C'est Ron.
Il est étudiant. Il n'est pas marié.

1. votre professeur de français
2. vos parents
3. votre petit(e) ami(e)

TOURNEZ
S.V.P.

4. votre camarade de chambre
5. vos meilleurs copains
6. votre frère ou votre sœur
7. votre parent(e) (*relative*) favori(te)
8. votre acteur / actrice préféré(e)
9. votre groupe ou votre chanteur / chanteuse préféré(e)
10. votre professeur de...

Activité. Une possession importante. Une «mob» représente plus qu'un moyen de transport pour les jeunes Français. C'est un signe extérieur de prestige et un symbole d'indépendance. Avec un(e) camarade de classe, choisissez deux symboles de prestige et d'indépendance pour les étudiants de votre âge. Soyez prêt(e) à expliquer vos choix.

Adverbs

An adverb modifies a verb, an adjective, or another adverb. It tells *how* something is done.

Il parle **facilement**.	*He speaks **easily**.*
Il est **finalement** convaincu.	*He is **finally** convinced.*
Elles parlent **terriblement** vite.	*They speak **terribly** (**very**) quickly.*

In English, most adverbs are easily recognized by the *-ly* ending. In French, many adverbs end in **-ment**. Unlike adjectives, which must reflect the gender and number of the nouns they modify, adverbs show no agreement.

● ● ● ● ● ● ● ● ● ● ● ● ● ● ●
**Formation of
Adverbs**
● ● ● ● ● ● ● ● ● ● ● ● ●

To form most adverbs in French add **-ment** to the feminine form of the adjective.

MASCULINE ADJECTIVE	FEMININE ADJECTIVE	ADVERB
final	finale	finale**ment**
cruel	cruelle	cruelle**ment**
premier	première	première**ment**
curieux	curieuse	curieuse**ment**
actif	active	active**ment**
long	longue	longue**ment**
rapide	rapide	rapide**ment**

Certain exceptions to the regular formation of adverbs are summarized below.

ADJECTIVE ENDING	IRREGULARITY	ADJECTIVE	ADVERB
-i	no -e added	vrai	vraiment
-u	no -e added	absolu	absolument
-ant	-amment	brillant	brillamment
		constant	constamment
-ent	-emment[5]	évident	évidemment
		patient	patiemment
		fréquent	fréquemment

A few adverbs have completely irregular stems.

bref	brève	**brièvement**
gentil	gentille	**gentiment**

A few important adverbs are completely different from their corresponding adjectives.

ADJECTIVE	ADVERB		ADJECTIVE	ADVERB
bon	**bien**		meilleur	**mieux**
mauvais	**mal**		petit	**peu**

RAPPEL! RAPPEL!

You must be aware of the distinction between describing something and telling *how* something is done. Note that **être** is normally followed by an adjective.

Ce repas est **bon**. Elle fait **bien** la cuisine.
Ce concert est **mauvais**. Le groupe chante **mal**.
Ce groupe est **actif**. Ils jouent **activement**.
Son frère est **petit**. Il parle **peu**.

Here are some commonly used adverbs.

TIME	PLACE	FREQUENCY	QUANTITY
aujourd'hui	ici	déjà	assez
hier	là	enfin	beaucoup
demain	là-bas	souvent	trop
maintenant	partout	toujours	peu
tard	quelque part	jamais	
tôt		quelquefois	
vite			

---

[5] The -**emment** ending is pronounced the same way as the -**amment** ending.

The usual position for adverbs used with simple tenses (present, imperfect, simple future, etc.) is directly following the conjugated verb.

Il finit **facilement** ses devoirs.
Elles répondent **bien** aux questions.
Nous terminons **toujours** à neuf heures.

Many adverbs of time, place, frequency, and manner may also be placed at the beginning or the end of a sentence.

Demain, nous allons partir.
Nous allons partir **demain**.

Any adverb that depends on the verb for its meaning, such as adverbs of quantity, must be placed directly after the verb.

Il parle **assez** en cours.
Vous allez **trop** au café.
Elles aimeraient **beaucoup** nous accompagner.
Je fais **mieux** la cuisine.

RAPPEL! RAPPEL!

In French an adverb can never be placed after the subject, as is often done in English.

I **finally** speak French.	Je parle **enfin** le français.
The Martins **always** arrive on time.	Les Martin arrivent **toujours** à l'heure.
He **already** knows the truth.	Il sait **déjà** la vérité.

Exercice 14. Comment agissent-ils *(act)*? Chaque phrase complète contient un adjectif. Remplissez le blanc avec l'adverbe correspondant.

1. Paul a un petit appétit. Il mange _bien_.
2. Ma mère est très patiente. Elle écoute _patiemment_
3. Mon prof de français est gentil. Il répond _gentiment_ à nos questions.
4. Ce groupe de rock est mauvais. Les musiciens jouent _mal_.
5. Mon copain est indépendant. Il travaille _indépendamment_
6. Phil Collins est un bon chanteur. Il chante _bien_.
7. Mon ami a une moto rapide. Elle va _vite_.
8. Mon camarade de chambre a un problème sérieux. Nous parlons _sérieusement_

Exercice 15. Un bon journaliste précise toujours le qui, le quoi, le quand, le où, le comment et le pourquoi des choses. Jouez le rôle du journaliste en ajoutant à chacune des phrases suivantes l'adverbe indiqué.

1. (directement) Bruno et ses amis vont au match de foot.
2. (déjà) Philippe prépare son bac.
3. (bien) Vous amusez-vous en classe?
4. (beaucoup) Les jeunes Américains parlent au téléphone avec leurs amis.
5. (souvent) Les étudiants donnent des soirées.
6. (mal) Mon prof de _____ comprend les problèmes des étudiants.
7. (fréquemment) Les jeunes Français sortent en groupe.
8. (aujourd'hui) Il faut aller en cours.

The Comparative and Superlative of Adjectives

The Comparative

To form the comparative of adjectives, place **plus**, **moins**, or **aussi** before the adjective and **que** after the adjective. The adjective must agree in gender and number with the first of the two nouns or pronouns used in the comparison.

plus... que	more . . . than	Ces cafés sont **plus intéressants que** les autres.
moins... que	less . . . than	Lucien est **moins blond que** Marie.
aussi... que	as . . . as	Je suis **aussi intelligente que** toi.

The adjective **bon** has an irregular comparative form, **meilleur** (*better*), that shows all standard gender agreements.

Ce café-ci est **meilleur** que ce café-là.
Les boissons ici sont **meilleures** que là-bas.

Note that **aussi** may be replaced by **si** in a negative sentence.

Cette bande n'est pas **si** amusante **que** l'autre.

The Superlative

To form the superlative of adjectives, place the appropriate definite article plus **plus** or **moins** before the adjective and **de** after the adjective.

Il est **le plus intelligent de** la classe.
Cette bande est **la moins amusante de** toutes les bandes.
Nos amis sont **les plus loyaux du** monde.

When preceding a noun and comparing amounts or quantities, **plus que**, **moins que**, and **aussi que** become **plus de** (*more than*), **moins de** (*less than*), and **autant de** (*as much* or *as many as*).

1. When a noun is included in the superlative construction, the adjective is placed in its normal position and shows the appropriate agreement. If the adjective normally precedes the noun, the superlative constuction is similar to the English superlative.

   C'est **la plus belle étudiante** de la classe.
   Ce sont **les meilleures distractions** de la ville.

   If the adjective normally follows the noun, its complete superlative form, including the appropriate definite article, must follow the noun. The noun itself will still be preceded by its own definite article or possessive adjective.

   C'est **le livre le plus intéressant** de tous.
   C'est **le moment le moins heureux** de ma vie.
   Ce sont **les groupes les plus actifs** du club.
   Ce sont **ses activités les moins amusantes** de la journée.

2. Remember that the preposition **de** is used after the superlative as the equivalent of *in* or *of*.

Exercice 16. Le mode de vie de la famille Dumont nous permet de comparer les façons de vivre aux Etats-Unis et en France. Utilisez les éléments indiqués pour faire des phrases comparatives.

> MODELE: La cuisine française / être / élégant / la cuisine américaine
> La cuisine française est plus élégante que la cuisine américaine.

1. un appartement français / être / grand / un appartement américain
2. un repas chez McDonald's / être / long / un repas français traditionnel
3. les devoirs français / être / difficile / les devoirs américains
4. le week-end en France / être / long / le week-end américain
5. les examens américains / être / difficile / les examens français
6. les CD en France / être / cher / les CD aux Etats-Unis
7. un vélo / être / rapide / une moto
8. les voitures américaines / être / gros / les voitures françaises

Exercice 17. Un(e) ami(e) américain(e) adore sa vie en France et écrit une lettre pleine de superlatifs pour le dire. Utilisez les éléments suivants pour former des phrases superlatives.

> MODELES: Notre-Dame / être / beau / cathédrale / pays
> Notre-Dame est la plus belle cathédrale du pays.
>
> C'est / voyage / intéressant / ma vie
> C'est le voyage le plus intéressant de ma vie.

1. Paris / être / beau / ville / monde
2. la Tour Maine-Montparnasse / être / haut / bâtiment / Paris
3. je / faire / long / promenades / ma vie
4. la Sorbonne / être / vieux / université / pays
5. le Louvre / être / musée / intéressant / monde
6. le Quartier latin / être / quartier / ancien / ville
7. les Tuileries / être / beau jardin / Paris
8. c'est / bon / voyage / ma vie

[handwritten margin note: if the adjective is long it is as in example. if the adj. is short it ... adj. before the noun]

Exercice 18.   Jetez encore un coup d'œil sur la description de la vie des jeunes Français aux pages 70–73. Composez trois ou quatre phrases pour comparer la vie des jeunes Américains à celle des jeunes Français. Voici des points de départ possibles.

faire du sport
passer un bon moment ensemble à table
se déplacer en vélo ou en métro
passer le permis de conduire
retrouver des amis au restaurant
acheter des disques compacts et des cassettes
recevoir de l'argent des parents
travailler
avoir des amis intimes

The Comparative and Superlative of Adverbs

The Comparative

The comparative of adverbs is formed in the same way as the comparative of adjectives. Remember, however, that adverbs are invariable.

Elle parle **aussi lentement que** son frère.
Ils travaillent **moins bien que** vous.
Nous finissons **plus vite que** les autres.

[handwritten margin note: pronounce s in "plus" or not?]

The adverb **bien** has the irregular comparative form **mieux que** (*better than*).

Vous répondez **mieux que** Charles.
Je m'amuse **mieux** ici **qu'**au café.

The comparative of **beaucoup de** is **plus de**.

Marie a **plus d'**amis que son frère.
Il y a **plus de** vingt personnes dans cette classe.

The Superlative

To form the superlative of adverbs place **le plus** or **le moins** before the adverb. Because adverbs are invariable, **le** is always used in the superlative construction.

Ils travaillent **le plus sérieusement de** tout le groupe.
Pierre écoute **le moins attentivement de** toute la classe.
Mais Béatrice répond **le mieux de** tous les étudiants.

Note that **de** is also used with the superlative of adverbs as the equivalent of *in* or *of*.

RAPPEL! RAPPEL!

The comparative and superlative forms of the adjective **bon** and the adverb **bien** may pose more problems in French than in English. Compare the following forms.

good	*better*	*best*
bon	**meilleur(e)**	**le / la / les meilleur(e)(s)**

well	*better*	*best*
bien	**mieux**	**le mieux**

Remember that **être** is usually followed by an adjective and that other verbs are followed by adverbs.

Exercice 19. Vous expliquez comment on fait certaines choses en France. Comparez les deux cultures en complétant chacune des phrases suivantes. Utilisez le comparatif de l'adverbe entre parenthèses.

1. (lentement) Les Français mangent _____ les Américains.
2. (bien) Mais en France, on mange _____ aux Etats-Unis.
3. (rapidement) Le TGV roule _____ les trains de l'Amtrak.
4. (sérieusement) Un lycéen français doit étudier _____ un élève dans une «high school» américaine.
5. (souvent) Les étudiants américains travaillent _____ les étudiants français.
6. (souvent) Les jeunes Français sortent _____ les jeunes Américains.

• •
EXERCICES D'ENSEMBLE
• •

A. Donnez votre point du vue personnel en comparant divers aspects de la vie d'étudiant. Choisissez un adjectif approprié pour chaque comparaison.

1. un cours de français / un cours de maths
2. mon université / la Sorbonne
3. notre restaurant universitaire / un restaurant en ville
4. ma chambre / la chambre de mon ami(e)
5. un examen de français / un examen d'anglais
6. mon prof de français / mon prof de __
7. ma dissertation / la dissertation de mon ami(e)
8. ???

B. Utilisez les éléments suivants plus un adverbe approprié pour comparer la façon dont votre ami(e) et vous faites ces activités.

1. sortir avec des copains
2. faire des devoirs
3. aller en cours
4. étudier à la bibliothèque
5. répondre aux questions du professeur
6. parler français en cours
7. regarder la télévision
8. aller aux matchs de football
9. ???

C. Aidez Philippe à mieux connaître les Etats-Unis en répondant à ses questions.

1. A votre avis, qui est le meilleur acteur américain? Et la meilleure actrice? Pourquoi?
2. Quelle est l'émission de télévision la plus intéressante en Amérique? Pourquoi?
3. Quelle est la meilleure voiture américaine? Pourquoi?
4. Quel chanteur ou quelle chanteuse chante le mieux? Pourquoi?
5. Quel est le film le plus intéressant de cette année? Pourquoi?
6. Quel groupe de rock aimez-vous le mieux? Quel est le groupe le plus populaire aux Etats-Unis actuellement?

· ·
PRATIQUE
· ·

Activité 1. Deux villes. Comparez votre ville natale (ou une autre ville que vous connaissez bien) à la ville où se trouve votre université. Donnez trois avantages et trois inconvénients pour chaque ville.

Quelle sorte de musique préférez-vous? Jouez vous un instrument musicale?

Taux de pratique sportive en fonction du sexe
(1991, en % de la population concernée) :

	Occasion-nellement		Réguliè-rement	
	H	F	H	F
• Alpinisme	2,2	1,0	0,6	0,2
• Athlétisme	5,1	2,4	1,8	0,9
• Aviation	1,2	0,6	0,3	0,0
• Basket	4,7	2,7	1,4	1,2
• Bateau à moteur	2,1	0,9	0,4	0,2
• Bateau à voile	2,9	1,7	1,2	0,3
• Planche à voile	3,2	2,3	1,3	0,3
• Boules	15,2	4,7	2,5	0,3
• Cyclisme	17,5	9,7	6,3	2,9
• Chasse	2,8	0,5	3,4	0,1
• Equitation	2,6	2,7	0,6	0,8
• Football	10,1	0,9	6,5	0,2
• Golf	1,6	1,1	0,5	0,3
• Gymnastique	4,2	9,3	2,6	11,4
• Jogging	12,6	8,4	6,5	3,6
• Judo-karaté	1,6	0,4	1,8	0,5
• Natation	20,2	16,7	5,1	6,0
• Patin à glace	3,8	3,1	0,1	0,2
• Pêche en mer	4,6	1,0	1,1	0,2
• Pêche en eau douce	8,6	1,5	4,2	0,2
• Plongée	3,0	1,3	0,9	0,2
• Rugby	2,0	0,2	1,1	0,1
• Randonnée pédestre	11,5	9,3	4,9	4,0
• Ski de fond	8,6	5,9	1,4	1,0
• Ski alpin	13,3	7,9	4,2	2,6
• Ski de randonnée	1,3	1,0	0,4	0,1
• Tennis	15,1	7,8	6,9	2,3
• Volley-ball	6,1	2,9	2,1	1,6

Secodip/Openers

Activité 2.   Faites-vous du sport? Quels sont les sports que vous pratiquez
régulièrement ou occasionnellement? Faites un sondage (*poll*) sur les
préférences des autres étudiant(e)s de la classe. Quel sport est le plus souvent
pratiqué? le moins souvent pratiqué? Y a-t-il de grandes différences entre les
réponses des hommes et celles des femmes? Ensuite, comparez vos résultats
aux réponses des Français.

Activité 3.   Mes goûts changent. Comparez ce que vous aimez faire
aujourd'hui à vos goûts d'il y a quelques années.

MODELE: Je vais moins souvent au cinéma maintenant.
          J'achète plus de livres aujourd'hui.
          Je téléphone plus souvent à mes amis.

Activité 4.   **Les valeurs importantes.** Quelles sont les valeurs qui comptent le plus pour vous, qui vous paraissent le plus fondamentales? Classez les 21 valeurs à la page suivante en mettant un **1** à côté de la valeur qui vous semble la moins importante, un **2** à la suivante, etc., et un **21** à la valeur qui vous semble essentielle. Ensuite, comparez vos réponses à celles des jeunes Français de 15 à 20 ans.

LES VALEURS IMPORTANTES POUR VOUS

Quelles sont les valeurs qui comptent le plus pour vous, qui vous paraissent le plus fondamentales?		Quelles sont les valeurs qui comptent le plus pour vous, qui vous paraissent le plus fondamentales?	
		les 15-20 ans répondent	%
La tolérance, le respect des autres		La tolérance, le respect des autres	46
L'honnêteté		L'honnêteté	44
La politesse, les bonnes manières		La politesse, les bonnes manières	39
Le respect de l'environnement, de la nature		Le respect de l'environnement, de la nature	32
L'obéissance		L'obéissance	26
Le générosité		Le générosité	25
Le goût de l'effort, du travail		Le goût de l'effort, du travail	21
La solidarité avec les gens, avec les peuples		La solidarité avec les gens, avec les peuples	19
Le sens de la famille		Le sens de la famille	17
La réussite sociale, l'esprit de compétition		La réussite sociale, l'esprit de compétition	16
Le courage		Le courage	15
La patience, la persévérance		La patience, la persévérance	13
La fidélité, la loyauté		La fidélité, la loyauté	13
Le sens de la justice		Le sens de la justice	10
Le respect de la propriété		Le respect de la propriété	8
Le sens du devoir		Le sens du devoir	7
L'autorité, le sens du commandement		L'autorité, le sens du commandement	6
La recherche spirituelle, la foi		La recherche spirituelle, la foi	5
Le respect de la tradition		Le respect de la tradition	5
L'attachement à la patrie		L'attachement à la patrie	4
Le civisme, le respect du bien commun		Le civisme, le respect du bien commun	3

Numbers

0	**zéro**	14	**quatorze**	50	**cinquante**
1	**un (une)**	15	**quinze**	51	**cinquante et un**
2	**deux**	16	**seize**	60	**soixante**
3	**trois**	17	**dix-sept**	61	**soixante et un**
4	**quatre**	18	**dix-huit**	70	**soixante-dix**
5	**cinq**	19	**dix-neuf**	71	**soixante et onze**
6	**six**	20	**vingt**	80	**quatre-vingts**
7	**sept**	21	**vingt et un**	81	**quatre-vingt-un**
8	**huit**	22	**vingt-deux**	90	**quatre-vingt-dix**
9	**neuf**	30	**trente**	91	**quatre-vingt-onze**
10	**dix**	31	**trente et un**	100	**cent**
11	**onze**	40	**quarante**	101	**cent un**
12	**douze**	41	**quarante et un**	200	**deux cents**
13	**treize**			201	**deux cent un**

1 000	**mille**	1 000 000	**un million**
1 005	**mille cinq**	1 000 000 000	**un milliard**
2 000	**deux mille**		
2 010	**deux mille dix**		

English and French differ in their use of commas and decimal points in writing numbers. Where a decimal point is used in English, a comma is used in French: *41.5 miles* = **66,4 kilomètres**. For numbers over 1000, only a space is used: **20 000F**.

RAPPEL! RAPPEL!

1. Beginning with **deux cents**, there is an **-s** on the number **cent**, unless it is followed by another number (**deux cents, deux cent cinq**). **Mille** never has an **-s**. When expressing a year, **mil** may be used instead of **mille** when it is the first word in a date: **mil neuf cent vingt** (*1920*).
2. For hundreds and thousands, there are no equivalents in French for the preceding *a* or *an* or the following *and* frequently used in English.

cent cinq	*a hundred and five*
mille cinquante	*a thousand and fifty*

Most ordinal numbers are formed by adding **-ième** to the cardinal numbers. If the cardinal number ends in **-e**, the **-e** is dropped.

deux	**deuxième**
quinze	**quinzième**
dix-sept	**dix-septième**

trente	**trentième**
cinquante et un	**cinquante et unième**
cent trois	**cent troisième**
deux mille	**deux millième**

There are a few exceptions to the regular formation of ordinal numbers.

un (une)	**premier (première)**
cinq	**cinquième**
neuf	**neuvième**

RAPPEL! RAPPEL!

1. With titles and dates, French uses cardinal numbers where English uses ordinal numbers. The only exception is **premier.**

le premier novembre	**François I (Premier)**
le huit février	**Louis XIV (Quatorze)**
le vingt-trois juin	**Jean-Paul II (Deux)**

2. When cardinal and ordinal numbers are used together, the cardinal number precedes the ordinal.

   les **deux premières** pages
   les **quatre dernières** semaines

Collective Numbers

To express the idea of an approximate quantity (*about* + number), the ending **-aine** is added to the cardinal numbers 10, 12, 15, 20, 30, 40, 50, 60, and 100. Any final **-e** is dropped, and **x** becomes **z**. When followed by a noun, the collective numbers require the partitive **de**.

une dizaine	*about 10*
une cinquantaine	*about 50*
une soixantaine	*about 60*
une centaine de voitures	*about 100 cars*

- The following form is irregular and masculine:

  un millier de personnes   *about a thousand people*

- To say a telephone number in French, you have to group the numbers and not say each number individually the way we do in English. For 42-61-54-33, you would say **quarante-deux, soixante et un, cinquante-quatre, trente-trois.**

Exercice 20.   Béatrice et ses copines font du lèche-vitrines. Quel est le prix des choses qu'elles voient? Si Béatrice a 600 francs à dépenser aujourd'hui, qu'est-ce qu'elle peut acheter? Et vous, que voulez-vous acheter? Quel est le total de vos achats?

1. un chemisier = 185 francs
2. un billet de cinéma = 36 francs
3. un bracelet = 800 francs
4. un sac = 275 francs
5. de l'eau de toilette = 96 francs
6. un blouson en cuir *(leather jacket)* = 1 400 francs
7. un Coca = 12 francs
8. un livre sur les Etats-Unis = 328 francs
9. une cassette = 83 francs
10. un poster de Sting = 125 francs
11. un jean = 810 francs
12. un foulard Calvin Klein = 640 francs

Exercice 21.   Vous allez passer l'année universitaire à Avignon et vous venez de vous établir dans la ville. Maintenant, vous voulez envoyer à vos parents quelques numéros de téléphone importants. Vous les demandez au directeur de votre programme. Les voici. Répétez les numéros pour les vérifier.

1. 91-51-18-72: le consulat américain à Marseille
2. 94-22-04-44: un médecin à Avignon
3. 65-88-11-16: la résidence du directeur à Nîmes
4. 42-96-12-02: l'ambassade américaine
5. 67-66-31-77: l'hôtel Sofitel à Montpellier
6. Maintenant, donnez au directeur votre numéro de téléphone aux Etats-Unis.

Exercice 22.   Vous préparez un exposé sur la France dans lequel vous indiquez des quantités approximatives. Utilisez des nombres collectifs pour exprimer les concepts suivants.

1. à peu près trente kilomètres
2. 1 000 étudiants
3. environ quinze autoroutes
4. vingt sites historiques
5. dix francs
6. cent francs
7. quarante centres universitaires
8. cinquante départements

ACTIVITES D'EXPANSION

POUR S'EXPRIMER

Voici une liste d'expressions employées pour dire si vous êtes d'accord avec une déclaration ou une suggestion. Lisez les phrases suivantes et donnez votre opinion en utilisant les expressions de la liste.

D'ACCORD
Entendu.
Oui, bien sûr!
Oui, oui, ça va.
Excellente idée.
Super!
En effet.
Pas de problème!

PAS D'ACCORD
Pas du tout.
Mais non!
Ecoute!
Eh bien, moi...
Pas question!
Alors, là...
C'est possible, mais...

MODELE: — Tu peux m'aider avec mes devoirs de français?
— Oui, bien sûr! Tu es libre jeudi après-midi?

ou: — C'est possible, mais je ne suis libre que vers quatre heures.

1. Tu veux étudier avec moi à la bibliothèque lundi soir?
2. On va ensemble au match de football samedi après-midi?
3. Est-ce que je peux prendre ta voiture pour le week-end?
4. Je suis sûr(e) que tu vas habiter en appartement l'année prochaine.
5. Tu veux sortir avec mon / ma camarade de chambre samedi soir, n'est-ce pas?
6. Mon / ma copain / copine vient passer le week-end et il / elle va coucher dans notre chambre.
7. Je vais te retrouver au restaurant universitaire à midi.
8. Est-ce que je peux porter ton nouveau pull-over à la soirée?
9. Tu veux nous accompagner au festival du film étranger?
10. ???

Situations

1. Décrivez les jeunes Américains en deux phrases. Vos camarades vont indiquer s'ils sont d'accord ou pas.
2. Parlez de trois aspects intéressants de la vie des jeunes en France. A partir de vos idées, vos camarades vont composer des phrases pour comparer la vie des jeunes Français et la vie des jeunes Américains.

TOURNEZ
S.V.P.

3. Comparez deux personnes importantes dans votre vie (deux amis, deux professeurs, deux parents, etc.).
4. Employez comme modèle la lettre de Roger à la page 93 et écrivez une lettre à un(e) ami(e) qui habite loin de chez vous et qui fait aussi des études de français. Postez la lettre. Si on répond à votre lettre, lisez la réponse devant la classe. (Vous pouvez aussi imaginer une réponse possible.)

Interactions

A. You are sharing an apartment with a French student during your stay in France. Your roommate asks you if a friend can move in for a while because he or she is having problems at home. What questions would you ask about this person to decide if he or she could move in? What would you say if you were not in favor of the plan? Imagine the conversation with your roommate.

B. Several of your French friends invite you to go dancing at a disco outside of town Friday night. You want to go out, but you don't want to go to that particular club. How do you react?

A LA TELE

CANAL HORIZONS PAR SATELLITE
DECOUVREZ DES AUJOURD'HUI VOTRE NOUVELLE CHAINE DE TELEVISION.

CANAL HORIZONS diffuse sur l'Afrique et le Moyen Orient 21 heures de programmes par jour sur le satellite Intelsat VI. Pour avoir accès à l'intégralité de ses programmes, il faut acheter un décodeur et souscrire un abonnement. Vous verrez alors les plus grands films du cinéma, les plus forts moments du sport et un festival d'émissions pour vos enfants. Dès aujourd'hui, profitez gratuitement de 12HOO à 13H30 et de 18HOO à 19H5O en Temps Universel des programmes de CANAL HORIZONS en "clair" (non codés), grâce à votre antenne parabolique orientée sur le satellite Intelsat VI.

21 HEURES DE PROGRAMMES PAR JOUR

CINEMA
LE CHOIX EN PLUS
CANAL HORIZONS a sélectionné pour vous des films récents et inédits du monde entier : Né un 4 Juillet, Les Incorruptibles, Retour vers le Futur III, Le Bal des Casse-pied, Indiana Jones et La Dernière Croisade, IP5, Crocodile Dundee II,...

SPORT
LE DIRECT EN PLUS
La priorité est donnée au sport en direct sur CANAL HORIZONS avec la retransmission des plus grandes rencontres internationales au plus haut niveau : coupes d'Europe de football, championnats du monde de boxe, basket américain, le rallye Paris-Dakar, tennis, football américain,...

JEUNESSE
LE SPECTACLE EN PLUS
CANAL HORIZONS réserve à vos enfants de grandes surprises avec une sélection de dessins animés, de documentaires, de feuilletons conçus pour eux: Babar, Tintin, Bug's Bunny, Lucky Luke, Les Inventions de la Vie,...

CANAL HORIZONS **POUR EN VOIR TOUJOURS PLUS**

Quelles émissions de télé préférez-vous regarder? les films? les sports? les documentaires? Combien de chaînes de télé sont disponibles dans votre ville?

 Mes émissions favorites

PERSPECTIVES

Regardez-vous beaucoup la télévision?
Quelles émissions regardez-vous le plus souvent?
Quelle est votre émission préférée?
Avez-vous la télédistribution (télévision par câble) chez vous?
Combien de téléviseurs y a-t-il chez vous?

Christelle et Magali sont toutes les deux étudiantes. Christelle est en faculté de médecine, et Magali étudie l'architecture. Aujourd'hui, chacune a passé une journée difficile. Elles sont rentrées, vers 19 heures, à l'appartement qu'elles partagent et ont envie de se détendre un peu devant la télé.

CHRISTELLE: Tu as vu le film la semaine dernière?

MAGALI: Non, quel film?

CHRISTELLE: Tu sais, le film d'action. Ça s'appelle *Air America* avec Mel Gibson.

MAGALI: Non, j'ai dû le rater. Pourquoi? C'était bien?   5

CHRISTELLE: J'ai vraiment bien aimé! André est même venu ici pour le voir.

MAGALI: Bon, ce soir, qu'est-ce qu'on regarde? Passe-moi le *Télé 7 Jours* et la télécommande, s'il te plaît.

CHRISTELLE: Tiens. Je veux regarder *Sacrée soirée* ce soir, avec   10
Michel Sardou en direct sur France 2.

MAGALI: Ah non, j'ai vu Cabrel la semaine dernière: c'était sympa, mais Sardou, il est trop commercial.

CHRISTELLE: Bon. Et qu'est-ce que tu penses de *Santa Barbara* sur M6?   15

MAGALI: Non, M6... il y a toujours trop de pub. Et *Enquête de vérité* sur TF1... ça te va?

CHRISTELLE: Ah non! C'est barbant! Bon, on va pas se battre. Ça te convient, *la Marche du siècle*, sur l'avenir de la France en Europe?

MAGALI: Qui présente l'émission?   20

CHRISTELLE: C'est Jean-Marie Cavada.

MAGALI: Ah oui, il est sympa comme présentateur.

CHRISTELLE: Bon, écoute. Il nous reste cinq minutes. Je vais aller chercher du gâteau au frigidaire.

MAGALI: D'accord.   25

1. Christelle demande à Magali si elle a vu «le film la semaine dernière». La réponse est négative. Mais, comment sait-on si Christelle l'a vu? Que dit-elle pour confirmer ce renseignement?
2. Faites une liste des émissions que Christelle et Magali peuvent regarder ce soir. A quel genre de programme pensez-vous que ces émissions appartiennent: films, variétés, séries (ou feuilletons), documentaires, émissions politiques? Expliquez votre choix.
3. Comment s'appellent les trois personnalités de télévision qui ont été mentionnées par Christelle et Magali? Que pensent-elles de ces personnages?
4. Relevez dans le dialogue trois expressions négatives utilisées par Christelle et Magali. Créez un mini-dialogue dans lequel vous allez vous servir de ces mêmes expressions.

Christelle et Magali regardent attentivement la télé. Quelle émission ont-elles finalement choisie?

La télévision française a beaucoup évolué depuis quelques années. Pendant longtemps, il n'y a eu que trois chaînes (deux nationales et une régionale). Pour leurs finances, ces chaînes dépendaient largement de l'Etat mais comptaient aussi sur la publicité pour compléter leurs revenus. En 1984, une chaîne payante, Canal Plus (C+), a commencé à diffuser films, feuilletons, téléfilms, séries, spectacles et sports à ses abonnés (les non-abonnés sans décodeur ne voyaient qu'une image brouillée). Depuis 1986, d'autres changements ont eu lieu: la première chaîne (TF1) a été privatisée, on a ajouté une chaîne culturelle («Arte»), et une sixième chaîne (M6) dont la programmation est composée principalement de films, de téléfilms, de vidéo-clips et d'autres divertissements musicaux. France 2 et France 3, toujours publiques, sont les derniers vestiges du monopole audiovisuel de l'Etat.

Les Français voient-ils une différence entre la télé publique et la télé privée? Il paraît qu'un Français sur deux estime que les désirs des télé-spectateurs sont mieux respectés par la télé privée. Pour le moment, les types de programmes regardés le plus souvent sont les variétés (y compris les émissions de fiction-TV), le journal télévisé, les films et le sport. Mais il ne faut pas oublier que la télécommande a permis aux téléspectateurs de changer de chaîne de façon répétée (ce qu'on appelle «le *zapping*») pour se débarrasser d'une émission qui devient ennuyeuse ou pour éviter les spots publicitaires, surtout quand ils interrompent un film. Quant à l'avenir, on ne sait pas très bien encore l'effet de la télévision par câble ou de la télévision par satellite sur l'audience française. Il est presque certain que la présence d'un grand nombre de chaînes étrangères en France va bouleverser les habitudes télévisuelles des Français aussi bien que la pro-grammation de leurs chaînes. Grâce à la télécommande, au câble (et aux possibilités d'une TV interactive!), au satellite, au magnétoscope et aux jeux vidéo, le comportement français devant le petit écran s'est déjà transformé radicalement.

VOCABULAIRE ACTIF

LES ACTIVITES

s'abonner (à) to subscribe (to)
allumer to turn on
se battre to fight
changer de chaîne to change channels

convenir to be suitable
diffuser to broadcast
en avoir marre (de) to have had enough (*slang*)
éteindre to turn off
passer à la télé to appear on TV

plaire to please (*p.p.*[1] = **plu**)
présenter to introduce
raconter to relate, to tell
rater to miss (*slang*)
régler to adjust
venir to come (*p.p.* = **venu**)
voir to see (*p.p.* = **vu**)

---

[1] p.p. = past participle

LA TELEVISION

un(e) **abonné(e)** subscriber
un **atelier de réparation** repair shop
une **chaîne** channel
un **documentaire** documentary
une **émission** TV program
un **épisode** episode
un **feuilleton** serial
un **jeu** game
le **petit écran** TV

un(e) **présentateur(-trice)** host
le **programme** schedule of TV programs
la **publicité** commercials
la **pub** commercials (*slang*)
la **télé** *abbrev. of* **télévision**
le *Télé 7 Jours* French *TV Guide*
la **télécommande** remote control
un(e) **téléspectateur(-trice)** viewer

le **téléviseur** television set
les **variétés** variety shows
le **zapping** channel surfing

LES CARACTERISTIQUES

branché(e) plugged in
en direct live
en panne not working, out of order
interactif(-ive) interactive
par câble cable TV
privatisé(e) denationalized
sacré(e) super

Exercices de vocabulaire

A. En vous servant du texte et du **Vocabulaire actif**, faites une liste des expressions qui se rapportent au poste de télévision et une deuxième liste d'expressions utiles pour parler de ce qu'on passe à la télé.

LE POSTE	A LA TELE
————————	————————
————————	————————
————————	————————
————————	————————
————————	————————

B. Choisissez le(s) terme(s) français correspondant aux concepts américains indiqués.

1. ABC, NBC, CBS, CNN
2. Cable TV
3. *Jeopardy!*
4. *TV Guide*
5. *Melrose Place*
6. *Saturday Night Live*
7. David Letterman
8. "Just do it."
9. RCA
10. *Home Improvement, Roseanne,* etc.
11. Discovery Channel, *NOVA*
12. TV

C. Décrivez une soirée devant le petit écran en utilisant les termes suivants.

allumer	changer	éteindre	présenter
en avoir marre de	consulter	passer	régler

1. Qui a contrôlé la télévision à ses débuts en France? Pendant longtemps, combien de chaînes est-ce qu'il y a eu?
2. Qu'est-ce que c'est que Canal Plus? Qui peut capter les émissions proposées par cette chaîne?
3. Parmi les chaînes de la télé française, lesquelles sont privatisées et lesquelles sont publiques?
4. Pourquoi les Français semblent-ils préférer la télévision privée?
5. Quelles sortes d'émissions les Français ont-ils tendance à regarder?
6. Est-ce que vous faites du «zapping» de temps en temps? Pourquoi?
7. Pourquoi la télévision par satellite va-t-elle bouleverser les habitudes télévisuelles des Français?
8. Quels autres usages du téléviseur peut-on faire actuellement en France? Lesquels de ces usages sont à votre disposition personnelle?

LEXIQUE PERSONNEL

Cherchez les éléments de vocabulaire qui correspondent aux concepts suivants:

1. la pub à la télé
2. l'ensemble des émissions télévisées aux USA
3. le public américain et la télé
4. la télé en France

En utilisant le vocabulaire de la leçon et votre lexique personnel, répondez aux questions suivantes.

1. Choisissez une publicité que vous avez vue récemment à la télé. Pendant quelle émission est-elle passée? A-t-elle interrompu ou suivi l'émission? Est-ce qu'elle vous a plu? Pourquoi?
2. Quelles différences avez-vous notées entre les émissions de l'après-midi et les émissions du soir? La qualité et la variété changent-elles selon les heures de diffusion?
3. En quoi les chaînes PBS sont-elles différentes des autres?
4. Pourquoi pensez-vous qu'un pays comme la France importe tant d'émissions américaines?
5. La télé américaine donne-t-elle une image fidèle de l'Amérique? Donnez des exemples.
6. Pour quelles raisons changez-vous de chaîne? Faites-vous du «zapping»? Est-ce que la télécommande encourage cette tendance?
7. Est-il possible de voir des films étrangers à la télé en Amérique du Nord? Sur quelles chaînes?
8. Quelle impression avez-vous de la télé en France?

21.40

SOIRÉE SPÉCIALE—PRÉSENTATION: ALAIN DUAULT ET VINCENT PERROT

LA FÊTE DE LA MUSIQUE

Comme chaque année, le jour le plus long est l'occasion d'une fête païenne et musicale à travers toute la France. En cinq émissions et un film, France 3 accompagne ces festivités. En ouverture, le magazine «Montagne» est allé retrouver le chanteur reclus Jean-Louis Murat. Ce soir, «Dix voix pour une décennie» propose un panorama des chanteurs, qu'ils soient de variétés ou classiques, qui ont marqué les dix ans passés, depuis qu'existe la fête de la Musique.

Mory Kante

Patricia Kass

Patrick Bruel.

Julia Migenes.

Roch Voisine.

Quels chanteurs (Quelles chanteuses) français(es) connaissez-vous?

VIE ACTUELLE

Avant de lire l'extrait de la revue *Télé Poche Magazine* à la page 116, répondez aux questions suivantes.

1. Regardez-vous les reprises (*reruns*) des émissions comme *Cheers* ou *A Different World*, par exemple?
2. Quels feuilletons ont beaucoup de succès aux Etats-Unis actuellement? Quel est votre feuilleton préféré?
3. Est-ce qu'on passe beaucoup de films étrangers à la télé en Amérique?
4. Quelles émissions regardez-vous le plus souvent?

TOURNEZ

S.V.P.

PROGRAMMEZ VOTRE SEMAINE PROCHAINE

Chaîne	SAMEDI	DIMANCHE	LUNDI	MARDI	MERCREDI	JEUDI	VENDREDI
TF1	20.40 VARIÉTÉS — SUCCÈS FOUS. Par Christian Morin, Patrick Roy, Philippe Risoli. / 22.25 TÉLÉFILM — PETER GUNN. Avec Peter Strauss.	20.35 CINÉMA — LE CRI DU HIBOU. Avec Mathilda May, Christophe Malavoy. / 22.10 HUMOUR — LE SUPER BÊTISIER	20.40 SÉRIE — COMMISSAIRE MOULIN. Avec Yves Rénier.	20.45 CINÉMA — LE GENDARME DE SAINT-TROPEZ. Avec Louis de Funès, Michel Galabru. / 23.35 PATINAGE — MASTERS DE PATINAGE ARTISTIQUE. À Bercy.	20.45 TÉLÉFILM — LADY DI. Avec S. Scott Thomas, David Threlfall.	20.45 TÉLÉSUITE — LES OISEAUX SE CACHENT POUR MOURIR (fin). Avec R. Chamberlain. / 22.25 TÉLÉSUITE — À NOUS DEUX MANHATTAN (1). Avec Valérie Bertinelli.	20.45 FEUILLETON — LES GRANDES MARÉES. Avec Nicole Calfan, Bernard Le Coq.
France 2	20.50 TÉLÉFILM — LE PIÈGE. De Serge Moati, Avec André Dussollier, Grace de Capitani. / 22.35 CINÉMA — IPCRESS DANGER IMMÉDIAT. Avec Michael Caine.	20.45 VARIÉTÉS — HOMMAGE À MICHEL BERGER. Avec France Gall, Nathalie Baye. / 23.40 CINÉMA — LA CIOCIARA. Avec Sophia Loren.	20.50 FEUILLETON — LE CHÂTEAU DES OLIVIERS (7). Avec Brigitte Fossey, Jacques Perrin.	20.45 SÉRIE — COUP DE FOUDRE. Avec Miou-Miou, Isabelle Huppert. / 22.40 MAGAZINE — PREMIÈRE LIGNE. Une fête foraine.	20.45 TÉLÉSUITE — LE ROI MYSTÈRE (1). Avec Christopher Bowen, Orazio Orlando.	20.45 SÉRIE DOC. — NOTRE TÉLÉVISION. De Pierre Tchernia. Les feux du direct. / 21.35 SÉRIE DOC. — LES INVENTIONS DE LA VIE (4). L'école des prédateurs.	20.30 MAGAZINE — FAUT PAS RÊVER. Par Sylvain Augier. Japon. USA. Madagascar.
France 3	20.45 TÉLÉFILM — POUR UNE FILLE EN ROUGE. Avec Françoise Fabian. / 22.40 MAGAZINE — PÉGASE. Anatomie d'une mission orbitale.	20.45 CINÉMA — LA POURSUITE SAUVAGE. Avec William Holden. / 22.25 CINÉMA — M. LE PRÉSIDENT-DIRECTEUR GÉNÉRAL. Avec Jacqueline Maillan.	20.45 SÉRIE — GUERRES PRIVÉES. Au nom de la rose. Avec Mariel Hemingway. / 21.40 MAGAZINE — PLANÈTE BLEUE. L'histoire oubliée (2).	22.20 MAGAZINE — DE QUOI J'AI L'AIR. Par Bruno Masure. Traditionnel ou moderne.	21.00 CINÉMA — LES MYSTÈRES DE L'OUEST. Avec Robert Conrad.	20.45 MAGAZINE — TAGGART. Héritage fatal. Avec Mark McManus.	20.45 MAGAZINE — THALASSA. Par Georges Pernoud. Bugis blues à Java. / 22.20 L'ENCYCLOPÉDIE AUDIOVISUELLE. Kafka.
CANAL+	20.30 TÉLÉFILM — L'AFFAIRE KATE WILLIS. Avec Jaclyn Smith, Holland Taylor. / 23.35 CINÉMA — GHOULIES 3. Avec Kevin McCarthy, Evan McKenzie.	20.35 FOOTBALL — CANNES / MARSEILLE. 2e journée du championnat de France de D1. / 22.35 SPECTACLE — CORRIDAS	20.35 CINÉMA — NEW JACK CITY. Avec Wesley Snipes. / 22.35 CINÉMA — SAM SUFFIT. Avec Aure Atika, Philip Bartlett.	20.35 CINÉMA — L'ARME ABSOLUE. Avec Sho Kosugi, Jean-Claude Van Damme. / 22.05 CINÉMA — NEW JACK CITY. De Mario Van Peebles.	21.00 CINÉMA — RIEN À PERDRE. Avec Richard Gere, Kevin Anderson. / 22.50 CINÉMA — REBEL. Avec Matt Dillon, Debbie Byrne.	20.35 CINÉMA — LES AMUSEMENTS DE LA VIE PRIVÉE. Avec Delphine Forest, Christophe Malavoy, Patrick Bouchitey, Eva Darlan.	20.45 FOOTBALL — LILLE / LENS. 3e journée du championnat de D1.
arte	20.40 DOCUMENT — UN VOYAGE ANDALOU COMME TOI ET MOI. De Jana Bokova. / 22.30 TÉLÉFILM — BONUS. De Freidemann Fromm. Avec Eckhard Preuss, Jürgen Tonkel.	20.40 SPÉCIAL — SOIRÉE : DES ANIMAUX COMME TOI ET MOI. à 22.10 Rêve de singe. Film de Marco Ferreri, Avec Gérard Depardieu, Marcello Mastroianni.	20.40 SPÉCIAL — SOIRÉE : LES ADIEUX À MATIORA, UNE NATION. De Elem Klimov. / 22.35 CINÉMA — HAZAL. De Ali Özgentürk, Avec Turkan Soray.	20.40 SPÉCIAL — SOIRÉE : L'ESPAGNE, UNE NATION ET DES MORCEAUX DE NATIONS. à 20.50 On ne vit qu'une fois. Document de Isy Morgensztern.	20.40 SPÉCIAL — SOIRÉE : MUSICA. Cycle : le baroque. à 21.10 L'ensorceleuse. Une fantaisie musicale. / 22.10 La fin de l'innocence. Téléfilm de Frank Beyer.	20.35 CINÉMA — LE VENT DE LA TOUSSAINT. De Gilles Béhat. / 21.50 MAGAZINE	20.45 MUSIQUE — TRANSIT. De Daniel Leconte. / 21.35 MUSIQUE — FESTIVALS ESTIVALS. Festivals lyriques : Savonlinna 93.
M6	20.50 TÉLÉFILM — LES DISPARUS D'ÉDIMBOURG. Avec Emma Fielding, Brid Brennan. / 23.10 TÉLÉFILM — OFFICIER ET TOP MODEL. Avec Melody Anderson.	20.45 TÉLÉFILM — TOUT POUR ÊTRE HEUREUSE. Avec Gregory Harrison. / 23.00 CINÉMA — PÉNOMBRA. Avec Paola Senatore, Maurice Poli.	20.45 TÉLÉFILM — LA PLATE-FORME DE L'ENFER. Avec M. Baxter Birney. / 22.30 CINÉMA — HONNI SOIT QUI MAL Y PENSE. Avec Cary Grant.	20.45 SÉRIE — LES AVENTURES DE TINTIN. L'île noire. Le sceptre d'Ottokar. / 22.30 SÉRIE — MISSION IMPOSSIBLE. Avec Peter Graves.	20.45 TÉLÉFILM — ROBIN DES BOIS. Avec Patrick Bergin.	20.45 SÉRIE — LES DESSOUS DE PALM BEACH. / 22.25 SÉRIE — À Bercy.	20.30 CINÉMA — DÉSIGNÉ POUR MOURIR. Avec Steven Seagal, Basile Wallace. / 22.30 SÉRIE — MISSION IMPOSSIBLE. L'appât vivant. Avec Peter Graves.

Après avoir lu le programme à la page 116, répondez aux questions suivantes.

5. Sur quelle chaîne passe-t-on plusieurs matchs? Quels sont les sports mentionnés sur le programme?
6. Quelles sortes d'émissions sont présentées sur la chaîne Arte? Quelle(s) chaîne(s) présente(nt) les mêmes sortes d'émissions aux Etats-Unis?
7. Lesquels des téléfilms sont aussi passés aux Etats-Unis?
8. Les reprises de quel feuilleton américain sont présentées sur la chaîne M6?
9. Le jeu Fort Boyard a aussi été diffusé aux Etats-Unis. L'avez-vous vu et savez-vous où se passe ce jeu et quel en est le but?
10. Quelle sorte d'émission semble dominer après 20h à la télé en France?
11. Y a-t-il des émissions très à la mode aux Etats-Unis qui ne se trouvent pas au programme de la semaine en France?
12. Imaginez que vous êtes en France. Choisissez un jour de la semaine et indiquez quelles émissions vous allez regarder ce jour-là.

STRUCTURES

Irregular -oire Verbs

croire *to believe*	**boire** *to drink*
je **crois**	je **bois**
tu **crois**	tu **bois**
il / elle / on **croit**	il / elle / on **boit**
nous **croyons**	nous **buvons**
vous **croyez**	vous **buvez**
ils / elles **croient**	ils / elles **boivent**

Exercice 1. Un étudiant français parle de la consommation d'alcool en France et aux Etats-Unis avec un(e) de vos camarades de classe. Complétez le dialogue en utilisant la forme convenable des verbes indiqués.

— On dit que les étudiants en France ne (boire) _____ pas autant d'alcool que les étudiants américains. C'est vrai?

— Oui, en effet, c'est vrai. On (boire) _____ rarement de l'alcool au café ou même dans les soirées. Par exemple, moi, je (boire) _____ beaucoup de jus de fruits ou de l'eau minérale. Et vous, qu'est-ce que vous (boire) _____ quand vous avez soif ou quand vous allez à une soirée?

— Eh bien, je (croire) _____ que beaucoup de jeunes (boire) _____ du Coca quand ils ont soif. Mais, dans les soirées, on (boire) _____ souvent de la bière ou du vin. Tu (croire) _____ que c'est mauvais, ça?

TOURNEZ
S.V.P.

— Ecoute, je ne critique pas. Je (croire) _____ que toutes les cultures sont différentes. Je (croire) _____ aussi qu'on (boire) _____ moins d'alcool maintenant en France parce qu'il y a eu récemment une campagne nationale contre la consommation de boissons alcoolisées.

— Chaque pays a ses propres habitudes, n'est-ce pas? Chez nous, nous (boire) _____ assez souvent des boissons alcoolisées pour nous distraire, alors que le vin fait partie de votre vie quotidienne. Nous (boire) _____ aussi beaucoup plus de lait que vous! C'est presque notre boisson nationale!

Irregular -re Verbs

écrire *to write*

j'**écris**
tu **écris**
il / elle / on **écrit**
nous **écrivons**
vous **écrivez**
ils / elles **écrivent**

vivre *to live*

je **vis**
tu **vis**
il / elle / on **vit**
nous **vivons**
vous **vivez**
ils / elles **vivent**

suivre *to follow;*
to take (a course)

je **suis**
tu **suis**
il / elle / on **suit**
nous **suivons**
vous **suivez**
ils / elles **suivent**

dire *to say, to tell*

je **dis**
tu **dis**
il / elle / on **dit**
nous **disons**
vous **dites**
ils / elles **disent**

lire *to read*

je **lis**
tu **lis**
il / elle / on **lit**
nous **lisons**
vous **lisez**
ils / elles **lisent**

prendre *to take*

je **prends**
tu **prends**
il / elle / on **prend**
nous **prenons**
vous **prenez**
ils / elles **prennent**

Other verbs conjugated like **prendre** are **apprendre** (*to learn*), **comprendre** (*to understand*), and **surprendre** (*to surprise*).

The verb **prendre** can also mean *to eat* or *to drink something.*

mettre *to put (on)*

je **mets**	nous **mettons**
tu **mets**	vous **mettez**
il / elle /on **met**	ils / elles **mettent**

Permettre (*to permit*) and **promettre** (*to promise*) are conjugated like **mettre**.

connaître *to know*

je **connais**	nous **connaissons**
tu **connais**	vous **connaissez**
il / elle / on **connaît**	ils / elles **connaissent**

Note that **connaître** and **savoir** both have the English equivalent *to know*, but the uses of the two verbs differ.

Savoir is used with facts and specific information, such as numbers, dates, and the like. **Savoir** also means *to know how* and is often followed by an infinitive.

Savez-vous la date?	*Do you know* the date?
Je sais jouer au tennis.	*I know how* to play tennis.

Connaître means to know in the sense of *to be acquainted with*. **Connaître** is used when referring to proper names.

Je connais l'œuvre de Sartre.	*I know* the works of Sartre.
Ils connaissent un bon restaurant à Paris.	*They know* a good restaurant in Paris.
Connaissez-vous les Didier?	*Do you know* the Didiers?

Exercice 2. Employez les éléments indiqués et la forme appropriée de **mettre** pour dire ou demander ce que tout le monde porte pour aller à un concert.

1. nous / un jean
2. vous / une robe
3. Jean et Patricia / un tee-shirt
4. Annette / son nouvel ensemble
5. tu / quelque chose de chic
6. je / ???

Exercice 3. Vous préparez une lettre où vous parlez de vos cours à votre ami Jean-Pierrre en France. Complétez la lettre en mettant dans chaque blanc la forme appropriée d'un des verbes suivants.

dire   écrire   lire   suivre

Cher Jean-Pierre,

En Amérique, nous _____ beaucoup de cours. Moi, par exemple, je _____ quatre ou cinq cours par semestre. Tu _____ moins de cours que cela, non?

Pour chaque cours, nous _____ beaucoup. Pour lundi j'_____ trois dissertations différentes. En cours de français, les étudiants _____ une dissert tous les jours. C'est beaucoup, non? En France, est-ce qu'on _____ souvent des essais?

Nous _____ beaucoup aussi. En cours de littérature, je _____ sept romans et j'_____ une petite dissertation sur chaque roman. Tu _____ autant que cela pour un seul cours? On _____ que les étudiants en France ne _____ pas régulièrement pour chaque cours mais qu'ils attendent la fin du semestre et qu'ils _____ tout à la dernière minute. C'est vrai?

Mais aux Etats-Unis comme en France, je te _____ que la vie d'étudiant n'est pas facile.

Exercice 4. Le contexte indique s'il faut employer **savoir** ou **connaître**. Donnez la forme convenable du verbe approprié.

1. Tu _____ régler ce poste de télé?
2. Les Français _____ bien l'émission *Mission Impossible*.

TOURNEZ
S.V.P.

3. _____ -vous à quelle heure cette émission est diffusée?
4. Je ne _____ pas du tout *Télé 7 Jours*.
5. Est-ce que tu _____ le nom de cet acteur?
6. Non, je ne _____ pas cet acteur.
7. Dans une ville américaine, l'étranger ne _____ souvent pas les numéros des chaînes à la télé.
8. Je ne _____ pas les feuilletons qui passent à la télé en France.

Exercice 5. Employez la forme convenable du verbe **prendre** pour parler de ce que les personnes indiquées prennent normalement au déjeuner.

1. Votre ami(e)...
2. Vos camarades de chambre...
3. Nous...
4. Monsieur / Madame (votre prof de français), vous... ?
5. Je...
6. Et toi, qu'est-ce que tu... ?

EXERCICE D'ENSEMBLE

Interview. Posez des questions à un(e) camarade de classe en utilisant les éléments suivants.

MODELE: venir à l'université
A quelle heure est-ce que tu viens à l'université le lundi?

1. venir à l'université
2. suivre des cours
3. lire beaucoup
4. écrire des dissertations
5. sortir souvent
6. boire à une soirée
7. prendre au dîner
8. apprendre le français
9. connaître de bons restaurants
10. savoir + *infinitif*

PRATIQUE

Activité 1. Une interview au sujet de la télévision. Posez cinq questions à un(e) camarade de classe en vous inspirant des thèmes suivants. Posez trois autres questions en faisant appel à votre imagination et notez les réponses les plus intéressantes.

Demandez...

1. combien d'heures par jour il / elle regarde la télé.
2. s'il / si elle préfère regarder la télé ou lire le journal pour s'informer.
3. quel journaliste il / elle préfère.
4. s'il / si elle suit régulièrement un feuilleton à la télé.
5. quelle émission il / elle préfère.
6. ???
7. ???
8. ???

Activité 2. La télé et moi. Parlez de vos habitudes en tant que téléspectateur / téléspectatrice. Combien d'heures par semaine regardez-vous la télé? Et le week-end? Comparez vos habitudes à celles des Français et des autres nationalités représentées dans le schéma suivant. Quand passez-vous le plus de temps devant le petit écran? Quelles sortes d'émissions regardez-vous?

La durée d'écoute quotidienne
Temps moyen d'écoute en minutes par jour

DAN	113
ITAL	129
BEL	132
ALL	137
HOL	140
IRL	145
FRA	178
ESP	207
GB	228

The **passé composé** with **avoir** and **être**

• • • • • • • • • • • • • • • •
**Verbs Conjugated
with *avoir***
• • • • • • • • • • • • • • • •

The **passé composé** of most French verbs is formed by combining the present tense of the auxiliary verb **avoir** and the past participle of the main verb.

parler	finir	répondre
PARTICIPE PASSE: **parlé**	PARTICIPE PASSE: **fini**	PARTICIPE PASSE: **répondu**
j'**ai parlé**	j'**ai fini**	j'**ai répondu**
tu **as parlé**	tu **as fini**	tu **as répondu**
il / elle / on **a parlé**	il / elle / on **a fini**	il / elle / on **a répondu**
nous **avons parlé**	nous **avons fini**	nous **avons répondu**
vous **avez parlé**	vous **avez fini**	vous **avez répondu**
ils / elles **ont parlé**	ils / elles **ont fini**	ils / elles **ont répondu**

Note that the **passé composé** always consists of an auxiliary verb plus a past participle, even when its English equivalent is the simple past tense.

j'ai regardé $\begin{cases} \text{I watched} \\ \text{I have watched} \\ \text{I did watch} \end{cases}$

The past participle of a regular verb is easily recognized:

-er → -é   -ir → -i   -re → -u

The past participle of a verb conjugated with the auxiliary **avoir** must show agreement with a preceding direct object or direct-object pronoun that is feminine and/or plural.[2]

Tu as loué **le vélo?**	Tu **l'**as loué?
Elle a regardé **l'émission.**	Elle **l'**a regardée.
Nous avons écrit **les lettres.**	Nous **les** avons écrit**es.**
On a montré **une publicité drôle.**	**La publicité** qu'on a montrée est drôle.

The following verbs conjugated with **avoir** have irregular past participles.

avoir **eu**   être **été**   faire **fait**

ENDING IN -**u**		ENDING IN -**is**	ENDING IN -**ert**
boire **bu**	pleuvoir **plu**	mettre **mis**	découvrir **découvert**
connaître **connu**	pouvoir **pu**	prendre **pris**	offir **offert**
devoir **dû**[3]	recevoir **reçu**	comprendre **compris**	ouvrir **ouvert**
falloir **fallu**	savoir **su**	apprendre **appris**	
lire **lu**	voir **vu**		
plaire **plu**	vouloir **voulu**		

		ENDING IN -**i**	ENDING IN -**it**
		sourire **souri**	écrire **écrit**
		suivre **suivi**	dire **dit**

Exercice 6. Gérard raconte les aventures de Jerry. Complétez les phrases de Gérard à la page suivante en utilisant la forme correcte du participe passé des verbes suivants.

aimer	consulter	essayer	prendre	téléphoner
changer	comprendre	être	rater	voir
choisir	devoir	pouvoir	regarder	vouloir

---

[2] For a discussion of direct-object pronouns and past-participle agreement, see **Chapter 7**, page 220.

[3] The **passé composé** of **devoir** has the English equivalents *had to* or *must have*.

Hier soir, j'**ai dû** étudier.	Last night I *had to* study.
Hier soir, il **a dû** s'endormir de bonne heure.	He *must have* fallen asleep early last night.

Le pauvre Jerry a _____ regarder son émission préférée à la télé, mais quand il a _____ d'allumer la télé, il n'a pas _____ . Soudain, il a _____ qu'un téléviseur qui n'est pas branché ne marche pas. Il a donc _____ brancher le téléviseur. Il a _____ le programme et il a _____ une émission. Mais, il a quand même _____ son jeu. Quand il a _____ le commencement du documentaire, il a _____ très déçu. Il a _____ de chaîne. Il a _____ un film qu'il a beaucoup _____ . Après le film, Jerry a _____ un Coca et m'a _____ .

Exercice 7. Voici une liste des activités de quelques personnes que vous connaissez. Mettez les phrases au passé composé pour raconter ce qu'elles ont fait hier

1. Béatrice et ses copines font des achats.
2. Gérard prend le bus pour descendre à la fac.
3. Vous étudiez et travaillez.
4. Bruno et ses amis jouent au foot.
5. Christelle écrit des cartes postales à ses amis américains.
6. Nous dînons au restaurant universitaire.
7. Mes camarades finissent leurs devoirs et regardent la télé.
8. Magali et Christelle retrouvent leurs amis au café et prennent un pot.
9. Et toi, qu'est-ce que tu fais?

• • • • • • • • • • • • • •
Verbs Conjugated
with *être*
• • • • • • • • • • • • • •

1. **Verbs of motion:** Some verbs form the **passé composé** with **être** as the auxiliary. The past participle of a verb conjugated with **être** must agree in gender and number with the subject of the verb.

aller	venir
je **suis allé(e)**	je **suis venu(e)**
tu **es allé(e)**	tu **es venu(e)**
il / elle / on **est allé(e)**[4]	il / elle / on **est venu(e)**
nous **sommes allé(e)s**	nous **sommes venu(e)s**
vous **êtes allé(e)(s)**	vous **êtes venu(e)(s)**
ils / elles **sont allé(e)s**	ils / elles **sont venu(e)s**

Following is a list of verbs conjugated with **être** in the **passé composé** and their past participles. Most of these are verbs of motion. Many can be grouped by opposites, which will help you remember them.

aller (allé)	*to go*	≠	**venir (venu)**	*to come*
			revenir (revenu)	*to come back*
arriver (arrivé)	*to arrive*	≠	**partir (parti)**	*to leave*

---

[4] When **on** is used to mean **nous**, the past participle of a verb conjugated with **être** agrees in gender and number as though the subject pronoun were **nous**.
Les jeunes filles ont dit: « **On est allées** au cinéma. »

monter (monté)	*to go up*	≠	**descendre (descendu)**		*to go down*
			tomber (tombé)		*to fall*
naître (né)	*to be born*	≠	**mourir (mort)**		*to die*
entrer (entré)	*to come in*	≠	**sortir (sorti)**		*to go out*
rester (resté)	*to stay*	≠	**retourner (retourné)**		*to go back*
			rentrer (rentré)	*to come (go) home*	
devenir (devenu)	*to become*				

The verbs **monter, descendre, rentrer**, and **sortir** sometimes take a direct object. In these cases, the verb is conjugated with **avoir**.

Elle a descendu **les valises**.	*She took down **the suitcases**.*
Ils ont monté **les valises**.	*They carried up **the suitcases**.*
Elles ont rentré **la voiture** dans le garage.	*They put **the car** in the garage.*

2. **Reflexive verbs:** All reflexive verbs form the **passé composé** with **être** as the auxiliary. The appropriate reflexive pronoun precedes the auxiliary. The past participles of reflexive verbs are formed in the regular manner.

se lever

je **me suis levé(e)**	nous **nous sommes levé(e)s**
tu **t'es levé(e)**	vous **vous êtes levé(e)(s)**
il / elle / on **s'est levé(e)**	ils / elles **se sont levé(e)s**

As shown above, the past participle of a reflexive verb agrees in gender and number with the reflexive pronoun *when the pronoun functions as a direct object*.

Elle **s'est** habillé**e**.	Vous **vous** êtes réveillé(**e**)(**s**).
Nous **nous** sommes levé(**e**)**s**.	Ils **se** sont lavé**s**.

In cases where a reflexive verb is followed by a noun direct object, the reflexive pronoun is no longer the direct object and the past participle does not agree with the pronoun.

Elle **s'est** coupé**e**.	*She cut **herself**.*
Elle **s'est** coupé **les cheveux**.	*She cut **her** (own) **hair**.*

With certain verbs, the reflexive pronoun functions as an indirect object rather than a direct object. In such cases, the past participle shows no agreement.

s'écrire	*to write to each other*	Ils **se** sont **écrit**.
se parler	*to speak to each other*	Vous **vous** êtes **parlé**.
se rendre compte	*to realize*	Elle **s'est rendu** compte de sa bêtise.

1. The past participles of verbs conjugated with **avoir** agree only with a preceding direct object.
2. The past participles of verbs conjugated with **être** always agree with the subject of the verb.
3. The past participles of reflexive verbs agree with the preceding reflexive pronoun when this pronoun functions as a direct object.

Exercice 8.   Faites une description de vos activités et des activités de vos amis le week-end dernier. Complétez les phrases en mettant les verbes indiqués au passé composé.

1. (se lever) Samedi matin je _____ tard.
2. (se réveiller) Mes camarades de chambre _____ aussi tard que moi.
3. (aller) Nous _____ au stade pour jouer au tennis.
4. (revenir) Puis, nous _____ à la maison.
5. (sortir) Le soir, je _____ avec mon ami(e).
6. (sortir) Mes camarades de chambre _____ aussi.
7. (aller) Mon ami(e) et moi, nous _____ voir un film.
8. (rentrer) Je _____ vers minuit.
9. (rentrer) Mes camarades de chambre _____ quelques minutes plus tard.
10. (se coucher) Nous _____ assez tard.

Quelles émissions à la télé sont populaires avec toute la famille? Y a-t-il des émissions qui attirent principalement des femmes? des hommes? lesquels?

Exercice 9. Bruno doit parler en classe des activités quotidiennes de sa famille. Il prend des notes sur ce qui se passe chez lui pendant une journée ordinaire. Mettez ces notes au passé composé pour dire ce qui s'est passé hier.

1. Tout le monde se lève assez tôt.
2. Je me dépêche pour ne pas rater le car de ramassage (*school bus*).
3. Béatrice se réveille lentement.
4. Philippe sort pour aller à la fac.
5. Maryse et son amie vont en cours de philosophie.
6. Béatrice descend dans la rue pour retrouver ses copines.
7. Je rentre et je monte dans ma chambre.
8. Philippe arrive en retard au dîner.
9. Béatrice et ses copines s'installent devant la télé.
10. Je dois me coucher tôt, mais les autres se couchent plus tard.

Exercice 10. Voici un extrait du journal de Florence écrit en style télégraphique. Reconstruisez au passé composé les phrases de Florence pour décrire sa journée. Faites attention à l'accord du participe passé.

1. je / se réveiller / à sept heures
2. je / se laver / les cheveux
3. je / s'habiller / avec élégance
4. je / se présenter / comme candidat(e) pour un nouvel emploi
5. l'intervieweur et moi, nous / se parler / pendant une heure
6. après l'interview, mes amis et moi, nous / se retrouver / au café
7. soudain, je / se rendre compte / de l'heure
8. je / se remettre / au travail

. . . .
**The Negative with
the *passé composé***
. . . .

To negate a verb used in the **passé composé**, place **ne** before the auxiliary or object pronoun and **pas** before the past participle.

Il **n**'a **pas** parlé.	Elles **ne** sont **pas** parties.
Vous **ne** l'avez **pas** compris.	Ils **ne** se sont **pas** amusés là-bas.

Like **pas**, most negative expressions immediately precede the past participle. However, **personne** follows the past participle, and **que** and **ni... ni...** are placed directly before the words they modify.

Il **n**'a **jamais** parlé.	Je **n**'ai vu **personne** au café.
Vous **ne** l'avez **pas** compris.	Elle **n**'a pris **que** de l'eau.
Elles **ne** sont **pas encore** parties.	Nous **ne** sommes entrés **ni** au café **ni** au bar.

Exercice 11. Marie a une camarade de chambre qui a vraiment l'esprit de contradiction. Quand Marie dit quelque chose, son amie dit le contraire! Mettez les phrases de Marie à la forme négative pour recréer les remarques de sa camarade.

1. J'ai passé mon temps à regarder la télévision.
2. J'ai toujours regardé *La Roue de la fortune*.
3. J'ai invité tout le monde à regarder un film.
4. J'ai vu un film de Truffaut et le documentaire sur l'énergie nucléaire en France.
5. J'ai mangé de la pâtisserie.
6. J'ai encore voulu regarder la télé.

Exercice 12. Tout ne va pas toujours bien dans votre vie non plus. Répondez aux questions suivantes.

1. Avez-vous pu vous lever tard le week-end dernier? Lundi matin?
2. Avez-vous rendu tous vos devoirs ce semestre?
3. Avez-vous raté un examen ce semestre?
4. Etes-vous sorti(e) pendant le week-end? Pendant la semaine?
5. Avez-vous vu un film extraordinaire?
6. Avez-vous cherché un travail temporaire ce semestre? Avez-vous reçu de l'argent de vos parents?
7. Vous êtes-vous amusé(e) dans tous vos cours? Vous êtes-vous amusé(e) tous les week-ends ce semestre?
8. Avez-vous fait beaucoup d'achats?

· ·
PRATIQUE
· ·

Activité 1. Ma matinée. Décrivez au moins cinq choses que vous avez faites avant de venir en classe aujourd'hui. Ensuite, nommez trois choses que vous n'avez pas faites avant de venir en classe aujourd'hui.

MODELES: Je me suis levé(e) un peu en retard ce matin.
Je n'ai pas eu le temps de prendre le petit déjeuner.

Activité 2. Peut-être à l'avenir. Nommez cinq choses que vous n'avez jamais faites et que vous aimeriez faire à l'avenir.

MODELES: Je n'ai jamais été à un concert de jazz.
Je ne suis jamais allé(e) en Afrique.

Activité 3. Le week-end dernier. Dites à la personne à côté de vous ce que vous **n'**avez **pas** fait le week-end dernier. En procédant par élimination, il / elle va essayer de deviner ce que vous avez fait.

Basic Question Patterns with the **passé composé**

EST-CE QUE

Est-ce que vous avez regardé la télé?
Est-ce que votre amie est aussi venue regarder la télé?
Est-ce que vous vous êtes amusés?

N'EST-CE PAS

Vous avez regardé la télé, **n'est-ce pas?**
Votre amie est aussi venue regarder la télé, **n'est-ce pas?**
Vous vous êtes amusés, **n'est-ce pas?**

INVERSION

Avez-vous regardé la télé?

Votre amie est-elle aussi venue regarder la télé?

Vous êtes-vous amusés?

INTONATION

Vous avez regardé la télé?

Votre amie est aussi venue regarder la télé?

Vous vous êtes amusés?

Exercice 13. Une Interview. Utilisez les éléments indiqués pour poser des questions au passé composé à un(e) camarade de classe.

1. à quelle heure / tu / se lever / ce matin?
2. tu / prendre / ton petit déjeuner?
3. à quelle heure / tu / partir / à la fac?
4. tu / prendre / la voiture pour aller à la fac?
5. tu / aller / en cours de français?
6. tu / déjeuner / au Resto U?
7. que / tu / faire / ensuite?
8. à quelle heure / tu / rentrer?
9. tu / faire / tes devoirs / ou / tu / lire / tes bouquins?
10. à quelle heure / tu / se coucher?

Exercice 14. Posez cinq questions au passé composé à un(e) camarade de classe au sujet du semestre dernier. Résumez ensuite pour la classe les renseignements que vous avez obtenus.

20.30

FILM DE CL. CHABROL (1991). FR. DRAME PSYCHOLOGIQUE – 2 H 17.

MADAME BOVARY★★

TV MAG

I. Huppert . . . . .Emma Bovary
J.F. Balmer . . . . Charles Bovary
Pour adultes et adolescents.
Pour fuir la ferme paternelle, Emma Rouault épouse Charles Bovary, un officier de santé. Romanesque et éprise de luxe, la jeune femme s'ennuie dans le petit bourg normand où le couple emménage. Pour tromper son ennui, elle prend pour amant Rodolphe, un gentilhomme campagnard qui la délaisse bientôt. Elle séduit alors Léon, ancien clerc de notaire. Bientôt accablée de dettes, elle supplie Léon puis Rodolphe de l'aider.

Isabelle Huppert (à gauche)

Avez-vous vu le film *Madame Bovary*? Quels autres drames psychologiques connaissez-vous?

Placement of Adverbs with the **passé composé**

There is no hard-and-fast rule regarding the placement of adverbs used with the **passé composé** and other compound tenses. Most short adverbs and a few of the more common longer adverbs are placed between the auxiliary and the past participle. Below is a partial list of adverbs that normally follow the auxiliary and precede the past participle.

bien	encore	souvent	vraiment
assez	enfin	toujours	probablement
beaucoup	longtemps	trop	certainement
bientôt	mal	vite	sûrement
déjà	peut-être	seulement	

Elle s'est **bien** amusée.
Il est **bientôt** parti.
J'ai **enfin** écrit la lettre.
Ils sont **peut-être** venus hier.
Ils ont **trop** regardé la télé.
J'ai **vraiment** souffert.

Most long adverbs, including many that end in **-ment** (except those mentioned above) are placed after the past participle.

Il a parlé **brillamment**.
Vous avez été **régulièrement** présent.
Elles sont restées **constamment** chez elles.

Adverbs of time and place also usually follow the past participle. The following list includes the most commonly used adverbs of time and place.

TIME	PLACE
hier	ici
demain	là-bas
après-demain	dessus (au-dessus de)
avant-hier	dessous (au-dessous de)
tôt	partout
tard	
autrefois	

Je suis venue **hier**.
Ils se sont rencontrés **là-bas**.

In negative constructions, the adverb **peut-être** and most adverbs ending in **-ment** (except **seulement**) follow the auxiliary and precede **pas** or another negative expression.

Il n'est **peut-être** pas allé en cours.
Vous n'avez **vraiment** pas compris.
On n'a **probablement** plus d'argent.

Most short adverbs (those with one or two syllables) and the adverb **seulement** usually follow **pas** or another negative expression and precede the past participle.

Jean-Pierre n'a pas **seulement** travaillé, il a aussi **beaucoup** joué.
Je n'ai pas **encore** fini la leçon.
Nous n'avons **jamais** entendu ce mot.

A few adverbs, such as **longtemps**, **vite**, and **aujourd'hui**, follow both the negative expression and the past participle.

Tu n'as pas lu **longtemps**.
Elle n'a pas couru **vite**.
Vous n'êtes plus sorti **aujourd'hui**?

Exercice 15. Une soirée peut quelquefois mal tourner. Complétez le récit de cette soirée en ajoutant les adverbes indiqués à la place appropriée.

1. (déjà) A huit heures tout le monde est arrivé.
2. (ne... que) Moi, je suis venu(e) à huit heures et demie.
3. (beaucoup) Quelques-uns des invités ont bu.
4. (mal) J'ai dansé.
5. (constamment) Une certaine personne ennuyeuse a parlé.
6. (malheureusement) L'hôtesse a offert du mauvais hors-d'œuvre.
7. (enfin) Mon ami(e) est arrivé(e).
8. (vraiment) Soudain, nous nous sommes sentis fatigué(e)s.
9. (bientôt) Mon ami(e) est parti(e).
10. (vite) Je suis parti(e), moi aussi.

Exercice 16. Posez des questions à votre professeur de français sur son week-end en employant les expressions suggérées.

1. se lever tôt ou tard
2. travailler
3. corriger des examens
4. faire du sport
5. sortir le soir
6. faire un voyage
7. parler français
8. voir des amis
9. aller à une soirée
10. se coucher tôt ou tard
11. s'amuser
12. ???

Exercice 17. Vous êtes allé(e) à une soirée. Employez les éléments suggérés et des adverbes de la liste à la page 129 pour décrire vos activités et vos impressions de la soirée.

s'amuser
danser
écouter
fumer des cigarettes
???

manger de la pizza
parler
prendre du Coca (du vin / de la bière)
regarder une vidéocassette
???

· ·

EXERCICES D'ENSEMBLE

· ·

A. Un pique-nique à la plage. Voici la description d'un pique-nique ordinaire avec Roger et ses copains. Racontez leur pique-nique du week-end dernier en mettant les phrases au passé composé.

1. Le jour du pique-nique, nous nous levons de bonne heure.
2. Avant de partir, nous préparons tout pour le pique-nique.
3. Nous sortons de chez nous tôt le matin.
4. Nous arrivons à la plage vers dix heures.
5. Nous mangeons à une heure.
6. Après le déjeuner, nous jouons au volley.
7. L'après-midi nous nous baignons, mais nous prenons aussi un bain de soleil.
8. Nous rentrons vers sept heures.

B. Interview. Mettez au passé composé les questions qui ont produit les réponses de l'**exercice A**.

C. Posez à un(e) camarade de classe des questions sur un pique-nique qu'il / elle a fait.

Activité 1.   Des vacances en famille. Racontez vos dernières vacances passées en famille (ou avec des amis). Où est-ce que vous êtes allé(e)s? Qu'est-ce que vous avez fait ensemble? Les autres étudiants vont vous poser des questions pour obtenir des détails sur vos vacances.

Activité 2.   Mon émission préférée. Quelle est votre émission de télé préférée? Racontez aux étudiants de la classe ce qui est arrivé pendant le dernier épisode que vous avez vu.

Activité 3.   Un questionnaire intéressant. Préparez des questions pour interviewer votre professeur sur son passé. Essayez de vous renseigner sur ses expériences à l'université et à l'étranger.

Uses of the **passé composé**

The **passé composé** is used to express an action that was completed within a specified or implied time frame in the past. You must often judge from the context of the sentence if the action has been completed. The following contexts indicate completed actions.

1. **An isolated action:** A single action that was performed by someone or that occurred in the past is expressed with the **passé composé**.

     J'ai lu *Télé 7 Jours.*
     Nous **sommes allés** au café.
     Le concert **a eu** lieu sans incident.

2. **An action with a specified beginning or end:** A past action for which either the beginning or the end can be easily visualized will be expressed with the **passé composé**. The action or event may be of short or long duration, but if the beginning or end of the action is delineated by the context of the sentence, the **passé composé** is used.

     J'ai regardé la télé pendant deux heures.
     Le film **a commencé** à trois heures.
     Il **a duré** deux heures.
     Le festival du film **a continué** jusqu'au douze mai.

3. **A series of actions:** A succession of completed actions, or a single completed action repeated a number of times within a limited time frame, is expressed with the **passé composé**.

     Jerry **a allumé** le téléviseur, **s'est installé** et **a regardé** son feuilleton.
     Il **a vu** le même film deux fois.
     L'année dernière, il **a regardé** tous les épisodes de *Melrose Place*.

4. **Reaction to an event or situation / Change in a state or condition:** A past action that is characterized by its suddenness or immediacy is expressed with the **passé composé**. Such an action may state an immediate reaction to an event or situation.

> Au moment de l'accident, j'**ai pensé**: «Je vais mourir.»
> Les enfants **ont voulu** sortir quand la neige **a commencé** à tomber.

Such an action may express a sudden change in an existing state or condition. This use of the **passé composé** often parallels the English concepts *to become* or *to get*.

> Quand j'**ai vu** l'examen, j'**ai eu** peur.
> Après avoir mangé de la mauvaise viande, il **a été** malade.
> Après l'accident, elles n'**ont** pas **pu** marcher.

In addition to the contexts discussed above, certain expressions of time may indicate that an action is completed within a given time frame. Below is a partial list of such expressions.

enfin	**tout à coup**	**à ce moment**
finalement	**immédiatement**	**une fois**
soudain	**tout de suite**	**vite**

RAPPEL! RAPPEL!

The **passé composé** is not the only past tense in French. As you will see in **Chapter 5**, a verb may be used in any of the past tenses, depending on the context and duration of the action in question. The **passé composé** is used to indicate that an action was of limited duration and was completed within a certain time frame.

The examples below provide further illustration of the various uses of the **passé composé**. Pay special attention to the different contexts that indicate completed action and therefore require the **passé composé**.

J'**ai fréquenté** cinq écoles.	**Series of actions:** *After that period, you were no longer at those schools.*
J'**ai déménagé** trois fois.	**Series of actions:** *You moved several times, but all the moves have been completed.*
Pendant ma jeunesse, j'**ai appris** l'espagnol.	**Specified beginning or end:** *You may know Spanish now, but you have stopped studying it.*
Mon père **s'est enrôlé** dans l'armée.	**Isolated action:** *He may still be in the army, but the act of joining it is completed.*
Il y a trois ans, j'**ai voyagé** au Mexique.	**Specified beginning or end:** *The trip began and ended three years ago.*

Je **me suis marié.**	**Isolated action:** *You may still be married, but the act of getting married is completed.*
L'année dernière, j'**ai acheté** une voiture.	**Specified beginning or end:** *You may still have the same car, but the act of acquiring it is completed.*
L'été dernier, j'**ai travaillé.**	**Specified beginning or end:** *You may still be working, but the work you were doing last summer is over.*
J'ai vu un accident.	**Isolated action:** *The accident is over.*
Le chauffeur n'**a** pas **pu** marcher tout de suite.	**Change in a state or condition:** *He may be able to walk now, but at that moment he tried and couldn't.*
Je **suis venue** à l'école.	**Isolated action:** *You left for school and got there, thus completing the action.*
Hier, il **a plu.**	**Specified beginning or end:** *The rain started and stopped yesterday.*
J'ai déjà **eu** mon cours de français.	**Isolated action:** *The class began and ended.*
J'ai su les résultats de mon examen.	**Isolated action:** *The act of finding out that information is completed.*
Après le déjeuner, j'**ai pensé** à mon départ.	**Specified beginning or end:** *You looked at your watch and remembered that you had to be home early.*
Je n'**ai** pas **voulu** quitter mes amis.	**Reaction to an event or situation:** *At that moment you regretted having to leave.*

Exercice 18. Assis(e) dans un café à Paris, vous entendez la conversation suivante. Justifiez l'emploi du passé composé dans les phrases suivantes.

— Ah, bonjour, Jean-Marc, vous êtes enfin arrivé.

— Oui, excusez-moi, je suis en retard. J'ai reçu un coup de téléphone et puis j'ai dû dire un mot à ma secrétaire et enfin j'ai pu partir.

— Alors, vous vous êtes bien amusé hier soir chez les Dumont?

— Bien sûr. On a bavardé. Ils ont servi un dîner superbe. Et on a joué aux cartes. Mais, il y a eu un moment gênant. Soudain, Mme Dumont est devenue très pâle. D'abord elle a tremblé, ensuite elle a eu l'air d'avoir chaud. Puis elle s'est excusée et elle est montée dans sa chambre. Vers dix heures, elle est revenue. Après cet incident, le reste de la soirée s'est très bien passé.

— C'est bizarre. Elle n'a donc pas été vraiment malade?

— Non. On n'a pas vraiment compris son problème, mais elle n'a plus rien dit à ce sujet.

Exercice 19. Votre ami(e) ne comprend toujours pas les emplois du passé composé. Faites deux phrases pour illustrer les emplois du passé composé présentés aux pages 132–133.

Exercice 20. Interview. Les étudiants ont souvent une journée chargée. Posez cinq questions contenant des verbes au passé composé à vos camarades de classe pour déterminer ce qu'ils ont fait à différentes heures de la journée.

MODELE: — A sept heures, est-ce que tu t'es levé(e)?
— Non, à sept heures, j'ai pris mon petit déjeuner.

Exercice 21. Le passé composé n'est pas le seul temps du passé en français. Il accompagne souvent un autre verbe à l'imparfait, temps employé pour la description. Voici des phrases qui commencent par des descriptions. Complétez chaque phrase par un verbe au passé composé pour indiquer ce qui s'est passé dans le contexte.

1. Pendant que j'allais en cours...
2. J'entrais en cours de français quand...
3. Après mes cours, comme j'avais soif, je...
4. J'avais besoin d'étudier, alors je...
5. Pendant que j'étais chez moi,...
6. J'étudiais quand...
7. Comme je regardais une émission qui n'était pas très intéressante, je...
8. J'étais fatigué(e), alors je...

PRATIQUE

Activité 1. Votre propre expérience. Complétez les phrases suivantes pour dire ce qui s'est passé.

1. Une fois arrivé(e) au campus ce semestre, je...
2. Quand nous avons terminé notre dernier examen,...
3. Après les vacances, quand j'ai retrouvé mes copains,...
4. Pendant notre soirée de vendredi dernier...

Activité 2. Samedi dernier. On veut savoir ce que vous avez fait samedi dernier. Vous racontez tout ce qui s'est passé du lever au coucher. Employez au moins cinq verbes pronominaux.

Activité 3. Une date importante. Choisissez une des dates suivantes et racontez ce que vous avez fait ce jour-là.

le 31 octobre   le 1er avril   le 31 décembre
le 4 juillet   le 1er janvier   le jour de votre anniversaire

Activité 4. Un cahier perdu. Ce matin, vous avez perdu votre cahier pour le cours de français. Essayez de vous souvenir de tout ce que vous avez fait jusqu'à présent. Racontez votre journée à un(e) voisin(e).

UNE SÉRIE DE TRENTE-NEUF DESSINS ANIMÉS DE STÉPHANE BERNASCONI

LES AVENTURES DE TINTIN

77

D'APRÈS HERGÉ
**Tintin
au Tibet**

ADAPTATION
DE CHRISTOPHE POUJOL,
DENISE FORDHAM
ET ROBERT REA

avec les voix de
**Thierry Wermuth,
Christian Pelissier,
Henri Labussière,
Yves Barsac
et Jean-Pierre Moulin**

Tintin rencontre le monstre   CASTERMAN

Tintin est en vacances à la montagne, en compagnie du capitaine Haddock et du professeur Tournesol. Il apprend, par le journal, qu'un avion DC 3, Patna-Katmandou, s'est écrasé au Népal. Une lettre lui parvient de son ami chinois Tchang qui lui annonce sa venue en Europe. Il se trouvait donc dans l'avion accidenté... Tintin, à la suite d'un rêve prémonitoire, est persuadé que son ami est encore vivant mais en danger. Il décide de partir sur le champ pour le Népal. Deux jours plus tard, Tintin et Haddock débarquent à New Delhi. Après quelques incidents, les voici en route pour Katmandou où ils tentent de monter une expédition pour rejoindre le lieu de la catastrophe, dans le massif du Gosainthan. Tintin prend contact avec le sherpa Tharkey, qui a fait partie de l'expédition de secours et la caravane s'élance sur les pentes de l'Himalaya. Le soir, au bivouac, un cri étrange effraie les sherpas qui croient reconnaître le hurlement du Yéti, l'abominable homme des neiges. Le lendemain, il y a des traces dans la neige...

Tintin est un caractère très populaire en France. Y a-t-il un équivalent dans les bandes dessinées aux Etats-Unis?

ACTIVITES D'EXPANSION

POUR S'EXPRIMER

Voici quelques expressions qu'on emploie souvent pour établir les rapports dans le passé entre les événements narrés. Choisissez un des contextes indiqués et racontez cet événement en utilisant les expressions suivantes.

d'abord	enfin
plus tard	puis
ensuite	alors

1. votre premier jour à l'université
2. un rendez-vous mémorable
3. les préparations pour votre dernier examen
4. les vacances de l'été dernier

Situations

1. Faites une liste de cinq questions pour interviewer un(e) camarade de classe au sujet de son émission préférée à la télé.
2. Un(e) étudiant(e) raconte à la classe quelque chose qu'il / elle a fait. Les autres posent des questions sur ce qu'il / elle vient de dire. Utilisez le passé composé.
3. Racontez ce que vous avez fait hier ou pendant le week-end.

Interactions

A. During an evening of TV with friends, everyone wants to watch a certain program that you can't stand. Try to persuade the group to watch something else.

B. During your stay in France, you take a weekend excursion to Rome. You don't get back until Wednesday, and you have missed two class meetings and an exam. Explain to your instructor what you did and why you were absent.

A LA PAGE

Quels journaux lisez-vous régulièrement? quelles revues? Est-il possible d'identifier la perspective politique de ces journaux? Quelles revues sont destinées à des lecteurs particuliers?

PERSPECTIVES

MISE EN TRAIN

Lisez-vous souvent le journal? Combien de fois par semaine?
Lisez-vous un journal régional ou national?
Est-ce que les journaux américains ont tendance à représenter une
opinion politique?

Andy, un Américain de vingt-quatre ans, travaille depuis quelques mois dans
une banque française. Depuis son arrivée en France, il s'est souvent demandé ce
qu'il faut lire pour se tenir au courant de la culture contemporaine dans ce pays.
Ce n'était peut-être pas la peine de se poser la question, car ses amis Christophe
et Mireille vont tout lui expliquer au sujet des quotidiens qu'on doit lire.

MIREILLE: Salut, Andy! Tu viens boire un café avec nous?

ANDY: Oui, j'aimerais bien, Mireille.

CHRISTOPHE: Salut, Andy! Comment vas-tu? Et, alors, tu t'habitues à
la France?

ANDY: Oui, pas mal!   5

MIREILLE: Qu'est-ce qui t'amène au «Deux Magots»?

ANDY: Je voulais vous voir!

MIREILLE: Ah, sympa!

CHRISTOPHE: C'est sympa, ça.

MIREILLE: Garçon, un café!   10

ANDY: Peut-être[1] vous pouvez me conseiller... j'étais devant le
marchand de journaux, hier... il y avait tant de journaux... je ne
savais pas lequel choisir.

CHRISTOPHE: Ben, moi, je te conseille *Le Monde*.

MIREILLE: Ah, tout de suite, *Le Monde*... *Le Monde*! T'as des idées   15
bien arrêtées!

CHRISTOPHE: C'est ce qu'il y a de meilleur, *Le Monde*.

MIREILLE: Tu crois?

CHRISTOPHE: Ben, oui.

———————

[1] « Peut-être **que...** » would be more correct grammatically.

ANDY: Et, pour les articles de fond?   20

CHRISTOPHE: Ah, bien, justement! *Le Monde* a toujours été un journal objectif, avec des articles d'événements internationaux... c'est un journal sérieux, avec des analyses approfondies.

MIREILLE: Oui, mais enfin, pour la culture qu'il veut percevoir de la France... je pense que *Libération* est, quand même, un journal beau-   25
coup plus intéressant parce qu'il traite de beaucoup de sujets et, en plus... tiens, l'astrologie. Est-ce que tu aimes l'astrologie?

ANDY: Oui, j'aime bien l'astrologie, mais aussi je m'intéresse à la musique, aux sports... lequel est le meilleur pour tout ça?

CHRISTOPHE: Bon, *Libération*, c'est un journal de gauche qu'on lisait   30
en '68!

MIREILLE: Pas du tout! Tu te trompes complètement. C'est ton *Monde* que... on lisait... quand est-ce que tu as passé... tiens, dis... ton examen? 1986! Ha! ha! Parlons-en! Ça a bien changé depuis...

CHRISTOPHE: Quand je faisais Sciences-Po², je lisais tous les quotidiens,   35
et j'ai décidé de... rester avec *Le Monde*, et c'est *Le Monde* que je préfère.

ANDY: Et, pour les renseignements sur les finances? Je suis banquier, moi.

CHRISTOPHE: Ah, bien. *Le Monde*, c'est le journal le plus complet.

MIREILLE: Eh bien, écoute, voilà ce que je te propose: Tu achètes les deux journaux. Tu lis, le matin, *Le Monde*, l'après-midi, *Libération*...   40
et on se revoit dans huit jours. Tu nous diras ce que tu en penses.

ANDY: Ah, une bonne solution. Merci!

● ●
A L'ECOUTE!
● ●

1. Racontez au passé composé les actions d'Andy, Christophe et Mireille pendant cette conversation. Commencez ainsi: «Andy a rencontré Christophe et Mireille devant le café des "Deux Magots." Ses amis l'ont invité à boire un café avec eux... »
2. Andy demande un conseil à Mireille et Christophe, mais les réponses qu'il obtient montrent que sa question est, en fait, assez compliquée. Quelles expressions négatives sont utilisées en replique dans les situations suivantes?

    a. Christophe conseille à Andy de lire *Le Monde*. Mireille répond: _____
    b. Christophe fait erreur en déclarant que *Libération* était un journal de gauche en 1968. Mireille lui dit: _____ . Pouvez-vous suggérer une autre réponse?

---

² Sciences-Po = Institut d'études politiques de Paris

TOURNEZ
S.V.P.

3. Quel type de journal Andy cherche-t-il? Quelles questions pose-t-il sur le contenu des journaux mentionnés par ses amis? A votre avis, est-ce qu'il doit acheter *Libération* ou *Le Monde*? Pourquoi?
4. Parlez de ce que vous lisez comme journaux, en imitant les paroles de Christophe (lignes 35-36): «Quand j'étais à l'université... »

NOTE CULTURELLE

Le journalisme français constitue un aspect fondamental de la culture française. Les étrangers sont souvent surpris par la variété et le nombre de quotidiens qui se vendent chez les marchands de journaux partout en France. Pour mieux comprendre le phénomène de la presse quotidienne, il faut savoir comment les Français choisissent leur journal.

D'abord, il y a deux grandes catégories de quotidiens: les journaux nationaux et les journaux régionaux. *Le Monde, Le Figaro, Libération, L'Humanité* et beaucoup d'autres sont publiés à Paris et présentent les actualités parisiennes, nationales et internationales. Ils sont aussi distribués, bien entendu, en province où ils trouvent des lecteurs en très grand nombre. La presse régionale — *Midi Libre, Nice Matin, Ouest-France, Les Nouvelles d'Alsace*, par exemple — insiste plutôt sur les événements d'intérêt local.

Un deuxième aspect à noter à propos des quotidiens est leur caractère franchement politisé. Les grands journaux nationaux donnent une interprétation de l'actualité politique, économique et sociale en accord avec les opinions de leurs lecteurs. Un partisan de la gauche communiste lit *L'Humanité* et se sent à l'aise. Un Français de la droite conservatrice achète *Le Figaro* pour trouver un écho de son point de vue personnel. Et, une fois par semaine, le mercredi, si on aime vraiment la satire, on dévore *Le Canard enchaîné* où les journalistes se moquent de tout (de la droite, de la gauche et du centre!) avec le plus grand humour.

Même si la majorité des Français trouvent que, de tous les médias, c'est la presse qui est le plus crédible, ils ont tendance actuellement à prendre leurs informations au journal télévisé plutôt qu'au journal écrit. Les gens qui désirent des analyses plus profondes que celles de la télé achètent, une fois par semaine, un magazine d'information. Cette solution semble efficace et économique, car un quotidien comme *Le Monde* coûte environ 6F, alors qu'un hebdomadaire comme *L'Evénement du jeudi* est vendu à 30F. Mais c'est surtout dans le domaine des magazines qui répondent aux diverses préoccupations des Français — les hebdomadaires et mensuels féminins et familiaux, décoration / maison / jardin, distractions et loisirs, revues professionnelles, etc. — que la presse a fait la plus grande progression. Il y a plus de 3 000 titres en France!

LES ACTIVITES

conseiller to advise
s'habituer (à) to get used to
percevoir to perceive
se voir to see each other
traiter to treat
se tromper to make a mistake

LE JOURNALISME

les **actualités** (*f pl*) news
un **article de fond** in-depth
 analysis
un **conseil** advice

la **droite** political right wing
un **événement** event
la **gauche** political left wing
un **hebdomadaire** weekly
 newspaper or magazine
un **journal** newspaper
un **lecteur** / une **lectrice**
 reader
la **majorité** majority
les **médias** (*m pl*) media
un **mensuel** monthly
 newspaper or magazine

un **porte-parole**
 spokesperson
le **pouvoir** power
la **presse** the press
un **quotidien** daily
 newspaper

LES CARACTERISTIQUES

arrêté definite
branché with it (*slang*)
politisé having a political
 slant

• • • • • • • • • • • • • •
Exercices de
vocabulaire
• • • • • • • • • • • • • •

A. Vous lisez un article sur les médias en France. Complétez chacune des phrases de l'article par un des termes suivants.

un article de fond   la majorité   la presse
les événements   politisé   un quotidien
le journal

1. La majorité des Français lisent _____ tous les jours.
2. Pour avoir une idée profonde de ce qui se passe sur un certain sujet, il faut lire _____.
3. La presse française a un caractère _____.
4. On peut lire le *Midi-Libre* pour connaître _____ régionaux.
5. S'ils n'ont pas le Minitel, les Français peuvent trouver les résultats du Bac dans _____.
6. Il y a toujours en France un journal qui représente _____.
7. En France, il ne faut jamais sous-estimer le pouvoir de _____.

jeune afrique

Chaque semaine, cet hebdomadaire international édité à Paris restitue l'actualité du continent africain et du Moyen-Orient et propose le regard de l'Afrique sur le monde et la France.

Lire MAGAZINE

Chaque mois: neuf extraits (en texte suivi) de neuf livres sélectionnés par Bernard PIVOT et son équipe, + une interview d'un auteur + un guide pratique d'achat de plus de 50 livres dans tous les genres (des romans à la BD).

Lequel / Laquelle de ces journaux / revues vous intéresse? Pourquoi?

B. Quels termes du **Vocabulaire actif** s'appliquent aux concepts américains suivants?

1. *Road & Track, Sports Illustrated, Cosmopolitan*
2. *The New York Times*
3. la télévision, la presse
4. Ann Landers
5. le parti politique américain dominant au Congrès
6. l'ouverture du mur à Berlin
7. *Time, Newsweek*
8. le journal contient surtout ceci

• • • • • • • • • • • • • •
Vous comprenez?
• • • • • • • • • • • • • •

Complétez les phrases suivantes d'après les renseignements du dialogue et de la **Note culturelle**.

1. Au café des «Deux Magots», Andy...
2. Andy cherche à savoir...
3. Christophe trouve que *Le Monde* est le meilleur quotidien parce que...
4. Pour Mireille, *Libération* est un journal plus intéressant parce que...
5. Mireille croit que *Le Monde* est...
6. Andy va...
7. Les étrangers sont souvent surpris par...
8. Comme catégories de quotidiens en France, il y a...
9. La presse en France est...
10. En France, il y a de plus en plus de...

• • • • • • • • • • • • • •
A votre tour
• • • • • • • • • • • • • •

LEXIQUE PERSONNEL

Cherchez les termes qui correspondent aux idées suivantes:

1. les sortes de journaux qu'on publie dans votre région
2. les sortes de journaux que vous lisez
3. les parties du journal que vous lisez
4. les journaux américains les plus prestigieux
5. les journaux américains les plus populaires

En utilisant le vocabulaire de la leçon et votre lexique personnel, complétez les phrases suivantes.

1. Je lis souvent...
2. Les journaux les plus populaires chez moi sont...
3. Les parties du journal que je n'aime pas sont...
4. Les journaux américains connus dans le monde s'appellent...
5. Ces journaux sont...
6. Les Américains choisissent leurs journaux selon...

Avant de regarder les annonces pour ces journaux français, répondez aux questions suivantes.

1. Quels quotidiens lit-on chez vous?
2. Quels sont les quotidiens les plus connus et les plus lus aux Etats-Unis?
3. Y a-t-il des journaux régionaux aux Etats-Unis? Lesquels? Publie-t-on des journaux spécialisés — des journaux d'inspiration religieuse ou des journaux politiques, par exemple?

le Provençal
BDR · VAUCLUSE · ALPES DE HAUTES PROVENCE

le Méridional
BDR · VAUCLUSE · ALPES DE HAUTES PROVENCE

LE SOIR
BOUCHES DU RHONE

Var matin
VAR

La Corse
HAUTE CORSE · CORSE DU SUD

NM Nîmes-Matin
LE MÉRIDIONAL
GARD

GROUPE "LE PROVENÇAL"

Intégré depuis juillet 87 au Groupe HACHETTE, le Groupe du PROVENÇAL comprend 4 titres, LE PROVENÇAL, LE MERIDIONAL, VAR-MATIN REPUBLIQUE et LE SOIR.

Chacun de ces titres a une rédaction indépendante propre.

En revanche, le Groupe dispose de régies publicitaires, EUROSUD et MEDIASUD, qui commercialisent l'espace publicitaire des quatre titres en couplage.

Précurseur en matière de procédés informatiques appliqués à la presse, le Groupe a été le 1er en Europe à informatiser la composition et la rédaction, ainsi que son système de fabrication et d'expédition.

Un système d'encartage parmi les plus modernes d'Europe permet en outre de développer une politique de suppléments à périodicité variable (hebdo, mensuel, bi-mensuel) qui viennent enrichir la matière rédactionnelle des 12 éditions quotidiennes des titres marseillais.

Les titres du Groupe ont été les premiers à pratiquer les jeux grand public (type BINGO) qui ont participé à une forte augmentation de leurs ventes.

Le Groupe "LE PROVENÇAL" représente près de 85% de diffusion de la presse quotidienne régionale en Provence, avec 1 050 000 de lecteurs (source SOFRES - CESP Provence 88).

LE PROVENÇAL/LE SOIR*:
P. -D. G. : Laurent PERPERE
Directeurs Généraux adjoints:
   Christian POITEVIN
   Christian de BARBARIN

*LE SOIR (Edition vespérale du Provençal)

LE PROVENÇAL:
Rédacteur en chef: Didier PILLET

LA CORSE:
Directeur: Jean-René LAPLAYNE

LE MERIDIONAL/NIMES-MATIN:
P. -D. G.: Michel BASSI
Directeur de la Rédaction: Laurent GILARDINO

LE SOIR:
Rédacteur en Chef: Claude MATTEI

VAR-MATIN:
P. -D. G. : Laurent PERPERE
Rédacteur en Chef: Paul MOZZI

TOURNEZ
S.V.P.

4. Pour quelle région de la France les journaux de ce groupe sont-ils destinés?
5. Parmi ces journaux régionaux, lequel est distribué dans la terre natale de Napoléon?
6. Ces journaux ont chacun une rédaction indépendante, mais ils partagent un système commun de publicité. Quels sont les avantages de ce système, si on voulait, par exemple, vendre quelque chose par annonce?
7. Quelle technologie ce groupe utilise-t-il pour composer et distribuer ses journaux?
8. Est-ce que toutes les publications de ce groupe sont des quotidiens?
9. A part la diffusion des informations, quel autre service les journaux de ce groupe offrent-ils au public?
10. Quel pourcentage de la presse quotidienne de la région ces journaux représentent-ils?

Dans l'Ouest, chaque jour 2 600 000 lecteurs choisissent *Ouest-France*

Le 1er Quotidien de France

QUID OUEST-FRANCE

354 journalistes répartis dans
62 rédactions locales
4 000 correspondants dans toutes les communes de l'Ouest
8 700 points de ventes
3 000 porteurs

Diffusion O.J.D. 1988
765 000 ex. dont 59% par abonnement ou portage à domicile

Chaque jour les régions à la loupe (12 départements de l'Ouest) grâce à 38 éditions

Ouest-France, dans l'Ouest, pour tout savoir:

—la vie de sa commune, de sa région: que faire aujourd'hui, demain, ce week-end? Qui fait quoi? Que s'est-il passé hier?

—les informations nationales et internationales traitées par des journalistes spécialisés

—les résultats sportifs, les commentaires, les pronostics, pour l'équipe de la ville comme pour l'équipe de France

—les offres d'emploi: 8 à 10 pages chaque samedi

—les bonnes affaires dans toutes les villes de l'Ouest

—le meilleur moyen d'acheter ou de vendre son logement ou sa voiture...

---

11. Pourquoi *Ouest-France* s'appelle-t-il «Le 1er Quotidien de France»?
12. Quels genres d'information ce journal offre-t-il à ses lecteurs?

STRUCTURES

Formation of the Imperfect

To form the imperfect of a French verb, drop the **-ons** ending of the present-tense **nous** form and add the appropriate ending: **-ais, -ais, -ait, -ions, -iez, -aient.**

parler (nous parl~~ons~~)	**finir** (nous finiss~~ons~~)	**répondre** (nous répond~~ons~~)
je parl**ais**	je finiss**ais**	je répond**ais**
tu parl**ais**	tu finiss**ais**	tu répond**ais**
il / elle / on parl**ait**	il / elle / on finiss**ait**	il / elle / on répond**ait**
nous parl**ions**	nous finiss**ions**	nous répond**ions**
vous parl**iez**	vous finiss**iez**	vous répond**iez**
ils / elles parl**aient**	ils / elles finiss**aient**	ils / elles répond**aient**

Etre is the only French verb that is irregular in the imperfect.

être	
j'**étais**	nous **étions**
tu **étais**	vous **étiez**
il / elle / on **était**	ils / elles **étaient**

Exercice 1.   Marc et Marie-Ange sont en train de parler du week-end dernier. Complétez leur dialogue en mettant les verbes indiqués à l'imparfait.

— Salut, Marc, comment (être) _____ la soirée chez Barbara?

— Ah, c'(être) _____ chouette! Il y (avoir) _____ beaucoup de monde. Tous les copains (être) _____ là.

— Qu'est-ce que vous avez fait?

— On a parlé de beaucoup de choses. On (être) _____ tous d'accord pour dire qu'on (trouver) _____ le travail à la Fac très difficile, qu'on (écrire) _____ trop de disserts, qu'on (préparer) _____ beaucoup d'examens, qu'on (lire) _____ beaucoup de livres et qu'il (falloir) _____ aussi faire trop d'exposés.

— Quand même, vous n'(étudier) _____ pas tous les soirs le semestre dernier, si je me souviens bien.

— C'est vrai. Je (sortir) _____ quand je (vouloir) _____. Les copains (sortir) _____ pas mal aussi. Ils (faire) _____ des excursions le week-end et (aller) _____ quelquefois en boîte.

— Il me semble que le semestre dernier n'(être) _____ pas si affreux que ça.

— Peut-être pas, en effet.

Exercice 2. Vous parlez avec des personnes plus âgées que vous. La discussion se concentre sur votre façon de vivre comparée à la vie qu'elles ont connue. Complétez ces petits dialogues en mettant, dans la réponse, le verbe de la première phrase à l'imparfait.

1. — Nous avons beaucoup de copains.
   — Moi aussi, j'...
2. — Nous prenons la voiture pour faire des excursions.
   — Ah non, nous...
3. — Nous nous retrouvons au café.
   — Non, mon groupe d'amis...
4. — Nous faisons des études pratiques.
   — Oui, tout le monde...
5. — Nous sortons souvent.
   — Ah oui, les jeunes...
6. — Nous déjeunons dans des fast-foods.
   — Moi, je ne...
7. — Nous lisons assez souvent le journal.
   — Oui, ta mère aussi, elle...
8. — Nous regardons les vidéos à la télé.
   — Non, de notre temps on ne...
9. — Nous adorons écouter des disques et danser.
   — Ah oui, ça alors, nous...
10. — Nous sommes contents de notre style de vie.
    — Nous aussi, nous...

GRAND QUOTIDIEN D'INFORMATION DU MIDI

Midi Libre

MONTPELLIER

LE POINT

Uses of the Imperfect

The imperfect tense is used to describe people, scenes, actions, or conditions in the past. The imperfect is sometimes called the descriptive tense.

1. **Setting:** The imperfect is used to describe scenes and events that form the background or decor of a time frame in the past.

    The imperfect is also used to describe two or more events that were going on simultaneously and that may frequently be linked by the conjunction **pendant que** (*while*). This use of the imperfect expresses the English concept (*was / were*) __*ing*.

    > Hier après-midi il **faisait** très beau. Mireille et Andy **prenaient** quelque chose à la terrasse d'un café. Pendant qu'ils **buvaient** leurs boissons, les gens **allaient** et **venaient** dans la rue. Les deux amis **bavardaient** de choses et d'autres et **discutaient** de la presse en France quand soudain...

    > *Yesterday afternoon the weather **was** really nice. Mireille and Andy **were having** some refreshments on the terrace of a café. While they **were drinking** their drinks, people **were going** and **coming** in the street. The two friends **were chatting** and **discussing** the French press when suddenly...*

2. **Habitual Actions:** The imperfect is used to describe actions that were repeated habitually for an indefinite period of time in the past. Used in this way, the imperfect describes a situation that recurred regularly and for which no definite beginning or end can be visualized. This use of the imperfect is the equivalent of the English concepts *used to* or *would* when referring to the past.

Mon père **finissait** son travail tous les jours à cinq heures.	*My father **used to finish** work every day at five o'clock.*
Nous **regardions** toujours les informations à la télé.	*We **would** always **watch** the news on TV.*
Je **discutais** souvent avec ma mère des événements de la journée.	*I often **used to discuss** the events of the day with my mother.*

3. **States or Conditions:** The imperfect describes states or conditions that existed in the past.

Andy **avait** beaucoup de travail, alors il **était** assez fatigué. C'est pourquoi il **préférait** rester à la maison où il **aimait** beaucoup regarder la télé.	*Andy **had** a lot of work, and therefore he **was** pretty tired. That's why he **preferred** to stay at home, where he **liked** to watch TV.*

The following verbs are often used to describe a physical or emotional state and are often used in the imperfect.

avoir	détester
penser	aimer
désirer	croire
préférer	vouloir

A few verbs vary in meaning or nuance depending on whether they are used in the imperfect or the **passé composé**.

IMPERFECT	PASSE COMPOSE
Elle en **était** malade.	Elle en **a été** malade.
*She **was** upset about it.*	*She **became** upset about it.*
Je **savais** la vérité.	**J'ai su** la vérité.
*I **knew** the truth.*	*I **found out** the truth.*
Ils **devaient** faire un exposé.	Ils **ont dû** faire un exposé.
*They **were supposed** to do a presentation.*	*They **had** to do a presentation.*
Il **voulait** rentrer.	Il **a voulu** rentrer, mais il a manqué l'autobus.
*He **wanted** to go home. (The state was not translated into action.)*	*He **wanted** to go home, but he missed the bus. (An attempt was made.)*
Nous **ne pouvions pas** voyager quand nous étions malades.	Nous **n'avons pas pu** réserver des places.
*We **were unable** to travel when we were sick. (It was impossible for us to travel.)*	*We **couldn't** reserve seats. (We attempted to reserve seats but did not succeed.)*

Certain expressions of time often indicate that the verb in question is describing an habitual event and should be in the imperfect. Below is a partial list of such expressions.

souvent	habituellement
d'habitude	fréquemment
toujours	tous les jours

marie claire

La et les modes, la maison, les loisirs, les idées, des choses à voir, à lire, à discuter... Tous les mois, un regard moderne et pratique posé au féminin.

Cette revue est-elle un hebdomadaire? A qui est-elle destinée?

Magazine mensuel, fait de superbes photos et de grands reportages pour partir à la découverte aventureuse d'un monde toujours nouveau : la terre.

Quelle revue américaine est l'équivalent de *Géo*?

1. **After *si*:** The imperfect is also used after **si** to express a wish concerning the present or the future.

Si j'avais le temps de lire le journal!	***If only I had** the time to read the paper!*
Si vous pouviez m'aider pour mon exposé!	***If only you could** help me with my presentation!*

The imperfect is also used after **si** to propose a course of action.

Si nous allions ensemble au café?	***Shall we go** to the café together?*
Si on prenait quelque chose?	***Shall we have** something to eat or drink?*

2. **With *depuis*:** The imperfect used with **depuis** expresses the English concept *had been___ing*. This construction is the past-tense equivalent of **depuis** + present tense. **Depuis** + imperfect links two actions in the past, indicating that one action began before the other but was still going on when the second action took place.

J'**attendais depuis une heure** quand vous êtes arrivé.	*I **had been waiting for an hour** when you arrived.*
Ils **vivaient** en France **depuis un an** quand la guerre a éclaté.	*They **had been living** in France **for a year** when the war broke out.*
Elle **était** déjà ici **depuis dix minutes** quand le cours a commencé.	*She **had** already **been** here **for ten minutes** when class began.*

3. ***Venir de* in the Imperfect: Venir de** (in the imperfect) + infinitive is the equivalent of the English idea *had just* + past participle.

Il **venait de partir**.	*He **had just left**.*
Je **venais de** le **voir**.	*I **had just seen** him.*
Vous **veniez d'apprendre** les nouvelles.	*You **had just learned** the news.*

L'actualite

Exercice 3. Dans une lettre, Marc raconte à Philippe un épisode de sa vie à l'université. Complétez la lettre de Marc en mettant à l'imparfait les verbes entre parenthèses. Justifiez chaque emploi de l'imparfait.

Cher Philippe,

Tu demandes comment je suis devenu journaliste. Eh bien, c'(être) _clau_ le printemps de ma dernière année à l'université. A cette époque-là, je (vouloir) _____ de bonnes notes et je (trouver)_____ que je (faire) _____ _imp_ toujours bien mon travail. Tous les soirs, pendant que le reste de ma famille (regarder) _____ la télé, je (se mettre) _____ devant ma table de travail, j'(ouvrir) _____ mes bouquins et j'(étudier) _____. J'(avoir) _____ beaucoup de devoirs et je (lire) _____ tant que j'(être) _____ toujours fatigué. Même le week-end quand il (faire) _____ beau et que tous mes copains (aller) _____ s'amuser au café ou au terrain de jeu, je (rester) _____ à la maison pour étudier. Cette situation (durer) _____ depuis deux mois et personne ne (pouvoir) _____ comprendre pourquoi j'(avoir) _____ cette passion pour le travail. Un jour j'ai décidé qu'une vie si bizarre n'(être) _____ pas très saine. J'(aller) _____ rater beaucoup de choses intéressantes. Je me suis dit: «Tiens, si seulement je (travailler) _____ moins et (s'amuser) _____ davantage!» Ce jour-là, j'ai écrit mon premier article, pour *Rolling Stone Magazine*. Et voilà comment a commencé cette carrière difficile mais passionnante.

Ciao,
Marc

Exercice 4.   Une Interview.

1. Regardiez-vous beaucoup la télévision quand vous étiez plus jeune?
2. Alliez-vous souvent lire des journaux à la bibliothèque le semestre dernier?
3. Gagniez-vous beaucoup d'argent quand vous étiez adolescent(e)?
4. Rentriez-vous très tôt quand vous vous amusiez bien en soirée?
5. Lisiez-vous le journal tous les jours quand vous étiez sans télé?

magazine littéraire

Mensuel exclusivement consacré aux livres et aux écrivains. Une information claire et thématique sur les mouvements culturels contemporains, les grands écrivains et les problèmes posés au livre et à l'écriture.

Est-ce que cette revue vous intéresse? Pourquoi ou pourquoi pas?

Harmonie

Le magazine mensuel de la musique, des disques classiques et de la Haute-Fidélité. Dans chaque numéro, un dossier sur un interprète ou un compositeur, la présentation et la critique de tous les disques nouveaux et des rééditions, l'agenda de la vie musicale, le matériel Haute-Fidélité à l'essai...

Vous cherchez de nouveaux CD. Pourquoi consultez-vous cette revue?

HISTOIRE *magazine*

Mensuel. Le premier news magazine au service de l'Histoire : des témoins privilégiés, une approche moderne et pluridisciplinaire, des spécialistes de renommée internationale, une iconographie exceptionnelle, pour comprendre en profondeur les grands dossiers historiques.

Est-ce que cette revue vous intéresse? Pourquoi ou pourquoi pas?

INTERNATIONAL
Herald Tribune

Parrainé par le "New York Times" et le "Washington Post", le seul quotidien du matin édité à Paris en langue anglaise et consacré à l'actualité internationale.

Pourquoi ce journal est-il très apprécié par les touristes américains?

6. Sortiez-vous souvent avec vos copains le semestre passé?
7. Où alliez-vous pour vous amuser?
8. Faisiez-vous des excursions?

Exercice 5. Il est important de savoir comment inviter les autres à faire quelque chose. Faites différentes propositions en employant la structure idiomatique **si** + sujet + imparfait du verbe et les éléments suivants.

1. on / prendre un pot ensemble
2. nous / acheter un journal français
3. vous / venir chez moi demain soir
4. les copains / passer à la maison ce soir
5. tu / faire ce voyage avec moi
6. on / déjeuner ensemble
7. Une suggestion que vous faites à votre professeur de français

Exercice 6. Nous désirons tous quelque chose! Employez la structure idiomatique **si** + imparfait du verbe pour formuler un désir ou un souhait (*wish*) à propos des personnes indiquées.

1. Mon ami(e)? Si seulement il / elle...!
2. Si seulement mon prof de français...!
3. Si mes parents...!
4. Et mes camarades de chambre, s'ils / si elles...!
5. Si seulement je...!

Exercice 7. Complétez chaque phrase en utilisant **venir de** à l'imparfait suivi d'un infinitif. Le verbe à l'imparfait décrit ce qui s'est passé avant les actions indiquées.

1. Quand j'ai pris le petit déjeuner ce matin, je...
2. Quand je suis arrivé(e) en cours de français aujourd'hui, je...
3. Quand j'ai retrouvé mes amis, ils...
4. Quand j'ai rendu mes devoirs en cours de _____, le professeur...
5. Quand mes copains et moi sommes sortis, nous...

Activité 1.   Quels changements! La vie à l'université est bien différente de la vie au lycée. Dites ce que vous faisiez au lycée que vous ne faites plus maintenant.

> MODELE: Au lycée, je sortais avec mes amis tous les jours après les cours. Mais maintenant, je dois aller à la bibliothèque pour faire mes devoirs.

Activité 2.   Votre jeunesse. Nous nous rappelons souvent avec plaisir certains souvenirs d'enfance. Parlez de certaines traditions dont vous gardez de bons souvenirs (les anniversaires, les fêtes en famille, la veille de Noël, le samedi matin, les vacances d'été, etc.). Les autres étudiants vont vous demander des précisions.

Activité 3.   Moi aussi, j'ai changé. Nos habitudes et notre caractère changent au cours des années. Comment étiez-vous, par exemple, à l'âge de douze ans? Notez au moins quatre changements.

> MODELE: Quand j'avais douze ans, j'étais très timide.

Activité 4.   Les premières impressions. Décrivez votre premier jour à l'université. Quelles ont été vos premières impressions?

CAHIERS DU CINEMA

L'une des plus célèbres revues françaises de cinéma où s'articulent chaque mois actualité et théorie du cinéma.

bateaux

La plus connue et la plus lue des revues nautiques françaises : des bancs d'essai, des conseils de navigation, ainsi que toute l'actualité de la plaisance et de la course au large, analysée, disséquée, sans rien laisser de côté. Pour tous les passionnés de la mer, mais aussi pour les moins initiés.

Vous êtes étudiant(e) de cinématographie. Pourquoi lisez-vous cette revue?

A quels sports s'intéressent les lecteurs de cette revue?

The Pluperfect (Le plus-que-parfait)

Formation of the
Pluperfect

The pluperfect is formed with the imperfect tense of the auxiliary verb **avoir** or **être** and the past participle of the main verb.

parler

j'**avais parlé**
tu **avais parlé**
il / elle / on **avait parlé**
nous **avions parlé**
vous **aviez parlé**
ils / elles **avaient parlé**

répondre

j'**avais répondu**
tu **avais répondu**
il / elle / on **avait répondu**
nous **avions répondu**
vous **aviez répondu**
ils / elles **avaient répondu**

aller

j'**étais allé(e)**
tu **étais allé(e)**
il / elle / on **était allé(e)**
nous **étions allé(e)s**
vous **étiez allé(e)(s)**
ils / elles **étaient allé(e)s**

s'amuser

je **m'étais amusé(e)**
tu **t'étais amusé(e)**
il / elle / on **s'était amusé(e)**
nous **nous étions amusé(e)s**
vous **vous étiez amusé(e)(s)**
ils / elles **s'étaient amusé(e)s**

The pluperfect follows the same rules as the **passé composé** for the formation of questions and the placement of adverbs.

Avait-il déjà vu le film avant son départ?

Uses of the
Pluperfect

The pluperfect expresses an action or situation in the past that had taken place and had been completed before some other event. The action of a verb in the pluperfect is more remote in the past than other events described. The pluperfect expresses the English concept *had* + past participle.

REMOTE PAST	RECENT PAST	
Il **avait** déjà **trouvé** un poste	quand il **s'est marié.**	He **had** already **gotten** a job when he got **married.**
Nous **étions** déjà **partis**	quand vous **êtes arrivé.**	We **had** already **left** when you **arrived.**
J'**avais** déjà terminé mes études	quand j'**avais** vingt ans.	I **had** already **finished** school when I **was** twenty years old.
Elles **étaient** déjà sorties	à trois heures.	They **had** already **gone out** at three o'clock.

The pluperfect is also used after **si** to express a wish or regret about the past.

Si (seulement) **j'avais étudié!**　　*If only I had studied!*

Si (seulement) **vous** m'**aviez compris!**　　*If only you had understood me!*

Si (seulement) **l'examen avait été** plus facile!　　*If only the test had been easier!*

RAPPEL! RAPPEL!

The pluperfect always carries the meaning of *had* + past participle; therefore, it should not be confused with any of the other past tenses. Contrast the following examples.

J'**avais parlé.**	*I **had spoken.***
J'**ai parlé.**	*I **spoke** (have spoken, did speak).*
Je **parlais.**	*I **spoke** (was speaking, used to speak).*
Je **parlais** depuis...	*I **had been speaking** since...*
Je **venais de parler.**	*I **had just spoken.***

In English usage, we sometimes do not use *had* with the past participle when this tense would best express what we mean. But if a certain action clearly must have been completed at a time before other past event(s), French uses the pluperfect to relate that action.

Mireille et Andy ont réglé la note que le serveur **avait préparée** plus tôt.　　*Mireille and Andy paid the bill that the waiter (**had**) **prepared** earlier.*

Magazine de l'informatique pour tous, rédigé dans un langage très accessible, et présentant, dix fois par an, une information large, claire et concrète sur les nouveaux équipements de l'informatique individuelle.

Est-ce que vous êtes abonné(e) à un magazine de l'informatique?

Hebdomadaire-événement fait de reportages exclusifs, de photos chocs et de nombreuses interviews. PARIS MATCH: "Le poids des mots, le choc des photos".

Comment cette revue ressemble-t-elle aux revues populaires que vous connaissez?

Exercice 8. Il y a eu une fête chez Josette et beaucoup de ses amis l'ont aidée. Mettez les verbes entre parenthèses au plus-que-parfait pour savoir ce que Josette a dit à propos de ses amis. Attention à la place des adverbes.

1. J'allais inviter les copains, mais Marc (déjà téléphoner) _avait_ ____ à tout le monde.
2. J'ai pu faire le marché, car Hélène et Marie (déjà composer) ____ le menu.
3. J'ai fait apporter une chaîne stéréo, parce que tu (acheter) ____ d'excellentes cassettes. _stereo system_
4. J'ai servi les hors-d'œuvre que vous (aller) _étiez allés_ ____ chercher.
5. J'ai pu ranger les meubles car les copains (aider) ____ à nettoyer la cuisine.
6. J'ai pu me coucher assez tôt parce que je (si bien s'organiser) ____ à l'avance. _je m'étais si bien organisé_

Exercice 9. D'abord, racontez au passé composé cinq choses que vous avez faites hier. Ensuite, pour chacune de ces phrases, mentionnez un état ou une action qui avait précédé, en utilisant le **plus-que-parfait**.

MODELE: J'ai écrit une dissertation.
J'avais déjà choisi mon sujet.

Exercice 10. **Nous avons tous des regrets.** Employez la structure idiomatique **si** + plus-que-parfait du verbe pour expliquer un regret à propos des personnes indiquées.

1. Si seulement je...
2. Si seulement mes parents...
3. Mon / ma petit(e) ami(e)? Ah, si seulement il / elle...
4. Et mon / ma camarade de chambre de l'année dernière, si seulement il / elle...
5. Si seulement mon prof de français... _n'avait rien fait._
6. Avez-vous un autre regret à exprimer au sujet d'une autre personne ou d'une autre situation dans votre vie?

Choosing Past Tenses

CINE VIDEO PHOTO REVUE

Première revue française de photographie et de cinéma, fondée en 1888. Destinée aux amateurs, PHOTO CINE REVUE présente les matériels nouveaux, des bancs d'essai réalisés en toute indépendance, initie aux techniques photographiques, traite de l'histoire de la photo, etc.

Qui achète cette revue, à votre avis?

Planche MAGAZINE

Le journal de la planche à voile : essais, compétitions, voyages au bout du monde, technique, équipement, réglementation, petites annonces gratuites… Pour vous aider à choisir votre matériel, à vous tenir au courant de la vie des clubs et de l'actualité internationale.

Quels renseignements cette revue offre-t-elle aux planchistes?

In the following examples and in the chart on page 158, contrast the uses of the **passé composé** and imperfect.

IMPERFECT	PASSE COMPOSE
Je **travaillais** à Paris au début de la guerre. (*setting*)	J'**ai travaillé** à Paris. (*isolated action*)
Il **pleuvait** à New York. (*setting*)	Hier, il **a plu**. (*specified beginning or end*)
Elle **voyait** souvent son ami. (*habitual action*)	Elle **a vu** son ami trois fois hier. (*series of actions*)
Pendant sa jeunesse, il **buvait, fumait** et **n'étudiait** pas. (*habitual action*)	Il **a** trop **bu** et **fumé** et il **est parti** à minuit. (*series of actions*)
Nous **étions** malades. (*state or condition*)	Nous **avons été** malades. (*change in state or condition*)
Ils **pouvaient** danser. (*state or condition*)	Après avoir trop mangé, ils n'**ont** pas **pu** danser. (*change in state or condition*)
J'**aimais** aller aux concerts de jazz. (*state or condition*)	J'**ai** beaucoup **aimé** le concert. (*reaction to an event*)

It may help you develop your understanding of the different mental images that will be evoked by your choice of either the imperfect or **passé composé** if you visualize your time frame as a TV program that you have watched. The succession of actions or events that advanced the plot of your program will be expressed in the **passé composé**. However, scenes that were purely descriptive, in which no further action took place, will be expressed by the imperfect. Such descriptive scenes were those in which a camera held a scene, panned around the set, or went in for a close-up.

D'habitude, préférez-vous lire le journal le matin ou le soir? Pourquoi?

CHOICE OF PAST TENSES				
REMOTE PAST	TIME FRAME OF NARRATION			
PLUPERFECT	IMPERFECT			PASSE COMPOSE
Prior Completed Action	*Habitual Action*	*Setting*	*State*	*Completed Action*
Philippe avait déjà raté le bac, et...	il s'ennuyait, parce qu'...	il travaillait pour son père, et...	il n'avait pas d'argent quand...	un jour, il a décidé de trouver un autre poste.
Il avait passé un an dans une grande compagnie, où...	il restait souvent tard au bureau, et...	il réfléchissait à son avenir parce qu'...	il voulait réussir.	Après deux ans, il en a eu assez.
Il avait trop voulu en faire, mais comme...	il rentrait tard tous les soirs, et parce que...	ce travail le fatiguait,	il était très découragé, alors...	il a quitté cette entreprise et est retourné chez son père.
J'étais déjà sorti(e) de l'école;	comme d'habitude je conduisais la voiture;	il pleuvait, et...	je pensais à mes cours, quand...	tout à coup, j'ai eu un accident.
Vendredi après-midi, ma mère était allée à la banque où elle avait touché un chèque, car...	elle faisait toujours le marché le samedi matin;	elle cherchait des steaks, mais...	elle n'aimait pas les prix du supermarché, alors...	elle a refusé d'en acheter.

Read the following account of an accident as if you were going to film it for TV.

Il pleuvait et la route était glissante (*program opens with the camera panning the scene of rain coming down on a slick road*). Un camion est apparu et a tourné dans une rue (*action of a truck coming into view and turning the corner*). Le camion approchait du carrefour (*the camera holds the scene of the truck continuing along the highway toward the intersection*), quand soudain une voiture est passée au rouge (*a car appears on camera and runs through the red light*). Le camion est rentré dans la voiture au milieu du carrefour (*the action of collision*). Le choc a été violent (*the camera holds the scene of the effects of the impact*).

Un homme a couru vers la voiture et a regardé dedans (*a man comes on camera and looks in the car*). Il a regardé le chauffeur pendant quelques secondes (*the man looks at the driver*), puis a essayé plusieurs fois de le ranimer (*the camera shows the repeated attempts to revive the driver*). La victime saignait beaucoup (*a close-up of the bleeding driver*); l'homme n'a plus voulu le toucher (*the man moves back, afraid to touch the victim*); il ne savait pas quoi faire (*the camera zooms back on the scene of the bewildered man standing over the driver*). Enfin le chauffeur a ouvert les yeux, s'est levé et a fait un effort pour marcher (*the camera focuses on the driver getting up and taking a step*), mais il n'a pas pu (*the driver falls*); il ne pouvait rien faire (*a close-up of the immobile driver*). Le pauvre chauffeur avait souvent fait cette même route (*a flashback of trips over the same road in the past*), mais ce dernier trajet a été pour lui un désastre (*a closing shot of the driver on the ground, the police and ambulance arriving*).

Exercice 11. Philippe, Béatrice et Gérard racontent des moments passés devant la télé. Lisez leurs déclarations et justifiez l'emploi des temps du passé des verbes indiqués.

La télévision **marchait** (1) quand je **suis entré** (2) dans la pièce. Comme je ne **voulais** (3) pas rater mon émission, je me **suis assis** (4) immédiatement devant le poste. **C'était** (5) un film de Jean Renoir. Il **a duré** (6) deux heures et quand il s'**est terminé** (7), j'**ai fermé** (8) le poste. Voilà ce que j'**ai fait** (9) hier soir.

Mon frère m'**a demandé** (10) de raconter ce qui **était arrivé** (11) pendant le feuilleton. Normalement il **regardait** (12) cette émission tous les jours sans exception. Mais ce jour-là, il **était sorti** (13) à l'heure où l'émission **commençait** (14). Il ne **savait** (15) pas que je n'**étais** (16) pas à la maison pendant que cette émission **passait** (17) à la télé. Je n'**ai pas pu** (18) faire le récit des aventures de son héros préféré. Il **a été** (19) très triste!

Quel manque de chance! Robert **regardait** (20) le plus grand match de football de l'année. Tout **allait** (21) bien. Soudain, le récepteur **a fait** (22) un bruit bizarre — le poste **est tombé** (23) en panne. D'habitude, Robert **téléphonait** (24) à l'atelier de réparation quand cette sorte de catastrophe **arrivait** (25). Mais ce jour-là quand il **a voulu** (26) appeler l'atelier de réparation, personne n'**a répondu** (27), car c'**était** (28) dimanche. Tout à coup, Robert **a eu** (29) une idée: «Si j'**allais** (30) chez mon très bon ami Henri qui a une si belle télé en couleurs?»

Exercice 12. Assez souvent, plusieurs activités ont lieu en même temps. Complétez les phrases suivantes par un verbe à l'imparfait pour indiquer deux activités simultanées.

1. Pendant que je lisais le journal, je...
2. Pendant que mon (ma) camarade de chambre étudiait, je...
3. Pendant que je parlais à mon ami(e) au téléphone, je...
4. Pendant que mes copains achetaient *Le Monde*, je...
5. Pendant que je dînais, mon / ma copain / copine...
6. Pendant que mon prof écrivait au tableau, je...

Exercice 13. Il faut souvent connaître le contexte pour bien comprendre l'action. Lisez les descriptions des situations suivantes et complétez les phrases à l'aide d'actions décrites par des verbes au passé composé.

1. J'arrivais à la fac ce matin quand...
2. Le week-end dernier, il faisait très beau et...
3. Je faisais mes devoirs quand...
4. Quand j'avais quinze ans...
5. Comme je n'avais pas beaucoup d'argent...
6. En rentrant j'étais très fatigué(e) et...
7. Je regardais la télé quand...
8. Je ne pouvais pas sortir samedi soir, alors...

L'HOROSCOPE de Murielle

BELIER (21/3 au 20/4)

Ne soyez pas pessimiste 2e décan et surtout pas trop distrait en voiture. 1er décan mieux avantagé.

BALANCE (23/9 au 22/10)

Vous pouvez compter sur la chance que vous apportent Vénus et Saturne 2e décan. Le 3e décan doit être prudent en voiture.

TAUREAU (21/4 au 20/5)

Gardez les pieds sur terre et évitez de vous obstiner 3e décan. Les autres décans sont mieux avantagés.

ostrich

SCORPION (23/10 au 21/11)

Gardez les pieds sur terre, ne faites pas l'autruche* 2e et 3e décans. 1er décan plus avantagé.

GEMEAUX (21/5 au 21/6)

Soyez moins distant face à vos responsabilités 1er décan. Le 2e décan est chanceux en amour.

SAGITTAIRE (22/11 au 20/12)

Votre astre Jupiter est un peu dur avec vous en ce moment mais restez optimiste, surtout 1er et 2e décans.

CANCER (22/6 au 22/7)

Ne soyez pas trop brutal dans vos mauvaises heures, suivez le courant qui vous entraîne en restant lucide 2e décan.

CAPRICORNE (21/12 au 19/1)

Vous arrivez à bien vous en sortir, il vous manque peut-être encore un peu d'enthousiasme 1er décan.

LION (23/7 au 22/8)

Ne soyez pas morose et gardez les pieds sur terre, vous arriverez mieux à chasser vos doutes, surtout 2e et 3e décans.

VERSEAU (20/1 au 18/2)

Vous avez du mal à contenir votre révolte intérieure face à ce qui vous oppresse, contrôlez-vous.

VIERGE (23/8 au 22/9)

Vous devez être diplomate dans une période qui vous est si bonne, surtout 2e et 3e décans.

POISSONS (19/2 au 20/3)

Ne soyez pas trop sûr de vous 1er décan, soyez diplomate, 3e décan mieux avantagé.

Lisez-vous régulièrement votre horoscope? Pourquoi les horoscopes sont-ils si populaires? Consultez-vous l'horoscope avant de prendre une décision importante?

Exercice 14. Voici des débuts de phrases qui indiquent une action accomplie. Utilisez un verbe approprié à l'imparfait pour situer chaque action.

1. Samedi je suis sorti(e) parce que...
2. J'ai choisi cette université parce que...
3. J'ai téléphoné à mon ami(e) parce que...
4. Mes parents ne sont pas venus me voir récemment parce que...
5. Mes copains n'ont pas dîné au restaurant universitaire parce que...
6. Je ne suis pas allé(e) à la fête parce que...
7. J'ai passé toute la journée à étudier parce que...
8. Je n'ai pas vu mes camarades de chambre parce que...

EXERCICES D'ENSEMBLE

A. Gérard revient à l'appartement après des vacances à la plage. Il apprend qu'il y a eu un cambriolage (*burglary*) de plusieurs tableaux orientaux chez son voisin. Jouez le rôle de Gérard et répondez aux questions de la police.

1. — Comment avez-vous su qu'un vol avait eu lieu?
   — En arrivant chez moi, je (apprendre) _____ par un autre voisin qu'on (voler) _____ les tableaux.
2. — En quelles circonstances avez-vous appris ce fait?
   — Je (venir) _____ d'arriver chez moi quand je (voir) _____ mon autre voisin qui (travailler) _____ dans son jardin. En descendant de ma voiture, je lui (dire) _____ bonjour et il me (demander) _____ si je (entendre) _____ la nouvelle.
3. — Vous n'avez pas lu le journal local pendant votre absence?
   — Non, parce que je (être) _____ à la plage avec des amis et que nous (ne pas avoir) _____ l'occasion d'acheter le journal local. On (lire) _____ souvent le journal régional et on (regarder) _____ les informations tous les soirs. Mais nous (ne rien voir) _____ au sujet du vol.
4. — Est-ce que vous avez déjà vu la collection en question?
   — Oui, monsieur, un jour, je (mentionner) _____ à mon voisin que je (entendre) _____ dire qu'il (avoir) _____ une très belle collection. Il me (demander) _____ si je (vouloir) _____ la voir. Immédiatement, en la voyant, je (se rendre compte) _____ qu'il (collectionner) _____ en effet de très beaux tableaux.
5. — Est-ce que vous avez remarqué quelque chose d'étrange dans le quartier avant votre départ?
   — Non, mais pendant mon absence, selon mes voisins, il y (avoir) _____ un camion qui (circuler) _____ tous les jours, et le conducteur et son collègue (avoir) _____ l'air suspect. Une fois, ils (descendre) _____ du camion et (aller) _____ derrière l'appartement du voisin qui (avoir) _____ la collection de tableaux. On (appeler) _____ la police, mais quand elle (arriver) _____ il n'y (avoir) _____ plus personne.

TOURNEZ
S.V.P.

6. — Et vous, monsieur, où étiez-vous le soir du 20 août?

   — Qui, moi? Mais, je (être) _____ avec mes amis à la plage, comme je vous le (dire) _____ déjà. Ce n'est certainement pas moi le cambrioleur!

B. Interview: Les habitudes de lecture chez les jeunes. Un sociologue français fait une enquête (*investigation*) sur la lecture chez les Américains de dix-sept ans. Vous aidez le chercheur (*researcher*) en posant les questions suivantes à des camarades de classe.

A dix-sept ans,...

1. lisiez-vous un journal local? Lequel? Assez souvent?
2. lisiez-vous un journal national? Lequel? Combien de fois par semaine?
3. lisiez-vous un hebdomadaire d'information et d'opinion comme le magazine *Time*? Lequel? Chaque semaine?
4. quelle sorte de magazine spécialisé achetiez-vous le plus souvent? Quel était le titre de ce magazine? Depuis quand vous intéressiez-vous à ce sujet?
5. regardiez-vous les informations à la télé? Tous les jours? Est-ce que la télé remplaçait la lecture du journal pour vous?

Dates

The days of the week, the months, and the seasons are all masculine nouns that are not capitalized.

1. The days of the week are **lundi, mardi, mercredi, jeudi, vendredi, samedi, dimanche.**

   - The days of the week are normally used without an article. If you use **le** before a day of the week, however, this construction implies *on* or *every.*

Normalement, ils vont en ville **le samedi**, mais **samedi** ils vont faire une excursion à la campagne.	*They usually go downtown* **on Saturday**, *but* **this Saturday** *they will go on an outing in the country.*

   - When referring to periods of a week or two weeks in French, the expressions most often used are **huit jours** and **quinze jours.**

Il va partir dans **huit jours.**	*He'll leave in* **a week.**
J'ai acheté mes billets il y a **quinze jours.**	*I bought my tickets* **two weeks** *ago.*

2. The months of the year are **janvier, février, mars, avril, mai, juin, juillet, août, septembre, octobre, novembre, décembre.**
3. The seasons of the year are **le printemps, l'été, l'automne, l'hiver.**

- The preposition **en** is used with a month or season to express *in*, except with **printemps**, which takes **au**.

> **Au printemps** les élèves français attendent avec impatience les grandes vacances. Les cours se terminent **en juillet** et, **en été,** beaucoup de Français vont à la plage. **En août** tout le monde rentre parce qu'**en septembre** il faut retourner à l'école. Mais courage, les enfants! **En automne** et **en hiver** il y a beaucoup d'autres fêtes et de jours fériés où on est libres.

4. There are two ways to express years in French.

> 1998 **dix-neuf cent quatre-vingt-dix-huit**
>   or: **mil neuf cent quatre-vingt-dix-huit**
>
> 1789 **dix-sept cent quatre-vingt-neuf**
>   or: **mil sept cent quatre-vingt-neuf**

- **En** is used with years and **au** with centuries to mean *in*.

> **en 1998** **au vingtième siècle**
> **en 1789** **au dix-huitième siècle**

- To ask the date in French, you will normally use the following pattern:

> **Quelle est la date** { aujourd'hui?
>   de son départ?

- To give the date in French, you will normally use **c'est**, the definite article, and the cardinal number. (The only exception is the first of a month, when **le premier** is used.) With the numbers **huit** and **onze**, there is no contraction of **le**.

> C'est **le vingt mars** 1998. C'est **le premier mars** 1998.
> C'est **le onze novembre**.

- The article **le** must be used before the date itself. When referring to both the date and the day of the week, **le** may be placed before either the day of the week or the date.

> Elle rentre **lundi le sept juin**.
> Elle rentre **le lundi sept juin**.

Exercice 15. Le directeur de votre programme universitaire américain en France vous demande d'écrire un petit autoportrait et de parler de vos activités habituelles. Complétez chaque phrase par une des expressions entre parenthèses.

1. (en / au) Je suis né(e) _____ mars.
2. (le / en) Je suis né(e) _____ 17 mars.
3. (dans / en) Je vais obtenir mon diplôme _____ mil neuf cent quatre-vingt-dix-neuf.

TOURNEZ
S.V.P.

4. (le vendredi / vendredi) Je n'aime pas suivre des cours _____.
5. (le vendredi / vendredi) _____ prochain, je n'ai pas cours; on va faire une excursion.
6. (huit / sept) On va passer _____ jours à voyager, une semaine entière.
7. (au / en) On va visiter la maison de Napoléon, empereur _____ dix-neuvième siècle.
8. (en / au) _____ printemps, je vais voyager en Europe.
9. (en / au) Je vais rentrer aux Etats-Unis _____ été.
10. (le quinze / le quinzième) En fait, je dois rentrer _____ août.

Exercice 16. Quelques dates célèbres. Dans la colonne à gauche sont données quelques dates célèbres de l'histoire française et dans la colonne de droite, on trouve les faits associés à ces dates. Associez à chaque date l'événement qu'elle marque. De quel siècle s'agit-il dans chaque cas?

1. 800	a. Napoléon devient empereur de France.
2. 1431	b. La Deuxième Guerre mondiale a été déclarée.
3. 1515	c. Charlemagne est sacré empereur.
4. 1643	d. Charles Lindbergh atterrit au Bourget.
5. 1793	e. Paris est libéré de l'occupation allemande.
6. 1802	f. Jeanne d'Arc est brûlée à Rouen.
7. 1815	g. Charles de Gaulle meurt.
8. le 11 novembre 1918	h. Louis XVI est guillotiné.
9. 1927	i. Il y a de grandes manifestations d'étudiants et d'ouvriers à Paris.
10. 1939	
11. 1944	j. La Renaissance commence en France sous François Ier.
12. 1968	
13. 1970	k. Napoléon perd la bataille de Waterloo.
14. 1981	l. L'armistice marque la fin de la Première Guerre mondiale.
	m. François Mitterrand devient le premier président socialiste depuis cinquante ans.
	n. Louis XIV devient roi de France.

Exercice 17. Quelle est la date... ? Demandez à un(e) camarade de classe les dates suivantes.

1. la date d'aujourd'hui
2. la date de la fête nationale américaine
3. la date de la fête nationale française
4. la date de Noël
5. la date du Jour de l'An (le premier jour de l'année)
6. la date de son anniversaire
7. la date du prochain examen de français
8. la date où il / elle va obtenir son diplôme

Activité 1. Lectures pour tous. En groupes de trois ou quatre personnes, lisez les titres des magazines français et essayez de deviner le sujet de chaque revue. Le groupe qui peut en identifier le plus grand nombre gagne la compétition. Quels sont les équivalents de certains de ces titres dans la presse américaine?

Lectures pour tous

Nombre de lecteurs* des principaux magazines (15 ans et plus en milliers):

Hebdomadaires généraux

• Paris-Match	4 175
• Figaro Magazine	2 917
• L'Express	2 500
• France-Dimanche	2 302
• Le Nouvel Observateur	2 287
• VSD	2 166
• Ici Paris	1 984
• Le Point	1 581
• L'Evénement du Jeudi	1 560
• Le Pèlerin Magazine	1 464
• Le Journal du dimanche	1 114
• La Vie	959
• L'Expansion (bimensuel)	673
• Le Nouvel Economiste	455

Féminins et familiaux

Hebdomadaires

• Femme actuelle	7 839
• Maxi	4 107
• Voici	2 870
• Madame Figaro	2 770
• Elle	2 002
• Nous deux	1 913
• Bonne Soirée	924
• Le Nouvel Intimité	858
• Madame Jours de France	630

Mensuels

• Prima	4 781
• Modes et Travaux	4 169
• Santé Magazine	4 066
• Marie-Claire	3 738
• Parents	2 974
• Marie-France	2 622
• Femme pratique	2 191
• Cuisine actuelle	1 925
• Avantages	1 801
• Enfants Magazine	1 366
• Biba	1 185
• Famille Magazine	1 131
• Cosmopolitan	1 035
• Votre beauté	981
• Guide cuisine	973
• Prévention santé	951
• Vital	939

Télévision

• Télé 7 Jours	10 490
• Télé Poche	6 489
• Télé Star	5 980
• Télé Z	5 894
• Télé Loisirs	4 740
• Télérama	2 062
• Télé Magazine	1 070

Automobile

Bimensuel

• L'Auto-journal	1 496

Mensuels

• Auto-moto	2 968
• Action automobile	2 057
• Auto Plus	1 740
• Automobile magazine	1 728
• Echappement	1 246
• Sport Auto	1 091

Décoration - Maison - Jardin

Hebdomadaire

• Rustica	1 101

Mensuels

• Mon Jardin, ma maison	1 441
• Maison et Jardin	1 342
• Maison bricolages	1 337
• La Maison de Marie-Claire	1 412
• L'Ami des jardins	1 201
• Système D	968
• Maison française	593

Bimestriels

• Art et Décoration	3 537
• Maison et Travaux	2 240
• La Bonne Cuisine	1 290
• Maison individuelle	1 049
• Votre maison	599

Distraction - Loisirs - Culture

Hebdomadaires

• L'Equipe du lundi	2 359
• L'Equipe Magazine	1 806
• Télé K7	1 492
• La France agricole	1 201
• France Football	1 152
• L'Officiel des spectacles	1 152
• Télé 7 Vidéo	1 009
• OK Magazine	920

Mensuels

• Géo	4 188
• Sélection	3 798
• Notre temps	3 735
• Science et Vie	3 213
• Télé 7 Jeux	3 138
• Le Chasseur français	3 053
• Ça m'intéresse	2 572
• Onze	1 766
• Première	1 692
• 30 Millions d'amis	1 612
• La Pêche et les Poissons	1 551
• Vidéo 7	1 535
• Actuel	1 494
• L'Etudiant	1 393
• Le Monde de l'éducation	1 196
• Science et Avenir	1 177
• Revue nationale de la chasse	1 108
• Podium-Hit	1 059
• Historia	1 048
• Science et Vie économique	969
• Photo	941
• L'Echo des savanes	933
• Tennis Magazine	914
• Newlook	906
• La Recherche	857
• Médecines douces	855
• Le Temps retrouvé	813

* Personnes ayant déclaré avoir lu ou feuilleté, chez elles ou ailleurs, un numéro même ancien au cours de la période de référence (7 jours pour un hebdomadaire…)

Activité 2.   Un dîner superbe. Vous venez de rentrer d'un dîner pour dix personnes chez des amis. C'était une soirée très réussie! Vos amis avaient tout prévu. Racontez ce que vos amis avaient fait avant l'arrivée des invités pour assurer le succès du dîner.

> acheter
> choisir la musique
> décorer l'appartement
> envoyer des invitations
> faire la cuisine
> nettoyer l'appartement
> téléphoner
> trouver des chaises supplémentaires

Activité 3.   Un conte de fées. Racontez votre conte de fées préféré. Si vous n'avez pas de conte de fées préféré, racontez la vie d'un personnage contemporain célèbre.

Activité 4.   Vous êtes accusé(e) d'un crime. Votre alibi vient du fait que vous avez déjeuné en ville et que vous avez fait des achats pendant les heures en question. La police vous pose des questions. Racontez **exactement** ce que vous avez fait et décrivez en détail les activités de votre journée en ville. Il faut convaincre la police que vous dites la vérité.

ACTIVITES D'EXPANSION

POUR S'EXPRIMER

Voici quelques expressions qu'on emploie souvent pour décrire au passé les actions habituelles. Donnez des détails sur un des thèmes suggérés en utilisant les expressions suivantes.

souvent	habituellement
d'habitude	fréquemment
toujours	tous les jours
pendant	de temps en temps

1. vos passe-temps préférés à l'âge de douze ans
2. votre vie quotidienne pendant la dernière année au lycée
3. votre emploi du temps pendant les vacances de l'été dernier
4. vos activités de groupe au courant de l'année dernière

1. Un membre de la classe se sert du passé composé pour annoncer quelque chose qu'il / elle a fait. Les autres étudiants doivent lui poser des questions sur ce qu'il / elle vient d'annoncer, mais ils doivent alterner les questions à l'imparfait et au passé composé.

    MODELE: — Ce matin je suis allé(e) en cours de maths.
    — Est-ce que le cours était à huit heures?
    — Est-ce que le prof a expliqué des problèmes?

2. Racontez un événement important ou dramatique de votre vie en vous servant de tous les temps du passé.
3. Lisez un article de journal et racontez les événements principaux de l'histoire que vous avez lue. Quelle impression vous a faite cette histoire?
4. Racontez le dernier épisode d'un feuilleton que vous avez regardé récemment à la télé.
5. Imaginez qu'un événement traité dans une émission télévisée se produit dans la réalité. Ecrivez un article de journal sur ces «nouvelles» fascinantes.

. . . .
Interactions
. . . .

A. While you are admiring the Eiffel Tower a man comes out from the crowd, steals your wallet, and runs away. You must go to the **commissariat de police** (*police station*) to report the theft. A newspaper reporter who is there asks you to retell the incident and describe the thief.

B. You told your roommate that you would be back at 11:00 P.M. with his / her car. You don't arrive until 1:00 A.M. Explain where you have been and why you are so late.

AU CINEMA

Quel est votre film étranger favori? De quoi s'agit-il dans ce film?

PERSPECTIVES

Allez-vous souvent au cinéma?
Combien coûte un billet de cinéma?
Qu'est-ce que vous achetez à manger ou à boire au cinéma?
  Combien coûtent les consommations au cinéma?
Quels films avez-vous vus récemment?
Aimez-vous vous asseoir près de l'écran ou loin de l'écran?

Barbara a été invitée à une fête où elle rencontre Christophe. Barbara apprend
bientôt que Christophe est fanatique du cinéma. Comme elle est étrangère et
ne connaît pas très bien les films français, elle lui pose beaucoup de questions
à ce sujet.

CHRISTOPHE: Bonsoir. Comment vas-tu?

BARBARA: Ça va très bien, merci.

CHRISTOPHE: Tu es dans le cinéma aussi?

BARBARA: Ah, non. Moi, je suis pas du tout dans le cinéma. Je suis
une amie américaine de Valérie. Elle, elle est maquilleuse. Et moi, je   5
ne suis jamais allée sur un plateau.

CHRISTOPHE: Tu es américaine? Qu'est-ce que tu fais à Paris?

BARBARA: Je suis en France pour faire des études littéraires.

CHRISTOPHE: Ah, bon!

BARBARA: J'ai envie d'aller au cinéma. Tu peux peut-être me   10
conseiller un grand film?

CHRISTOPHE: Oh, ben, ça dépend de ce que tu aimes comme films.
Il y a tellement de films qui se... jouent à Paris en ce moment. Qu'est-
ce que tu aimes bien comme films?

BARBARA: J'aime des films psychologiques.   15

CHRISTOPHE: Psychologiques... hum, tu vois, moi je suis plutôt, euh,
dans un autre type de cinéma. Moi, j'aime beaucoup le vieux cinéma.
J'ai d'ailleurs une collection d'affiches de cinéma, très, très grande. Des
vieilles affiches de cinéma.

BARBARA: On collectionne des affiches en France?   20

CHRISTOPHE: Oui, on collectionne des affiches, j'ai d'ailleurs des
affiches de cinéma américain. Il y en a beaucoup. On en trouve plein,

ici. Et si tu veux, on peut chercher un ciné-club où on peut trouver un film, un vieux film... qu'on peut aller voir.

BARBARA: Qu'est-ce que c'est qu'un ciné-club?   *25*

CHRISTOPHE: Un ciné-club, c'est un endroit où on joue... où on joue des films. Et en général on est membre, peut-être, du club. Et on y va pour un... pour un certain prix enfin, qui est réduit.

BARBARA: Quand je me suis promenée sur les Champs-Elysées, j'ai vu[1] les gens faisaient la queue pour voir des films en v.o. Ça veut dire quoi, v.o.?   *30*

C'etait le dernier film d'Yves Montand. Y a-t-il d'autres acteurs ou actrices français que vous connaissez? Quels films américains ont trouvé leur inspiration dans les films français?

---

[1] Barbara's mistake here is due to English interference. In English the word *that* can be omitted: *I saw (that) people...*; but in French one must use **que**. She should have said «**j'ai vu que les gens...**»

CHRISTOPHE: V.o., ça veut dire «version originale»... certains films qui sont enregistrés dans des langues étrangères qui, une fois qu'ils arrivent en France, on les double. C'est-à-dire que... on fait parler les acteurs en français, et les v.o. c'est la version originale; donc, c'est un titre qui n'a pas été doublé. Les acteurs parlent leur vraie langue. *35*

BARBARA: Je crois que je préfère des films en v.o.

CHRISTOPHE: Ah, moi aussi. On voit beaucoup mieux ce qui se passe, on voit beaucoup mieux... on se rend beaucoup plus compte de ce que font les acteurs. *40*

BARBARA: Les billets, ça coûte cher en France?

CHRISTOPHE: Ça coûte de plus en plus cher.

BARBARA: J'ai vu qu'il y a un tarif réduit le lundi, c'est ça?

CHRISTOPHE: Oui, tous les lundis, il y a un tarif réduit. C'est un... le ministre de la Culture qui a décidé de... d'organiser cela pour encourager les gens à aller au cinéma plus souvent. *45*

BARBARA: A quelle heure commencent les séances?

CHRISTOPHE: Ah, il y a des séances à différentes heures. Mais, je crois qu'en général les gens aiment aller vers huit heures, ou alors ils vont carrément après le... beaucoup plus tard, après le dîner. Et, alors, c'est vers dix heures. *50*

BARBARA: Peut-on acheter les billets à l'avance au guichet, comme aux Etats-Unis?

CHRISTOPHE: Ah, oui, oui. Il y a moyen d'acheter les billets au guichet.

BARBARA: As-tu déjà rencontré des vedettes, si tu aimes tellement le cinéma? *55*

CHRISTOPHE: Ah, ben, dis donc, justement, en parlant de vedettes, tu devineras jamais qui est ici. Jean-Jacques Beineix est ici.

BARBARA: C'est qui, Jean-Jacques Beineix?

CHRISTOPHE: Jean-Jacques Beineix, c'est celui qui a fait le dernier film dans lequel Yves Montand a joué. Yves Montand est d'ailleurs mort durant le tournage de ce film. Ça s'appelle *IP5, l'île aux pachydermes*. *60*

BARBARA: Valérie, elle a dit qu'elle a rencontré plein de vedettes. Elle est allée au Festival de Cannes, je pense que ça s'appelle comme ça. Moi, je l'ai regardé à la télévision. *65*

CHRISTOPHE: Oui, ça c'est super.

BARBARA: Moi, j'ai beaucoup aimé. Elle m'a dit avoir rencontré Holly Hunter qui est la vedette de *La leçon de piano* qui a gagné la Palme d'or. C'est un film d'intrigue tourné en Nouvelle-Zélande avec des décors splendides. L'as-tu vu? *70*

CHRISTOPHE: Oui, oui, je l'ai vu. Je l'aime beaucoup. Mais, écoute, dis-donc, on joue justement *IP5, l'île aux pachydermes* au Ciné de l'Olympia. Tu veux y aller ce soir?

BARBARA: Ah, oui. Ça serait chouette!

CHRISTOPHE: Eh, bien, allons-y alors.   75

1. On pose beaucoup de questions dans ce dialogue. Christophe en pose **cinq**, Barbara **douze**. Les trois formes interrogatives sont utilisées: (a) l'inversion sujet / verbe, (b) l'intonation et (c) **est-ce que**. Relevez toutes les questions que vous entendez au cours du dialogue. Combien de fois chacune des formes interrogatives est-elle utilisée? Quelle conclusion tirez-vous à propos de l'usage des différentes formes interrogatives dans la conversation?

2. Pour chacun des éléments suivants, mentionnez au moins deux détails qui y sont associés dans le dialogue: (a) les vieux cinémas, (b) les films en v.o., (c) les habitudes des Français qui vont au cinéma, (d) Yves Montand, (e) *La Leçon de piano*.

3. Choisissez trois éléments du dialogue qui sont, à votre avis, les plus difficiles à comprendre. Qu'est-ce qui les rend difficiles? Est-ce la prononciation? le vocabulaire? le contexte culturel? Expliquez votre choix. Comment peut-on résoudre le problème quand il se pose dans une vraie conversation?

4. Imaginez que c'est à vous, au lieu de Barbara, que Christophe donne le titre du dernier film tourné avec Yves Montand (ligne 62). Qu'est-ce que vous avez compris? Répétez exactement ce qu'il a dit. Si vous trouvez le titre difficile à comprendre, qu'est-ce qu'il faut dire à Christophe?

NOTE CULTURELLE

Qui va au cinéma en France? Les adolescents surtout. Ils y vont deux fois plus souvent que les adultes. Quels sont les films qui réussissent le mieux? Les comédies et les films à grand spectacle. Le public aime les films qui le font rire — mais ils doivent être d'origine française. Pour le grand spectacle, il peut être français ou américain. D'ailleurs, il y a deux fois plus de films américains distribués en France chaque année que de films fabriqués dans d'autres pays, y compris la France.

Y a-t-il toujours des vedettes en France? Parmi les hommes, Jean-Paul Belmondo et l'américain Sylvester Stallone ont longtemps attiré l'attention des foules, mais Gérard Depardieu et Daniel Auteuil semblent les avoir remplacés dans le cœur du public. Chez les femmes, Catherine

TOURNEZ
S.V.P.

Deneuve et Emmanuelle Béart ont l'air d'avoir cédé la place à Isabelle Adjani et Juliette Binoche. Ce sont des valeurs sûres qui ont su se faire connaître à l'étranger aussi bien que dans leur pays d'origine.

Mais le cinéma français, même s'il est le deuxième producteur de films après les Etats-Unis et le premier en Europe, ne pourrait plus exister sans l'aide de l'Etat. Le Ministère de la Culture aide au financement des films français au moyen d'une «avance sur recette» qui permet de les produire. En plus, chaque entrée dans une salle de cinéma contribue au maintien de cette industrie, car le prix des places comprend des taxes (les deux tiers du prix!) qui sont redistribuées aux producteurs français. L'importance de ce phénomène pour la survie du cinéma français a même été reconnue par le principe de l'exclusion culturelle qui a figuré dans les accords internationaux sur les tarifs et le commerce. Voilà pourquoi le cinéma français a pu maintenir une position unique en Europe.

VOCABULAIRE ACTIF

LES ACTIVITES
doubler to dub
faire la queue to stand in line
passer to show (a film)
tourner to shoot (a film)

AU CINEMA
un **abonnement** subscription
une **affiche** movie poster
un **billet** ticket
un **ciné-club** film club
le **cinoche** flicks (slang)
l'**écran** (m) screen
le / la **fana** fan
un **festival** (film) festival
le **guichet** ticket window
une **ouvreuse** usherette
une **place** seat
une **revue** magazine

une **salle de cinéma** movie house
une **séance** showing
un **spectacle** show
un **tarif** price

LES FILMS
un **acteur** / une **actrice** actor / actress
un **cinéaste** filmmaker
le **décor** set, scenery
un **dessin animé** cartoon
un **film d'épouvante** horror movie
un **film policier** detective movie
le **grand film** main feature
l'**interprétation** (f) acting
l'**intrigue** (f) plot
un **long métrage** feature film

le **maquillage** makeup
un **maquilleur** / une **maquilleuse** makeup artist
un **metteur en scène** director
un **personnage** important person; character
le **plateau** movie set
un **réalisateur** / une **réalisatrice** director
la **sortie** release
des **sous-titres** (m pl) subtitles
le **tournage** shooting (of a film)
une **vedette** male or female star
la **version originale** movie in its original language
un **western** western (movie)

• • • • • • • • • • • • • • • •
Exercices de vocabulaire
• • • • • • • • • • • • • • • •

A. Quels termes du **Vocabulaire actif** s'appliquent aux concepts suivants?

1. *Vendredi 13*
2. *Beauty and the Beast*
3. *Lethal Weapon*
4. 4:30, 6:30, 9:30
5. *Unforgiven, Dances with Wolves*

6. *Première, Star*
7. Tom Cruise, Harrison Ford, Gérard Depardieu
8. Steven Spielberg, Francis Ford Coppola, Jean-Jacques Beineix
9. Glenn Close, Winona Ryder, Isabelle Adjani

B. Vous préparez un exposé sur le cinéma en France et vous trouvez des termes utiles dans le dictionnaire. Votre professeur demande une définition de ces expressions. Complétez les définitions suivantes en utilisant une expression de cette liste.

un abonnement	l'interprétation
un ciné-club	l'intrigue
en version doublée	un metteur en scène
en version originale	une première
un fana de cinéma	une vedette

1. L'histoire à la base d'un film s'appelle _____.
2. Un film étranger présenté dans la langue du pays où passe le film est

   _____.
3. Si les acteurs jouent bien leur rôle, on peut dire que _____ est bonne.
4. Un groupe de personnes qui se réunit pour regarder et discuter de films constitue les membres d'_____.
5. Un film présenté dans la langue du pays où l'on a tourné le film est _____.
6. Un acteur ou une actrice très célèbre dans le monde du cinéma est _____.
7. Si on est vraiment fana du cinéma, on est prêt à s'offrir _____ à une revue du cinéma.
8. Un grand gala qui accompagne un nouveau film est _____.
9. Une personne qui adore le cinéma est _____.
10. Une personne qui tourne des films est _____.

C. Philippe et Maryse pensent aller au cinéma. Complétez leur conversation par un terme de la liste suivante.

l'affiche	un film d'épouvante	l'ouvreuse
la caissière	guichet	des places
cinoche	l'intrigue	séance

— Dis, Philippe, tu veux aller au _____ ce soir?

— Mais oui, pourquoi pas? Prenons rendez-vous avec les copains et sortons tous ensemble.

— D'accord, mais si nous y allons tous, est-ce qu'on va pouvoir trouver _____?

— Ça dépend. Quel film t'intéresse? A quelle _____ veux-tu aller?

— Aucune idée, sauf que je ne veux absolument pas voir _____. Tu sais que je ne les supporte pas; j'ai toujours trop peur.

— Oui, oui, je sais. Mais si on va au cinéma, tout ce qu'on a à faire c'est aller au _____ et demander des billets à _____.

TOURNEZ
S.V.P.

— Qu'est-ce que tu sais sur _____ du film à _____?

— Pas grand-chose, mais tout le monde dit que c'est un excellent film comique.

— Bon, alors, c'est décidé. Il n'y a qu'une seule question à résoudre.

— Laquelle?

— Si _____ passe, est-ce que tu vas m'acheter une glace?

Vous comprenez?

1. Quel genre de films est-ce que Barbara préfère? Et Christophe? Et vous, quel genre de films aimez-vous?
2. Quelle sorte de collection a Christophe?
3. Quel est le plus grand avantage d'un ciné-club?
4. Qu'est-ce que cela veut dire, «v.o.»?
5. Quel jour de la semaine est-ce qu'on bénéficie d'un tarif réduit en France?
6. A quelles heures y a-t-il normalement des séances de cinéma en France?
7. Qui va le plus souvent au cinéma en France?
8. Quels genres de films le public français préfère-t-il?
9. De quel pays viennent la plupart des films étrangers qui passent en France?
10. Qui sont les vedettes les plus populaires en France? Avez-vous vu un film avec une de ces vedettes? Lequel?
11. Par quels moyens l'Etat contribue-t-il à la production des films français?
12. Reprenez les thèmes traités dans les questions 5 à 8 pour comparer le cinéma français au cinéma américain.

A votre tour

LEXIQUE PERSONNEL

Cherchez les mots qui correspondent aux concepts suivants.
1. La production d'un film: Qui s'en occupe? Où et comment?
2. Le public: Que doit-on faire quand on a envie de voir un film?
3. Un amateur de cinéma: Qu'est-ce que c'est? Que veut-on savoir si on est passionné du grand écran?

En utilisant le vocabulaire du chapitre et votre lexique personnel, répondez aux questions suivantes.

1. Le vendredi soir, vous n'avez rien à faire. Est-ce que vous allez voir un film? Peut-être. Que faites-vous avant de prendre une décision?
2. Quel film a gagné l'Oscar cette année? C'est un film de quel genre? Expliquez.
3. Le cinéma fait-il partie de la vie culturelle des étudiants aux Etats-Unis? Expliquez la situation dans votre université. Y a-t-il des cours sur le cinéma, par exemple?
4. Quelles sont vos vedettes de cinéma préférées? Nommez quelques films dans lesquels elles ont joué. Expliquez votre choix.

5. Faites la description d'une sortie (*outing*) au cinéma. Où se trouvait la salle? A quelle heure vous êtes-vous rendu(e) au cinéma? Racontez en détail tout ce que vous avez fait à partir du moment où vous êtes arrivé(e) devant le cinéma.

VIE ACTUELLE

A. Voici deux petits articles tirés de la revue de cinéma *Première*. Avant de lire les articles, répondez aux questions suivantes.

1. Si vous désirez des renseignements sur les films qui passent dans votre ville, qu'est-ce que vous consultez?
2. Si vous voulez savoir à quelle(s) heure(s) vous pouvez voir un certain film, comment trouvez-vous ces renseignements?
3. Aimez-vous les films policiers?
4. Dans quels films américains trouve-t-on des avocats comme personnages principaux et une ambiance de cour de justice? Y a-t-il dans certains de ces films une tension psychologique entre l'avocat et son client?

Minitel. Hachette Filipacchi Télématique vient de lancer Cinéscope, un service Minitel qui s'adresse à tous les professionnels du cinéma et à tous les amoureux du grand écran. 17 925 films sont répertoriés et fichés dans cette banque de données. Cinéscope sélectionne instantanément, pour chaque film, le titre en langue française et / ou originale, les comédiens, leur rôle, le réalisateur, le genre, l'année de réalisation, l'année de sortie, le producteur, la durée, l'éditeur vidéo, les prix, les récompenses et un résumé du scénario. Pour vous brancher, composez le 36 28 00 57.

Après avoir lu le premier article, répondez aux questions suivantes.

5. A qui s'adresse le nouveau service Minitel qui s'appelle Cinéscope?
6. Citez au moins trois ou quatre sortes de renseignements accessibles par ce service.
7. Que veulent dire les termes suivants: **une banque de données, brancher, composez?**

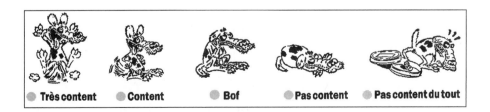

● **Très content** ● **Content** ● **Bof** ● **Pas content** ● **Pas content du tout**

Un Crime

Alain Delon.

A Lyon, un avocat (Alain Delon) a réussi à faire acquitter son client, le jeune Chapelin-Tourvel (Manuel Blanc), un fils de famille qui aurait tué papa et maman. Pourtant, peu après, dans le secret de l'appartement familial, le jeune homme, blanchi aux yeux du monde, va se noircir lui-même des crimes en question. Vérités et mensonges se succèdent alors, qui ouvrent la trappe d'un horrible passé...

Pour apprécier cette histoire à sa juste valeur, il faut admettre plusieurs partis pris. D'abord, celui du huis clos. Mais, pour cela, il eût fallu un scénario et des dialogues autrement travaillés. Or, Jean Curtelin n'est pas Joseph Mankiewicz. Deuxième parti pris: celui d'un casting pointu... Là, pas d'erreur. Alain Delon, qui joue tout son rôle en creux, montre une fois de plus – mais voudra-t-on l'admettre? – une disponibilité et une attente magistrales. C'est l'avocat Delon, qui, fasciné, avoue, sans le dire, une obsession fétichiste pour la mort et pour le crime. Pour ce parricide surtout. D'autant qu'il pourrait être le père de ce môme qui le défie. Et face à lui, Manuel Blanc exalte, avec une force impeccable, la posture orgueilleuse du «tout-pouvoir» criminel. Tandis que la mise en scène de Deray, calfeutrée derrière les volets bourgeois de cet appartement à tiroirs, ouvre justement cette mise en abîme tellement appropriée aux noirs secrets de Lyon (ville natale de Deray)...

Le troisième parti pris à admettre, c'est que ce film puisse s'apprécier dans la continuité d'un cinéma en tandem. Entre Delon et Deray, «La piscine» fut déjà un huis clos au soleil. «Un crime» est un huis clos à l'ombre. Mais surtout, lorsque Delon donne au jeune Manuel Blanc la chance formidable d'investir toutes les scènes, il se comporte comme jadis un Gabin face à un «jeune godant» qui aurait pu être... Delon par exemple. Ces partis pris acceptés, on pourra voir «Un crime» comme un très beau geste, comme l'élément d'un tout. Et comme un film noble. (*Voir aussi p. 52.*)

JEAN-JACQUES BERNARD
De Jacques Deray. Avec Alain Delon, Manuel Blanc, Sophie Broustal, Francine Berge...

Après avoir lu le deuxième article sur le film «Un Crime», répondez aux questions suivantes.

8. Dans quelle ville se passe ce film d'Alain Delon?
9. De quel crime s'agit-il dans ce film?
10. Quels aspects de son caractère donnent au personnage de l'avocat une certaine profondeur?
11. Quel est le seul cadre du film? Pourquoi s'agit-il d'un cadre «huis clos»?
12. Le critique a-t-il aimé le film? Quels termes employés par le critique indiquent son opinion du film?

B. Voici le titre français de certains films critiqués dans un numéro de la revue *Première*. Essayez de deviner les titres américains de ces films. (Trouve les réponses à la page 204.)

1. *Impitoyable*
2. *Le Temps de l'Innocence*
3. *Denis La Malice*
4. *Traque au Sommet*
5. *Beaucoup de Bruit pour Rien*
6. *Un Jour sans Fin*
7. *Proposition Indécente*
8. *L'Arme Fatale*
9. *Le Silence des Agneaux*
10. *Carte Verte*

C. En France, il y a un quart d'heure de publicité au cinéma avant le commencement du film. Dans la liste à gauche, il y a des slogans publicitaires et à droite, des noms de produits ou de compagnies. Essayez de deviner quel slogan correspond à chaque produit ou compagnie. (Trouvez les réponses à la page 204.)

1. Quel sacré numéro!
2. Touche pas à mon Buffalo
3. Barbare et très civilisé
4. Décidé à faire mille fois plus
5. Le féminin plaisir
6. Antilles. Je file! (*I'm off!*)
7. Une conception unique des voyages
8. Pilotez sur cible (*target*)
9. Belle, blonde et traître
10. Du goût et des idées

a. le parfum Guerlain pour hommes
b. les appareils d'Olympus Airlines
c. la Peugeot 205
d. Air France
e. les jeans Wrangler
f. les parfums Azzaro pour femmes
g. la bière 33 Extra Day
h. Avis: les voitures de location
i. American Airlines
j. les biscuits Bahlsen

Quelles affiches de cinéma sont très populaires en ce moment? Avez-vous une collection d'affiches de cinéma? Avez-vous une autre sorte de collection?

STRUCTURES

Interrogative Adverbs

Interrogative adverbs are used to request information about time, location, manner, number, or cause. Some commonly used interrogative adverbs are listed below.

1. **Time:**

   quand *when*
   à quelle heure *when, at what time*

   > **Quand** est-ce que ce film passe?
   > **Quand** commence le grand film?
   > **A quelle heure** êtes-vous arrivé au cinéma?
   > **A quelle heure** finit la première séance?

2. **Location:**

   où *where*

   > **Où** est-ce que Truffaut a tourné ce film?
   > **Où** passe ce nouveau film d'épouvante?

3. **Manner:**

comment *how*

> **Comment** est-ce que Jean a trouvé le film?
> **Comment** s'appelle cet acteur?

4. **Number:**

combien *how much*
combien de + NOUN *how many, how much*

> **Combien** avez-vous payé les billets?
> **Combien** coûte une bière?
> **Combien de** billets a-t-il pris?
> **Combien de** places y a-t-il dans la salle?

5. **Cause:**

pourquoi *why*

> **Pourquoi** Jean est-il rentré?
> **Pourquoi** est-ce que ces billets coûtent si cher?

With the interrogatives **quand, à quelle heure, où, comment,** and **combien,** you may invert the noun subject and its verb to form the question if the verb is in a simple tense and has no object. The noun subject and its modifiers will be the last element in the question.

> **A quelle heure** commence **le long métrage?**
> **Où** passe **ce nouveau film?**

This type of inversion cannot be made with the expressions **combien de** or **pourquoi,** because normal sentence structure will prevent the noun subject from being the last element in the question.

> **Combien de** places est-ce que Jean prend?

Exercice 1.   Voici une conversation entre Chantal et Jeanne. Chantal raconte sa sortie au cinéma avec Alain et ses copains. Formulez les questions de Jeanne qui correspondent aux réponses de Chantal. Les mots en caractères gras vont vous aider à choisir l'adverbe interrogatif approprié.

— Salut, Chantal. _____ / être / ton week-end?

— Ah, bonjour, Jeanne. Le week-end a été **chouette.**

— _____ / aller / au cinéma?

— Nous sommes allés au cinéma **vendredi soir.**

— _____ / descendre / en ville?

— Nous sommes descendus en ville **dans la voiture de Paul.**

TOURNEZ
S.V.P.

— _____ / retrouver / Jean-Marc?

— Nous avons retrouvé Jean-Marc **sur le parking du cinéma.**

— _____ / la séance / commencer?

— La séance a commencé **à 17h**, et puis après nous avons dîné au restaurant.

— _____ / d'autres copains / aller avec vous?

— Nous étions **six** au début. Mais au milieu du film, Jean-Marc est parti.

— Sans blague! _____ / il / partir?

— **Parce qu'il trouvait le film bête.** Et c'est vraiment dommage parce que nous avons payé les billets assez cher.

— Oui? _____ / coûter / les billets?

— **Trente-six francs** chacun parce qu'il y avait plus d'un film au programme.

— Ah? _____ / films / il / y avoir?

— Il y avait **deux** films. De toute façon, nous avons retrouvé Jean-Marc plus tard.

— _____ / être / Jean-Marc?

— Il était **au café.** C'était une soirée de cinéma assez bizarre, finalement.

Exercice 2. Interview. Employez les éléments indiqués pour poser des questions à vos camarades de classe à propos du cinéma.

1. combien / fois / par mois / tu / aller au cinéma?
2. pourquoi / tu / aller / au cinéma / si souvent (peu)?
3. à quelle heure / tu / préférer / aller au cinéma?
4. comment / tu / aller / au cinéma?
5. combien / tu / payer / un billet de cinéma?
6. où / tu / aimer / t'asseoir, près ou loin de l'écran?
7. combien / tu / payer / le pop-corn ou les bonbons?
8. quand / tu / aller / récemment au cinéma?

Exercice 3. Posez des questions à votre professeur de français en employant les éléments suivants.

1. quand
2. à quelle heure
3. où
4. pourquoi
5. combien (de)
6. comment

Activité 1.   Aimes-tu le cinéma? Choisissez un(e) partenaire et faites une interview sur ses goûts en ce qui concerne le cinéma.

Demandez...

1. ce qu'il / elle aime au cinéma
2. ce qu'il / elle déteste au cinéma
3. la fréquence avec laquelle il / elle va au cinéma
4. s'il / si elle a un magnétoscope *(VCR)*
5. s'il / si elle loue souvent des vidéocassettes

Activité 2.   Une vedette. Jouez le rôle de votre acteur ou actrice préféré(e). Les autres étudiants vont vous poser des questions et essayer de deviner votre nouvelle identité.

Activité 3.   Que veux-tu voir? Imaginez un dialogue avec un(e) autre étudiant(e) dans lequel vous évaluez les films suivants.

les films

IP5, L'ILE AUX PACHYDERMES

Film français de Jean-Jacques Beineix (1992-1 h 59) avec Yves Montand, Olivier Martinez, Sekkou Sall, Géraldine Pailhas, Colette Renard.
Tony, jeune graffiteur qui rêve de "tagger" la Tour Eiffel et Jocker qui rêve de voir la neige, voyagent ensemble. Tony décide de se rendre à Toulouse pour retrouver Gloria, l'infirmière dont il est tombé fou amoureux la veille. Ils volent une voiture où s'est endormi un vieil homme, Léon Marcel. Cet étrange voyageur traverse la France avec une carte où tous les lacs sont cerclés de rouge.

Pathé / Comœdia / Astoria / UGC Part-Dieu 2

BLANCHE NEIGE ET LES SEPT NAINS

Dessin animé américain de Walt Disney (1937 - 1 h 25) d'après le conte de Grimm.
La reine ayant ordonné par jalousie la mort de sa belle-fille "Blanche Neige", celle-ci se réfugie dans la forêt. Elle est recueillie et adoptée par les sept nains. Mais un jour où elle reste seule dans la maison, elle reçoit la visite d'une sinistre sorcière.

Fourmi Lafayette

TOUTES PEINES CONFONDUES

Film français de Michel Deville (1991 - 1 h 47) avec Jacques Dutronc, Patrick Bruel, Mathilda May, Vernon Dobtcheff, Bruce Myers, Joël Barbouth.
Deux camps, deux côtés de la frontière. A Lyon, Turston, agent d'Interpol. A Zurich, Antoine Gardella homme d'affaires en apparence irréprochable. Turston charge Christophe Vade, jeune inspecteur de police français, "d'approcher" Gardella, de s'introduire dans son univers et d'en découvrir l'autre face, meurtrière.

La Renaissance / Salle J.-Mourguet / Ciné Meyzieu le Rex

DANSE AVEC LES LOUPS, L'INTEGRALE

Film américain de Kevin Costner (1990 - 3 h). D'après le roman de Michael Blake. Avec Kevin Costner, Mary Mac Donnell, Graham Green, Rodney A. Grant.
En pleine guerre de sécession, le lieutenant Dunbar se fait muter au dernier poste en pays indien. Sur cette fragile frontière, un homme part à la rencontre des Sioux pour découvrir un peuple qui le fascine et retrouver le sens de la vie.

Pathé

TOUS LES MATINS DU MONDE

Film français d'Alain Corneau (1991 - 1 h 54) avec Jean-Pierre Marielle, Gérard Depardieu; Anne Brochet, Guillaume Depardieu, Caroline Sihol, Carole Richert.
Monsieur de Sainte Colombe fut le plus grand maître de la viole de gambe. Marin Marais fut son élève avant de devenir l'un des musiciens les plus prestigieux de Louis XIV. La fabuleuse rencontre entre ces deux génies opposés fut d'une rare violence.

Fourmi Lafayette

Expressing Time

1. **Hours and Minutes:** Time in French is indicated by a cardinal number followed by **heure(s)** and the number of minutes.

1:10	**une heure dix**
3:05	**trois heures cinq**
5:20	**cinq heures vingt**

   - For time past the half-hour, the number of minutes is subtracted from the next hour.

6:35	**sept heures moins vingt-cinq**
8:50	**neuf heures moins dix**
10:40	**onze heures moins vingt**

   - The quarter- and half-hours, as well as noon and midnight, have special forms.

4:15	**quatre heures et quart**
2:30	**deux heures et demie**
9:45	**dix heures moins le quart**
12:30 P.M.	**midi et demi**
12:20 A.M.	**minuit vingt**

   - The concepts A.M. and P.M. are normally expressed by **du matin, de l'après-midi, du soir.**

2:15 A.M.	**deux heures et quart du matin**
3:10 P.M.	**trois heures dix de l'après-midi**
6:20 P.M.	**six heures vingt du soir**

   - In France, official time (train and airline schedules, store closings, times for concerts and public functions, openings and closings of public buildings, etc.) is frequently quoted on the 24-hour clock.

     Fermé de **12h** à **14h.**
     Le train part à **20h38.**
     Ouvert de **9h15** à **19h45.**
     Le concert finit à **23h30.**

   - To ask the time you will normally use one of the following patterns:

Quelle heure est-il?	*What time is it?*
A quelle heure... ?	*At what time . . . ? (When . . . ?)*

2. **Divisions of Time:** With periods of the day, **le, la, l'** are used before the noun to express the idea of *in the* or *at.*

Je me lève tôt **le matin** car je travaille.	*I get up early **in the morning** because I work.*

J'ai tous mes cours **l'après-midi.**	I have all my classes **in the afternoon.**
Le soir, je fais mes devoirs.	**In the evening** I do my homework.
Je dors bien **la nuit** parce que je suis très fatigué(e).	I sleep well **at night** because I am very tired.

3. *Temps, fois, heure:* The terms **temps, fois,** and **heure** can all be used as the equivalent of *time,* but there are differences in their meanings.

- **Temps** refers to time as a general or abstract concept.

Je n'ai pas **le temps** de voyager.	I don't have **time** to travel.
Le temps passe vite.	**Time** flies.
Prenez **le temps** de vous reposer.	Take **the time** to rest.

- **Fois** means time in the sense of an occasion or time in succession.

Je suis ici pour la première **fois.**	I'm here for the first **time.**
Il est venu me voir trois **fois.**	He visited me three **times.**
Combien de **fois** avez-vous visité la France?	How many **times** have you visited France?

- **Heure** implies a specific time of day.

C'est l'**heure** du dîner.	It's dinner**time.**
Il arrivera à une **heure** fixe.	He will arrive at a fixed **time.**
A quelle **heure** s'ouvre le guichet?	At what **time** does the ticket window open?

4. **Divisions of Time Ending in -ée:** **Jour, an, soir,** and **matin** have alternative forms ending in **-ée** that are used to emphasize the duration of the time period.

le jour	la journée
l'an	l'année
le soir	la soirée
le matin	la matinée

The type of sentence in which the **-ée** form is used often contains some reference to the activities taking place during the time span.

Dans **trois jours,** nous partons en vacances.
J'ai passé **la journée** à régler mes affaires.

Elle part à Paris pour **deux ans.**
Pendant **les deux dernières années,** elle a beaucoup voyagé.

Nos invités arrivent **ce soir.**
Nous allons nous amuser pendant **la soirée.**

Ce matin, je vais consulter le *Guide Michelin.*
Et moi, je vais passer **la matinée** au marché.

Choosing between these alternative forms can often be puzzling, but there are some general guidelines. If the period of time is immediately preceded by a cardinal number, you will normally use the short, masculine form. If the time period is preceded by concepts such as *all the*, *the whole*, *a part of*, or *most of*, you will normally use the **-ée** form.

Exercice 4. Complétez ce dialogue entre Philippe et son copain Stéphane en choisissant la forme appropriée des mots entre parenthèses.

— Dis, Stéphane, tu as (l'heure / le temps) _____ d'aller au café prendre un verre?

— Non, Philippe, merci. Je dois passer (la soirée / le soir) _____ à écrire une dissertation pour mon cours de commerce. C'est (le premier temps / la première fois) _____ qu'on fait une dissertation dans ce cours.

— Mais, tu peux boire un petit café avec moi maintenant et puis écrire ta dissert pendant (le soir / la soirée) _____, non?

— Toujours impossible. Chez nous, c'est (l'heure / le temps) _____ du dîner et aujourd'hui, c'est moi qui m'occupe de faire la cuisine.

— D'accord. Mais, est-ce que tu viens avec moi au concert ce week-end? Il faut quand même prendre (le temps / l'heure) _____ de se reposer un peu.

— Zut! J'ai oublié le concert. J'ai déjà promis à ma cousine d'aller la voir ce week-end. Je vais passer deux ou trois (journées / jours) _____ avec elle et ses copains dans la résidence secondaire de sa famille. J'ai déjà refusé son invitation deux (temps / fois) _____ et (ce temps-ce / cette fois-ci) _____ je dois vraiment y aller. C'est son anniversaire.

— Oui, oui, je comprends. Alors, je te dis tout simplement: (Au prochain temps / A la prochaine fois) _____ .

Exercice 5.   A quelle heure... ? Vous habitez avec un(e) étudiant(e) français(e) qui passe l'année dans votre université. Vous cherchez une troisième personne pour partager votre appartement. Employez les éléments suivants pour découvrir l'emploi du temps de vos camarades de classe. Essayez de trouver un(e) camarade de chambre idéal(e).

> MODELE: dîner d'habitude
> A quelle heure dînes-tu d'habitude?

1. se lever normalement
2. prendre le petit déjeuner
3. quitter la maison le matin
4. avoir cours le lundi / le mardi
5. rentrer en semaine
6. étudier le soir
7. sortir le samedi soir
8. se coucher

Exercice 6. Vous êtes à Paris et vous lisez les horaires suivants dans la petite revue *Pariscope*. Votre ami n'a pas l'habitude de numéroter les heures de 0 à 24. Aidez-le donc en utilisant le système de numérotage de 0 à 12 auquel il est habitué.

1. un concert à 20h15
2. un film qui commence à 21h30
3. un magasin qui ferme le soir à 18h
4. un magasin qui est fermé entre 12h et 14h
5. une discothèque qui ouvre à 22h
6. un spectacle qui se termine à 23h45
7. un restaurant qui ouvre ses portes à 19h30
8. un film qui se termine à 23h30

• •
EXERCICE D'ENSEMBLE
• •

Vous faites une demande de travail à mi-temps dans un hôtel qui reçoit beaucoup de clients français. Un(e) camarade de classe joue le rôle de secrétaire dans le bureau du personnel. Répondez à ses questions.

1. Quel âge avez-vous?
2. En quelle année êtes-vous né(e)?
3. Quelle est la date de votre anniversaire?
4. Combien d'heures par semaine voulez-vous travailler?
5. A quelle heure commence votre premier cours chaque jour?
6. A quelle heure finit votre dernier cours chaque jour?
7. Quels jours préférez-vous travailler?
8. Préférez-vous travailler pendant la journée ou pendant la soirée?

Interrogative Pronouns

• • • • • • • • • • • • •
**Questions about
People**
• • • • • • • • • • • • •

To ask questions about people, use the interrogative pronoun **qui**. The distinction between *who* and *whom* in English does not exist in French, because **qui** is used for both *who* (subject) and *whom* (object).

1. *Qui* **as Subject:** As the subject of a question, **qui** both elicits the information and forms the question. **Qui** is the first word in the question and is followed by a verb in the third-person singular. There is no change in word order.

> **Qui** vient avec vous?
> **Qui** a tourné ce film?[2]

---

[2] There is an alternative subject form, **qui est-ce qui**, that is used in the same way, but **qui** is normally preferred for its simplicity: *Qui est-ce qui* **a tourné ce film?**

2. *Qui* **as Direct Object:** When **qui** is the direct object of the sentence, it is still the first word, but you must use either **est-ce que** or inversion of subject and object to form the question.[3]

> **Qui est-ce que** Jean amène au cinéma?
> **Qui ont-ils** vu au cinéma?

3. *Qui* **as Object of a Preposition:** When **qui** is the object of a preposition, the preposition normally becomes the first word in the question and **qui** immediately follows the preposition. Either **est-ce que** or inversion of subject and verb must be used to form the question.[4]

> **Avec qui est-ce que** vos amis sont venus?
> **De qui s'agit-il** dans ce film?

RAPPEL! RAPPEL!

1. It is not always possible to determine from the English verb whether or not its French equivalent requires a preposition to introduce a noun object. Below is a list of French verbs that take a preposition before a noun object.

A	DE
parler à	**s'agir de** — *to be a matter of*
téléphoner à	**parler de**
penser à	**avoir besoin de**
réfléchir à	**se rendre compte de**
jouer à	**se souvenir de**
passer à	**avoir peur de**
s'abonner à — *to get a subscription*	**jouer de**

2. The reverse is also true: some common verbs require a preposition before a noun object in English but use no preposition in French.

demander = *to ask **for***	**écouter** = *to listen **to***
payer = *to pay **for***	**regarder** = *to look **at***
chercher = *to look **for***	**attendre** = *to wait **for***

---

[3] Beware of the incorrect but common English pattern *Who are you taking to the movies?*, which leads to the mistaken belief that *who* is the subject rather than *you*. When expressing such a sentence in French, you must realize that **vous** is the subject and **qui** is the object: ***Qui est-ce que** vous amenez au cinéma?*

[4] Also beware of the incorrect English pattern *Who are you going to the movies with?* Separating the preposition from its object leads people to use *who* rather than *whom* in English. In French, the preposition and its object remain together, and the preposition is rarely used to end a sentence.

Exercice 7. Vous parlez avec un(e) ami(e) d'une sortie récente au cinéma. Employez les éléments indiqués pour reproduire les questions posées par votre ami(e) au sujet des personnes que vous connaissez. Faites attention aux mots en caractères gras.

— _____ / tu / aller / au cinéma?

— Je suis allé(e) avec **des copains.**

— _____ / venir? *Qui est venu*

— *(Names of your friends)* sont venus.

— _____ / tu / amener? *Qui as-tu amené.*

— Je n'ai amené **personne.**

— _____ / être / la vedette du film? *Qui était la vedette du film?*

— *(Name)* était la vedette.

— _____ / être / le metteur en scène? *Qui était le metteur en scène?*

— *(Name)* était le metteur en scène.

— _____ / tu / voir / au cinéma? *Qui as-tu vu au cinéma?*

— J'ai vu *(names).*

— _____ / tu / parler? *A qué as-tu parlé?*

— J'ai parlé à *(names).*

— _____ / s'amuser? *Qui s'est amuser?*

— **Tout le monde** s'est bien amusé.

Exercice 8. Vous téléphonez à un(e) ami(e) français(e) qui étudie dans une autre université et vous demandez des renseignements sur les personnes qu'il / elle fréquente. Posez des questions logiques à propos de ces personnes en utilisant les éléments indiqués.

1. sortir avec / ces jours-ci?
2. voir / régulièrement?
3. parler à / tous les jours?
4. être / ton prof de français?
5. téléphoner à / souvent?
6. inviter / chez toi le week-end?
7. être / ton (ta) meilleur(e) ami(e) là-bas?
8. aller avec / aux soirées?

Questions about Things, Actions, or Situations

In French, the ways of asking questions about things, actions, or situations vary according to the function of the interrogative word. This may be confusing for the English speaker, because the same interrogative, *what*, is used in English as both subject and object.

1. ***Qu'est-ce qui* as Subject:** When *what* is the subject of a question, the interrogative pronoun **qu'est-ce qui** is used *without exception.* It both asks for the information and forms the question; neither **est-ce que** nor inversion is required.

   Qu'est-ce qui arrive à la fin du film?
   Qu'est-ce qui vous amuse dans ce film?

2. ***Que* as Direct Object:** When *what* is the direct object, **que** is used to elicit the information, but it does not form the question. You must use either **est-ce que** or the appropriate type of inversion after **que**. The form **qu'est-ce que (que + est-ce que)** is preferred in everyday speech.

   Qu'est-ce qu'on passe au Rex?
   Que passe-t-on au Rex?
   Qu'est-ce que tu fais ce soir?
   Que fais-tu ce soir?

3. ***Quoi* as Object of a Preposition:** When *what* is the object of a preposition, the interrogative used is **quoi**. The preposition is normally the first word in the question and **quoi** immediately follows the preposition and precedes either **est-ce que** or inversion.

   De quoi s'agit-il dans ce film?
   A quoi est-ce qu'on fait allusion dans ce film?

4. **Asking for a Definition:**

Qu'est-ce que c'est?	***What is it?***
Qu'est-ce que c'est que ça (cela)?	***What is that?***
Qu'est-ce que c'est «un navet»?	***What is a "flop"?***

Exercice 9. Vous avez l'intention d'écrire à votre copain français. Vous préparez une liste de questions à lui poser. Complétez chacune des questions suivantes par l'expression interrogative qui correspond à la réponse entre parenthèses.

1. ________ se passe dans ta vie ces jours-ci? (Rien de sérieux.)
2. ________ tu fais d'intéressant? (Je prends des leçons de ski.)
3. ________ passe au cinéma en ce moment? (Beaucoup de bons films.)
4. ________ tu as vu au cinéma récemment? (J'ai vu un excellent film d'aventures.)
5. ________ il y a de nouveau comme festival de cinéma? (Il y a un festival de Clint Eastwood.)
6. De ________ parle-t-on au ciné-club actuellement? (On parle des films français.)
7. ________ rend les activités du club amusantes? (L'atmosphère et la variété de films qu'on passe.)
8. ________ tu vas voir le week-end prochain? (Je vais voir un film policier.)

Exercice 10. Interview. Employez les éléments indiqués pour poser des questions logiques à un(e) camarade de classe. Une fois que votre camarade a répondu, posez-lui une autre question.

MODELE: s'agir de / dans ton manuel d'histoire
— De quoi est-ce qu'il s'agit dans ton manuel d'histoire?
— Il s'agit de la Révolution française.
— Ah oui, qu'est-ce que tu apprends?

1. parler de / dans ton cours de ___?
2. penser à / beaucoup?
3. réfléchir à / souvent? → no qui
4. parler de / le plus souvent / avec tes amis?
5. avoir besoin de / ces jours-ci? De quoi/qui as-tu besoin?
6. téléphoner à / souvent? a qui téléphones-tu souvent?
7. jouer à / pour t'amuser? a quoi joue-tu pour t'amuser?

EXERCICES D'ENSEMBLE

A. Jacques vient de voir le film *Danton*. Son ami Charles l'interroge sur le film. Complétez les questions de Charles par l'expression interrogative convenable en vous servant des réponses de Jacques.

— _____ tu as fait récemment, Jacques?

— Je suis allé au cinéma.

— _____ as-tu vu?

— J'ai vu *Danton*.

— _____ t'a accompagné?

— Mon ami Richard m'a accompagné.

— _____ jouait le rôle de Danton?

— Depardieu jouait le rôle.

— De _____ s'agissait-il dans ce film?

— Il s'agissait d'une dispute.

— _____ avait provoqué la dispute?

— Des différences d'opinion politique avaient provoqué la dispute.

— Avec _____ est-ce que Danton avait des différences d'opinion politique?

— Avec Robespierre.

— _____ s'est passé à la fin du film?

— L'exécution de Danton.

B. Vous avez l'intention d'aller au cinéma avec vos copains. Posez des questions logiques en employant les éléments indiqués.

1. vouloir / voir?
2. payer cher / billet?
3. se passer / film?
4. jouer / rôle principal?
5. amener / cinéma?
6. adorer / comme vedette?
7. présenter / comme film?
8. faire / après / cinéma?

C. Vous posez des questions à une(e) camarade sur les sujets indiqués. Utilisez les adverbes et les pronoms interrogatifs appris dans le chapitre.

1. sa famille
2. ses cours
3. ses distractions
4. ses copains
5. ses préférences au cinéma

PRATIQUE

Activité 1. Parc jurassique. Avez-vous vu ce film américain? Pourquoi est-ce qu'il y a eu tant d'intérêt pour un film au sujet des dinosaures? Comment expliquez-vous cette «dinomanie»? Quels autres films ont eu un succès similaire?

Dinomania.
Jadis, les recettes d'un film se limitaient aux entrées en salles. Elles se sont enrichies depuis des droits vidéo, et de tous les droits dérivés. *Jurassic Park*, à ce titre, est en train de battre tous les records: plus de deux milliards de francs de recettes, avant même sa sortie en salles. C'est ainsi qu'en France, les dinosaures de *Jurassic Park* se sont retrouvés sur vos yaourts et vos sous-vêtements, vos cahiers de classe et vos céréales, vos tee-shirts et vos sucettes. Sans compter les peluches, les jeux vidéo, les flippers et les bouquins! Une véritable indigestion !

Franglais.
Jurassic Park = parc jurassique. Pourquoi donc conserver le titre original? Cette coquetterie est aussi snob que ridicule. Autrefois, on traduisait en français (avec plus ou moins de réussite) les titres de films étrangers. C'est de plus en plus rare. Evidemment, cette mode a pour effet d'apprendre des rudiments d'anglais aux cancres. On sait désormais que chauffeur de taxi se dit taxi driver, le bébé de Rosemarie *Rosemary's baby*...

Activité 2. Franglais. Garder le titre original ou le traduire en français? Identifiez les films américains sur la liste suivante. Si le titre est en français, traduisez-le en anglais. Si le titre est en anglais, proposez un titre français. Mais attention! N'essayez pas de le traduire littéralement!

Les Césars du public

Les plus grands succès 1956–1991 (titre du film, nationalité, nombre de spectateurs en millions):

• La Grande Vadrouille (F)	17,2
• Il était une fois dans l'Ouest (Ital.)	14,8
• Les Dix Commandements (E.-U.)	14,2
• Ben Hur (E.-U.)	13,8
• Le Pont de la rivière Kwaï (GB)	13,4
• Le Livre de la jungle (E.-U.)	12,5
• Le Jour le plus long (E.-U.)	11,9
• Le Corniaud (F)	11,7
• Les 101 Dalmatiens (E.-U.)	11,6
• Les Aristochats (E.-U.)	10,4
• Trois Hommes et un couffin (F)	10,2
• Les Canons de Navarone (E.-U.)	10,2
• Les Misérables — 2 époques (F)	9,9
• Docteur Jivago (E.-U.)	9,8
• La Guerre des boutons (F)	9,7
• L'Ours (F)	9,1
• Le Grand Bleu (F)	9,0
• ET, l'extraterrestre (E.-U.)	8,9
• Emmanuelle (F)	8,9
• La Vache et le Prisonnier (F)	8,8
• La Grande Evasion (E.-U.)	8,7
• West Side Story (E.-U.)	8,7
• Le Gendarme de Saint-Tropez (F)	7,8

• Les Bidasses en folie (F)	7,5
• Les Aventures de Rabbi Jacob (F)	7,4
• Les Aventures de Bernard et Bianca (E.-U.)	7,2
• Jean de Florette (F)	7,2
• Les Sept Mercenaires (E.-U.)	7,0
• La Chèvre (F)	7,0
• Les Grandes Vacances (F)	7,0
• Michel Strogoff (F)	6,9
• Danse avec les loups (E.-U.)	6,9
• Le Gendarme se marie (F)	6,8
• Rox et Rouky (E.-U.)	6,7
• Goldfinger (GB)	6,7
• Manon des sources (F)	6,6
• Sissi (Aut.)	6,6
• Le Cercle des poètes disparus (E.-U.)	6,6
• Robin des Bois (E.-U.)	6,5
• Rain Man (E.-U.)	6,5
• Sisi jeune impératrice (Aut.)	6,4
• La Cuisine au beurre (F)	6,4
• Orange mécanique (E.-U.)	6,3
• Les Aventuriers de l'arche perdue (E.-U.)	6,3
• Le Bon, la brute et le truand (Ital.)	6,3
• Les Dents de la mer (E.-U.)	6,2
• Le Gendarme et les extraterrestres (F)	6,2
• Indiana Jones et la dernière croisade (E.-U.)	6,2
• La Gloire de mon père (F)	6,2
• Merlin l'enchanteur (E.-U.)	6,1
• Oscar (F)	6,1
• Marche à l'ombre (F)	6,1

CNC

Quel and lequel

Quel has the English equivalents *what* and *which*. **Quel** is an adjective and must agree in gender and number with the noun it modifies, even if it is separated from that noun by other elements of the sentence.

	SINGULAR	PLURAL
MASCULINE	quel	quels
FEMININE	quelle	quelles

One of the key problems in forming questions in French is recognizing when you must use the interrogative adjective **quel** as opposed to one of the interrogative pronouns. Keep in mind that **quel** is used when you want to single out one or more persons or things from a larger group.

Sometimes in English we use *what* as a modifier instead of *which*: *What time is it?* **Quel** should not be confused, however, with any of the interrogative forms meaning *what*, because as an adjective, it is always used in conjunction with a noun. Below is an explanation of the types of sentence patterns in which **quel** and the noun it modifies are normally used.

1. ***Quel* + *être* + Noun:** When **quel** precedes the verb **être**, the noun subject follows the verb to form the question.

> **Quel** est **le premier film** ce soir?
> **Quelle** est **la date** de la version originale?
> **Quels** sont **les résultats** de cette investigation?
> **Quelles** sont **les meilleures revues** de cinéma?

Choosing between the interrogative adjective **quel** and the interrogative pronoun **qu'est-ce qui** to render the concept of *What?* is one of the most difficult distinctions to make when forming questions.

If the verb **être** is followed by a noun, then **quel** should be used to seek the information *What?*

> **Quelle** est **la date** de la version originale?

If the verb **être** is followed by any construction other than a noun, then **qu'est-ce qui** is the correct choice to render the idea *What?*

> **Qu'est-ce qui** est **amusant** dans le film?

When *what* is the subject and the verb is anything other than **être**, then **qu'est-ce qui** is always the correct choice to express this interrogative concept.

> **Qu'est-ce qui arrive** à la fin de ce film?

2. ***Quel* + Noun Subject:** When the noun modified by **quel** is the subject of the sentence, **quel** both elicits the information and forms the question; normal declarative word order is used.

> **Quel acteur** a joué le rôle principal?
> **Quels films** passent en ce moment?

3. **Quel + Noun Direct Object:** When the noun modified by **quel** is the direct object, **quel** elicits the information but does not form the question. The noun must be followed by either **est-ce que** or inversion.

> **Quelles revues** de cinéma **est-ce que** vous lisez?
> **Quelle interprétation a-t-il** donnée de ce rôle?

4. **Preposition + *quel* + Noun:** When the noun modified by **quel** is the object of a preposition, **quel** elicits the information but the noun must be followed by either **est-ce que** or the appropriate type of inversion to form the question.

> **De quel film parliez-vous?**
> **Pour quelle actrice a-t-il** écrit ce rôle?
> **A quels films est-ce qu'**il pense?

Exercice 11. Au Cercle français, on parle de cinéma. Pendant la discussion, on dit les choses suivantes. Demandez des renseignements supplémentaires en utilisant la forme appropriée de l'adjectif **quel**.

1. Nous allons voir un film français.
2. Le film passe dans un cinéma de la ville.
3. On a déjà parlé de plusieurs films différents.
4. J'ai beaucoup aimé un des festivals de l'année dernière.
5. Mais je n'ai pas apprécié la vedette de ces films.
6. Nous avons cherché des revues de cinéma pour le club.
7. Le club s'est abonné à deux revues.
8. Enfin, nous avons choisi un grand film pour la sortie.
9. Le prof nous a parlé du metteur en scène.
10. Nous avons demandé une contribution à certains membres.

· · · · · · · · · · · · · · ·
Lequel
· · · · · · · · · · · · · · ·

Lequel is a pronoun that replaces **quel** and the noun it modifies and therefore must agree in gender and number with that noun. The following forms may refer to either persons or things.

	SINGULAR	PLURAL
MASCULINE	lequel	lesquels
FEMININE	laquelle	lesquelles

Lequel is always used as the equivalent of *which one(s)*. It never means *what*, so there should be no confusion with the other interrogative pronouns or with **quel**.

Because it is a pronoun, **lequel** can be the subject or the object of a verb or the object of a preposition.

1. *Lequel* **as Subject:** When **lequel** is the subject of a sentence, it elicits the information and forms the question.

> — Je voudrais voir un des films de Truffaut.
> — **Lequel** passe en ville en ce moment?

> — J'ai tendance à oublier le nom de ces deux actrices.
> — **Laquelle** joue dans le film *L'Indiscrétion?*

> — Il y a maintenant en France deux ou trois metteurs en scène très célèbres.
> — **Lesquels** ont gagné le prix à Cannes?

> — Il y a tant de revues de cinéma actuellement!
> — **Lesquelles** sont les meilleures?

2. *Lequel* **as Direct Object:** When **lequel** is the direct object of the sentence, it only elicits the information. To ask the question, you must use either **est-ce que** or the appropriate form of inversion.

> — J'aime beaucoup les films avec Depardieu.
> — Ah oui, **lequel est-ce que** vous avez vu récemment?

> — Je connais une actrice française célèbre.
> — **Laquelle connaissez-vous?**

> — Je préfère les acteurs qui sont amusants.
> — **Lesquels aimez-vous** le mieux?

> — Je prépare un exposé sur les vedettes françaises.
> — **Lesquelles est-ce que** tu as vues?

3. *Lequel* **as Object of a Preposition:** When **lequel** is the object of a preposition, it elicits the information but does not form the question, so it must be followed by either **est-ce que** or the appropriate type of inversion.

When preceded by the prepositions **à** and **de, lequel** follows the same pattern of contraction as does the definite article.

Note that in everyday conversational responses, French speakers often avoid the conversation PREPOSITION + **lequel** and use the construction PREPOSITION + **quel** + NOUN.

A	DE
auquel	**du**quel
à laquelle	**de la**quelle
auxquels	**des**quels
auxquelles	**des**quelles

> — En classe on a parlé d'un film de Michel Legrand.
> — **Duquel** a-t-on parlé?
> — **De quel film** a-t-on parlé?

— Au ciné-club, on écrit quelquefois à des acteurs.
— **Auxquels** est-ce qu'on a écrit?
— **A quels acteurs** est-ce qu'on a écrit?

— Depardieu joue dans plusieurs films actuellement.
— **Dans lesquels** est-ce que qu'il joue?
— **Dans quels films** joue-t-il?

Exercice 12. Après la réunion organisée par le Cercle français, vous parlez de cinéma avec différents membres. Complétez les questions suivantes (1) par la forme appropriée de **lequel** et (2) par la forme **quel** + nom.

1. — Je viens de voir deux films.
   — _____ venez-vous de voir?
2. — J'ai reçu des billets pour deux premières qui ont lieu le même jour.
   — Alors, _____ allez-vous?
3. — Marie cherche des photos pour sa collection.
   — _____ cherche-t-elle?
4. — Paul a parlé longtemps des acteurs canadiens.
   — _____ a-t-il parlé?
5. — Mon ami a écrit à un acteur.
   — *de pquels* a-t-il écrit?
6. — Une vedette a envoyé sa photo à des jeunes filles dans mon lycée.
   — _____ a-t-elle envoyé sa photo?
7. — Il y a deux guichets devant ce cinéma.
   — _____ achète-t-on les billets?
8. — On sert plusieurs boissons au bar.
   — _____ sert-on?
9. — Ils reçoivent deux revues différentes.
   — _____ est-ce qu'ils préfèrent?
10. — J'adore ces bonbons-là.
    — _____ adores-tu?

Exercice 13. **Interview.** Formez des phrases en utilisant les éléments indiqués. Après chaque phrase, un(e) camarade va vous demander une précision en employant une forme de **lequel**. Répondez-lui.

1. je / adorer / plusieurs / genres / films
2. je / s'abonner à / toutes sortes / revues
3. il / y avoir / beaucoup / vedettes / que / je / adorer
4. il / y avoir aussi / vedettes / que / je / détester
5. je / aller voir / plusieurs fois / certains genres de films
6. je / avoir / une actrice préférée
7. je / avoir aussi / un acteur préféré
8. je / voir / récemment / deux films très mauvais

A. Vous parlez au téléphone avec une amie française à Paris, mais vous avez des difficultés à entendre tout ce qu'elle dit. Pour vérifier que vous avez bien compris votre amie, posez la question qui correspond à la partie indiquée dans les phrases suivantes.

1. Eh bien, nous sommes allés au cinéma **hier.**
2. Nous voulions voir *Astérix et le Coup du Menhir.*
3. Nous sommes allés **en métro.**
4. Il y a des séances spéciales **le mercredi après-midi.**
5. Nous sommes arrivés **à deux heures.**
6. On est allés avec **Alain et Jacqueline.**
7. On a retrouvé les copains **devant le cinéma.**
8. **Tout le monde** est allé au café après le film.

B. Une journaliste française prépare un article sur les Américains et les médias. Utilisez ses notes pour interroger un(e) camarade de classe.

Le journal

1. son journal préféré
2. ce qu'il / elle pense du journal local
3. l'heure à laquelle il / elle lit son journal
4. le nombre de journaux qu'il / elle lit
5. les articles qu'il / elle trouve les plus intéressants dans le journal

La télé

1. son présentateur / sa présentatrice préféré(e)
2. son émission préférée
3. ce qu'il / elle pense des pubs à la télé
4. les mauvais côtés de la télé
5. l'avantage du câble

La radio

1. la musique qu'il / elle aime écouter
2. l'endroit où il / elle écoute le plus souvent la radio
3. l'aspect de la radio qui lui plaît
4. la raison pour laquelle il / elle écoute la radio
5. l'heure à laquelle il / elle écoute le plus souvent la radio

. . . .
PRATIQUE
. . . .

Activité 1. Que faites-vous? Interviewez votre professeur de français au sujet de ses passe-temps préférés.

Activité 2. **Qu'aimez-vous?** Choisissez un des thèmes suivants et préparez un sondage de huit questions pour vous faire une idée des connaissances et des goûts de vos camarades de classe à ce sujet.

1. les livres (les genres, les auteurs, les titres préférés)
2. les sports (la saison, les équipes, les champions préférés)
3. les groupes de musiciens (la musique, les albums, les chansons, les concerts)

Activité 3. **Le film de la vie.** Imaginez qu'on tourne un film sur votre vie. Quel va en être le titre? Qui va jouer le rôle principal? Résumez l'intrigue en deux ou trois phrases.

Choisissez un film que vous voulez voir. Ce film, est-il en version française ou version originale? A quelle heure allez-vous voir le film? dans quel cinéma?

ACTIVITES D'EXPANSION

POUR S'EXPRIMER

On emploie souvent, dans le style parlé moins formel, des expressions interrogatives pour demander une explication supplémentaire. (1) Un membre de la classe lit une des déclarations suivantes. (2) Un(e) deuxième étudiant(e) réagit à la phrase en employant une des expressions de la liste. (3) La première personne doit ensuite préciser sa pensée.

Et alors?   (*So what?*)
C'est vrai?   (*Is that right?*)
Comment ça?   (*How's that?*)
Tu plaisantes, ou quoi?   (*Are you joking, or what?*)

Ah, bon?   (*Really?*)
Vraiment?   (*Really?*)
Sans blague?   (*No kidding?*)

1. Le week-end dernier j'ai vu un film super!
2. Je trouve les films d'Eddie Murphy très amusants.
3. J'adore les films de Stallone.
4. Les films américains sont trop violents.
5. On devrait censurer les films pornographiques.
6. J'ai adoré le film qui s'appelle (*nom d'un film*).
7. J'ai vraiment détesté le film qui s'appelle (*nom d'un film*).
8. Mon actrice préférée est (*nom d'une actrice*).

   MODELE: — Je déteste les films d'épouvante.
             — Vraiment?
             — Oui, oui, je les trouve trop violents.

Situations

1. Vous êtes à Paris et on vous invite à aller voir un film. Quelles questions posez-vous pour savoir si vous voulez voir ce film?
2. Un(e) de vos camarades de classe pense à un film. Tous les autres étudiants lui posent des questions pour deviner le titre du film.
3. Vous avez vu récemment un film que vous avez beaucoup aimé (ou détesté). Votre ami(e) ne l'a pas vu. Expliquez à votre ami(e) pourquoi vous avez tellement aimé (ou détesté) ce film.
4. Faites une liste de questions que vous vous posez au sujet de votre avenir. Vous pouvez comparer votre liste aux listes de vos camarades de classe.

Interactions

A. A friend invites you to go see a certain movie. You would like to go out with this person, but you really do not want to see that particular film. What will you say to keep the date but get out of seeing the movie?

B. During a discussion, some Swiss friends begin to criticize American movies as being mediocre, having no plot, and being full of sex and violence. What would be your reaction?

Réponses pour *Vie actuelle B*, p. 180.

1. *Unforgiven*
2. *The Age of Innocence*
3. *Dennis the Menace*
4. *Cliffhanger*
5. *Much Ado About Nothing*
6. *Groundhog Day*
7. *Indecent Proposal*
8. *Lethal Weapon*
9. *Silence of the Lambs*
10. *Green Card*

Réponses pour *Vie actuelle C*, p. 181.

1. c	3. a	5. f	7. i	9. g
2. e	4. h	6. d	8. b	10. j

LES MOYENS DE TRANSPORT

Chapitre
7

Structures

Object Pronouns
Possessive Pronouns
Demonstrative Pronouns

Functions

Making Arrangements
Indicating Possession
Indicating Distinctions
   among Objects

Cultural Focus

Travel by Air
The Paris Metro System (RATP)
Railroads in France (SNCF)
Travel by Bus

 Les déplacements

Comment préférez-vous voyager?
Avez-vous déjà voyagé par le
train? Comparez les avantages
des différents moyens de transport (trains, avions, voiture).

PERSPECTIVES

Avez-vous déjà voyagé en avion? Où êtes-vous allé(e)?
Dans quelles villes américaines y a-t-il un métro?
Avez-vous déjà pris le métro?
Prenez-vous quelquefois le bus? Pourquoi?
Expliquez pourquoi vous prenez ou ne prenez pas le train pour voyager
en Amérique.

Nous sommes à Paris en juillet. Christelle termine bientôt ses examens à
la fin de la deuxième année de médecine et compte rentrer chez ses parents à
Bordeaux. Magali se prépare à faire un stage à Aix dans un cabinet d'architecte
pendant l'été. Chacune doit donc partir vers une destination différente.
Comment vont-elles organiser leur départ et leur voyage?

CHRISTELLE: Que fais-tu cet été?

MAGALI: Moi, je vais faire un stage dans un cabinet d'architecte
à Aix-en-Provence.

CHRISTELLE: Ah bon. Et tu vas t'y rendre comment?

MAGALI: J'y vais en train. Tu sais que j'ai la trouille en avion. Je   5
vais d'abord prendre le métro jusqu'à la Gare de Lyon, puis le
TGV Paris-Marseille. Tu sais, c'est économique et c'est très
confortable. Je pars avec un tarif étudiant, c'est sept cents francs
aller-retour. Puis, à Marseille, je prends le car pour Aix. Et toi,
qu'est-ce que tu fais cet été?   10

CHRISTELLE: Je vais passer mes vacances à Bordeaux avec
mes parents.

MAGALI: Et tu y vas comment?

CHRISTELLE: Bien, je vais prendre l'avion. Ça va plus vite.

MAGALI: Pas toujours, avec les grèves!   15

CHRISTELLE: Je vais prendre un vol direct, Paris-Bordeaux, à Orly.
Puis, je vais certainement m'y rendre en taxi.

MAGALI: Tiens, il me manque une valise! Tu peux me prêter
une des tiennes?

CHRISTELLE: Oui, tu peux prendre la petite. Et, par contre,   20
puis-je emprunter ton bouquin *Belle du Seigneur* de Cohen?
C'est le tien, n'est-ce pas?

MAGALI: Oui, c'est le mien. C'est vraiment un roman passionnant! Mais tu peux le prendre.

CHRISTELLE: Super! Merci.

Calendrier Voyageurs

SNCF

Ce calendrier comporte trois périodes: bleue, blanche et rouge. Choisissez, de préférence, les jours bleus pour voyager plus confortablement et à des prix particulièrement avantageux.

This calender consists of 3 periods: blue, white and red. Preferably choose blue days to travel in greater comfort and at more attractive prices.

Dieser Kalender enthält drei Perioden. Die blaue, weiße und rote. Um Ihre Reisen in bequemen Bedingungen und für vorteilhafte Preise zu machen, raten wir Ihnen die blauen Tage vorzugsweise zu wählen.

Période bleue.	Blue period.	Die blaue Periode.
en général du samedi 12 h au dimanche 15 h, du lundi 12 h au vendredi 12 h.	usually from Saturday 12 noon to Sunday 3 PM, from Monday 12 noon to Friday 12 noon.	Gewöhnlich, von Samstag 12 Uhr bis Sonntag 15 Uhr. und von Montag 12 Uhr bis Freitag 12 Uhr.
Période blanche.	White period.	Die weisse Periode.
en général du vendredi 12 h au samedi 12 h, du dimanche 15 h au lundi 12 h et quelques jours de fête.	usually from Friday 12 noon to Saturday 12 noon from Sunday 3 PM to Monday 12 noon and on a few public holidays.	Von Freitag 12 Uhr bis Samstag 12 Uhr und von Sonntag 15 Uhr bis Montag 12 Uhr und auch während einiger Feiertagen.
Période rouge.	Red period.	Die rote Periode.
les jours, peu nombreux, correspondant aux grands départs.	the few days corresponding to the peak departure periods.	Die unzahlreichen Tage, die der spitzen Periode entsprechen.

CARTE KIWI

Valable un an, 395 F, la carte KIWI permet à l'enfant de moins de 16 ans et à ceux qui l'accompagnent (une personne au moins et quatre au plus) de voyager en 1re ou 2e classe avec 50 % de réduction pour tout trajet commencé en période blanche ou bleue.

CARTE COUPLE

Valable un an, 50 % de réduction pour la 2e personne figurant sur la carte, la 1re personne payant le plein tarif. Il suffit de commencer chaque trajet en période bleue.

CARRISSIMO

Vous avez de 12 à 25 ans. Carrissimo, valable un an, vous permet de voyager seul, à 2, 3 ou 4 amis, en profitant des mêmes avantages en 1re ou en 2e classe dans tous les trains sauf TGV à RÉSA de niveau 4. Vous pouvez obtenir sur le prix du billet 50 % de réduction en période bleue ou 20 % en période blanche. Son prix: 190 F pour 4 trajets ou 350 F pour 8 trajets.

BILLET SÉJOUR

25 % de réduction pour un parcours aller et retour ou circulaire totalisant au moins 1000 km, le voyage retour ne pouvant être effectué au plus tôt qu'après une période comprenant un dimanche ou une fraction de dimanche (ou jour férié légal). Il suffit de commencer chaque trajet en période bleue.

CARTE VERMEIL

Valable un an, 165 F, 50 % de réduction à tout titulaire de la carte. Il suffit de commencer chaque trajet en période bleue. Cette réduction est individuelle et valable à partir de 60 ans. La réduction Vermeil s'applique même sur les allers simples.

Pour vos voyages à l'étranger, utilisez en complément la *Carte Internationale RAIL EUROP S.*

RÉDUCTIONS GROUPES

Vous voyagez avec des amis ou vous organisez des voyages collectifs: renseignez-vous dans les gares et agences de voyages sur les possibilités de réduction que vous pouvez obtenir.

Toutes ces réductions sont applicables en 1re comme en 2e classe sur toutes les lignes de la SNCF à l'exclusion de celles de la banlieue parisienne.

Si vous partez d'une gare de la banlieue parisienne, l'heure à considérer est celle du train que vous emprunterez au départ de la gare de Paris.

Pour en savoir plus sur ces réductions renseignez-vous dans les gares, boutiques SNCF et agences de voyages ou par Minitel 3615 code SNCF ou au 36 26 50 50 accès direct.

1. Christelle et Magali mentionnent plusieurs moyens de transport au cours de leur conversation. Lesquels avez-vous notés?
2. Faites une liste des villes dont vous entendez le nom au cours du dialogue. Essayez de les situer sur la carte de France au début du livre. A quelle distance approximative sont-elles de la capitale?
3. Imaginez dans le détail l'emploi du temps de Magali le jour de son départ. Retracez son voyage depuis le moment où elle quitte son appartement à Paris.
4. Comparez le voyage anticipé de Christelle et celui de Magali. Pour chacun des moyens de transport mentionnés, à quels avantages et inconvénients est-ce que les jeunes filles font allusion?

NOTE CULTURELLE

Les transports urbains

Pour les visiteurs ou les touristes qui ne veulent ou ne peuvent se servir de leur propre véhicule, d'une voiture de location ou de leurs pieds pour se déplacer dans Paris, les transports en commun sont un moyen efficace et plutôt facile à utiliser. D'abord, il y a le Métro de Paris. Les entrées ou bouches des stations de métro sont marquées par un grand M, facilement visible du trottoir. On descend vers les quais souterrains en passant devant les guichets ou les distributeurs automatiques où l'on achète son billet. Le carnet de tickets coûte moins cher que le billet individuel et, pour les personnes qui se servent du métro pendant plusieurs jours, il y a le billet de tourisme ou la «carte orange» qui permet un nombre illimité de voyages pendant tout un mois. Après avoir validé son ticket, on attend sur le quai. Quelques minutes plus tard, l'une des rames de la RATP se présente sur la voie. On monte en voiture, et le petit voyage commence. En suivant le plan affiché dans chaque voiture, on peut déterminer à quel arrêt il faut descendre. Quelquefois, aux heures de pointe, il faut faire un effort pour sortir de la voiture. Puis, arrivé sur le quai, il faut chercher ou la sortie du métro ou le passage qui mène à une station de correspondance, car on doit quelquefois changer de ligne pour arriver à sa destination dans Paris. Lorsqu'on se dirige vers la banlieue de la région parisienne (pour visiter Eurodisney à Marne-la-Vallée, ou pour se rendre à l'aéroport Charles de Gaulle, par exemple), il vaut mieux prendre le R.E.R.

Dans la plupart des villes de France, le plus populaire des transports en commun est l'autobus. Les municipalités maintiennent un réseau de lignes, et chaque bus porte le numéro de la ligne qu'il dessert ainsi que le nom du terminus. Pour savoir quel autobus il faut prendre, on doit consulter le tableau qui se trouve à tous les arrêts. Mais, en montant par l'avant du bus, on peut aussi vérifier qu'on ne s'est pas trompé de direction en posant la question au conducteur. Ensuite, on doit valider son ticket dans la machine qui est placée à côte de lui, puis s'asseoir. Mais attention! Le bus n'est pas obligé de s'arrêter à tous les points sur le parcours. Il faut donc faire signe quand on veut descendre en appuyant sur un bouton spécial avant de sortir par la porte de l'arrière ou du milieu.

Pour ceux qui sont pressés ou ne veulent pas se servir du bus ou du métro dans les grandes villes, on peut très bien arrêter un taxi dans la rue ou en faire venir un en téléphonant à une compagnie de taxis. La plupart des chauffeurs de taxi n'acceptent pas plus de trois clients à la fois et demandent un supplément pour les bagages. Ils sont, en plus, très fiers de leurs véhicules et ont l'habitude de se glisser adroitement entre les autres voitures pour vous conduire rapidement à destination. Il ne faut pas oublier de leur donner un pourboire d'au moins 10%, même si cela n'est pas obligatoire.

Le train et l'avion

Tous les jours en France, 13 000 trains circulent en moyenne sur les lignes de la SNCF, une entreprise qui dépend financièrement de l'Etat. Les passagers disposent donc d'un vaste réseau ferroviaire qui dessert le pays entier. Ils se servent volontiers du chemin de fer pour effectuer des voyages longs et courts car c'est un moyen de transport moderne, rapide et ponctuel. Depuis 1981, les lignes du Train à grande vitesse (le TGV) se multiplient sur une grande partie du pays et se prolongent même au-delà du territoire français. Pour ne citer que deux exemples, le TGV Nord-Européen (Paris-Bruxelles-Cologne-Amsterdam) et le Trans-Manche-Super-Train (Paris-Londres en trois heures et quinze minutes par l'Eurotunnel) préparent la France à assumer son rôle dans l'avenir commercial et social de l'Europe. En plus, le coût du voyage par le train est relativement modeste, surtout par rapport au prix de l'avion qui est souvent entre deux et trois fois plus cher. Il existe aussi beaucoup de moyens d'obtenir un billet à tarif réduit dont les bénéficiaires sont les couples, les familles, les groupes, les militaires, les 12 à 25 ans, les plus de 59 ans, etc. Il suffit souvent d'avoir l'âge et l'état civil ou social requis pour obtenir une réduction de 20% à 50% sur le prix normal. La SNCF a, bien entendu, le droit d'imposer certaines conditions aux diminutions accordées sur les prix: il

TOURNEZ
S.V.P.

faut quelquefois partir en période creuse (les jours «bleus»: du lundi midi au vendredi midi et du samedi midi au dimanche 15h) et éviter les jours «blancs» (le reste du week-end) et «rouges» (les jours de grands départs en vacances). Pour être sûr des conditions, il vaut mieux demander des renseignements dans une gare ou une agence de voyages. Et si le déplacement doit se faire en TGV, la réservation est obligatoire. Elle peut se faire par Minitel, dans les agences, aux guichets de la gare ou, jusqu'à quelques minutes avant le départ, aux distributeurs automatiques à réservation rapide. On peut également se servir de «Socrate», le système informatisé de réservation et de vente de billets, dont les terminaux se trouvent dans presque toutes les gares SNCF.

Tout le monde connaît le Concorde, avec son aile Delta, son nez basculant, sa vitesse supérieure (2 200 km/h) qui lui permet de faire la traversée transatlantique, Paris-New York, en trois heures et demie. Mais les quelques milliers de passagers qui voyagent en Concorde tous les ans ne représentent qu'un faible pourcentage des millions de voyageurs internationaux transportés vers 75 pays par les avions d'Air France ou par ceux de sa filiale l'UTA qui dessert surtout les aéroports d'Afrique, du Pacifique, du Moyen- et de l'Extrême-Orient. En Europe, ce sont les aéroports de Paris (Charles de Gaulle et Orly) qui, après ceux de Londres, accueillent le plus grand nombre de passagers: près de 50 millions par an. La capitale française est une véritable plaque tournante, un carrefour du trafic aérien mondial.

Depuis longtemps, Air France reconnaît aux avions de la société Air Inter le droit d'assurer le transport à l'intérieur du pays, ce qui représente environ 16 millions de passagers par an en France métropolitaine. En ce qui concerne l'avenir, le rail va-t-il continuer à l'emporter sur l'avion? Pour l'instant, il y a dix fois plus de clients sur les voies ferrées que dans le ciel de France. Seul le client, qui pèse le pour et le contre des arguments, peut en décider.

VOCABULAIRE ACTIF

LES ACTIVITÉS
attacher to fasten
atterrir to land
avoir la trouille to be afraid (*slang*)
composter to punch (a ticket)
décoller to take off
se déplacer to get around
enregistrer to check (baggage)

éteindre to extinguish
faire signe to signal
se rendre to go
valider to validate

POUR VOYAGER
un **aller-retour** round-trip ticket
un **aller simple** one-way ticket
l'**arrivée** (*f*) arrival

le **bureau de renseignements** information counter
le **comptoir** ticket counter
une **correspondance** connection, transfer point
une **grève** strike
le **haut-parleur** loudspeaker
l'**horaire** (*m*) schedule
un **trajet** trip
une **valise** suitcase

EN AVION

la **ceinture** seat belt
l'**hôtesse** (f) flight attendant
la **piste** runway
la **porte** gate
le **vol** flight

DANS LE METRO

un **arrêt** stop
une **bouche de métro** subway
  entrance
un **carnet** book of tickets
le **distributeur** ticket dispenser
les **heures de pointe** (f pl)
  rush hour
un **plan** map
le **quai** platform
une **rame** subway train

la **RATP** (Régie Autonome
  des Transports Parisiens)
  Paris bus and subway agency
le **RER** (Réseau Express
  Régional) suburban rapid-
  transit line
la **voie** track
la **voiture** subway or railway
  car

EN BUS

l'**avant** (m) front
le **bouton** button
le **car** intercity bus

PAR LE TRAIN

le **chemin de fer** railroad
un **compartiment** compartment

une **couchette** bunk
la **gare** station
l'**indicateur** (m) train schedule
la **période creuse** slack period
un **rapide** express train
un **réseau** network
la **SNCF** (Société Nationale des
  Chemins de Fer) French
  national railroad system

LES CARACTERISTIQUES

à bord on board
à destination de bound for
affiché(e) posted
direct(e) non-stop
en partance de departing
en provenance de arriving
  from
de location rental

EXERCICES DE VOCABULAIRE

A. Vous visitez Paris avec un(e) ami(e) qui n'a jamais pris le métro. Votre ami(e) vous demande comment se servir de ce moyen de transport. Complétez les phrases suivantes par le terme convenable de la liste pour expliquer à votre ami(e) comment utiliser le métro de Paris.

l'arrêt   le plan   la station
la bouche de métro   le quai   un ticket
un carnet   la rame   valider
une correspondance

1. D'abord, il faut trouver _____ la plus proche.
2. Ensuite, descends dans _____ .
3. Cherche le distributeur et achète _____ .
4. Pour économiser de l'argent, il est préférable d'acheter _____ .
5. Consulte _____ .
6. N'oublie pas de _____ ton ticket, tu risques d'être contrôlé(e).
7. Va sur _____ pour attendre _____ .
8. Tu dois déterminer s'il faut prendre _____ .
9. Arrivé(e) à _____ désiré, tu descends, et voilà. C'est très simple.

B. Vous avez passé l'été en France et à la fin de votre séjour (*stay*), vos parents viennent visiter Paris avec vous. Ils vous ont dit tout simplement le jour de leur arrivée et le numéro de leur vol. Vous téléphonez à une agence de voyages pour avoir des renseignements supplémentaires. Complétez le dialogue en utilisant les termes appropriés de la liste suivante.

l'aéroport   la correspondance
atterrir   direct
la compagnie aérienne   en provenance de

VOUS: (*Ask what airline has a flight 33 that arrives on July 21.*)

L'AGENT: Eh bien, il y a un vol Air France, numéro 33, qui arrive le 21 juillet, monsieur / madame / mademoiselle.

VOUS: (*Ask if that flight is coming from New York.*)

L'AGENT: Oui, monsieur / madame / mademoiselle, en effet, ce vol arrive de New York.

VOUS: (*Ask if number 33 is a direct flight or if there is a connection.*)

L'AGENT: Le vol 33 est direct, monsieur / madame / mademoiselle.

VOUS: (*Ask at which airport that flight lands.*)

L'AGENT: Le vol Air France arrive à Roissy-Charles de Gaulle.

VOUS: (*Thank the agent and say good-bye.*)

L'AGENT: Je vous en prie, monsieur / madame / mademoiselle. Au revoir.

C. Vous étudiez à Dijon et vous désirez aller passer la journée à Arles pour voir les ruines romaines de cette ville. Vous allez à la gare de Dijon pour arranger votre voyage. Formez des questions ou des phrases logiques en utilisant chacune des expressions indiquées.

1. à destination de
2. un aller-retour ou un aller simple
3. une couchette
4. un rapide
5. une correspondance
6. un compartiment
7. l'horaire
8. réservé ou non-réservé

D. Vous êtes arrivé(e) à la gare d'Arles. Regardez les symboles à la page suivante et complétez chacune des phrases suivantes par le terme qui correspond au symbole approprié.

1. Vous avez besoin de récupérer (*claim*) votre valise. Vous cherchez _____ .
2. Vous avez soif et désirez prendre quelque chose à boire avant de quitter la gare. Vous cherchez _____ .
3. Vous avez laissé un paquet dans le train de Dijon. Vous cherchez _____ .
4. Vous voulez laisser votre valise à la gare pendant votre visite de la ville. Vous cherchez _____ .

5. Vous désirez confirmer votre place réservée pour le voyage de retour. Vous cherchez _____.
6. Vous voulez vous asseoir et vous reposer un moment avant de quitter la gare. Vous cherchez _____.
7. Vous désirez quitter la gare. Vous cherchez _____.

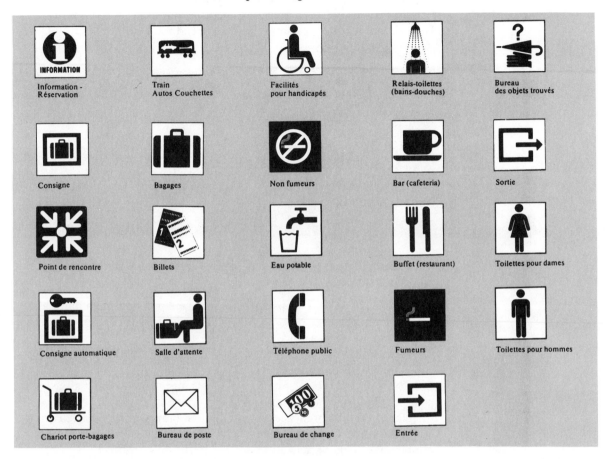

Information - Réservation	Train Autos Couchettes	Facilités pour handicapés	Relais-toilettes (bains-douches)	Bureau des objets trouvés
Consigne	Bagages	Non fumeurs	Bar (cafeteria)	Sortie
Point de rencontre	Billets	Eau potable	Buffet (restaurant)	Toilettes pour dames
Consigne automatique	Salle d'attente	Téléphone public	Fumeurs	Toilettes pour hommes
Chariot porte-bagages	Bureau de poste	Bureau de change	Entrée	

Vous comprenez?

Dans chacune des phrases suivantes, il y a une erreur. Corrigez chaque phrase.

Les transports urbains.

1. On peut seulement acheter des tickets de métro aux guichets.
2. Il faut acheter un billet individuel pour chaque trajet en métro.
3. Le métro parisien n'est jamais bondé (*crowded*).
4. Pour aller loin du centre de Paris, on peut prendre les lignes ordinaires du métro.
5. Dans la plupart des villes de France, tout le monde se déplace en métro.
6. Après être monté dans le bus par l'avant, on s'assoit immédiatement.
7. Le bus est obligé de s'arrêter à tous les arrêts.
8. Un groupe de quatre personnes peut facilement prendre un taxi.

TOURNEZ

S.V.P.

Le train et l'avion.

1. Les Français prennent le train seulement pour faire des voyages assez longs.
2. Le TGV dessert seulement le sud du pays.
3. Le train coûte souvent aussi cher que l'avion en France.
4. Il faut toujours payer le plein tarif pour les billets de train.
5. On n'est jamais obligé de réserver une place dans les trains en France.
6. Pour aller de Paris à New York, on peut prendre un vol Air Inter ou UTA.

• • • • • • • • • • • • • • • •
A votre tour
• • • • • • • • • • • • • • • •

LEXIQUE PERSONNEL

Cherchez les mots qui correspondent aux concepts suivants:
1. les moyens de transport que vous utilisez pour (a) rentrer chez vous, (b) partir en Europe, (c) aller faire du ski au Canada, (d) aller de Paris à Dijon, (e) traverser la ville de Washington
2. comment acheter un ticket pour les transports en commun (avion, train, autobus, etc.)
3. l'expérience d'un voyage en avion

A. En utilisant le vocabulaire du chapitre et votre lexique personnel, répondez aux questions suivantes.

1. Vous avez la possibilité de partir en France l'été prochain. Expliquez les divers moyens de transport que vous allez utiliser pour vous rendre de votre domicile jusqu'à votre hôtel à Paris.
2. Expliquez à un visiteur étranger comment se servir du bus ou du métro dans une ville américaine.
3. Avez-vous peur de voyager en avion? Quels moments du trajet aimez-vous le moins? Pourquoi avez-vous la trouille?
4. Imaginez que vous prenez le train de nuit en France pour aller de Paris à Marseille. Faites une description du train, des autres voyageurs et de vos impressions de voyage.

B. En employant le **Vocabulaire actif**, posez trois questions à vos camarades de classe (ou peut-être même à votre professeur). La classe doit essayer de trouver la personne qui a fait le plus long voyage, le voyage le plus exotique, le voyage le plus difficile, etc.

VIE ACTUELLE

Avant de lire l'annonce pour *Train + Hôtel*, répondez aux questions suivantes.
1. Quel moyen de transport utilisez-vous d'habitude?
2. Quand vous voyagez et avez besoin de faire des réservations, comment vous y prenez-vous?

3. Voyagez-vous quelquefois par le train? Pourquoi ou pourquoi pas?

Après avoir lu l'annonce pour *Train + Hôtel*, répondez aux questions suivantes.

4. A quelles heures peut-on employer le Minitel pour faire des réservations?
5. Quels codes emploie-t-on pour avoir accès à *Train + Hôtel*?
6. Où va-t-on pour confirmer une réservation?
7. Quels renseignements peut-on avoir par Minitel sur les hôtels? Est-ce qu'on utilise le même code pour se renseigner sur les horaires des trains?
8. Quel est le plus grand avantage de ce système de réservations par Minitel?

STRUCTURES
Object Pronouns

Choosing Object Pronouns

1. **Direct-Object Pronouns:** If a verb does not require a preposition and the noun object directly follows the verb, the noun object is replaced by the appropriate direct-object pronoun: **me, te, le, la, l', nous, vous, les.**

   — Vous cherchez **le métro**?
   — Oui, je **le** cherche.

   — Alors, vous voyez **la bouche de métro**?
   — Oui, je **la** vois.

   — Descendez dans la station. Vous savez consulter **les plans**?
   — Oui, je sais **les** consulter.

Some common verbs that do not require a preposition before a noun object are **acheter, aimer, amener, choisir, consulter, faire, lire, préférer, réserver, trouver, vendre.** (See also **Chapitre 6,** p. 190, and **Chapitre 9,** p. 289.)

Exercice 1. Vous dites à un(e) ami(e) que vous allez faire un voyage au Canada francophone. Il / Elle vous pose les questions suivantes. Répondez à ses questions en remplaçant les mots indiqués par le pronom qui convient.

1. — Tu fais **ce voyage** à Québec en été?
   — Oui, je _____ fais en été.
2. — Tu prends **ta voiture** n'est-ce pas?
   — Oui, je _____ prends.
3. — Vous visitez **les sites touristiques célèbres**?
   — Oui, nous _____ visitons.
4. — Tu emmènes **tes copains**?
   — Oui, je _____ emmène.

2. **Indirect-Object Pronouns:** If the noun object is a person and is introduced by the preposition **à**, the preposition and its object are replaced by the appropriate indirect-object pronoun: **me, te, lui, nous, vous, leur.** Note that **lui** and **leur** replace both masculine and feminine nouns.

> — Vous avez parlé **à l'agent**?
> — Oui, je **lui** ai parlé.

> — Et vous avez écrit **à vos amis** pour les inviter?
> — Oui, je **leur** ai écrit.

3. **Y:** If the object of the preposition **à** is a thing, the preposition and its object are replaced by **y**. **Y** also replaces a preposition of location and its object (***dans** le sac, **sous** la table, **devant** la porte*, etc.).

> — Est-ce que la directrice a répondu **à votre lettre**?
> — Oui, elle **y** a répondu.

> — Et est-ce qu'on dîne bien **dans l'avion**?
> — Oui, on **y** dîne bien.

For other verbs requiring the preposition **à** before a noun object, see Chapitre 6, p. 190, and Chapitre 9, p. 290.

Exercice 2. Votre ami(e) vous interroge toujours au sujet de votre voyage au Canada. Répondez à ses questions en remplaçant les mots indiqués par les pronoms appropriés.

1. Quand est-ce que tu vas **au Canada**?
   J' ~~en~~ y vais au mois de juillet.
2. Tu as déjà téléphoné **aux copains** pour les inviter?
   Bien sûr, je _leur_ ai déjà téléphoné.
3. Tu écris toujours des lettres **à tes amis canadiens**?
   Oui, je _leur_ écris toujours des lettres.
4. Et ils répondent **à tes lettres**?
   Bien sûr, ils _y_ répondent.
5. Ils habitent toujours **à Québec**?
   Oui, ils _y_ habitent toujours.
6. Tu vas envoyer des cartes postales **à tes amis**, n'est-ce pas?
   Oui, oui, je vais _leur_ envoyer des cartes comme d'habitude.

4. **En:** The pronoun **en** replaces the preposition **de** and its object when the object is a thing. When the noun object is introduced by a number or another expression of quantity (**beaucoup de, plusieurs, assez de**, etc.), **en** replaces the preposition, if any, and the noun, but the expression of quantity will remain in the sentence.

> — Elle a fait **deux voyages** en France.
> — C'est vrai? Elle **en** a fait **deux**?

> — Est-ce qu'elle avait peur **de prendre l'avion**?
> — Non, elle n'**en** avait pas peur.

— Est-ce qu'elle a envoyé **beaucoup de cartes?**
— Oui, elle **en** a envoyé **beaucoup.**

— Est-ce qu'elle parle souvent **de ses voyages?**
— Ah, oui. Elle **en** parle souvent.

For other verbs requiring the preposition **de** before a noun object, see also Chapitre 6, p. 190, and Chapitre 9, pp. 290–291.

5. **Disjunctive Pronouns:** When the noun object of **de** is a person, the preposition retains its original position in the sentence, and the person is replaced by the appropriate disjunctive pronoun: **moi, toi, nous, vous, lui / elle, eux / elles.** Note that third-person forms (**lui / elle** and **eux / elles**) show a gender distinction.

— Vous parliez **de Marie?**
— Oui, on parlait **d'elle.**

— Qu'est-ce que vous pensez **d'eux?**
— Ses amis sont très gentils.

Exercice 3. Vous parlez avec un(e) camarade d'un ami commun et d'un voyage qui n'a pas eu lieu. Remplacez les mots indiqués par les pronoms appropriés.

1. Mon ami voudrait voyager en avion, mais il a peur **des avions.**
   C'est vrai, il _____ a peur?
2. Il a fait deux **longs voyages** en Californie et en Floride, mais jamais en avion.
   Il _____ a fait deux sans prendre l'avion?
3. Oui. Et il parle toujours **d'un voyage en France.**
   En effet, il _____ parle toujours.
4. Et il parle sans cesse **de son amie Suzanne** qui est allée en France l'année dernière.
   Pourquoi parle-t-il si souvent d'_____?
5. Ah, ce n'est pas seulement de Suzanne qu'il parle; il parle aussi **de tous ses copains qui ont visité la France.**
   Il parle d'_____, mais il n'a pas le courage de les imiter, hein?
6. C'est ça. Il n'a pas trop **de courage,** n'est-ce pas?
   En effet, il n'_____ a pas trop.

6. **Prepositions with Object Pronouns:** If the noun object is a person and is introduced by any preposition other than **à** or **de,** the preposition retains its original position in the sentence, and the person is replaced by the appropriate disjunctive pronoun.

— Ils partent en vacances **avec leurs copines?**
— Oui, ils partent **avec elles.**

— Ils ont réservé des places **pour les copines?**
— Oui, bien sûr. Ils ont réservé des places **pour elles.**

— Et **pour leur frère** aussi?
— Oui, **pour lui** aussi.

Exercice 4. Marc a passé l'année avec la famille Dumont et il raconte des détails intéressants au sujet de leurs vacances. Remplacez les mots indiqués par les pronoms appropriés.

1. En été, les Dumont voyagent toujours sans **leurs enfants**.
2. Mais ils organisent toujours des vacances intéressantes pour **les enfants**.
3. Par exemple, ils ont acheté un billet de train à destination de Paris pour **Philippe**.
4. Pour **Béatrice**, ils ont arrangé une visite chez ses tantes dans le Midi.
5. Elle va passer deux mois chez **ses tantes**. *elles*
6. Quelquefois Bruno va chez **ses grands-parents**.
7. Ils vont faire le voyage avec Bruno jusqu'à la colonie de vacances, mais ensuite ils vont le laisser avec **ses copains**.
8. Et ils ne vont pas envoyer Béatrice chez ses tantes sans **sa copine**.
9. Ça va être un été agréable pour **tous les Dumont**, mais ce sont des habitudes bien différentes de celles de beaucoup d'Américains.

<hr>

Position of Object Pronouns

Object pronouns are placed either directly before a conjugated verb or directly before an infinitive, depending on which verb the object pronoun logically accompanies. Never separate these pronouns from the verb form on which they depend. Note the position of pronouns in negative and interrogative sentences.

Vous **lui** parlez.   Vous **lui** avez parlé.
Vous ne **lui** parlez pas.   Vous ne **lui** avez pas parlé.
Lui parlez-vous?   **Lui** avez-vous parlé?

Il voudrait **la** voir.
Il ne voudrait pas **la** voir.
Voudrait-il **la** voir?

— Tu **lui** téléphones aujourd'hui?
— Non, je **lui** ai téléphoné hier.
— Tu veux toujours **la** voir?
— Oui, je veux bien **la** voir.

When two object pronouns are used together, the following order is used before the verb:

me	le	lui	y	en
te	la	leur		
se	les			
nous				
vous				

— Dis, tu as parlé **à ta mère de nos projets de voyage**?
— Oui, oui, je **lui en** ai parlé hier.
— Et tes parents vont **nous** prêter **la voiture**?
— Oui, ils vont **nous la** prêter.
— Super! Alors, nous cherchons **des copains** pour **nous** accompagner **jusqu'à Paris**.
— Oui, nous **en** cherchons pour **nous y** accompagner tout de suite.

Remember that in compound tenses, the past participle of a verb using **avoir** as the auxiliary agrees with any direct object pronoun preceding the verb.

J'ai vu **mes amies**.   Je **les** ai vu**es**.

When **le** and **les** are used as object pronouns, there is no contraction with **de** or **à**.

J'ai envie **de le** voir.   J'hésite **à les** acheter.

Exercice 5.   Vous voyagez avec un groupe en France et tout le monde a des questions à poser sur les moyens de transport. Voici les questions que les voyageurs posent au guide au sujet du métro. Jouez le rôle du guide et répondez aux questions selon les indications données en remplaçant les mots indiqués par les pronoms appropriés.

1. D'abord, on trouve une **bouche de métro**, n'est-ce pas? (oui)
2. Et puis, on descend directement **dans la station**? (oui)
3. Il faut acheter un **carnet de tickets**? (non)
4. Le plan est toujours affiché **au mur**? (oui)
5. Il faut attendre longtemps **les rames**? (non)
6. Il y a beaucoup **de passagers** à six heures de l'après-midi? (oui)
7. Il est toujours nécessaire de prendre une **correspondance**? (non)

Exercice 6.   Voici les questions posées au guide au sujet des trains. Continuez à jouer le rôle du guide et répondez aux questions en remplaçant les mots indiqués par les pronoms appropriés.

1. Et pour prendre le train, on achète **les billets** au guichet?
2. Est-ce qu'il est toujours nécessaire d'enregistrer **les valises**?
3. Vaut-il mieux réserver une **place**?
4. Il y a toujours huit **personnes** dans un compartiment?
5. Peut-on parler **aux autres passagers**?
6. On donne son billet **au contrôleur**?
7. L'horaire des trains est toujours précisé **sur l'indicateur**?
8. On attend **le train sur les quais**?
9. On demande **des renseignements à l'agent**?
10. Il faut toujours valider (ou composter) **le billet**?

Exercice 7.   Une étudiante française qui passe l'année dans votre université vous pose les questions suivantes. Répondez à ses questions en utilisant les pronoms objets convenables.

1. Est-ce que tes parents t'envoient quelquefois de l'argent?
2. En cours de français, est-ce que le prof vous parle souvent français?
3. Est-ce que tes copains t'ont souvent rendu visite à l'université l'année dernière?
4. Est-ce qu'ils t'ont souvent téléphoné ce semestre?
5. Est-ce que les profs te parlent souvent après les cours?
6. Peux-tu me recommander un bon cours pour le semestre prochain?
7. Est-ce que les profs ici vous font passer beaucoup d'examens?
8. Veux-tu venir me voir en France l'été prochain?

Exercice 8. Interview. Posez des questions à vos camarades de classe en employant les éléments suivants. Vos camarades doivent répondre aux questions en utilisant des pronoms objets dans leurs réponses.

1. aimer ton cours de français
2. téléphoner à tes copains
3. voyager en France
4. avoir des camarades de chambre
5. regarder souvent la télé
6. avoir une voiture
7. vendre tes livres à la fin du semestre
8. avoir quatre cours
9. déjeuner au restaurant universitaire
10. parler souvent à tes amis
11. étudier à la bibliothèque
12. pouvoir facilement trouver une place sur le parking
13. parler souvent au prof de français
14. ???

Object Pronouns with the Imperative

Object pronouns used with a negative imperative immediately precede the verb and follow their normal order of placement.

Ne **lui en** donnez pas.   Ne **les y** mettez pas.
Ne **me la** donnez pas.   N'**y en** mettez pas.

With an affirmative imperative, the object pronouns immediately follow the verb, are connected to it by hyphens, and are placed in the following order: (1) direct object, (2) indirect object, (3) **y**, and (4) **en**.

Donnez-**lui-en**.   Mettez-**les-y**.   Achètes-**en**.
Passe-**la-moi**.   Parlez-**lui-en**.   Vas-**y**.

When **me** and **te** follow an affirmative imperative, they are replaced by **moi** and **toi**.

Donnez-**moi** le livre.   Donnez-**le-moi**.
Achète-**toi** le ticket.   Achète-**le-toi**.

Exercice 9. Votre guide vous donne des conseils (*advice*) sur la façon de prendre le bus à Paris. Remplacez les mots en caractères gras par les pronoms appropriés.

1. Achetez **des tickets**. *en*
2. Montez **dans l'autobus**. *-y*
3. Ne montez pas **à l'arrière de l'autobus**.
4. Ne donnez pas **votre ticket** au **conducteur**. *le lui*
5. Consultez **le plan** pour trouver **l'arrêt voulu**.
6. Ne parlez pas **au chauffeur**. *lui*
7. Regardez attentivement **les arrêts**. *les*
8. Allez **à l'arrière du bus**. *y*
9. Descendez **à l'arrêt désiré**. *y*

A. Votre ami(e) pense aller en France cet été. Faites une remarque à propos de chacune de ses phrases en employant l'impératif affirmatif ou négatif et les pronoms convenables. Utilisez l'expression **puisque** suivie d'une phrase pour expliquer votre réaction.

MODELE: En France, je vais acheter une nouvelle voiture.
Oui, **achètes-en une**, puisque ta voiture ne marche pas bien.
OU: **N'en achète pas une**, puisque ta voiture marche toujours bien.

1. Je vais aller en France cet été.
2. A Paris, je vais lire *Le Monde*.
3. Je vais aussi visiter le Louvre.
4. Je vais prendre le train pour aller à Nice.
5. A Nice, je vais aller à la plage.
6. Je vais téléphoner à mon ancien voisin qui habite à Nice.
7. Je vais aussi faire de la planche à voile (*windsurfing*).
8. Je vais parler aux Français.

B. **Interview: Les moyens de transport.** Posez des questions à vos camarades de classe. Ils doivent répondre aux questions en employant un pronom dans la réponse quand c'est possible.

1. aller en France cet été
2. visiter le Louvre
3. regarder la télé
4. aller à la plage
5. prendre le TGV
6. téléphoner à tes parents
7. voir un film
8. envoyer une carte postale à ton prof de français
9. visiter les châteaux de la Loire
10. acheter des souvenirs

• •
PRATIQUE
• •

Activité. **Dijon ou Nancy?** Choisissez une destination (Dijon ou Nancy) en lisant *Train + hôtel* à la page 223, et répondez aux questions suivantes.

1. Dans quel hôtel avez-vous l'intention de rester? Pourquoi?
2. Qu'est-ce que vous allez voir en ville?
3. Quel(s) endroit(s) voudriez-vous visiter dans les environs de la ville?
4. Quelles sont les spécialités culinaires de la région? Lesquelles est-ce que vous allez essayer? Pourquoi?
5. Quel festival ou spectacle est-ce que vous voulez voir?

NANCY

■ **Transports:** bus.

■ **A voir: en ville:** Ensemble Architectural du XVIIIe siècle: Place Stanislas, Place de la Carrière et Place d'Alliance, Ville Vieille: Palais Ducal, Église des Cordeliers, Porte de la Craffe, L'École de Nancy: Musée Unique au Monde et Maisons Architecture 1900;
  aux environs: Châteaux: Lunéville, Haroué…
Cathédrale de Toul, Basilique de Saint-Nicolas-de-Port, Abbaye des Prémontrés à Pont-à-Mousson.

■ **Office de Tourisme:** 14, place Stanislas, 54000 NANCY. Tél.: 83.35.22.41.

■ **Musées:** ouverts de 10 h à 12 h et de 14 h à 17 h (18 h en été), sauf le mardi.

■ **Achats:** macarons, bergamotes, mirabelles, chardons lorrains

■ **Spécialités culinaires:** quiche, pâté et tourte, potée, tarte aux mirabelles.

■ **Manifestations:** Festivals: Image, Chant Choral, Marionnettes, Jazz, Théâtre de la Passion, Livre sur Place, Fête de Saint-Nicolas, Exposition J. Callot du 15 juin au 15 septembre.

NOTRE SÉLECTION D'HÔTELS

CATÉG.	CODE	NOM DE L'HÔTEL	HÔTEL			CHAMBRE		
			🍴	Nbre Chbres	Dist. gare	☎	TV	Confort
11	671101	ARCADE	●	60	1500 m	●	●	BWC
21	672101	ALTÉA	●	192	Face à la gare	●	●	BWC
31	673101	GD HÔTEL DE LA REINE	●	50	800 m	●	●	BWC

DIJON

■ **Transports:** bus

■ **A voir: en ville:** Palais des Ducs, Musée Archéologique, Musée des Beaux-Arts, Cathédrale Ste Bénigne;
  aux environs: La Route des Vins avec le Château du Clos Vougeot, Hospices de Beaune, Meursault.

■ **Offices de Tourisme: à Paris** - Tél.: 47.00.53.15;
  sur place: Place Darcy - 21000 DIJON. Tél.: 80.43.42.12.

■ **Musées:** ouverts de 9 h à 12 h et de 14 h à 18 h, sauf le mardi.

■ **Achats:** vins, cassis, pain d'épice et moutarde.

■ **Spécialités culinaires:** escargots, coq au vin, jambon persillé, fondue bourguignonne.

■ **Manifestations:** Salon du Véhicule d'Occasion (avril), Salon des Antiquaires (mai), Été Musical (juin), Festival Éclaté de l'Estivade (juin/août), Rallye International du Vin, de la Gastronomie, du Tourisme et du Folklore (sept.), Puces Dijonnaises (sept.).

NOTRE SÉLECTION D'HÔTELS

CATÉG.	CODE	NOM DE L'HÔTEL	HÔTEL			CHAMBRE		
			🍴	Nbre Chbres	Dist. gare	☎	TV	Confort
11	481101	RELAIS ARCADE	●	128	200 m	●	●	BWC
21	482101	ALTÉA CHÂTEAU BOURGOGNE	●	123	2000 m	●	●	BWC
31	483101	HÔTEL DE LA CLOCHE	●	80	500 m	●	●	BWC

1. **As Compound Subject or Object:** The disjunctive pronouns are **moi, toi, lui / elle / soi, nous, vous, eux / elles.** Compound subjects and objects may be composed of two or more disjunctive pronouns or a combination of nouns and pronouns. In such cases, the noun precedes the pronoun.

> **Charles et moi,** nous allons au cinéma.
> Nous avons invité **Pierre et elle.**
> **Eux et elles** viennent aussi.
> **Vous et lui,** vous pourrez nous accompagner.

The subject pronoun is normally repeated when it is **nous** or **vous; ils** is often omitted.

2. **To Emphasize a Single Element of the Sentence:** In French, emphasis cannot be placed on a single element of the sentence with voice inflection as is done in English because each element of a sentence receives equal stress. Emphasis can be achieved by the addition of a disjunctive pronoun or by using the construction **c'est** or **ce sont** followed by the appropriate disjunctive pronoun.

> **Moi**, je ne l'ai pas vu.   *I didn't see him.*
> Je ne l'ai pas vu, **lui.**   *I didn't see **him.***
> **Ce n'est pas moi** qui l'ai vu.   *I'm not the one who saw him.*
> **C'est lui** que j'ai vu.   *He's the one I saw.*

A disjunctive pronoun stressing a subject can be placed either at the beginning or at the end of the sentence. A disjunctive pronoun used to stress an object is placed only at the end of the sentence.

> **Moi**, je ne l'ai pas vu.   Elle l'a vu, **lui.**
> Je ne l'ai pas vu, **moi.**   Nous les avons rencontrés, **eux.**

When using the construction **c'est / ce sont** followed by the disjunctive pronoun and a clause, be sure that the verb of the clause agrees in gender and number with the disjunctive pronoun.

> C'est **moi** qui **suis** en retard.
> Ce sont **elles** qui **prennent** l'autobus.

3. **After a Preposition:** Remember to replace the object (person or thing) of any preposition except **à** or **de** by the appropriate disjunctive pronoun. (See pp. 217–218.)

4. **In Special Constructions:**

- Subject pronouns cannot stand alone without a verb. A disjunctive pronoun can be used alone.

> Qui est là?   **Moi.**
> Qui a fait cela?   **Lui.**
> Qui vient avec vous?   **Eux.**

- When the impersonal subject pronoun **on** is used, **soi** is used as the object of a preposition.

  On est toujours bien chez **soi**.
  On aime travailler pour **soi**.

- The ending **-même(s)** added to any of the disjunctive pronouns reinforces the pronoun. In such cases, **-même** is the equivalent of the English *-self*, as in *myself, himself, yourself*, and agrees in number with the pronoun it accompanies.

  J'y vais **moi-même**.
  Nous travaillons pour **nous-mêmes**.

- The disjunctive pronouns are used as direct objects following the negative expressions **ne... que** and **ne... ni... ni...**.

  Il n'aime **qu'elle**.
  Je **n'accompagne qu'eux**.
  Il **ne** comprend **ni elle ni moi**.
  Je **n'ai vu ni lui ni eux**.

- The disjunctive pronouns follow **que** in comparisons.

  Il court **plus vite que moi**.
  Elles voyagent **plus souvent que lui**.

- After the following verbs, when the object of the preposition **à** refers to people, a disjunctive pronoun is used.

être à	Cette voiture **est à moi**.
faire attention à	**Faites attention à elles.**
s'habituer à	Nous nous **habituons à vous**.
penser à	Je **pense à lui**.
tenir à	Il **tient à eux**.

- However, even with the verbs in the preceding list, when the object of the preposition **à** is a thing, the object pronoun **y** is used.

Je m'habitue **au climat**.	Je m'**y** habitue.
Elles pensent **au voyage**.	Elles **y** pensent.

Remember, the preceding examples of **à** with a disjunctive pronoun are exceptions, and you should learn them as such.

In the majority of cases, a person as the object of the preposition **à** will be replaced by an indirect-object pronoun, which will precede the verb.

Je donne le carnet **à Paul.**   Je **lui** donne le carnet.
Ils téléphonent **à leurs copains.**   Ils **leur** téléphonent.

Exercice 10. Jean-Marc a eu une expérience assez bizarre qu'il raconte dans une lettre à son professeur de français. Complétez la lettre de Jean-Marc par les pronoms qui conviennent.

Cher Monsieur Ravaux,

   Je vous écris pour raconter le début de mon dernier voyage avec mes amis Charles et Louise. Nous devions prendre le train pour Nice. Charles avait réservé des places pour Louise et (*me*) _____ . Nous devions nous retrouver à la gare à huit heures, mais je suis arrivé avant (*them*) _eux_ . Quelques minutes plus tard, Charles est arrivé sans Louise. A huit heures et quart, (*she*) _elle_ n'était toujours pas là. Charles devenait de plus en plus inquiet et (*I*) _je_ étais même plus inquiet que (*him*) _lui_ . Je suis monté dans le train pour essayer de trouver Louise. En descendant du train, je n'ai vu ni (*her*) _elle_ ni Charles. (*He*) _Il_ n'était plus sur le quai. Je pensais à (*them*) _eux_ quand soudain Charles m'a appelé. (*They*) _Ils_ étaient là tous les deux derrière (*me*) _moi_ . Quelle histoire! Louise était arrivée à sept heures et demie et (*she*) _elle_ nous attendait dans le train. Enfin Charles et (*I*) _moi_ y sommes montés aussi. Est-ce qu'on se sentait bêtes? Qui, (*me*) _moi_ ? Sûrement pas! C'étaient (*them*) _eux_ , les responsables, n'est-ce pas?

                          A bientôt,
                          Jean-Marc

Exercice 11. **Interview.** Posez des questions à vos camarades de classe en utilisant les éléments indiqués. Vos camarades doivent utiliser des pronoms dans leurs réponses.

MODELE: aimer étudier avec ton / ta petit(e) ami(e)
          — Tu aimes étudier avec ton / ta petit(e) ami(e)?
          — Non, je n'aime pas étudier avec lui / elle.

1. s'habituer à notre prof de français
2. voyager souvent avec tes camarades de chambre
3. penser souvent à ton / ta petit(e) ami(e)
4. étudier plus souvent que ton copain

5. rentrer tard à la maison plus souvent que tes camarades de chambre
6. parler souvent de tes profs
7. faire attention à tes parents
8. vouloir me présenter à ton / ta meilleur(e) ami(e)
9. habiter toujours chez tes parents
10. acheter des cadeaux pour tes amis

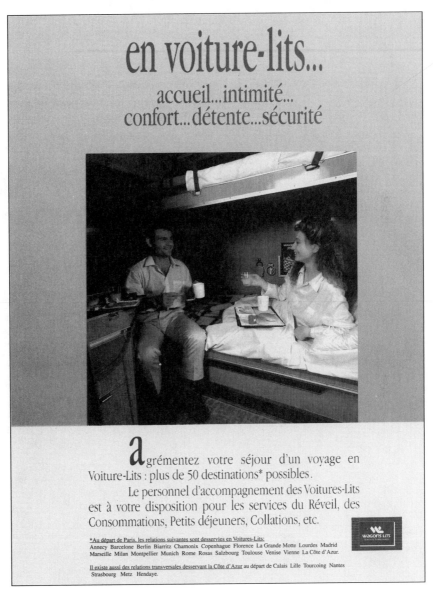

Au départ de Paris, où peut-on voyager en voiture-lits? Quels sont les avantages de voyager en voiture-lits?

A. Jeff, Erica, Kate, Sarah et Matthew passent l'été à étudier à l'université de Dijon. Jeff et Erica viennent d'organiser une excursion à Paris pour tout le groupe. Ils sont en train de revoir ce que tout le monde va faire comme pré-paratifs de voyage. Jouez le rôle d'Erica et répondez aux questions de Jeff en utilisant un pronom disjoint et des pronoms d'objet quand c'est possible.

> MODELE: JEFF: Qui réserve les chambres d'hôtel? C'est Matthew?
> ERICA: Oui, c'est lui qui les réserve.

1. Qui vérifie le numéro de l'autobus pour aller à la gare? C'est Matthew?
2. C'est bien toi qui achètes nos billets de train et réserves nos places?
3. Et Kate et Sarah s'occupent des chambres d'hôtel?
4. Qui fait les courses pour le pique-nique? Est-ce que c'est Sarah?
5. Qui réserve les billets pour le concert de Tina Turner? Toi et moi, n'est-ce pas?
6. Et c'est bien moi qui vais consulter le *Guide Michelin* pour trouver des restaurants à Paris, n'est-ce pas?
7. Qui va dresser une liste de musées et de monuments à visiter? C'est Kate et Sarah?
8. Qui va demander à quelqu'un de venir nous chercher à la gare à notre retour? C'est Kate et Matthew?

B. De retour à Dijon, Erica écrit une lettre à un autre camarade de sa classe de français au sujet du voyage à Paris. Complétez sa lettre en utilisant des pronoms disjoints ou des pronoms compléments d'objet.

Cher Marc,

Je _____ écris un petit mot à la hâte pour _____ dire que toute la bande a passé quelques jours à Paris. Tout le monde s'est beaucoup amusé. Sarah et Matthew? Je ne _____ ai pas vus depuis le voyage parce qu'on ne suit pas les mêmes cours. Je vois Jeff et Kate assez souvent et je suis allée au cinéma avec _____ hier soir. C'est _____ qui ai choisi les restaurants à Paris et _____, ils _____ ont beaucoup appréciés. On est allés à un concert de Tina Turner. _____, elle est fantastique. Jeff et _____, nous _____ avions vue l'année dernière et c'est _____ qui avons proposé ce concert qui a plu à tout le monde. _____, tu devrais vraiment venir faire des études en France l'été prochain.

> A bientôt,
> Erica

Où va le train qui entre en gare? A quelle heure part-il?

Activité 1. Des voyages imaginaires. Selon la carte des distances sur les auto-routes, combien de kilomètres y a-t-il entre Nancy et Bordeaux? Entre Brest et Strasbourg? Entre Montpellier et Bruxelles? Entre Marseille et Bordeaux? Entre Toulouse et Lille? Si vous habitez à Nantes, combien de kilomètres devez-vous faire pour passer des vacances sur la Côte d'Azur? Pour aller faire du ski en Suisse? Pour aller en Belgique? Choisissez plusieurs grandes villes aux Etats-Unis. Comparez les distances qui les séparent.

DISTANCES DE VILLE A VILLE

(en km) calculées d'après les itinéraires les plus rapides

City	Bâle	Besançon	Bordeaux	Boulogne/M.	Brest	Bruxelles	Chamonix	Clermont-Fd	Genève	Lille	Luxembourg	Lyon	Le Mans	Marseille	Montpellier	Nancy	Nantes	Nice	Paris	Strasbourg
Bâle																				
Besançon	160																			
Bordeaux	840	680																		
Boulogne/M.	690	500	790																	
Brest	1090	900	630	690																
Bruxelles	560	550	820	220	820															
Chamonix	350	234	790	840	1050	760														
Clermont-Fd	480	330	370	660	760	670	410													
Genève	250	180	710	790	1030	670	95	330												
Lille	630	520	780	120	730	120	760	600	730											
Luxembourg	320	310	860	400	940	230	560	590	460	270										
Lyon	400	230	550	730	980	670	240	180	160	670	490									
Le Mans	710	540	410	370	390	510	730	380	640	430	590	580								
Marseille	700	550	670	1050	1290	970	430	480	470	990	790	310	900							
Montpellier	660	530	500	1030	1040	950	430	370	450	970	780	290	720	170						
Nancy	210	210	820	490	880	340	450	480	380	420	110	380	520	700	680					
Nantes	850	700	330	550	680	820	460	720	600	720	600	180	470	740	690					
Nice	640	710	830	1210	1450	1070	400	640	480	1150	1110	470	1060	190	330	860	1110			
Paris	490	420	560	240	580	290	600	390	510	220	380	460	210	770	750	310	380	930		
Strasbourg	150	230	900	590	1030	450	310	560	400	500	220	460	670	780	760	140	840	780	460	
Toulouse	930	780	250	930	860	980	680	380	700	900	950	540	590	420	250	930	560	580	680	960

Activité 2.   Paris à la carte. Situez les six gares de Paris par rapport aux
monuments touristiques ou aux rues à proximité.

> la Gare de l'Est
> la Gare de Lyon
> la Gare St-Lazare
> la Gare Montparnasse
> la Gare du Nord
> la Gare d'Austerlitz

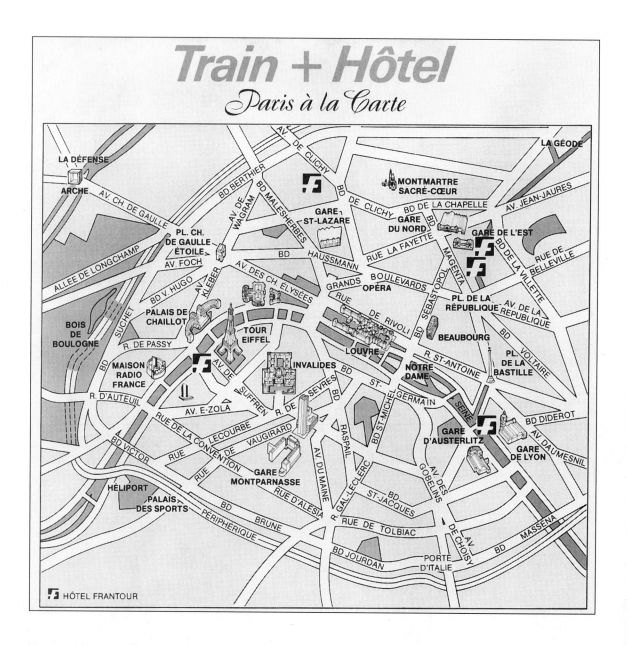

Activité 3.   Des voyages par le train. Consultez le Réseau SNCF. Pour chaque ville proposée comme point de départ, qu'est-ce qu'il faut faire pour arrriver à la destination indiquée? Est-ce qu'on peut y aller directement? Sinon, où doit-on prendre une correspondance?

DEPART	DESTINATION
1. Cherbourg	Reims
2. Poitiers	Lyon
3. Nice	La Rochelle
4. Strasbourg	Limoges
5. Bordeaux	Dijon
6. Nantes	Tours
7. Montpellier	Metz
8. Lille	Genève (Suisse)
9. Le Mans	Caen
10. Orléans	Lausanne (Suisse)

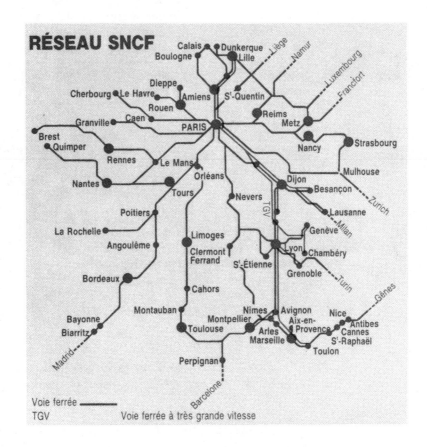

Possessive Pronouns

The possessive pronouns in French are equivalent to the English pronouns *mine, yours, his, hers, its, ours, theirs*. A possessive pronoun replaces the possessive adjective and the noun it modifies. The possessive pronoun must agree with the noun replaced, *not* with the possessor.

Apportez votre livre et **mon livre**.
Apportez votre livre et **le mien**.

ONE POSSESSOR	SINGLE POSSESSION	PLURAL POSSESSIONS
mine	**le mien** (*m*)	**les miens** (*m*)
	la mienne (*f*)	**les miennes** (*f*)
yours	**le tien** (*m*)	**les tiens** (*m*)
	la tienne (*f*)	**les tiennes** (*f*)
his / hers / its	**le sien** (*m*)	**les siens** (*m*)
	la sienne (*f*)	**les siennes** (*f*)
MORE THAN ONE POSSESSOR	SINGLE POSSESSION	PLURAL POSSESSIONS
ours	**le nôtre** (*m*)	**les nôtres** (*m & f*)
	la nôtre (*f*)	
yours	**le vôtre** (*m*)	**les vôtres** (*m & f*)
	la vôtre (*f*)	
theirs	**le leur** (*m*)	**les leurs** (*m & f*)
	la leur (*f*)	

Ils ont vérifié vos billets et **les miens**.
Tu peux prendre ma valise et **les tiennes**.
Jeanne a acheté mon carnet et **le sien**.
Je vais attacher ma ceinture et **la sienne**.
Voici votre compartiment et **le nôtre**.
Vous avez pris vos places et **les nôtres**.
J'ai réclamé ma valise et **la vôtre**.
Nous pouvons trouver notre train et **le leur**.

The pronoun forms corresponding to the adjectives **notre** and **votre** have a circumflex accent over the **o** (**ô**), and, like **les leurs**, the plural forms show no gender distinction.

The prepositions **à** and **de** contract with the definite article of the possessive pronouns.

Je pense à mon voyage et **au sien**.
Nous avons besoin de notre voiture et **des leurs**.

The choices involving **le sien** and **le leur** sometimes pose a problem for the English speaker. When expressing *his* or *hers*, only one person is the possessor, so choose from among **le sien**, **les siens**, **la sienne**, and **les siennes** the form that agrees with the object possessed, not the possessor.

— Elle achète son billet?	— *She's buying her ticket?*
— Oui, elle achète son billet à elle et **le sien**.	— *Yes, she's buying her ticket and **his**.*
— Et lui?	— *And what about him?*
— Il enregistre ses valises à lui et **les siennes**.	— *He's checking his bags and **hers**.*

When expressing *theirs*, there is always more than one possessor, but they may possess either a single thing or more than one thing.

— Mon train part à midi. A quelle heure part **leur train**?
— **Le leur** part à trois heures.
— Alors, je vais mettre mes valises dans le compartiment. Et **leurs valises à eux**?
— Mettez-**les-leurs** dans le compartiment aussi.

To express the concept of possession, the two types of structures **Elle est à moi** and **C'est la mienne** can be used.

The two constructions are not always interchangeable. When no comparison or contrast is implied in expressing ownership, French usage tends to prefer the form **il / elle / ce + être + à + *disjunctive pronoun***. In making comparisons, the possessive pronoun would be preferred.

— Cette cassette?
— **Elle est à moi.** (= *statement of ownership*)
— C'est ma cassette?
— **Non, c'est la mienne.** (= *mine, not yours*)

Exercice 12. Vous venez de terminer un voyage en voiture avec des amis. Il reste quelques affaires dans la voiture et vous essayez de déterminer à qui elles appartiennent. Répondez aux questions selon les indications.

1. — J'ai déjà enlevé ma valise. Cette valise-là, elle est à Paul?
   — Oui, c'est (*his*) _____.
2. — Jeanne, tu as déjà ton sac, non? Alors, ce sac-là est à Marie?
   — Oui, c'est (*hers*) _____.
3. — Ce livre-ci est à moi. Et le livre qui est par terre?
   — C'est (*theirs*) _____.
4. — Et ces petits gâteaux?
   — Ils sont (*ours*) _____.

TOURNEZ
S.V.P.

5. — Voilà aussi un carnet.
   — Il est (*mine*) _____ .
6. — Tout le monde a enlevé ses affaires. Les affaires qui restent sont à Paul et à Martin?
   — Oui, ce sont (*theirs*) _____ .
7. — J'ai aussi trouvé des cassettes.
   — Alors, les cassettes de Renaud sont à vous, non? Et les cassettes de U2 sont (*mine*) _____ .
8. — Tu as vu mes lunettes de soleil (*sunglasses*)?
   — Oui, voilà tes lunettes et (*his*) _____ .

Exercice 13.   Quelques possessions. Répondez aux questions suivantes en utilisant un pronom possessif.

1. Vous utilisez votre livre ou mon livre?
2. Vous avez votre stylo ou le stylo de votre camarade de chambre?
3. Vous prenez votre voiture ou la voiture de votre ami(e)?
4. Vous empruntez quelquefois les vêtements de votre camarade de chambre? Pourquoi?
5. Vous préférez vos cassettes ou les cassettes de votre ami(e)?

Demonstrative Pronouns

The demonstrative pronouns in French are equivalent to the English expressions *this one*, *that one*, *these*, and *those*. A demonstrative pronoun replaces a demonstrative adjective and the noun it modifies. It must agree in gender and number with the noun replaced.

Apportez-moi ce livre.
Apportez-moi **celui-là**.

	SINGULAR	PLURAL
MASCULINE	celui	ceux
FEMININE	celle	celles

• • • • • • • • • • • • •
Basic Uses of Demonstrative Pronouns
• • • • • • • • • • • • •

The demonstrative pronoun cannot stand alone and must be followed by one of the following constructions.

1. *-ci* or *-là:*

Cette voiture-là est sale; prenons **celle-ci**.	*That car is dirty; let's take **this one**.*
Cet avion est dangereux; je préfère **celui-là**.	*This plane is dangerous; I prefer **that one**.*
Les couchettes de ce côté sont plus commodes que **celles-là**.	*The bunks on this side are more convenient than **those**.*
Ce trajet est plus facile que **ceux-là**.	*This trip is easier than **those**.*

The demonstrative pronoun followed by **-ci** may also mean *the latter*; followed by **-là** it may mean *the former*. The **-ci** refers to the last element mentioned (the latter or closest one), while **-là** refers to the first element mentioned (the former or the farthest one).

Nous allons prendre ou le bateau ou l'avion. Moi, je préfère **celui-ci** car **celui-là** va trop lentement.	*We're going to take either the boat or the plane. I prefer **the latter**, because **the former** goes too slowly.*

2. A relative pronoun + clause:

De tous les trains, je préfère **celui qui est rapide.**	*Of all the trains, I prefer **the one that is fast.***
Montrez-moi ma place et **celles que vous avez réservées.**	*Show me my place and **those you reserved.***
Voilà **celle dont j'ai besoin.**	*There's **the one I need.***

3. *De* + noun:

Voilà ma valise et **celle de Jean**.	*There's my suitcase and **John's**.*
J'ai apporté mon horaire et **ceux de Paul et d'Hélène**.	*I brought my schedule and **Paul's and Helen's**.*

· · · · · · · · · · · · · · · · ·

Ceci and *cela*

· · · · · · · · · · · · · · · · ·

The neuter demonstrative pronouns **ceci** and **cela** do not refer to a specific noun but to a concept or idea. **Ceci** announces an idea that is to follow, while **cela** refers to something that has already been stated.

> Je vous dis **ceci**: ne prenez jamais le métro après 11 heures du soir.
> Vous avez manqué le train, et je vous ai dit que **cela** allait arriver.

Cela (ça) is often used to translate *this* or *that* as the subject of a verb other than **être**. With **être**, **ce (c')** is used as the subject.

Ça is generally used only in spoken language; **cela** is used in written French.

> **C'est** un trajet difficile.
> **Ça fait** une heure qu'on attend.

Exercice 14. Vous rentrez après un long voyage avec des souvenirs pour tout le monde. Distribuez les souvenirs en utilisant un pronom démonstratif dans vos phrases.

1. Voilà un livre. C'est _____ d'Hélène.
2. Voilà une bague (*ring*). C'est _____ que j'ai apportée pour Josée.
3. Voilà une cassette. C'est _____ de Marc.
4. Et ces bracelets en bois sont _____ qui se vendent partout en Afrique.
5. J'ai rapporté des diapositives aussi jolies que _____ qu'on vend en Amérique.
6. Voilà un sac. C'est _____ d'Annick.
7. Enfin, une bouteille de cognac. C'est _____ d'Edouard.
8. Et ces excellents chocolats? _____, je les garde pour moi-même.

Activité 1. *Train + Hôtel.* Quel est le but de cette publicité? Décrivez les trois timbres. Quelles activités sont suggérées par ces scènes? Laquelle préférez-vous? Pourquoi?

ACTIVITES D'EXPANSION

POUR S'EXPRIMER

Voici une liste d'expressions utiles pour proposer quelque chose et pour accepter ou refuser une proposition. Un membre de la classe fait une des propositions indiquées à un(e) camarade de classe qui accepte ou refuse en expliquant sa décision.

POUR PROPOSER
Tu veux m'accompagner... ?
Si on allait... ?
Ça te tente de... ?
Dis, tu voudrais... ?
Si on partageait les frais pour... ?

1. donner une soirée le week-end prochain
2. partager un appartement l'année prochaine
3. prendre un pot ce soir
4. voyager en France l'été prochain
5. passer les vacances de printemps chez mes parents
6. aller au concert des Red Hot Chili Peppers
7. passer les vacances en Floride
8. dîner dans un restaurant végétarien
9. étudier ensemble pour l'examen de français
10. ???

Situations

1. Vous êtes à Paris et vous désirez prendre le train pour aller à Tours pendant deux jours pour visiter quelques-uns des châteaux de la vallée de la Loire. Imaginez votre conversation avec l'agent de la SNCF à la gare.
2. Vous avez passé l'année scolaire à Bordeaux et maintenant vous voulez rentrer aux Etats-Unis. Vous allez à une agence de voyage pour préparer votre retour (le train vers Paris et le vol transatlantique). Qu'est-ce que vous demandez?
3. Vous arrivez à Paris pour prendre l'avion à destination de New York, mais vous apprenez que votre vol charter a été annulé (*canceled*). Allez au comptoir et essayez de trouver un autre vol.

A. After spending a week in Switzerland, you are passing through French customs at the border near Geneva. The customs officer sees your Rolex watch, which you brought from home, and is going to charge you duty on it, believing you bought it in Zurich. Then he finds a carton of American cigarettes; that fine will cost you $45. Defend yourself.

B. You are waiting to pick up your parents at the Charles de Gaulle Airport, but their flight does not arrive at the scheduled time. Go to the information desk and inquire about their flight. What questions are you going to need to ask?

A LA FAC

Que faut-il avoir accompli pour être admis dans une université américaine? cours suivis? examens passés? notes obtenues? Comment avez-
vous choisi votre université?

Structures

Formation of the Present
  Subjunctive
Formation of the Past
  Subjunctive
Uses of the Subjunctive

Functions

Stating Opinions and
  Preferences
Expressing Feelings and
  Reactions
Describing Personal Values

Cultural Focus

The **Bac** Examination
University Life
May 1968 and Educational
  Reforms

 **La vie d'étudiant**

PERSPECTIVES

Faut-il passer un examen national pour entrer à l'université en Amérique?
Est-ce qu'un mauvais résultat à un seul examen peut empêcher un(e)
    étudiant(e) d'être admis(e) à l'université?
Que fait-on pour s'inscrire aux cours dans votre université?
A combien de dollars par an s'élèvent les frais de scolarité dans votre
    université?
Décrivez un peu la vie universitaire sur votre campus. Par exemple,
    où habitent les étudiants, où prennent-ils leurs repas, y a-t-il des
    fraternités, etc.?

Comme le font tous les ans beaucoup d'Américains, Jim passe sa troisième
année universitaire dans une fac française. Sébastien vient d'arriver à la même
université où il va bientôt sympathiser avec Jim. Chacun est curieux d'en savoir
plus au sujet du système éducatif de l'autre. Il y a tant à apprendre sur les règle-
ments, c'est-à-dire la partie officielle de l'enseignement supérieur, mais aussi
sur sa dimension officieuse et souvent surprenante.

JIM: Eh! T'es dans mon cours de Sciences-Po, non?

SEBASTIEN: Oui, effectivement, on est dans le même amphi.

JIM: Ben, t'as envie de prendre un pot avec moi?

SEBASTIEN: Si tu veux, on peut aller prendre un coup au RU...

JIM: Ecoute, Sébastien, parle-moi un petit peu du système   5
universitaire français.

SEBASTIEN: Eh bien, il faut savoir, tout d'abord, que pour pouvoir
entrer à l'université française, il faut obligatoirement obtenir le bac.
C'est obligatoire. Par exemple, moi, j'ai obtenu mon bac littéraire.

JIM: Alors, le bac... qu'est-ce que t'as suivi comme cours?   10

SEBASTIEN: Oh, le bac c'est un cursus de différentes matières. Tu
y trouves de la philosophie, de l'histoire-géo, des mathématiques, de
l'économie, de l'anglais et du français jusqu'en première.

JIM: Ah, c'est varié, hein?

SEBASTIEN: Ah oui, le français, par exemple, on ne suit des cours   15
de français que jusqu'en première, car si on obtient une bonne note
à l'épreuve anticipée de français à la fin de la première, il n'est pas
nécessaire de suivre ces cours.

JIM: Et pour ceux qui n'ont pas eu la moyenne, qu'est-ce qui se passe?

SEBASTIEN: Eh bien, pour ces cas malheureux, ils sont obligés de con-   20
tinuer à suivre des cours de français durant toute l'année terminale afin
de pouvoir aller au repêchage s'ils n'obtiennent pas le bac du premier coup.

JIM: Alors, t'as obtenu ton bac?

SEBASTIEN: Oui, moi, je l'ai obtenu assez facilement avec mention...

JIM: C'est impressionnant, ça!   25

SEBASTIEN: Oui... mais la mention n'est pas nécessaire pour entrer
en université. En fait, l'obtention du bac suffit.

JIM: C'est la même chose pour toutes les universités?

SEBASTIEN: En fait, non, il y a beaucoup d'autres écoles qui ont un
processus d'admission très sélectif. Il se base, en effet, sur les notes   30
obtenues au baccalauréat ou sur les notes de l'année terminale. Il y a,
par exemple, Sciences-Po, HEC, les IUT et les BTS.

JIM: Et pour les inscriptions, comment ça se passe?

SEBASTIEN: Bien, concrètement, il faut d'abord se préinscrire par Minitel.

JIM: Ah, le Minitel c'est pratique! Mais pour ceux qui n'ont pas de   35
Minitel, comment ils font?

SEBASTIEN: En fait, ce n'est pas un problème. Il suffit de se rendre
au bureau de poste le plus proche et de se servir des Minitels publics...
et par la suite, il faut aller aux Services Administratifs, en personne,
de la Faculté et signer son inscription.   40

JIM: Et ça coûte cher, tout ça?

SEBASTIEN: Pas vraiment, non. Les études en France sont peu coûteuses...
six cents francs de frais administratifs et sept cents francs d'assurances
médicales.

JIM: Six cents francs... ça fait à peu près cent dollars américains...   45
alors que chez nous ça... les universités coûtent très cher. Et, en ce qui
concerne la vie sociale, est-ce qu'il y a quelque chose qui correspond
aux fraternités américaines?

SEBASTIEN: Il y a une tradition tout à fait officieuse qui peut correspondre, euh, aux fraternités, c'est le bizutage. C'est une épreuve au   50
cours de laquelle il faut que les nouveaux se soumettent à certaines
épreuves imposées par les plus anciens... comme dans les *fraternities*.
En fait, en général, je crois que c'est le Système-D qui est en vigueur ici.

JIM: Et la vie de campus, alors?

SEBASTIEN: Je ne crois pas qu'il y ait de vie universitaire associative   55
à proprement dire. Les étudiants se rencontrent plutôt en dehors du
campus... chez eux, à la terrasse d'un café...

JIM: Ben, écoute, merci bien pour tous ces renseignements. Mais j'ai encore beaucoup à apprendre!

SEBASTIEN: Ecoute, si tu as un problème, il ne faut pas que tu hésites à m'en parler. Je vais me faire un plaisir de t'aider.

60

• •
A L'ECOUTE!
• •

1. Sébastien explique ce qu'il a dû suivre comme cours pendant son année terminale au lycée. En quoi consiste le programme qu'il a suivi? Est-ce très différent de ce que vous avez fait en dernière année? Quels résultats a-t-il obtenus à la fin de l'année?

2. Comme beaucoup de Français, Sébastien emploie dans la conversation des abréviations, comme «amphi» pour amphithéâtre. Combien de ces formes abrégées pouvez-vous trouver dans le dialogue? Faites une liste de toutes celles que vous ne comprenez pas du premier coup. Le contexte vous permet-il d'en deviner au moins le sens général?

3. Imaginez que c'est Sébastien qui vous demande: «Et ça coûte cher, tout ça?» en parlant des études universitaires chez vous. Répondez-lui. Employez, si possible, le vocabulaire du dialogue.

4. D'après l'explication donnée par Sébastien sur la vie sociale dans les universités françaises, à quels points de vue ressemble-t-elle à la vie associative dans votre propre université? Quelles sont les différences?

NOTE CULTURELLE

Les élèves en année terminale au lycée préparent non seulement l'examen du bac mais également l'automne suivant. Avant de s'inscrire dans l'enseignement supérieur, il faut prendre certaines décisions provisoires sinon définitives. Va-t-on s'orienter vers une formation en faculté, les classes préparatoires aux concours d'entrée des grandes écoles, un Institut Universitaire de Technologie (IUT), un Brevet de Technicien Supérieur (BTS)... ? En théorie, les inscriptions en première année commencent le jour des résultats du bac, mais en pratique, il y a souvent des procédures de recueil de vœux (les filières que l'on désire suivre) et de préinscription. Les étudiants doivent donc se renseigner sur les inscriptions spéciales et les dates limites dans l'université où ils veulent aller. D'ailleurs, l'étudiant va être obligé de compter sur soi de plus en plus souvent, car une série d'épreuves plus ou moins dures marque cette première année de l'enseignement supérieur qu'on appelle, parfois, le parcours du combattant.

Dans la plupart des cas, que ce soit en IUT, en BTS ou en fac, la première étape comprend deux années d'études qui mènent à un diplôme. Le DUT (Diplôme Universitaire de Technologie) ou le BTS, qui s'obtient dans certains lycées ou dans une école privée plutôt qu'en fac, sont des diplômes professionnels qui ont été conçus pour la préparation à la vie active. Dans les universités, avec le Deug (Diplôme d'études universitaires générales) obtenu à la fin de la deuxième année, l'étudiant peut avoir accès au deuxième cycle (la licence et la maîtrise) de l'enseignement supérieur long. Mais depuis les Evénements de mai 1968, des réformes bouleversent régulièrement l'université. Voici certains aspects d'un effort récent cherchant à «simplifier» le système.

Fin juin-début juillet, lorsque les résultats du bac sont connus, les futurs étudiants doivent retirer un dossier d'inscription à l'université et le renvoyer au plus vite. En cas d'admission, l'université fixe une date à laquelle l'étudiant doit se présenter pour l'inscription définitive. Dans les facs parisiennes, les futurs bacheliers ont déjà indiqué, dès mars-avril, la discipline dans laquelle ils souhaitent s'inscrire ainsi qu'une ou deux facs où ils souhaitent être admis. Et même si l'on est parmi ceux qui n'obtiennent ni la filière ni l'établissement désirés, tout bachelier a sa place en fin de compte.

Le mois d'octobre arrive enfin. Les nouveaux étudiants participent à une semaine d'orientation et d'information avant le début des cours. On est inscrit dans un Deug précis, car il faut, dès le début, choisir parmi les neuf voies possibles: **droit, lettres et langues, arts, sciences humaines et sociales, sciences, technologie industrielle, économie et gestion, administration économique et sociale, et sciences et techniques des activités physiques et sportives.** Pendant environ un semestre, on suit un enseignement dans plusieurs disciplines associées au Deug sélectionné. A la fin de cette période, il faut choisir une discipline «majeure» dans laquelle on doit suivre la moitié des enseignements qui mènent à son Deug, et c'est la majeure qui détermine la «mention» ou nom du diplôme qu'on prépare. Par exemple, un Deug «lettres et langues» peut porter la majeure «langues étrangères appliquées». Les autres enseignements qui font partie du cursus constituent une «mineure» et déterminent le nom de l'«option», par exemple: «Deug lettres et langues, mention LEA, option anglais-allemand».

Le nombre précis de cours à suivre varie suivant le Deug, mais le total, sur les deux ans, se situe entre 800 et 1 100 heures. De plus, chaque Deug comporte un certain nombre de «modules» d'environ 50 heures de cours chacun. Ces modules, de 6 à 12 selon le Deug, une fois acquis, ne disparaissent jamais du dossier de l'étudiant et peuvent être réutilisés si la personne reprend ses études après les avoir interrompues ou en cas de réorientation. Quel que soit le Deug, il est obligatoire de suivre des enseignements de langue française et d'informatique.

TOURNEZ
S.V.P.

Tout étudiant a droit à trois ans pour réussir le cursus du Deug. (Il y a toutefois des exceptions à la règle, notamment dans les facs de médecine où, pour continuer, il faut être admis au concours en fin de première année. Le nombre de places en deuxième année étant strictement limité, seulement 6 000 sur 20 000 y passent directement.) L'accès au deuxième cycle universitaire se fait sans difficulté pour les titulaires d'un Deug qui correspond à une mention semblable de licence. Pour les étudiants désirant changer d'orientation, on doit au moins avoir suivi la mineure dans la nouvelle spécialité, plus certains modules complémentaires.

La réforme du premier et du deuxième cycle a pour but de présenter, de façon progressive et systématique, les disciplines que choisissent les étudiants et de leur demander de prendre des décisions sur la spécialisation au fur et à mesure qu'ils approfondissent leurs connaissances. On commence par des enseignements généraux en expression orale et écrite, en méthodes de travail, puis on finit par se spécialiser—mais par étapes. Le Ministère de l'Education nationale, dont dépendent toutes les universités, s'est donné comme priorité de rendre les formations universitaires plus souples et plus adaptées aux besoins des étudiants et, en fin de compte, du pays. L'enseignement est toujours gratuit pour les plus de 1,3 millions d'étudiants français en facs. Et même si le Credoc (Centre de recherches pour l'étude et l'observation des conditions de vie) révèle que les étudiants dépensent en moyenne 5 000 francs par mois pour le logement, les loisirs, l'alimentation et le transport (l'estimation «officielle» situe le budget annuel de l'étudiant à 30 000 francs), il faut espérer que les réformes périodiques continueront à faire de l'enseignement supérieur public une bonne affaire pour la France et les Français.

VOCABULAIRE ACTIF

LES ACTIVITES

apprendre par cœur to memorize
assister à to attend
échouer to fail
faire des études (de) to study, to major (in)
s'inscrire to register, to enroll
s'orienter to choose a course of study
loger to lodge, to live
se préinscrire to preregister
se rattraper to make up

recevoir (un diplôme) to finish a course of study, graduate
régler to settle, to pay
remplir to fill out
retirer to obtain
sécher un cours to cut a class
subir to undergo

A LA FAC

un **amphithéâtre (amphi)** lecture hall
un **bachelier**/une **bachelière** baccalaureate holder
le **bizutage** initiation, hazing

le **BTS (Brevet de Technicien Supérieur)** technical degree obtained at secondary level
la **cité universitaire** residence hall complex
une **classe préparatoire** preparatory class (for the entry exam to the **Grandes Ecoles**)
une **conférence** lecture
un **conseiller**/une **conseillère** adviser
le **contrôle continu des connaissances** periodic testing

une **copie** exam paper
un **cours magistral** lecture by the professor
un **cursus** course of study
le **Deug (Diplôme d'études universitaires générales)** degree obtained after two years of university study
le **deuxième cycle** second level of higher education
un **diplôme** diploma, degree
un **dossier** record, transcript
le **DUT (Diplôme Universitaire de Technologie)** technical degree obtained at university level
une **épreuve** test
une **fiche** form
une **formation** education, academic preparation
les **frais d'inscription** (*m pl*) tuition, registration fees
HEC (école des Hautes Etudes Commerciales) prestigious business school
l'**informatique** computer science

les **inscriptions** (*f pl*) registration
un **IUT (Institut Universitaire de Technologie)**
la **licence** first diploma after **Deug** (3 years of study)
la **maîtrise** master's degree, one year beyond **licence**
une **majeure** major
une **manifestation** demonstration
une **matière** subject
une **mention** honors (on the bac exam), degree concentration
une **mineure** minor
le **Ministère de l'Education Nationale** Department of Education
un **module** unit
une **moyenne** average
un **niveau** level
une **note** grade
une **orientation** direction of study
un **polycopié** reproduced set of lecture notes

la **première** next to last year of **lycée**
le **recueil de vœux** choice of preferences
le **repêchage** second chance
le **Resto U (RU)** university restaurant
une **spécialisation** major (field of study)
la **terminale** last year of **lycée**
les **travaux pratiques** (*m pl*) drill, laboratory, or discussion sections
une **unité de valeur** credit
la **vie active** work

LES CARACTERISTIQUES
admis(e) accepted
au fur et à mesure bit by bit
déçu(e) disappointed
démodé(e) old-fashioned
facultatif(-ive) optional
gratuit(e) free
provisoire temporary
reçu(e) passed (an exam)
sélectif(-ive) selective

. . . .
Exercices de vocabulaire
. . . .

A. Quels sont les termes du **Vocabulaire actif** qui s'appliquent à chacun des concepts suivants?

1. le bac et l'accès à l'université
2. les inscriptions
3. les cours
4. les examens
5. le logement et la nourriture

B. Quelle expression de la liste de droite peut-on associer à chaque verbe de la liste de gauche? Il y a souvent plus d'un choix possible.

1. choisir
2. échouer
3. retirer
4. s'inscrire
5. loger
6. régler
7. remplir
8. sécher
9. subir
10. assister à

a. des épreuves
b. le(s) cours
c. la cité universitaire
d. des fiches
e. une orientation
f. des travaux pratiques
g. un dossier
h. une mention
i. les frais d'inscription
j. le bizutage

C. Utilisez chacune des expressions suivantes dans une phrase pour décrire un aspect du système universitaire en France.

1. se préinscrire
2. un amphithéâtre
3. un dossier
4. les frais d'inscription
5. le deuxième cycle
6. le repêchage

Vous comprenez?

1. Pour pouvoir entrer à l'université, il faut...
2. Pour se préinscrire, il faut...
3. Les étudiants se rencontrent...
4. Avant de s'inscrire dans l'enseignement supérieur...
5. Les inscriptions commencent...
6. Pendant les deux premières années universitaires...
7. Les cours commencent...
8. Il faut choisir une «majeure»...
9. Quel que soit le diplôme qu'on prépare, il faut suivre...
10. On se spécialise...
11. Les frais d'inscription sont...
12. Le budget annuel de l'étudiant s'élève à...

A votre tour

LEXIQUE PERSONNEL

Cherchez les mots qui correspondent aux concepts suivants:

1. les cours obligatoires que vous avez suivis
2. les cours facultatifs que vous avez suivis
3. les cours que vous suivez ce semestre
4. votre spécialisation, par exemple:
   - Je fais des études de...
   - Je suis spécialiste de...
   - Je me spécialise en...
5. la profession que vous pensez exercer
   - Je pense devenir...

En utilisant le vocabulaire du chapitre et votre lexique personnel, répondez aux questions suivantes.

1. Vous êtes étudiant(e) de quelle année à l'université (première, deuxième, troisième, quatrième)?
2. Quels cours obligatoires avez-vous suivis? Est-ce que l'étude des langues étrangères est obligatoire ou facultative dans votre université?
3. Quelles études faites-vous à l'université?
4. Quels cours suivez-vous ce semestre? Sont-ils tous obligatoires?
5. Avez-vous un conseiller pédagogique? Est-ce qu'il / elle vous aide à établir votre programme d'études?

6. Allez-vous régulièrement en cours? Y a-t-il un cours que vous avez tendance à sécher? Lequel?
7. Quand comptez-vous recevoir votre diplôme? Que pensez-vous faire après?

Où préférez-vous étudier? Préférez-vous étudier avec des amis ou seul(e)?

A. En France, il y a peu de «campus» dans le sens américain du terme. Il existe pourtant des cités universitaires où les étudiants habitent dans un ensemble de résidences. C'est là que les étudiants (même beaucoup de ceux qui vivent en appartement ou en famille) déjeunent ou dînent dans un restaurant universitaire (le Resto U ou RU). Les repas sont assez bon marché, car les services alimentaires universitaires sont subventionnés par l'état. Mais, phénomène universel: les étudiants veulent manger, sinon bien, au moins correctement dans les restaurants universitaires.

Avant d'examiner l'illustration qui donne des précisions sur les différents Resto U de la région parisienne, répondez aux questions suivantes.

1. Où prenez-vous normalement vos repas?
2. Quelle est la qualité de la cuisine dans votre Resto U? Quels sont les meilleurs plats? Les plus mauvais?
3. Combien coûte un repas ordinaire dans votre restaurant universitaire?

RESTAURANT UNIVERSITAIRE	AGE	NOMBRE DE PLATS SERVIS CHAQUE JOUR	CADRE AMBIANCE	CHOIX DES PLATS
CITEAUX (Paris)	17 ans	1100	★	★★
PITIE-SALPETRIERE (Paris)	20 ans	2000	★★	★
GRAND-PALAIS (Paris)	25 ans	1200	★	★★
BULIER (Paris)	25 ans	3500	★	★★
ASSAS (Paris)	60 ans	1000	★★★	★★★
NECKER (Paris)	20 ans	3300	★	★
CITE INTERNATIONALE (Paris)	60 ans	non communiqué	★★★	★★
DESCARTES (Paris)	5 ans	1100	★★★	★★★
CENSIER (Paris)	30 ans	2500	●	★
NANTERRE	20 ans	5000	★	★

Les aliments sans notation sont des produits industriels (yaourts, petits suisses,...)

excellent - superbe - nickel ★★★

Après avoir examiné l'illustration, répondez aux questions suivantes.

4. Quel âge ont les deux Resto U les plus vieux? Y a-t-il une bonne ou une mauvaise ambiance? Nommez quelques avantages de ces deux restaurants.
5. Combien de plats par jour sont servis par le Resto U le plus fréquenté? Quels sont les avantages de ce restaurant?
6. Le Resto U le plus moderne a pourtant des désavantages. Lesquels?
7. En général, quels sont les meilleurs et les plus mauvais plats servis dans les Resto U parisiens?
8. Ayant jeté un coup d'œil sur «Les +» et «Les –», dites quel Resto U est, selon vous, le meilleur? Lequel est le pire? Pourquoi?
9. Maintenant, en travaillant avec vos camarades de classe, faites un tableau similaire sur le(s) restaurant(s) universitaire(s) de votre université.

QUALITE DU REPAS CHOISI	VISITE DES CUISINES	PERSONNEL	LES ⊕	LES ⊖
Carottes râpées . . . . ★★ Steak haché . . . . ● Pommes de terre . . . . ★★ Pastèque . . . . ★ Petits suisses . . . . ★	●	★★	Flippers Petits déjeuners	Les consommateurs fument
Carottes râpées . . . . . ★ Poulet . . . . ●● Purée . . . . ●●● Fromage . . . . ★★ Pomme . . . . ★	●	★	Lumière du jour Menu brasserie Cafétéria 2 flippers	Fermé pendant les vacances
Pâté en croûte . . . ★★★ Francfort . . . . ★★ Frites . . . . ★★★ Pêche . . . . ★ Gâteau . . . . ★	impossible sans autorisation du CROUS	★★	Four micro-ondes	Menu pas affiché Système de file d'attente aberrant
Macédoine . . . . ★ Poisson frit . . . . ★ Riz nature . . . . ★ Fromage Camembert . . ★ Flan . . . . ★	★★	★	Ouvert midi et soir Ouvert 1 mois été Cafétéria Salle service rapide	
Chou-fleur . . . . ★ Chipolata + viande . . ★★ Pommes de terre . . . . ★★ Flan . . . . ★ Petit suisses	★	●	Machine à café Micro-ondes	
Tomates + hareng . . . ★★ Rosbeef . . . . ★★ Spaghetti . . . . ★ Gâteau semoule . . . . ★★ Yaourt	refusé	●	Cafétéria Micro-ondes	Pas de serviette Pas de menu affiché Pas de ticket au détail
Carottes râpées . . . . . . ★ Rognons en sauce . ★★★ Riz au safran . . . . . ★★★ Fromage frais 1 pomme	★★	★★	Possibilité achat mousseux! Portemanteaux Micro-ondes Chaîne rapide Cafétéria + journaux et tabac Corbeille à pain sur la table Ouvert toute l'année Huile changée tous les 10 jours	Pas de serviette
Chou rouge . . . . . . ★★ Paupiettes . . . . . ★★★ Purée . . . . ★★ Compote d'abricots . . ★★	★★★	★★	3 salles Liquide accepté	1 seul Fermé le week-end Fermé l'été
Concombre . . . . ● Poisson pané . . . . . ●● Epinards . . . . ★ Abricots . . . . ★★ Glace	★	●	Cafétéria Ouvert de 11 h à 15 h 45 Ouvert le soir Liquide accepté Alternance week-end et été	
Tomates . . . . ★★ Truite . . . . ★★ Riz . . . . ★ Cake . . . . ★★ Yaourt	★★	★★★	4 salles avec menus différents Cafétéria Ouvert une grande partie de l'été Ouvert le samedi Ouvert le soir avec menu amélioré	

bon - beau - propre ★★   bof - bof - passable ★   mauvais - moche - pas net ●   A éviter! ●●

B.   Une autre préoccupation universelle chez les étudiants: Comment trouver un premier poste? En France, il y a des centaines d'écoles privées qui proposent aux étudiants une formation technique, souvent commerciale, menant directement à des débouchés nombreux et lucratifs. Comme ces écoles ne font pas partie du système scolaire national, elles sont payantes et peuvent coûter assez cher. Avant de lire l'annonce typique tirée d'une série de publicités dans la revue *L'Etudiant*, répondez aux questions suivantes.

1. Quelle est la différence entre les frais d'une école publique et ceux d'une école privée aux Etats-Unis?
2. Où va-t-on aux Etats-Unis pour faire des études générales? Pour faire des études techniques (de commerce, d'informatique, par exemple)?
3. D'après ce que vous avez appris sur le système scolaire en France, comment expliquez-vous l'existence de ces écoles techniques privées de niveau universitaire?

Le profil ESLSCA

• culture générale
• ouverture sur l'étranger
• aptitude à la négociation
• rigueur et créativité d'un entrepreneur
• souplesse de raisonnement
• volonté de perfectionnisme
Depuis 1949, l'Ecole Supérieure Libre des Sciences Commerciales Appliquées, ESLSCA, a délivré son diplôme à 4 700 élèves. Un diplôme reconnu par l'Etat. L'admission sur concours sélectionne chaque année 250 candidats sur 3 000. 250 candidats qui reçoivent pendant 3 ans un enseignement totalement intégré à la vie des affaires. En outre, des accords conclus avec des universités américaines, canadiennes, japonaises permettent l'obtention d'un M.B.A. C'est le programme international de l'ESLSCA, l'un des plus anciens et des plus

Laurent du Pouget. 34 ans. P.D.G. Usines de Navarre. Revenu annuel : 434.000 F. Diplômé ESLSCA 77.

solides en France. Enfin, l'ESLSCA enr...... sa pédagogie de l'initiative à travers une vie associative et culturelle intense. Des atouts qui offrent des débouchés immédiats et expliquent le salaire moyen d'embauche élevé (150 000 francs annuels) à la sortie. Des atouts pour gagner.

eslsca

ECOLE SUPERIEURE LIBRE DES SCIENCES COMMERCIALES APPLIQUEES
Etablissement privé d'enseignement
supérieur reconnu par l'Etat. 1, rue Bougainville
75007 PARIS FRANCE - (1) 45.51.32.59

Après avoir lu l'annonce, répondez aux questions suivantes.

4. Est-ce que cette école est nouvelle?
5. Quel grand avantage a le diplôme offert par l'ESLSCA?
6. Comment savez-vous que cette école est très sélective?
7. Combien d'années dure le programme de l'ESLSCA?
8. Où peut-on obtenir un M.B.A.?
9. Quel salaire moyen est promis aux diplômés de cette école? Quels sont le poste et le salaire du diplômé décrits à droite de la photo?
10. Trouvez-vous dans cette annonce un concept qui ne s'intègre pas normalement dans un programme d'études commerciales américaines?

STRUCTURES

Formation of the Present Subjunctive

The subjunctive is a mood, that is, an entirely different way of talking about the world around us. The subjunctive is not used to report the world as it is (**Je pars**), as it was (**Je suis parti[e]**), or as it will be (**Je vais partir / Je partirai**); such cases call for the indicative. Rather, the subjunctive is used to express the world as one would like it to be (**Vous préférez que je parte**), as seen through the subjective filter of one's emotions (**Vous êtes surpris[e] que je parte**), or as viewed in one's opinions (**Vous n'êtes pas sûr[e] que je parte**). Actions are, therefore, presented not as facts but as hypotheses (**Je vais partir pourvu que vous veniez avec moi**), or as facts influenced by the subjectivity of the person who is speaking (**Je vais partir, bien que vous veniez avec moi**).

The subjunctive is not prevalent in English today, although some of our common speech patterns may involve its use.

*I wish John **were** here.*
*It is imperative **that you be** here on time.*
*I recommend **that he go** to the doctor.*

Modern French makes more extensive use of the subjunctive than English. It is an important construction that you will hear often and need to know how to use.

There are four tenses of the subjunctive mood: the present, the past, the imperfect, and the pluperfect subjunctive. The latter two are literary tenses that have limited use in modern French.[1] There is no future tense of the subjunctive. An action in the future will be expressed by the present subjunctive.

---

[1] For a discussion of the imperfect and pluperfect subjunctive, see **Appendix A.**

The formation of the present subjunctive is the same for all regular conjugations (-er, -ir, -re). To form the present subjunctive, drop the -ent ending of the ils form of the present indicative and add the following endings: -e, -es, -e, -ions, iez, -ent.

parler (ils parl**ent**)

que je parle
que tu parl**es**
qu'il / elle / on parle
que nous parl**ions**
que vous parl**iez**
qu'ils / elles parl**ent**

finir (ils finiss**ent**)

que je finisse
que tu finiss**es**
qu'il / elle / on finisse
que nous finiss**ions**
que vous finiss**iez**
qu'ils / elles finiss**ent**

répondre (ils répond**ent**)

que je répond**e**
que tu répond**es**
qu'il / elle / on répond**e**
que nous répond**ions**
que vous répond**iez**
qu'ils / elles répond**ent**

Most irregular verbs in -ir and -re (lire, écrire, dormir, partir, mettre, etc.) follow a regular pattern in the formation of the present subjunctive.

Exercice 1. Les parents adorent donner en exemple à leurs enfants ce que font «les autres». Ici, M. et Mme Dumont font allusion (*are referring*) aux amis de leurs enfants. Complétez la réaction des enfants en mettant le verbe indiqué à la forme appropriée du subjonctif.

1. — Ils **réussissent** au bac.
   — Et bien sûr, vous voulez aussi que nous _____ au bac.
2. — Ils **n'échouent** jamais aux examens.
   — Croyez-vous que nous _____ aux examens?
3. — Ils **écrivent** d'excellentes dissertations.
   — Mais même au niveau secondaire, il faut que Bruno _____ de bonnes dissertations.
4. — Ils **s'entendent** bien avec leurs professeurs.
   — Vous ne croyez pas que je _____ bien avec mes profs?
5. — Ils **obéissent** à toutes les règles de l'université.
   — Mais, il est essentiel que tout le monde _____ aux règles de l'université.
6. — Ils **lisent** tous les manuels de cours.
   — Il n'est pas suprenant qu'ils _____ tous les manuels.
7. — Ils **suivent** les cours les plus difficiles.
   — Mais, il est essentiel qu'on _____ quelques cours difficiles.

Certain irregular verbs have regular subjunctive stems but undergo spelling changes in the **nous** and **vous** forms that correspond to similar irregularities in the stem of the present indicative.

croire (ils croi**ent**)

que je croie
que tu croies
qu'il / elle / on croie
que nous **croyions**
que vous **croyiez**
qu'ils / elles croi**ent**

voir (ils voi**ent**)

que je voie
que tu voies
qu'il / elle / on voie
que nous **voyions**
que vous **voyiez**
qu'ils / elles voi**ent**

prendre (ils prenn**ent**)

que je prenne
que tu prennes
qu'il / elle / on prenne
que nous **prenions**
que vous **preniez**
qu'ils / elles prenn**ent**

devoir (ils doiv**ent**)

que je doive
que tu doives
qu'il / elle / on doive
que nous **devions**
que vous **deviez**
qu'ils / elles doiv**ent**

venir (ils vienn**ent**)

que je vienne
que tu vienn**es**
qu'il / elle / on vienne
que nous **venions**
que vous **veniez**
qu'ils / elles vienn**ent**

tenir (ils tienn**ent**)

que je tienne
que tu tienn**es**
qu'il / elle / on tienne
que nous **tenions**
que vous **teniez**
qu'ils / elles tienn**ent**

boire (ils boiv**ent**)

que je boive
que tu boives
qu'il / elle / on boive
que nous **buvions**
que vous **buviez**
qu'ils / elles boiv**ent**

Stem-changing verbs undergo the same spelling changes in the present subjunctive as in the present indicative.[2]

A few verbs have totally irregular stems in the present subjunctive.

avoir

que j'**aie**
que tu **aies**
qu'il / elle / on **ait**
que nous **ayons**
que vous **ayez**
qu'ils / elles **aient**

être

que je **sois**
que tu **sois**
qu'il / elle / on **soit**
que nous **soyons**
que vous **soyez**
qu'ils / elles **soient**

aller

que j'**aille**
que tu **ailles**
qu'il / elle / on **aille**
que nous **allions**
que vous **alliez**
qu'ils / elles **aillent**

savoir

que je **sache**
que tu **saches**
qu'il / elle / on **sache**
que nous **sachions**
que vous **sachiez**
qu'ils / elles **sachent**

faire

que je **fasse**
que tu **fasses**
qu'il / elle / on **fasse**
que nous **fassions**
que vous **fassiez**
qu'ils / elles **fassent**

vouloir

que je **veuille**
que tu **veuilles**
qu'il / elle / on **veuille**
que nous **voulions**
que vous **vouliez**
qu'ils / elles **veuillent**

pouvoir

que je **puisse**
que tu **puisses**
qu'il / elle / on **puisse**
que nous **puissions**
que vous **puissiez**
qu'ils / elles **puissent**

---

[2] See **Appendix B.**

Exercice 2. Philippe écrit à un de ses amis à propos de son avenir (*future*) à l'université. Complétez la lettre de Philippe en mettant les verbes indiqués à la forme appropriée du subjonctif.

le 15 mai

Cher Jean-Marc,

Comme d'habitude je t'écris quand j'ai besoin de discuter de quelque chose de très important avec toi. Depuis maintenant plusieurs années, mes parents veulent que je (faire) *fasse* des études de médecine. Ils désirent que j'(avoir) *aie* une belle carrière et surtout que je (être) *sois* membre d'une profession libérale. Mais moi, ça ne m'intéresse plus! Comme tu le sais, mon père m'a offert, il y a assez longtemps, un ordinateur (*computer*), et l'informatique (*data processing*) est devenue la vraie passion de ma vie. Pour moi, il n'est pas important de gagner beaucoup, beaucoup d'argent; il faut qu'un individu (faire) *fasse* ce qu'il veut faire et qu'il (être) *soit* heureux. Surtout, il est important qu'on (savoir) *sache* ce que l'on veut. Mes parents ont peur que je n'(aller) *aille* pas à la faculté de médecine et que je ne (prendre) *prenne* pas les cours nécessaires pour m'établir dans cette carrière. Moi, j'ai peur que mes parents ne (comprendre) *comprennent* pas l'importance d'une carrière dans l'informatique et qu'ils ne (croire) *croient* pas que je (être) *sois* sincère dans le désir de poursuivre ce projet. C'est vraiment dommage qu'ils n'(avoir) *aient* pas confiance en moi.

Et toi, qu'est-ce que tu en dis? Que penses-tu de mon choix de carrière? Crois-tu que je (devoir) *doive* suivre les conseils de mes parents? Je veux que tu m'(écrire) *écrives* bientôt. Il est essentiel que j'(avoir) *aie* tes conseils aussi. Que la vie est difficile quelquefois, n'est-ce pas? Je veux être un bon fils; je veux que mes parents (être) *soient* fiers de moi, mais en même temps, je ne crois pas qu'on (pouvoir) *puisse* mener sa vie pour les autres.

Amicalement,
Philippe

Formation of the Past Subjunctive

The past subjunctive follows the same pattern of formation as the **passé composé**. It is formed by combining the present subjunctive of the auxiliary verb **avoir** or **être** with the past participle of the main verb.

parler	finir	répondre
que j'**aie parlé**	que j'**aie fini**	que j'**aie répondu**
que tu **aies parlé**	que tu **aies fini**	que tu **aies répondu**
qu'il / elle / on **ait parlé**	qu'il / elle / on **ait fini**	qu'il / elle / on **ait répondu**
que nous **ayons parlé**	que nous **ayons fini**	que nous **ayons répondu**
que vous **ayez parlé**	que vous **ayez fini**	que vous **ayez répondu**
qu'ils / elles **aient parlé**	qu'ils / elles **aient fini**	qu'ils / elles **aient répondu**

partir	se lever
que je **sois parti(e)**	que je **me sois levé(e)**
que tu **sois parti(e)**	que tu **te sois levé(e)**
qu'il / elle / on **soit parti(e)**	qu'il / elle / on **se soit levé(e)**
que nous **soyons parti(e)s**	que nous **nous soyons levé(e)s**
que vous **soyez parti(e)(s)**	que vous **vous soyez levé(e)(s)**
qu'ils / elles **soient parti(e)s**	qu'ils / elles **se soient levé(e)s**

Exercice 3.   Anne-Sophie, une copine de Philippe, a déjà fait une année à la faculté de lettres. Elle écrit à Philippe ce qu'elle pense de cette première année universitaire. Pour compléter ses phrases, choisissez le verbe approprié de la liste suivante et mettez-le au passé du subjonctif. Plus d'un verbe peut parfois convenir dans une même phrase.

aller	étudier	passer	sécher
s'amuser	faire	prendre	suivre
écrire	lire	réussir	venir

Cher Philippe,

Tu sais que tous mes amis sont surpris que je (j') _____ à la fac, mais c'est la meilleure décision que je (j') _____.

Les cours qui viennent de finir sont les cours les plus difficiles que je (j') _____. Et bien qu'on _____ trop de dissertations, j'ai beaucoup apprécié le programme. Evidemment, nous avons aussi fait la grève plusieurs fois pendant l'année. Les profs n'étaient pas du tout contents que les étudiants ne (n') _____ pas _____ plus souvent aux cours. Ils ont menacé de ne pas noter notre travail si on continuait à faire la grève. A partir de ce moment-là, il n'est pas surprenant que nous ne (n') _____ plus _____ nos cours.

Mes parents sont un peu surpris que je (j') _____ un si bon travail l'année dernière. C'était dur pour moi, mais maintenant tout le monde est content que je (j') _____ tellement _____, et je suis même ravie que nous _____ tous ces livres intéressants. C'est la seule fois de ma vie où je (j') _____ sans m'ennuyer.

Je suis heureuse que tu _____ une bonne année en terminale et que tu _____ ton bac. On va passer de bons moments ensemble à la fac bientôt.

Grosses bises,
Anne-Sophie

Uses of the Subjunctive

Structure

The usual construction requiring the use of the subjunctive consists of a main clause containing a verbal expression that implies doubt or subjectivity followed by a subordinate clause with a change of subject introduced by **que**.

Il **doute que je finisse** à l'heure.   *He **doubts that I'll finish** on time.*

The use of the subjunctive in the subordinate clause is caused by an expression in the main clause that requires a shift in the mood of the verb from the indicative (fact) to the subjunctive (doubt or subjectivity).

The two essential elements that call for the use of the subjunctive are implied doubt or subjectivity and change of subject. If either one of these elements is missing, the subjunctive will not be used.

- If you remove the element of doubt, the subjunctive is not required.

  Il est certain que je vais finir *It is certain that I'll finish* à l'heure. *on time.*

- If there is no change of subject, there is no need for a second clause with a verb in the subjunctive. In such cases, the main verb will be followed by an infinitive.

  Je **veux finir** à l'heure. *I **want to finish** on time.*

- The past subjunctive is used in the same type of construction as the present subjunctive. There is a main clause containing an expression that implies doubt or subjectivity followed by a subordinate clause with a different subject.

The verb in the subordinate clause is in the past subjunctive when the action of that verb has taken place prior to the action of the main verb.

Ses parents **doutent qu'il ait fait** de son mieux l'année dernière.
Le prof **n'était pas sûr qu'elle soit venue** en classe hier.
Nous **sommes contents que vous ayez réussi** à l'examen.

Note from the above examples that the tense of the main verb has no effect on the tense of the subjunctive verb. If the subordinate action has taken place prior to the main action, use the past subjunctive. In all other cases, the present subjunctive is used.

RAPPEL! RAPPEL!

The keys to using the subjunctive are:

1. Learn the specific types of expressions that may require the use of a subjunctive verb in a subordinate clause.
2. Check to see if the element of doubt or subjectivity is present in the main clause.

3. Verify whether the subjects of the two verbs are different or the same. When the two subjects are different, use the subjunctive in the subordinate clause. When the subjects are the same, use a conjugated verb followed by an infinitive.
4. Verify the sequence of the actions in the main clause and the subordinate clause. If the action of the subordinate clause has taken place prior to the action of the main clause, put the verb in the subordinate clause in the past subjunctive.

Expressions of Doubt, Emotion, Will, and Thought

Expressions of doubt, emotion, will, and thought usually require the subjunctive in the subordinate clause when there is a change of subject and when the context implies doubt or subjectivity.

1. **Doubt:** When used affirmatively or interrogatively, the expressions **douter** and **être douteux** require the subjunctive in a subordinate clause.

> Je **doute que le prof comprenne** le problème.
> **Doutez-vous que je puisse** réussir?
> **Il est douteux qu'il ait fait** des études supérieures.
> **Est-il douteux qu'elles reçoivent** leurs diplômes en juin?

When used negatively, however, expressions of doubt require the indicative in the subordinate clause.

> **Il n'est pas douteux qu'elles vont recevoir** leurs diplômes en juin.

Exercice 4. M. et Mme Dumont discutent de l'avenir de leurs enfants. Complétez leur conversation en mettant les verbes entre parenthèses à la forme appropriée du subjonctif ou de l'indicatif selon le contexte.

— Tu sais, Jacqueline, je doute quelquefois que Philippe (choisir) _____ une bonne carrière.

— Et Béatrice, tu doutes aussi qu'elle (faire) _____ de bonnes études?

— Non, pour elle, je ne doute pas qu'elle (aller) _____ pouvoir réussir ses projets d'avenir dans une école de commerce. Mais, il est douteux que Bruno (être) _____ reçu au bac, tu sais.

— Hein, qu'est-ce que tu dis? Je ne doute pas du tout, moi, qu'il (réussir) _____ son bac. Le problème est le suivant: il est douteux que tu (avoir) _____ confiance en lui.

— Pas vraiment! Il n'est pas douteux que Bruno (être) _____ intelligent; la question n'est pas là!

— Je suppose que tous les parents doutent quelquefois que leurs enfants (pouvoir) _____ se débrouiller. Mais on ne doute jamais que ses enfants (être) _____ capables, pas vrai?

2. **Emotion:** Expressions of emotion are considered to be subjective statements and require the subjunctive after a change of subject, whether used affirmatively, negatively, or interrogatively.

> Je **suis contente qu'il ait été reçu** à son bac.
> Elle **est heureuse que son ami aille** à la même université qu'elle.
> M. Dumont **est triste que Philippe ne fasse pas** des études de médecine.
> Ses parents **étaient fâchés que Monique ait échoué** à un examen important.
> Je **suis désolé que tu ne sois pas reçu** à l'Institut Universitaire de Technologie.
> Etes-vous vraiment **surpris que j'aie** une mauvaise moyenne en maths?
> Nous **avons peur qu'il (n') y ait** trop d'examens dans ce cours.[3]
> Je **regrette que vous n'ayez pas réussi** à l'examen.

Note that after expressions of emotion, when there is no change of subject, an infinitive preceded by **de** is used.

> Je **suis content de réussir.**   *I'm happy to succeed.*
> Elle **est heureuse de venir.**   *She's happy to come.*

Exercice 5.   Interview. Nous venons de prendre connaissance des préoccupations des Dumont au sujet des études de leurs enfants. En choisissant un élément dans chaque colonne, posez des questions à vos camarades de classe sur les préoccupations de leur propre famille.

tes parents	être content(e) que	être à la fac
ta famille	être supris(e) que	choisir cette université
	être heureux(-euse) que	avoir une spécialisation pratique
	être fâché(e) que	suivre un cours de français
	avoir peur que	avoir une bonne / mauvaise moyenne
		trouver un bon poste
		réussir dans la vie
		faire des études de...

Exercice 6.   Voici des déclarations faites pendant une conversation avec des amis français. Complétez chaque phrase par la forme appropriée de l'infinitif entre parenthèses. Faites attention aux changements du sujet.

MODELES: (je / échouer) J'ai peur _____ à l'examen.
            J'ai peur d'échouer à l'examen.

            (tu / échouer) J'ai peur _____ à l'examen.
            J'ai peur que tu échoues à l'examen.

---

[3] After **avoir peur** (and other expressions of fear) you may encounter a **ne** before a subjunctive verb used in the affirmative. This is a stylistic device that has become optional in spoken French. If the subjunctive verb is used negatively, both **ne** and **pas** (or another negative) are required, as in any other negative construction.

1. (nous / avoir) Elle est heureuse _____ une bonne note.
2. (je /être) Etes-vous surpris _____ reçu?
3. (elles / ne pas pouvoir) Nous sommes désolés _____ se présenter.
4. (elle / être) N'es-tu pas content _____ acceptée à l'université de Paris?
5. (je / connaître) Je suis fâché _____ sa réponse.
6. (on / rater) On a toujours peur _____ le bac.   *de rater → same subjet*
7. (il / avoir) J'ai peur _____ beaucoup de difficultés.
8. (elle / ne pas faire) Elle regrette _____ une belle carrière.
9. (on / ne pas admettre) Les élèves sont furieux _____ tout le monde à l'université.
10. (je / faire) Mon père n'est pas surpris _____ des études supérieures en France.

. . . .
PRATIQUE
. . . .

Activité 1. Vous avez quelquefois des doutes? Nous avons tous des doutes sur ce que font ou disent les personnes autour de nous (les amis, les politiciens, les journalistes, les acteurs, les personnages célèbres, etc.). Partagez cinq de ces doutes.

MODELE: Je doute que le président américain devienne socialiste.

Activité 2. Des regrets. Dites trois choses que vous regrettez de ne pas avoir faites. Ensuite, exprimez trois de vos regrets en ce qui concerne la société en général.

MODELES: Je regrette de ne pas être allé(e) en France.
Je regrette qu'il y ait tant de gens sans domicile fixe (*homeless*).

Activité 3. Mes parents et moi. Faites une liste de cinq activités que vos parents approuvent. Puis faites une liste de cinq activités qui les surprennent.

MODELES: Mes parents sont heureux que je fasse des études.
Mes parents sont surpris que je ne dorme que cinq heures la nuit.

Ensuite, comparez vos listes avec celles de vos camarades de classe.

3. <u>Will:</u> Expressions of will are considered to be statements of the speaker's personal desire or preference and require the subjunctive when there is a change of subject in the subordinate clause.

vouloir	Je **veux que vous finissiez** vos devoirs.	*I **want you to finish** your homework.*
désirer	Ils **désirent que j'aille** à l'université.	*They **want me to go** to the university.*
préférer	Elle **préfère que son fils soit** médecin.	*She **prefers her son to be** a doctor.*
souhaiter	Je **souhaite que tu finisses** tes études cette année.	*I **wish you would finish** your studies this year.*

souhaiter *wish*

The following verbs of ordering or forbidding are also expressions of will. In everyday conversation, however, these verbs are not used in ways that require the subjunctive. They are followed by a noun object introduced by **à**, which in turn is followed by an infinitive introduced by **de**. The noun object may be replaced by an indirect object pronoun that precedes the verb.

demander à (quelqu'un) **de** (faire quelque chose)
M. Dumont **a demandé à son fils de faire** des études de médecine.

dire à (quelqu'un) **de** (faire quelque chose)
On **dit aux étudiants de s'inscrire.**

permettre à (quelqu'un) **de** (faire quelque chose)
Le conseiller **permet à l'étudiant de suivre** cinq cours.

conseiller à (quelqu'un) **de** (faire quelque chose)
Le prof **me conseille de passer** l'examen en octobre.

Dans quels cours est-ce qu'on se sert des livres présentés dans cette publicité? Lequel des livres vous intéresse le plus?

To express a construction consisting of a verb of will followed by another verb form, you must determine if both verbs have the same subject. If the subjects are the same, the verb of will is followed by a dependent infinitive.

Je **veux finir** en juin.	*I **want to finish** in June.*
Il **désire parler** au prof.	*He **wishes to talk** to the professor.*
Ils **préfèrent aller** à l'IUT.	*They **prefer to go** to the IUT.*

However, if the subject of the verb of will and the subject of the second verb are not the same, the action in the subordinate clause must be expressed with the subjunctive.

Ses parents **veulent qu'il finisse** en juin.	*His parents **want him to finish** in June.*
Il **veut que nous parlions** au prof.	*He **wants us to talk** to the professor.*

Exercice 7. Tout le monde a ses préférences. Parlez des goûts des personnes suivantes en complétant chaque phrase par un verbe approprié au subjonctif.

1. Mes parents veulent que je...
2. Je désire que mes parents...
3. Mes amis préfèrent que nous...
4. Mes camarades de chambre veulent que je...
5. Mes professeurs souhaitent que les étudiants... *pensent beaucoup plus*
6. Notre prof de français désire que nous...
7. Mon ami(e) veut que je...
8. Je veux que mon ami(e)...

Exercice 8. A la terrasse d'un café en France, vous discutez avec des amis des convictions et des relations personnelles. Faites des phrases en employant les éléments indiqués. Soyez certain(e) de bien distinguer entre les phrases où il y a un changement de sujet et celles où le sujet reste le même.

1. les parents américains / désirer toujours / les enfants / réussir à l'école
2. moi aussi / je / vouloir / mes enfants / réussir
3. beaucoup de familles / vouloir / les enfants / faire / des études universitaires
4. par exemple / mon père / souhaiter / je / devenir / ingénieur
5. ah oui, en France / tous les parents / désirer / les jeunes / obtenir / leur bac
6. quelquefois / les jeunes / préférer / travailler / ou faire des études plus pratiques
7. mais les parents / préférer / on / choisir / des programmes plus traditionnels
8. moi, par exemple / je / vouloir / être / programmeur(euse)

Exercice 9.   Quelquefois, il y a de vrais malentendus entre parents et enfants. Voici l'histoire d'Olivier. Reconstruisez ces phrases qui expliquent le problème entre Olivier et sa famille.

1. ses parents / lui / dire / aller à l'université
2. il / leur / demander / la permission / faire des études techniques
3. ils / lui / défendre / s'inscrire à une école privée d'hôtellerie
4. Olivier / demander / à son conseiller / donner son opinion
5. le conseiller / lui / suggérer / commencer ses études dans une faculté de lettres
6. enfin, Olivier / demander / à ses parents / changer d'avis
7. ils / lui / défendre / faire les études qu'il veut
8. pauvre Olivier, / ses parents / l'empêcher / profiter de son avenir académique

Quelles sont les universités les plus connues aux Etats-Unis et au Canada? Dans quel domaine est-ce que ces universités ont établi leur réputation?

4. **Thought (Opinion):** The verbs **croire, penser,** and **espérer** require the subjunctive in a subordinate clause when used negatively or interrogatively. When used affirmatively, these verbs no longer imply doubt or subjectivity, and the verb in the subordinate clause will be in the indicative.

— **Crois-tu qu'il comprenne** bien les conséquences de son choix?

— Oui, je **crois qu'il comprend** bien les conséquences de son choix, mais je **ne crois pas qu'il choisisse** bien son orientation.

— **Pensez-vous que** ce **soit** une bonne chose à faire?

— Je **ne pense pas qu'il soit** nécessaire de faire des études supérieures et je **pense qu'on peut** réussir tout de même dans la vie.

— **Est-ce que** ses parents **espèrent qu'elle devienne** avocate?

— Non, ils **n'espèrent pas qu'elle** devienne avocate, mais ils **espèrent qu'elle va** faire une bonne carrière.

When used negatively or interrogatively, the expressions **être certain(e)(s)** and **être sûr(e)(s)** require the subjunctive in a subordinate clause.

Elle **n'est pas certaine que vous vous rattrapiez.**	She **isn't certain that you'll make it up.**
Sommes-nous certains qu'elle fasse de son mieux?	Are we certain that she's doing her best?

BUT:

Je **suis certain qu'il dit** la vérité.	I **am certain that he's telling** the truth.
Nous **ne sommes pas sûrs qu'il parte.**	We **are not sure that he's leaving.**
Etes-vous sûr que je réponde bien?	Are you sure that I'm answering well?

BUT:

Elle **est sûre qu'il fait** son travail.	She is **sure that he's doing** his work.

RAPPEL! RAPPEL!

Pay special attention to the patterns in the uses of the subjunctive that you have studied to this point.

EXPRESSION	SUBJUNCTIVE	INDICATIVE
Doubt	Affirmatively	Negatively
	Interrogatively	
Emotion	Affirmatively	
	Negatively	
	Interrogatively	
Will	Affirmatively	
	Negatively	
	Interrogatively	
Thought / Opinion	Negatively	Affirmatively
	Interrogatively	

Exercice 10.   Interview. Posez des questions à vos camarades en utilisant des éléments de chaque colonne. Quand le / la camarade de classe répond, il / elle doit faire attention à l'emploi du subjonctif ou de l'indicatif.

Crois-tu	que	les études universitaires / être importantes
Penses-tu		les frais d'inscription / coûter trop cher
Es-tu sûr(e)		les études / pouvoir être gratuites
Es-tu certain(e)		certains cours / être obligatoires
		les cours de langues / être nécessaires
		les examens / nous aider à apprendre
		la spécialisation / garantir un bon poste
		trop d'étudiants / se spécialiser en commerce

• •
PRATIQUE
• •

Activité 1.   Que souhaitez-vous? Faites une liste de cinq souhaits que vous voulez voir se réaliser pour certaines personnes dans votre vie (vos parents, vos amis, votre petit[e] ami[e]).

MODELE: Je voudrais (Je souhaite) que mes parents aient plus de temps libre.

Activité 2.   Un sondage. Vous voulez faire un sondage pour découvrir les problèmes principaux dans votre université. Posez six questions aux autres étudiants de votre groupe.

MODELE: Penses-tu qu'il y ait assez de parkings à l'université?

Activité 3.   Trois souhaits. Imaginez que vous pouvez réaliser trois souhaits. Que désirez-vous? Soyez magnanime et faites des souhaits pour les autres et pas pour vous-même.

MODELE: Je souhaite que les gens sans domicile fixe puissent trouver un logement.

Activité 4.   Perfectionnement scolaire. Lisez la publicité pour «Objectif Math» et ses stages intensifs de préparation aux examens. Ensuite, répondez aux questions suivantes.

1.   Pour quelle(s) raison(s) est-ce qu'il y a des élèves qui s'inscrivent à ces stages en plus de leur travail scolaire normal?
2.   Qui enseigne ces cours intensifs?
3.   Quand est-ce que ces stages ont lieu?
4.   Quelles sont les méthodes employées pour obtenir les meilleurs résultats?
5.   Est-ce qu'il y a des cours préparatoires aux examens aux Etats-Unis? Pour quels examens? Avez-vous déjà suivi un de ces cours?

Objectif MATH

Perfectionnement scolaire
Remise à niveau
Préparation aux examens

**Stages intensifs : février, Pâques, pré-examens, juillet, pré-rentrée, Toussaint, Noël.
Cours hebdomadaires à l'année.**

Pourquoi Objectif Math?

Pour de très nombreuses raisons, parmi lesquelles les effectifs surchargés des classes, trop d'élèves ne parviennent pas à exprimer pleinement leur potentiel. Trop souvent, ni eux ni leurs parents ne voient leurs efforts récompensés à leur juste valeur.

Le désarroi et le découragement qui en découlent souvent ne sont pas une fatalité : il existe des solutions adaptées au rythme et au niveau de votre enfant. Depuis 10 ans, plus de 11 500 élèves en ont fait l'expérience et ont su tirer pleinement profit des stages proposés par Objectif Math.

Acquérir dès aujourd'hui les bonnes méthodes

Outre la qualité du corps professoral, le respect de quelques règles simples permet d'obtenir des résultats : taille réduite des groupes ; révision thématique du programme ; exercices pratiques avec validation, étape par étape, de leur bonne compréhension et de la méthodologie adoptée ; mémorisation systématique du raisonnement ayant abouti au resultat ; durée limitée de chaque exercice...

Les chemins de la RÉUSSITE

De la 6ème aux Terminales et aux Prépas

- Math
- Physique-Chimie
- Français
- Anglais
- Économie
- Biologie
- Philosophie
- Histoire-Géographie

47.34.13.77

Le tout dans une atmosphère à la fois studieuse et détendue propice à l'épanouissement de votre enfant.

Une organisation qui fait ses preuves chaque jour

10 ans d'expérience, 8 matières enseignées dans 8 centres de cours pour 13 niveaux et/ou sections différents, une équipe pédagogique de grande valeur, un polycopié remis à chaque élève, des horaires adaptés et variés, plus de 95 % des parents satisfaits du service apporté à leurs enfants par Objectif Math... Le sérieux et la qualité de notre organisation sont pour votre enfant un gage de réussite dans ses études. N'attendez pas, contactez nous dès aujourd'hui par téléphone ou en renvoyant, sans engagement, le coupon ci-dessous.

8 CENTRES DE COURS
Alma, Montparnasse, Étoile, La Muette, Gares Nord/Est, Nation, Bourg-la-Reine, Saint-Germain-en-Laye.

Professeurs issus des Grandes Écoles.
Travail thématique par petits groupes
(8 élèves maximum).

ÉTABLISSEMENTS D'ENSEIGNEMENT PRIVÉ DÉCLARÉS AUPRÈS DES RECTORATS D'ACADÉMIE

.... **The Subjunctive after Impersonal Expressions** ....

An impersonal expression is any verbal expression that exists only in the third-person singular form and has **il** or **ce** (meaning *it*) as its subject. Impersonal expressions normally require the subjunctive in a subordinate clause because such generalizations imply that the statement being made is open to doubt or is the subjective opinion of the speaker.

Below is a list of some impersonal expressions that require the subjunctive.

IMPERSONAL EXPRESSIONS WITH *Etre*

il est nécessaire	*it is necessary*	**Il est nécessaire que vous fassiez** des études.
il est essentiel	*it is essential*	**Il est essentiel qu'il aille** en classe.
il est important	*it is important*	**Il est important que je choisisse** mes cours.
il est possible	*it is possible*	**Il est possible que vous** n'**ayez** pas **compris.**
c'est dommage	*it's a pity*	**C'est dommage qu'il** ne **réussisse** pas.
c'est triste	*it is sad*	**C'est triste qu'elle ait échoué** à l'examen.
il est surprenant	*it is suprising*	**Il est surprenant que ce cours soit** mauvais.
ce n'est pas la peine	*it's not worth the trouble*	**Ce n'est pas la peine qu'il vienne** me voir.

IMPERSONAL VERBS

il faut	*it is necessary*	**Il faut que vous vous inscriviez.**
il vaut mieux	*it's better*	**Il vaut mieux que nous assistions** aux cours.
il semble	*it seems*	**Il semble que les cours finissent** en juin.
il se peut	*it's possible*	**Il se peut que vous ayez** tort.

The following impersonal expressions require the indicative in the subordinate clause when used affirmatively.

il est certain	*it's certain*	**il est clair**	*it's clear*
il est sûr	*it's sure*	**il est vrai**	*it's true*
il est probable	*it's probable*	**il paraît**	*it seems*
il est évident	*it's evident*	**il me semble** [4]	*it seems to me*

Il est certain que vous avez raison.
Il est vrai qu'il connaît l'université.
Il me semble que vous séchez trop de cours.

If these expressions are used in the negative or interrogative, the subordinate clause is in the subjunctive.

Il n'est pas sûr que je réussisse à cet examen.
Il n'est pas probable qu'elles aillent à l'université.
Est-il clair qu'elle ait compris?

_____

[4] Note that the expression **il semble** always requires the subjunctive, while **il me semble** requires the subjunctive only when used negatively or interrogatively.

In using impersonal expressions, if you are making a broad general statement rather than addressing a specific person, there is no need for a subordinate clause. In such cases, the impersonal expression is followed by an infinitive. The expressions involving être take the preposition de before the infinitive.

Il faut s'inscrire en août.
Il faut que vous vous inscriviez avant de partir en vacances.

Il vaut mieux assister à toutes les conférences.
Il vaut mieux qu'il assiste au cours de maths.

Il est nécessaire de remplir certains formulaires.
Il est nécessaire, monsieur, **que vous remplissiez** certains formulaires.

Il est important d'établir un bon programme.
Il est important qu'elles établissent un bon programme.

Exercice 11. Chez les étudiants, les conditions de vie changent assez souvent. Voici une lettre de Marie-France à une de ses amies. Complétez la lettre en mettant les verbes entre parenthèses à la forme appropriée du subjonctif.

le 10 avril

Chère Annick,

Tout le monde à la fac parle déjà de l'année prochaine. D'abord, il est possible que les frais d'inscription (être) _____ augmentés. En plus, on dit qu'il est important que tout le monde (s'inscrire) _____ très tôt pour les cours de l'année prochaine. Ça me pose des problèmes, car il n'est pas du tout certain que je (suivre) _____ toujours des cours de marketing. Il se peut bien que je (changer) _____ de spécialisation. Mon conseiller m'a dit qu'il faut que je (choisir) _____ définitivement ma spécialisation. Mais, comment faire? Il est surprenant que les étudiants (pouvoir) _____ se débrouiller avec tous ces changements. Il est essentiel qu'on (se tenir) _____ au courant de tout. C'est vraiment dommage que les conditions ne (pouvoir) _____ pas rester un peu plus stables. Quelquefois, je me demande si c'est vraiment la peine que je (faire) _____ d'autres études ou que je (rester) _____ spécialiste de marketing. On me dit que je suis en train de préparer mon avenir, mais est-il possible que la vie «réelle», hors de l'université, (être) _____ tellement plus compliquée que celle-ci?

Amicalement,
Marie-France

A. Voici des phrases entendues pendant une soirée d'étudiants au moment de la rentrée. Composez une seule phrase en liant les deux propositions indiquées.

MODELES: j'ai peur / Yves vient   j'ai peur / je pars si tôt
J'ai peur qu'Yves (ne) vienne.   J'ai peur de partir si tôt.

1. n'es-tu pas content / on vient chez toi ce soir
2. elle veut / on est à l'heure pour la soirée
3. nous sommes désolés / Luc ne peut pas venir
4. tout le monde souhaite / elle se rattrape
5. je crois / il va revenir cette année
6. penses-tu / il est arrivé avant la rentrée
7. mon prof de français désire / je suis un cours avancé
8. ma mère est triste / je veux quitter l'université
9. mais j'ai peur / je ne réussis pas à ce cours
10. désires-tu / tu pars si tôt
11. je ne doute pas / ce prof est sévère
12. elle préfère / on va au cinéma demain soir
13. je suis étonné(e) / il a changé de spécialisation
14. j'espère / il me demande de sortir avec lui cette semaine
15. je souhaite / je finis mes études l'année prochaine

B. Complétez les phrases suivantes en exprimant vos idées personnelles sur votre université.

1. Il me semble que les étudiants ici...
2. Je pense que les livres qu'on achète à la librairie...
3. Je suis certain(e) que les profs...
4. Je voudrais que la bibliothèque...
5. Je doute que les étudiants...
6. Il paraît que notre restaurant universitaire...
7. Il est important que ma spécialisation...
8. Je crois que les cours obligatoires...
9. Je voudrais que ma résidence...
10. Il me semble que le plus gros problème à l'université...

Activité 1. Des visiteurs. Un groupe de lycéens vient passer la journée sur le campus de votre université pour observer la vie quotidienne des étudiants et pour assister aux cours. Ils veulent que vous leur donniez des conseils. Qu'est-ce que vous leur dites?

MODELE: Il est essentiel que vous alliez toujours en cours.

Activité 2.   Voici ce qu'il faut faire. Votre meilleur(e) ami(e) va étudier pour la première fois une langue étrangère. Quels conseils voulez-vous lui donner?

MODELE: Il est important que tu ailles au laboratoire de langues.

Activité 3.   Partir pour mieux parler. D'après cette page du *Monde de l'Education*, il est recommandé à toute personne désirant apprendre une langue étrangère de faire un séjour à l'étranger. Pourquoi est-ce que les langues étrangères sont encore plus importantes qu'autrefois en France? Quels sont les avantages d'un séjour à l'étranger? En dehors des universités, par quels autres moyens peut-on faire un séjour à l'étranger?

DOSSIER

Partir pour mieux parler

A l'heure du grand marché européen et de l'internationalisation de nombre de professions, la pratique correcte d'une ou de plusieurs langues étrangères est une des clés de la réussite. Et le séjour linguistique reste le meilleur moyen d'accès à la langue et à la culture d'un pays. Encore faut-il trouver chaussure à son pied dans la multitude de formules et d'organismes désormais proposés. Quant aux familles qui accueillent les jeunes Français en Allemagne (p. 97), aux Etats-Unis (p. 98) ou en Grande-Bretagne (p. 100), elles jugent l'expérience enrichissante pour tous.

96 DES SÉJOURS TRÈS STUDIEUX
Trouver des formules adaptées à l'âge de chacun.
98 CONSEILS ET ADRESSES
Pour mieux choisir.

The conjunctions listed below are followed by a subordinate clause with a verb in the subjunctive when there is a change of subject. If there is no change of subject, these conjunctions are followed by an infinitive. Note that in such cases, **que** is dropped, and some of the conjunctions take **de** to introduce the infinitive.

	CHANGE OF SUBJECT	SINGLE SUBJECT
avant (que / de) *before*	**Mon conseiller** me parle **avant que je** (ne)[5] **m'inscrive.**	**Je** parle à mon conseiller **avant de m'inscrire.**
sans (que) *without*	**Il** quitte l'école **sans que ses parents** le **sachent.**	**Il** quitte l'école **sans l'annoncer.**
à moins (que / de) *unless*	**Il** va quitter l'école **à moins que ses parents** ne le **laissent** vivre à la résidence universitaire.	**Il** va quitter l'école **à moins de changer** d'avis.
afin (que / de) *so that*	**Je** me spécialise en biologie **afin que mes parents soient** heureux.	**Je** me spécialise en biologie **afin de trouver** un bon poste.
pour (que) *in order that*	**Vous** venez **pour que nous** vous **passions** des polycopiés.	**Vous** venez nous voir **pour avoir** des polycopiés.
de peur (que / de) *for fear that*	**Il** a bien étudié **de peur que le prof** (ne) **donne** un examen.	**Il** a bien étudié **de peur d'échouer.**

The following conjunctions must always be followed by a verb in the subjunctive, even when there is no change of subject.

	CHANGE OF SUBJECT	SINGLE SUBJECT
bien que *although*	**Il** aime le cours **bien que le sujet soit** difficile à comprendre.	**Il** aime le cours **bien qu'il** n'y **aille** pas souvent.
quoique *although*	**Vous** séchez des cours **quoique vos notes soient** mauvaises.	**Vous** séchez des cours **quoique vous receviez** de mauvaises notes.
pourvu que *provided that*	**Je** vais suivre ce cours **pourvu que la classe soit** peu nombreuse.	**Je** vais suivre ce cours **pourvu que j'aie** le temps.
jusqu'à ce que *until*	**Nous** allons étudier **jusqu'à ce que vous arriviez.**	**Nous** allons étudier **jusqu'à ce que nous comprenions** ce problème.

RAPPEL! RAPPEL!

The conjunctions **après que, pendant que, parce que, aussitôt que,** and **dès que** are not followed by the subjunctive because they introduce a clause that is factual rather than hypothetical.

Il m'a parlé **après que vous êtes partie.** — *He spoke to me **after you left.***

Je vais travailler **pendant qu'elle est** à l'école. — *I'm going to work **while she's** at school.*

D'habitude, ils partaient **aussitôt que j'avais fini.** — *They usually left **as soon as I had finished.***

---

[5] These expressions may be followed by the pleonastic **ne** before the subjunctive verb.

Exercice 12. Votre amie française vient passer un an aux Etats-Unis. Elle doit s'inscrire dans votre université et vous lui écrivez pour lui donner des conseils.

Chère Agnès,

Je vais t'envoyer de la documentation avant que tu ne (partir) _____ de Montpellier. Bien que les inscriptions ne (être) _____ pas très compliquées, tu as besoin d'obtenir certains renseignements.

L'université a préparé des brochures pour qu'on (savoir) _____ quels cours sont au programme.

Tu peux suivre des cours de commerce à moins qu'il n'y (avoir) _____ plus de place. Il ne faut pas attendre jusqu'à ce que tu (venir) _____ au campus pour t'inscrire. En t'inscrivant tôt, tu vas certainement avoir les cours que tu veux, pourvu que tu n'(attendre) _____ pas trop longtemps pour envoyer tes documents. Tu ne dois pas aller plus loin sans (préparer) _____ un dossier.

Ne reste pas en France de peur de (ne pas réussir) _____. Je vais t'envoyer le nom d'un professeur pour que tu lui (écrire) _____ avant d'(arriver) _____ aux Etats-Unis.

J'attends que tu (répondre) _____ à ma lettre. Bonne chance! Ecris-moi vite.

Amicalement,
Pam

Exercice 13. Maintenant, c'est à vous d'exprimer quelques-unes de vos opinions sur la vie d'étudiant chez vous. Complétez chaque phrase logiquement.

1. Je fais de mon mieux pour que mes parents...
2. Je ne m'inscris jamais à un cours sans...
3. J'aime bien le professeur pourvu qu'il / elle...
4. Je ne sèche jamais mon cours de... de peur...
5. J'ai choisi de faire des études universitaires pour...
6. J'ai étudié le français bien que...
7. J'ai réussi quoique...
8. J'accepte l'opinion de mon conseiller pourvu que...

The Subjunctive after Indefinite Antecedents

When a subordinate clause refers to a concept (or antecedent) in the main clause that is indefinite, the subordinate verb will be in the subjunctive. The context of the sentence will indicate that the existence or nature of the antecedent is doubtful or open to question.

Je cherche **une voiture qui soit** économique.	*I'm looking for **a car that is** economical.*
Il veut trouver **une chambre qui ait** une belle vue.	*He's looking for **a room that has** a good view.*
Nous voulons **une spécialisation qui nous permette** de réussir.	*We're looking for **a major that will permit us** to succeed.*
Elles cherchent **des amis qui fassent** aussi des études.	*They're looking for **friends who are** also going to school.*

When the context of the sentence indicates that the subordinate clause refers to a definite person or thing, the verb will be in the indicative.

> J'ai acheté **une voiture qui est** très économique.
> (*You know the car exists.*)

> Il a loué **une chambre qui a** une belle vue.
> (*He knows the room has a view.*)

> Nous avons choisi **une spécialisation qui** nous **permet** de réussir.
> (*We know that the major will help us succeed.*)

> Elle a **des amis qui font** aussi des études.
> (*She has these friends already.*)

If the antecedent is preceded by a definite article, this is normally a good indication that the verb in the subordinate clause should be in the indicative.

> Voilà **la voiture qui est** si chère.
> Nous voulons voir **la chambre qu'il a louée.**

Exercice 14. Au moment de la rentrée, des copains parlent de différents aspects de la vie d'étudiant. Complétez leurs phrases en choisissant la forme appropriée du verbe entre parenthèses.

1. (être) J'espère trouver une chambre qui ne _____ pas trop chère.
2. (vendre) Nous cherchons une librairie qui _____ moins cher les livres de cours.
3. (être) Moi, je veux trouver une spécialisation qui _____ utile.
4. (savoir) Connaissez-vous quelqu'un qui _____ la date des inscriptions?
5. (être) J'ai déjà suivi les cours qui _____ obligatoires.
6. (comprendre) Il faut trouver des profs qui _____ les problèmes des étudiants.
7. (faire) J'ai un camarade de chambre qui _____ des études de commerce.
8. (avoir) Je ne veux pas suivre un de ces cours où il y _____ une centaine d'étudiants.
9. (choisir) M. Martin fait partie d'un comité qui _____ le nouveau président.
10. (avoir) Nous voulons une nouvelle camarade de chambre qui _____ le même emploi du temps que nous.

Exercice 15. Vous parlez de votre vie à l'université avec un(e) ami(e). Complétez les phrases suivantes pour indiquer votre point de vue.

1. Moi, je cherche des amis qui...
2. Toi, tu choisis des cours qui...
3. Notre université cherche des étudiants qui...
4. Je voudrais trouver une spécialisation qui...
5. Je suis spécialiste de... et il me faut trouver un poste qui...

When a superlative is followed by a subordinate clause, the verb in the subordinate clause will normally be in the subjunctive because most superlatives are subjective statements of opinion.

La chimie, c'est **le cours le plus difficile qu'on puisse** suivre ici.	Chemistry is **the hardest course you can** take here.
Mme Roland est **le meilleur prof qui soit** à l'université.	Mme Roland is **the best professor who is** at this university.

Remember that **personne, rien,** and **le seul** may be used as superlatives and require the subjunctive in a following subordinate clause.

Il **n'**y a **personne qui puisse** réussir à ce cours.	There is **no one who can** pass this course.
Je **ne** vois **rien qui soit** intéressant dans le programme du semestre.	I don't see **anything that is** interesting in the course offerings this semester.
Une mauvaise moyenne en maths n'est pas **le seul problème qu'il ait** ce semestre.	A bad average in math isn't **the only problem he has** this semester.

The subjunctive is not used following a superlative that is a statement of fact rather than an expression of opinion.

C'est **le plus avancé des cours qu'elle suit** ce semestre.	It is **the most advanced course that she is taking** this semester.

Exercice 16. Voici plusieurs affirmations superlatives entendues parmi les étudiants. Complétez ces phrases par la forme appropriée du verbe entre parenthèses.

1. (pouvoir) C'est l'examen le plus difficile qu'on _____ imaginer.
2. (être) Il n'y a personne qui ne _____ pas inquiet avant un examen important.
3. (être) Tu vois ces hommes là-bas? C'est le plus grand qui _____ mon prof de biologie.
4. (suivre) C'est le meilleur cours que je _____ ce semestre.
5. (être) Le prof nous a dit que la note la plus basse de la classe _____ soixante sur cent.
6. (savoir) J'ai donné la seule réponse que je _____.
7. (réussir) Il n'y a pas un seul étudiant qui _____ tout le temps, pas vrai?
8. (pouvoir) Un D en maths? Ce n'est pas la plus mauvaise note qu'on _____ avoir.
9. (avoir) Les étudiants de quatrième année sont les seules personnes qui _____ le privilège de s'inscrire tôt.

A. Voici une lettre de Véronique à son frère, qui commence ses études universitaires cette année. Complétez la lettre par la forme appropriée des infinitifs entre parenthèses.

Cher Frédéric,

Je suis si contente que tu (décider) _____ d'aller à la faculté cette année. Ça fait déjà longtemps que je veux que tu le (faire) _____. Toute le famille veut que tu (réussir) _____ à tes projets. Mais il faut que tu (prendre) _____ une décision avant de (partir) _____ à l'université. Vas-tu chercher une chambre qui (être) _____ petite mais pratique à la cité universitaire ou un appartement que tu (pouvoir) _____ partager avec d'autres? Bien qu'il y (avoir) _____ des avantages à habiter dans une maison d'étudiants, il semble que ces résidences (ne plus faire) _____ partie des éléments obligatoires d'une vie universitaire. Il est sûr que beaucoup de jeunes gens (vouloir) _____ toujours connaître la vie commune des maisons d'étudiants. Mais il n'est pas surprenant que d'autres (vouloir) _____ mener une vie indépendante en dehors des cours. Il est même probable que quelques individus (aller) _____ être obligés de travailler en même temps qu'ils (faire) _____ leurs études.

Mon Dieu, je te donne trop de conseils. Bonne chance! Et écris-nous de temps en temps.

Je t'embrasse,
Véro

B. Interview: La vie d'étudiant. Posez les questions suivantes à un(e) camarade de classe.

1. Est-ce que tes professeurs te demandent de faire trop de devoirs?
2. Penses-tu que certains professeurs soient trop indulgents ou trop sévères?
3. Crois-tu que les étudiants américains doivent apprendre beaucoup de choses par cœur? Pour quels cours?
4. Penses-tu qu'il faille apprendre une langue étrangère pour acquérir une bonne instruction? Pourquoi?
5. Au mois de septembre, avant le premier examen, est-ce que tu as peur que certains professeurs soient trop sévères?
6. Penses-tu qu'il y ait un bon rapport entre la plupart des étudiants et leurs professeurs?
7. Es-tu surpris(e) que bien des étudiants aient des difficultés d'argent?
8. Quel est le cours le plus intéressant que tu aies jamais suivi? Pourquoi?
9. Quels sont les avantages ou les inconvénients d'habiter dans une résidence universitaire?
10. Penses-tu que les étudiants américains soient assez sérieux en ce qui concerne leurs études? Pourquoi?

Activité.   L'instruction pour tout le monde. Est-ce que l'instruction universitaire est un droit pour tout le monde ou un privilège réservé aux meilleurs étudiants de lycée? Quel est le but de l'instruction universitaire? Quel avenir voyez-vous pour le système universitaire aux Etats-Unis? Quel est le but de l'instruction présentée dans cette publicité?

Réussir l'école, grandir la vie

Création républicaine, le droit à l'instruction laïque et obligatoire date de 200 ans. Aujourd'hui, le monde entre dans le troisième millénaire. La scolarité est déjà trois à quatre fois plus longue. L'école, c'est la possibilité pour chacun de pousser, mûrir, se cultiver. Pour tous, la maîtrise d'une culture intégrant une lecture renouvelée du passé et des connaissances nouvelles. Proposons des parcours multiples jusqu'à 18 ans et au delà. Cultivons ce creuset commun de la promotion sociale, de l'épanouissement individuel dans une éducation nationale qui n'oublie personne.

Parce qu'il ne suffit pas de quelques épines pour se défendre, il est temps d'accroître les droits à l'éducation, à l'emploi, à la citoyenneté et à la démocratie.

Le SNES vous invite au dialogue lors des premières rencontres nationales pour l'éducation, Prof : métier de vie

ACTIVITES D'EXPANSION

POUR S'EXPRIMER

Voici une liste d'expressions souvent employées pour introduire une opinion personnelle ou pour discuter d'idées abstraites. Exprimez vos propres opinions en formant de nouvelles phrases unissant les expressions suivantes aux considérations qui suivent. Faites tous les changements nécessaires. Un(e) camarade de classe doit ensuite donner sa propre opinion.

Vraiment, je suis surpris(e) que...
Pour ma part, je suis certain(e) que...
A mon avis, il est évident que...
Je pense que...
Franchement, je suis désolé(e) que...
Ah non, je ne crois pas que...
Quant à moi, je doute que...

> Moi, je crois que...
> Je ne pense pas que...
> Personnellement, je regrette que...
> A vrai dire, je ne suis par sûr(e) que...

Sondage sur quelques aspects de la vie actuelle.

1. Pour réussir dans la vie, tout le monde a besoin de faire des études universitaires.
2. L'instruction universitaire doit être plus orientée vers une formation professionnelle.
3. Les frais d'inscription coûtent trop cher.
4. L'énergie nucléaire est trop dangereuse.
5. La société va beaucoup profiter de l'expérimentation bio-génétique.
6. L'union libre mène à de meilleurs mariages.
7. On peut trop facilement divorcer actuellement.
8. Le gouvernement a la responsabilité de censurer les paroles des chansons de rock.
9. Il est nécessaire d'augmenter les impôts pour garantir l'assurance maladie pour tous les citoyens des Etats-Unis.
10. ???

Situations

1. Un(e) étudiant(e) français(e) vient passer l'année dans votre université. Chaque membre de la classe doit suggérer une activité qu'il est nécessaire (important, essentiel, bon, etc.) que l'étudiant(e) fasse pour suivre des cours chez vous et pour lui assurer une bonne année universitaire.
2. Plusieurs membres de la classe donnent leur avis sur ce qu'il est nécessaire (important, essentiel, bon, etc.) qu'une personne fasse (possède, soit, etc.) pour être heureuse dans la vie. Les autres étudiants vont donner leurs opinions.
3. Composez une liste d'au moins six réformes que vous croyez nécessaires dans votre université ou dans la société américaine. Vos camarades de classe peuvent donner leurs idées.
4. Décrivez votre vie actuelle. Parlez de vos désirs, du bonheur, de la tristesse, de vos convictions, de vos opinions.

Interactions

A. Your parents want you to major in business at the university. You have just decided to major in French (or history, or English, or biology, etc.). Justify your choice to your parents.

B. Just before the beginning of your junior year in college, you decide to stay out of school for a year to work and travel. Imagine your conversation with your parents.

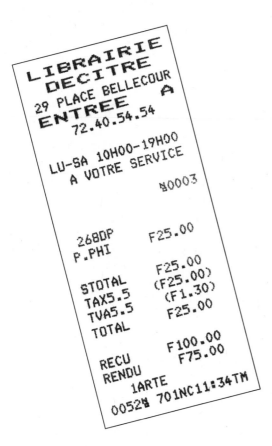

LA FRANCOPHONIE

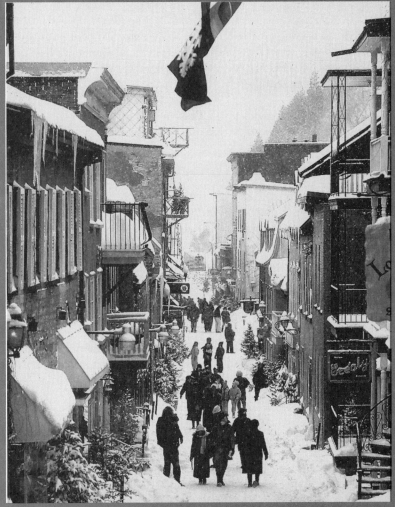

Connaissez-vous la province de Québec? ou une autre région francophone?
Quelles influences françaises trouve-t-on dans la société américaine?

PERSPECTIVES

MISE EN TRAIN

Quels pays francophones pouvez-vous nommer?

Avez-vous déjà voyagé au Canada?

Quelles influences françaises dans La Nouvelle-Orléans pouvez-vous
signaler?

La région francophone d'Afrique est-elle située à l'est ou à l'ouest
du continent?

Quelle île bien connue de l'océan Pacifique est aussi un département
français?

Nous sommes à Boston. Gino Lavoie et Alfred Noël, deux francophones, sont
heureux de pouvoir se parler **en français** dans cette ville universitaire des
Etats-Unis. En échangeant des idées, Gino et Alfred vont découvrir que, malgré
leurs différences, ils ont beaucoup en commun.

GINO: Pardon. Je t'entendais parler tout à l'heure avec un de tes
copains. Tu viens de France? J'ai remarqué que tu avais un accent
français quand tu parlais.

ALFRED: Non. Je viens d'Haïti.

GINO: Moi, je viens du Québec. Tout particulièrement de Dolbeau   5
qui est une ville située dans la région du lac Saint-Jean. C'est environ
à... je dirais, peut-être, cinq cents kilomètres au nord-est de Montréal
et trois cents kilomètres au nord de Québec.

ALFRED: Bon, moi, je viens du sud. Je viens d'une ville appelée Les
Cayes. C'est à peu près, euh, cinquante ou soixante kilomètres de la   10
capitale, Port-au-Prince.

GINO: Est-ce que tu es étudiant aussi?

ALFRED: Oui. Je suis étudiant dans le département de mathématiques.
Je suis en train de préparer une thèse de doctorat en mathématiques
pures. Et toi?   15

GINO: J'étudie aussi au niveau du doctorat, mais en chimie. Et c'est
dans mes intentions de retourner peut-être au Québec, euh, pour être
professeur au niveau universitaire. Parce que, tu sais, pour moi, la...
l'importance du français, c'est primordial et, même avec ma formation,
je ne crois pas que je sois prêt à habiter aux Etats-Unis. C'est plus...   20
retourner dans un milieu francophone qui est important pour moi.

ALFRED: Je vois que vous parlez comme les gens qui aiment Lévesque.

GINO: Lévesque?

ALFRED: Oui, Lévesque, c'était le chef du Parti québécois.

GINO: Oui, oui, oui. Euh, mais il est décédé il y a environ une   *25*
dizaine d'années!

ALFRED: Bien, oui, je sais, je sais. Mais, qui l'a remplacé?

GINO: Euh, c'est Parizeau. Mais le Parti québécois, présentement, il
est pas très fort. Parce que les gens se sentent pas très bien représentés
au Canada. Mais la lutte pour le français est toujours très forte au   *30*
Canada. Parce que, tu sais, il y a environ vingt-cinq pour cent, vingt-
cinq à trente pour cent des... de la population canadienne qui est
francophone. Mais, la séparation? La séparation du Québec... est de
moins en moins populaire.

ALFRED: Ah, oui. Je vois. Mais, alors, en Haïti, c'est un peu diffé-   *35*
rent parce qu'en fait, ce qui arrive c'est que... il y a toute une petite
minorité qui parle le français. Ce sont les gens qui sont plus ou
moins... qui ont une situation plus ou moins aisée. Ces gens-là
peuvent aller à l'école pour l'apprendre. Mais la majorité des gens
parlent le créole. Aussi y a-t-il des problèmes politiques qui sont tout   *40*
à fait difficiles à résoudre.

GINO: Mais, tu sais, on pourrait peut-être en parler un peu plus longtemps. Peut-être après un film. Je pourrais t'inviter à un film québécois?

ALFRED: Mais, où ça? On passe des films québécois à Boston? Je
savais pas ça. C'est une très bonne idée, Gino. Euh, si tu me donnes   *45*
ton numéro de téléphone, alors on peut y aller le week-end prochain?

GINO: Parfait!

A L'ECOUTE

1. Gino vient du Québec. Il est sensible aux accents des autres personnes qui
   parlent français, car lui aussi a un accent—l'accent québécois. Pouvez-vous
   découvrir, en l'écoutant parler, certaines caractéristiques de cet accent?
   Donnez quelques exemples de mots où cet accent vous paraît assez fort.
   Faites surtout attention aux voyelles nasales, à la voyelle **i**, et à certaines
   consonnes comme le **t**, le **d** et le **r**.
2. Quelquefois, même les gens dont le français est la langue maternelle font
   des fautes de grammaire! Lorsque Gino dit: «Je ne crois pas que je sois prêt
   à habiter aux Etats-Unis» (ligne 20), quelle faute détectez-vous? Référez-
   vous au Chapitre 8 si vous n'êtes pas sûr(e).
3. Selon Gino et Alfred, qui sont les francophones dans leurs pays? Situez sur
   une carte géographique leurs villes d'origine. En exprimant les distances en
   kilomètres, expliquez à Gino et Alfred où vous habitez.
4. Quelles questions désirez-vous poser à Gino et Alfred?

Le monde compte actuellement près de 200 millions de francophones. On parle français dans cinq continents, sans compter les nombreuses îles de langue française. Parmi les 70 millions de personnes ayant appris le français comme langue maternelle, c'est en Europe qu'on rencontre le plus grand nombre, et tout d'abord les 57 millions de la France elle-même. Mais il faut aussi compter les francophones de nationalité française qui habitent en Martinique, en Guadeloupe, en Guyane, à la Réunion et à St-Pierre-et-Miquelon—les cinq Départements d'outre-mer (les DOM). Les Martiniquais, par exemple, ayant la nationalité française, peuvent voter aux élections présidentielles et législatives tout comme n'importe qui dans un département de l'Hexagone[1]. Le territoire français s'étend aussi au-delà des DOM, car la République française est présente également dans ces Territoires d'outre-mer (les TOM): la Nouvelle-Calédonie et les îles Wallis-et-Futuna en Mélanésie; la Polynésie française; Mayotte dans l'Océan Indien; et les Terres australes et antarctiques françaises.

Êtes-vous jamais allé(e) en Afrique?

---

[1] **L'Hexagone** is a metaphor for continental France.

La langue française n'est pourtant pas réservée aux citoyens français, surtout parmi les Européens. On estime qu'il y a, sans compter les Français métropolitains, environ 9 millions de francophones réels et occasionnels en Europe. Première langue de 4,5 millions de Belges, de 300 000 Luxembourgeois et de 1,2 millions de Suisses, le français partage avec d'autres langues le statut de langue officielle dans ces pays.

Pour comprendre l'histoire de l'expansion du français dans le reste du monde, il faut remonter au seizième siècle, à l'époque où la France a choisi de naviguer du côté du Nouveau Monde. Ce sont des explorateurs guidés par Jacques Cartier qui ont réussi à établir la première colonie française outre-Atlantique. Les descendants de ces colons forment une partie des six millions de Franco-Canadiens concentrés aujourd'hui au Québec où l'on a conservé le français comme première langue. Le français qu'on y entend parler est souvent caractérisé par l'accent québécois ou acadien dont on trouve les origines dans les anciennes provinces de France. Certains disent même que l'accent canadien vient de l'accent parisien des «filles du Roy» promises au dix-septième siècle aux premiers colons. Ceux qui aiment les sports et autres divertissements d'hiver peuvent acquérir de première main une connaissance de cette vieille langue et culture en se rendant au grand Carnaval qui a lieu à Québec tous les ans. Ailleurs dans le Nouveau Monde, on retrouve la présence de l'héritage français en Haïti, premier pays à déclarer son indépendance de la patrie française au début du dix-neuvième siècle.

Aux Etats-Unis, à travers la Nouvelle-Angleterre, dans le Maine, le Vermont, le New Hampshire et les états voisins, on remarque de nombreuses églises et écoles fondées, il y a cent ans, par des immigrants franco-canadiens. La quantité de familles portant un nom d'origine française explique pourquoi il est encore possible d'y entendre parler un dialecte français, surtout dans les villes industrielles. Vers le sud du pays, c'est surtout en Louisiane que l'héritage des colons français est évident. Il y a même des villages où la langue maternelle des familles est toujours le français, mais c'est un français difficile à comprendre pour ceux qui ne sont pas habitués à l'entendre. Les danses et la musique folkloriques, aussi bien que le nom des villes, nous rappellent le rôle joué par la France dans l'histoire de cette région. Mais la plus célèbre des traditions françaises est la grande fête du Mardi gras à La Nouvelle-Orléans—un lien entre deux mondes, l'ancien et le nouveau.

L'époque où la France cherchait à étendre son influence politique par la colonisation est aujourd'hui terminée. Selon les sondages, les Français considèrent leur pays comme une «moyenne puissance» qui ne veut plus conquérir ni coloniser. Il y a, cependant, bon nombre de pays où la culture française contribue encore de façon importante à la vie économique et intellectuelle de la population indigène. En Afrique du Nord, surtout

TOURNEZ
S.V.P.

en Algérie, au Maroc et en Tunisie, l'autorité française s'est établie à partir de la conquête d'Alger en 1830. Même si l'arabe est la première langue de cette région du Maghreb, c'est le français qu'on emploie dans un nombre important de cours universitaires aussi bien que dans les cercles diplomatiques. Au Proche-Orient, la Syrie et le Liban ont aussi connu des régimes français au vingtième siècle avant d'obtenir leur autonomie. La ville de Beyrouth au Liban était un véritable «petit Paris» avant d'être ravagée par la guerre. Au sud du Sahara, dans ce qu'on appelle l'Afrique Noire, il y a une quinzaine de pays où le français est l'une des langues officielles. Certaines nations francophones et anglophones sont voisines. Les résidents du Libéria ou de Sierra Leone, par exemple, sont obligés d'apprendre une troisième langue, le français, pour communiquer avec les gens de Guinée ou de Côte-d'Ivoire dont la deuxième langue est le français et la troisième l'anglais. Il n'est pas rare de rencontrer dans les universités en France des étudiants africains venus apprendre une profession ou une technologie destinée au développement socio-économique de leur pays.

Tous ces peuples—Américains du Nord ou du Sud, Africains du Maghreb ou des régions au sud du Sahara, Antillais, ou habitants des terres dispersées du Pacifique—ont contribué malgré les différences d'accent, la couleur de la peau ou les traditions, à l'enrichissement de cet héritage linguistique et culturel français.

VOCABULAIRE ACTIF

LES ACTIVITES
conserver to preserve
élargir to broaden
établir to establish
s'étendre to extend
naviguer to sail

LA FRANCOPHONIE
un(e) **anglophone** English-speaking person
le **Carnaval** winter festival
un **colon** colonist
la **conquête** conquest
le **créole** native language spoken in many francophone countries
un **département** administrative division of France
un **divertissement** pastime, entertainment
une **douceur de vivre** pleasant lifestyle
une **fête** festival
un(e) **francophone** French-speaking person
la **francophonie** French-speaking world
l'**Hexagone** (*m*) the Hexagon (term for France stemming from its six-sided shape)
un **lien** link
le **Maghreb** Arab term for North African countries
la **mer des Caraïbes** Caribbean Sea
la **métropole** mainland France
un **palmier** palm tree
le **paradis terrestre** paradise on earth
la **patrie** homeland
un **pays** country
la **peau** skin
la **périphérie** lands outside the mother country
la **plage** beach
le **Proche-Orient** Middle East
le **sable** sand
un **sport d'hiver** winter sport

LES CARACTERISTIQUES
destiné(e) (à) intended (for)
fier (fière) proud
francophone French-speaking
indigène native
maternel(le) native (language)
métropolitain(e) of / from continental France
outre-mer overseas

A. Quels termes du **Vocabulaire actif** peut-on asssocier à chacun des endroits suivants? Il y a souvent plus d'un choix possible.

1. la Suisse
2. l'Algérie et le Maroc
3. la France
4. le Canada
5. La Nouvelle-Orléans
6. Tahiti
7. les Bouches-du-Rhône, les Alpes-Maritimes, le Morbihan et 92 autres divisions de la France
8. la Guadeloupe et la Martinique
9. le Sénégal
10. le Nouveau Monde

B. Composez des phrases en utilisant **C'est un(e)...** ou **Ce sont des...** pour indiquer quels termes du **Vocabulaire actif** correspondent aux définitions suivantes.

1. une personne qui parle anglais
2. le Carnaval à Québec
3. la France
4. Daytona et Malibu
5. le ski et la luge
6. une personne qui habite dans une colonie
7. une personne qui parle français
8. la division géographique française qui correspond à un état des Etats-Unis
9. la Belgique, les Etats-Unis, l'Italie, le Gabon, etc.
10. l'espèce d'arbre qu'on trouve près de certaines plages
11. de l'autre côté de l'océan

Vous parlez avec un groupe d'amis et vous vous rendez compte que beaucoup d'entre eux ont visité des régions francophones. D'après les détails qu'ils vous donnent, essayez de déterminer quelles régions ils ont visitées. Vous pouvez consulter la carte au début du livre.

1. J'ai fait des études en France pendant un an.
2. J'adore les belles plages, et quand j'ai appris qu'il y avait un Club Med dans une île pas loin de la côte de l'Amérique du Sud, j'y suis allé.
3. Pendant mon séjour en France, j'ai voulu voir les Alpes et goûter à ce chocolat célèbre. En plus, ce n'était pas loin du tout de Grenoble où je suivais des cours.
4. En cours de français, j'avais souvent entendu parler du Vieux Carré et du Carnaval d'hiver. Par ailleurs, j'ai pu faire le voyage en car, et cela n'a pas coûté trop cher.
5. J'ai eu la chance d'aller en Australie l'année dernière et l'avion a fait escale dans un paradis français de l'océan Pacifique. J'y suis resté trois jours, et j'ai vu le musée Gauguin.
6. Mon vol vers l'Europe a atterri à Bruxelles et j'ai profité de l'occasion pour acheter des dentelles (*lace*).

7. Une agence de voyages à Paris m'avait indiqué des vols à tarif spécial entre la France et l'océan Indien. Je me trouvais dans un avion plein de Français qui voulaient profiter des plages et des casinos de leur «Perle de l'océan Indien».

8. Quel plaisir de m'asseoir à la terrasse d'un café du Quartier français pas loin de l'église St-Louis! J'y ai mangé des beignets (*doughnuts*) et j'ai bu du café fort à la chicorée. Et tout cela, pas trop loin de chez moi.

LEXIQUE PERSONNEL

A. Cherchez les termes qui correspondent aux concepts suivants:

1. les pays francophones que vous avez visités
2. les pays francophones que vous voulez visiter
3. les noms (de personnes ou d'endroits) d'origine française que vous connaissez aux Etats-Unis

B. Répondez aux questions suivantes.

1. Avez-vous visité des pays francophones? Lesquels? Avez-vous parlé français avec les habitants?
2. Dans quelles régions des Etats-Unis est-ce qu'il y a un héritage linguistique et culturel français?
3. Parfois les noms de famille américains sont des traductions de noms français. Voici à gauche une liste de noms «américains» et à droite la version française originale de ces noms. Essayez de trouver à quel nom français correspond chaque nom américain.

Greenwood	Boulanger
Carpenter	Boisvert
Baker	Larivière
Rivers	Charpentier
Fountain	Lafontaine

4. On vous offre des vacances idéales. Quels pays francophones voulez-vous visiter?

VIE ACTUELLE

A. On trouve dans le monde francophone des cultures très variées qui sont toutefois liées par la langue française et par un héritage culturel français. Avant de lire le résumé de la pièce de théâtre *Le bal de N'Dinga*, répondez aux questions suivantes.

1. Pouvez-vous nommer deux pays de l'Afrique francophone?

2. Où se trouvent la Guinée, le Zaïre, le Mali, le Tchad, Djibouti, le Gabon, le Togo? Consultez la carte à la page 293.
3. Avez-vous déjà lu des extraits de littérature francophone africaine? Quels thèmes reviennent souvent?

invité d'honneur
THÉÂTRE INTERNATIONAL DE LANGUE FRANÇAISE
Paris
direction : Gabriel GARRAN

LE BAL DE N'DINGA

CONGO / FRANCE

écrit par Tchicaya U TAM'SI ; mise en scène de Gabriel GARRAN.
produit par le Théâtre International de Langue Française.
Avec Pascal N'ZONZI, Christine SIRTAINE, Henri DELMAS, Marius YELOLO et Jack ROBINEAU.
assistance à la mise en scène : Henri DELMAS ; costumes : Carole BARRAL ; musique : Jack ROBINEAU.

Léopoldville, 30 juin 1960. Le Congo belge s'apprête à connaître les premières heures de l'indépendance du Zaïre. N'Dinga, laveur de carreaux dans un grand hôtel tenu par des belges, rêve de ce jour tant espéré. Il a économisé sou après sou trois mois de salaire pour se payer une nuit avec la belle et vénale Angélique, la bien-nommée.

N'Dinga danse sur l'air à la mode, le «Indépenda cha-cha». La liesse est à portée de main quand soudain, une balle perdue...

Quatre acteurs dans un décor nu évoluant entre le fol espoir, les tribulations quotidiennes, la lutte sans merci entre la mort et la vie: l'Afrique d'aujourd'hui, continent de la frustration éternelle, est là.

Parmi les plus grands écrivains africains, Tchicaya U Tam'si est décédé en avril 1988 en France, pays qu'il avait connu avec ses parents dès l'âge de 15 ans. De retour dans son pays à la veille de l'indépendance, il dirige le journal «Congo» et se lie à Patrice Lumumba. Après l'assassinat de son frère d'armes, Tchicaya U Tam'si entre à l'UNESCO comme attaché culturel. Il y restera vingt ans.

Son premier livre, *Le mauvais sang*, a été publié en 1955. Depuis, il n'a pas arrêté d'écrire des poèmes, des nouvelles, des romans et des pièces de théâtre. Il n'a eu de cesse de s'interroger sur l'avenir de l'Afrique.

Gabriel Garran est le directeur fondateur du Théâtre International de Langue Française. Sa passion, monter les pièces d'écrivains francophones. Le TILF est habitué aux tournées en Afrique et en Europe. *Le bal de N'Dinga* a remporté un franc succès au Congo, de même qu'en France où la critique a salué un texte superbe servi par une distribution éclatante.

Photo Hélène Coldefy

20 h

VENDREDI 27 AVRIL
SAMEDI 28 AVRIL
LUNDI 30 AVRIL

Agence Bernand

Remerciements à l'Office National de Diffusion Artistique

Après avoir lu l'article, répondez aux questions suivantes.

4. Dans quel théâtre peut-on voir cette pièce de Tchicaya U Tam'si? Dans quel pays se trouve ce théâtre?
5. Décrivez le cadre (*setting*) de cette pièce.
6. Quelle est l'attitude du personnage principal, N'Dinga, au sujet de l'indépendance de son pays? Qu'est-ce qui lui arrive?
7. A votre avis, pourquoi est-ce que le metteur en scène a choisi de créer un décor complètement nu (*bare*) pour cette pièce?
8. Est-ce que l'auteur de cette pièce a toujours vécu au Zaïre?
9. De quels styles littéraires l'auteur s'est-il déjà servi? De quel thème traite-t-il dans la plupart de ses œuvres (*works*)?
10. Quelle sorte de pièces ce théâtre monte-t-il? Où est-ce que cette troupe a déjà fait des tournées?

B.   Voici un autre coin du monde francophone, un endroit très loin du Zaïre. Mais le terme «francophonie» signifie que tous les membres du monde francophone sont liés par cette langue qu'ils possèdent en commun. Avant de lire l'article, répondez aux questions suivantes.

1. Avez-vous déjà visité le Québec? Quand? Y avez-vous parlé français?
2. Quelle impression avez-vous du Québec?
3. Formulez une définition d'une personne francophone. Etes-vous francophone?

LE 22ᵉ FESTIVAL INTERNATIONAL D'ETE DE QUEBEC

Une destination culturelle au cœur de la francophonie en Amérique. Du 6 au 16 juillet.

Reconnu comme la plus importante manifestation francophone du genre, le Festival accueille chaque été des artistes de pointe venus d'Afrique, d'Asie, d'Europe et, bien sûr, d'Amérique. Public, artistes et artisans le disent: le Festival d'été international de Québec est une véritable internationale des arts d'interprétation. Un carrefour des traditions et des cultures vivantes: 600 artistes, 250 spectacles, une quinzaine de pays représentés, 1 000 000 de participants.

La programmation du festival est ouverte à la diversité des genres et répond ainsi aux goûts du grand public tout comme aux exigences d'auditoires plus spécialisés. Musique populaire, arts de rue, danse, musique classique et spectacles pour enfants composent l'éventail de cette programmation. Une programmation inédite où les artistes invités reflètent autant les actualités culturelles francophones et internationales que les traditions nationales.

La magie du Festival est présente partout. Les rues de Québec sont alors habitées de milliers de personnes marchant dans toutes les directions, attirées par les amuseurs publics qui les font tour à tour rire, sourire, s'étonner encore: la rue Saint-Louis, la Côte de la Fabrique, la Place Taschereau, la Place d'Armes et combien d'autres leur rappelleront une ville vivante. De grandes scènes sont aménagées à différents endroits de la ville: à la Place d'Youville, au Pigeonnier, aux jardins de l'Hôtel de ville, dans la cour du Séminaire de Québec, à la place Royale et sur la terrasse Dufferin. Presque tous les spectacles sont gratuits.

Choisi par l'American Bus Association parmi les plus importants événements à se tenir sur le continent américain, le Festival international d'été de Québec est un rendez-vous avec le monde, au creuset de la civilisation francophone en Amérique.

Après avoir lu l'article, répondez aux questions suivantes.

4. Quelle est la nature du festival décrit dans cet article? Quand va-t-il avoir lieu?
5. Quelle est la réputation de ce festival?
6. D'où viennent ces artistes et artisans francophones?
7. Combien de personnes et de pays représentent la francophonie dans le cadre de ce festival?
8. Quelles sortes d'activités constituent le programme du festival?
9. Quel est le but de la programmation «inédite» (*original*)?
10. Quelles sortes de spectacles ont lieu dans les rues de la ville?
11. Combien faut-il payer pour assister à la plupart de à ces spectacles?
12. Pourquoi emploie-t-on l'expression «creuset (*crucible*) de la civilisation francophone en Amérique» pour parler du Québec?

C. Dans plusieurs pays et régions francophones (en Haïti, en Martinique, en Guadeloupe, à la Réunion, par exemple), on parle non seulement le français mais aussi une autre langue qui s'appelle le créole. Ce créole est une sorte de patois (*dialect*) à base d'un français qui a subi la forte influence d'autres langues (très souvent l'espagnol, l'anglais, le néerlandais ou le portugais).

Voici dans la colonne de gauche quelques phrases dans le créole de l'île Maurice et à droite la traduction de ces phrases en français. Essayez de trouver la traduction de chaque phrase créole. Les réponses correctes sont à la fin du chapitre.

1. Mama zordi mo allé.
2. Mo con cause créole.
3. To capave rannes moi service?
4. Mo dir'e ou, ça femme là li mauvais.

a. Je vous dis, cette femme est méchante.
b. Maman, aujourd'hui je m'en vais.
c. Est-ce que tu peux me rendre un service?
d. Je sais parler le créole.

STRUCTURES

Prepositions with Infinitives

When a conjugated verb in French is followed by another verb in the same clause, the second verb will be in the infinitive form.

The equivalent English construction may often involve the *-ing* form of the verb, but in French this second verb *always* takes the infinitive form.

Je **veux travailler.**	*I want to work.*
Je **continue à travailler.**	*I continue working.*
J'**ai fini de travailler.**	*I have finished working.*

Note in the preceding models that some verbs require no preposition to introduce a dependent infinitive. Other verbs take **à**, and still others use **de** before the dependent infinitive. This usage is not determined by the infinitive, but rather by whether or not the conjugated verb takes a preposition to introduce the infinitive form. English usage often gives no clue to when a French verb requires a preposition; you must learn this for each verb. Following are lists of some common verbs requiring no preposition, **à**, or **de** before a dependent infinitive.

1. **Conjugated Verb + Infinitive:**

aimer	Anne **aime voyager**.
aller	Nous **allons visiter** la Martinique.
croire	Ils **ont cru entendre** un mot de créole.
désirer	Elle **désire** m'**accompagner**.
devoir	Il **doit prendre** des billets à l'avance.
espérer	Nous **espérons arriver** à l'heure.
faire	Elles vont **faire réserver** des places.
falloir	Il **faut visiter** le marché de Rabat.
penser	Je **pense rentrer** en mars.
pouvoir	Est-ce qu'on **peut prendre** l'avion?
préférer	Elles **préfèrent rester** ici.
savoir	A la Réunion, on **sait danser** le séga.
souhaiter	Le groupe **souhaite voir** Tahiti.
vouloir	Moi, je **veux descendre** en ville.

2. **Conjugated Verb + *à* + Infinitive:**

aider à	Le guide **aide** les touristes **à s'amuser**.
s'amuser à	Il s'**amuse à parler** aux visiteurs.
apprendre à	On va **apprendre à danser** le séga.
commencer à	Nous **commençons à comprendre** la langue.
continuer à	Ils **continuent à voyager** après Noël.
enseigner à	On **enseigne** aux touristes **à danser** le séga.
s'habituer à	Je m'**habitue à voyager** en avion.
hésiter à	Nous **hésitons à traverser** l'Atlantique.
inviter à	Mes amis m'**invitent à voyager** avec eux.
réussir à	J'**ai réussi à prendre** un billet.
tenir à[2]	Mes parents **tiennent à voyager** en été.

3. **Conjugated Verb + *de* + Infinitive:**

accepter de	J'ai **accepté de venir**.
s'arrêter de	Le guide s'est **arrêté de parler**.
avoir envie de	J'ai **envie de rester** ici.
avoir peur de	Elle **a peur de voyager**.
choisir de	Nous **avons choisi de partir** en mars.
décider de	Il **a décidé de quitter** son pays.
essayer de	Il **essaie de gagner** de l'argent.
finir de	Il **finit de préparer** son voyage.

---

[2] The verb **tenir** means *to hold*. *Tenir à means to insist (on).*

manquer (de)	Elle **a manqué (de) tomber** dans l'avion.
oublier de	J'**ai oublié de consulter** l'agent.
refuser de	Ils **refusent de partir** en avril.
regretter de	Nous **regrettons de ne pas rester** plus longtemps ici.
risquer de	Ils **risquent d'être** en retard.
venir de[3]	Elle **vient de visiter** la Réunion.

4. *Après* + **Past Infinitive**

With the preposition **après**, use the past infinitive form, which is the infinitive **avoir** or **être** followed by the past participle of the main verb.

Après avoir voyagé, ils sont retournés chez eux.	***After having traveled,*** *they returned home.*
Après être allés en ville, ils sont rentrés.	***After having gone*** *downtown, they went home.*

Exercice 1. Interview. Employez les éléments indiqués pour poser des questions à un(e) camarade de classe.

1. tu / aimer / voyager?
2. tu / tenir / voyager / dans des pays exotiques?
3. dans quels pays / tu / désirer / aller?
4. dans quels pays / tu / ne pas vouloir / aller?
5. tu / espérer / faire un voyage en Europe?
6. tu / commencer / économiser de l'argent pour un voyage?
7. tu / hésiter / quelquefois / prendre l'avion?
8. tu / avoir peur / prendre l'avion?

A quoi pensez-vous quand vous pensez à la Martinique? Où se trouve la Martinique? Où se trouvent les autres DOM français (Départements d'Outre Mer)?

---

[3] Remember that **venir de** + infinitive means *to have just.*

Exercice 2. Voici l'histoire de Kandioura, un Sénégalais qui a fait des études en France. Remplacez le verbe indiqué par un autre verbe sans modifier le sens de la phrase. Faites attention au changement de la préposition où cela est nécessaire.

Kandioura est né dans un village du Sénégal. A l'école, on lui **a appris à** parler français. Il **aimait** parler français, même s'il **essayait de** conserver, bien sûr, sa langue maternelle, le wolof. Il **a toujours refusé d'**abandonner sa culture indigène, mais il **a choisi de** faire ses études universitaires en France. Kandioura **est arrivé à obtenir** son bac, et il **a décidé d'**aller à Paris. Là, il **n'a pas arrêté d'**étudier, car il **voulait** devenir professeur de français. Mais le jeune Sénégalais **n'a jamais arrêté de** penser à sa propre patrie. Il **n'a jamais voulu** obtenir la nationalité française. Enfin, il **a réussi à** devenir professeur, mais il **regrette d'**avoir quitté son pays. Il **pense** y retourner un jour.

Exercice 3. Employez un des verbes à gauche et une des expressions à droite pour formuler des questions que vous posez à un(e) camarade de classe.

MODELE: Tu vas regarder la télé ce soir?

aimer	voyager pendant les week-ends
commencer	apprendre le français
s'arrêter	faire du ski
aller	parler français en cours
pouvoir	fumer
décider	aller aux concerts de rock
hésiter	étudier
s'amuser	choisir une spécialisation
vouloir	réfléchir à ton avenir
savoir	faire des projets pour l'été
apprendre	retrouver tes amis en ville
essayer	aller au cinéma
regretter	regarder la télé
	???

. . . .
PRATIQUE
. . . .

Activité 1. Des projets de voyage. Choisissez un pays que vous voulez visiter et répondez aux questions suivantes. Où voulez-vous aller? Comment allez-vous voyager? Quels sites touristiques souhaitez-vous visiter? Qu'est-ce que vous espérez faire pendant votre séjour à l'étranger? Les autres étudiants de la classe vont vous poser des questions supplémentaires.

Activité 2. Un auto-portrait. Nous évoluons tous constamment. Pensez à vos traits de caractère, à vos habitudes, à vos activités. Parlez de ce que vous aimeriez changer en vous et de ce que vous voulez conserver. Que voudriez-vous commencer à faire? continuer à faire? refuser de faire? apprendre à faire? Faites un auto-portrait.

Activité 3. Ma journée. Racontez en huit ou dix phrases ce que vous avez fait vendredi dernier. Indiquez l'ordre chronologique des événements en faisant l'enchaînement par l'emploi des termes suivants: **avant de** + infinitif, **après** + nom, **après** + infinitif passé, **ensuite**, **alors**.

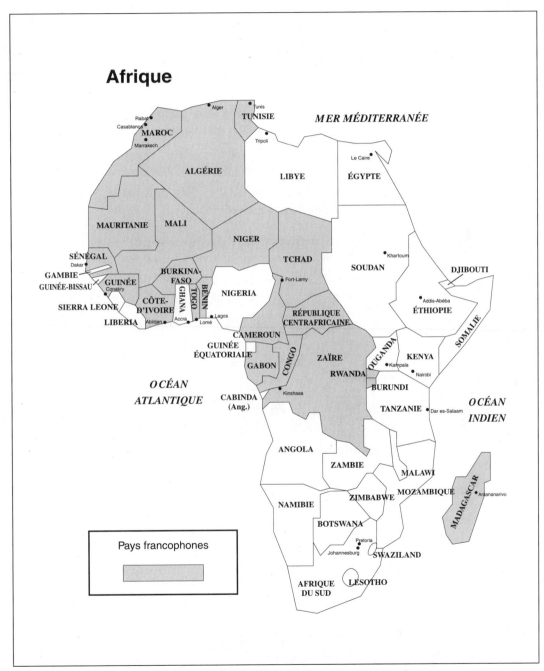

Décrivez la position géographique des pays francophones sur le continent africain.

Other Uses of Prepositions

1. **It is + Adjective + Preposition + Verb:** A frequent problem for the English speaker is expressing the idea *it is* followed by an adjective that in turn introduces an infinitive: (*It is difficult to solve this problem*).

   Do *not* rely on English structure to determine whether **c'est** or **il est** should be used to introduce the infinitive. Instead, look for the object of the infinitive in French. If the object of the infinitive is in its normal position, immediately after the infinitive, use **il est** and the preposition **de** to introduce the infinitive.

   > **Il est difficile de résoudre** *ce problème.*
   > **Il est impossible d'acheter** *nos billets.*

   If the object of the infinitive is in any other position, or if it is omitted, use **c'est** and the preposition **à** to introduce the infinitive.

   > **C'est** *un problème (object of* **résoudre***)* **difficile à résoudre.**
   > **C'est difficile à résoudre.**

   Exercice 4. Un(e) camarade de classe raconte un voyage qu'il / elle a fait. Complétez ses déclarations par **c'est... à** ou **il est... de**.

   Je suis allé(e) en Guadeloupe, et _____ une île _____ voir. On y parle créole, et _____ possible _____ comprendre au moins quelques mots de cette langue. Mais _____ difficile _____ prononcer.
   _____ facile _____ visiter toute l'île de la Guadeloupe car elle n'est pas grande. Mais _____ important _____ avoir un bon guide, car _____ possible _____ se tromper de route. Et _____ une situation _____ éviter.
   _____ amusant _____ passer la soirée à danser et à bavarder avec les autres membres du groupe. En somme, _____ agréable _____ passer des vacances en Guadeloupe.

2. **Prepositional Phrases Describing a Noun:** Prepositional phrases are frequently used in French to describe or qualify a noun.

   - The preposition **à** denotes purpose, function, or nature.

une machine à laver	*a washing machine*
une glace à la vanille	*vanilla ice cream*
un verre à vin	*a wine glass*
une maison à un étage	*a two-story house*

   - The preposition **de** denotes contents or composition.

une robe de coton	*a cotton dress*
un problème de maths	*a math problem*
un verre de vin	*a glass of wine*
une boîte de haricots	*a can of beans*

- The preposition **en** denotes substance.

une maison en brique	*a brick house*
une montre en or	*a gold watch*
une pièce en vers	*a play in verse*

3. **Prepositions Referring to a Location:** When referring to a location, **à** is used in a general sense to mean *at*, **dans** is used to mean *in* (in the physical sense) or *inside of*, and **par** is used to mean *through*.

J'étudie **à la bibliothèque.**   Elles sont **au Resto U** maintenant.
Le laboratoire est **dans ce**   Allez **dans la salle de classe.**
  bâtiment.
Ils regardent **par la fenêtre.**   Passez **par la porte principale.**

4. **Prepositions with Expressions of Time:** To refer to a period of time, **à** is used with hours of the day and **en** is used with months, years, and all seasons execept **au printemps.**

Le groupe est parti ⎰ **à trois heures.**
                     ⎱ **en mars.**
                       en 1990.
                       en hiver.

- To denote the duration of time, **en** means within a certain time frame and **dans** denotes a specified time in the future.

Je travaille vite et je peux finir **en une heure.**
Le concert va se terminer **dans deux heures.**

- The concept *for* is expressed by **pendant** when referring to actual duration and by **pour** when referring to intended duration.

Il a vécu à Paris **pendant deux ans.**
Je vais rester à Paris **pour une semaine.**
Elle est allée à Paris **pour une semaine,** mais elle y est restée **pendant six mois.**

5. **Prepositions with Modes of Transportation:** To describe modes of transportation the preposition **en** is often used, except when referring to train travel, in which case **par le** is used most often.

Ils ont voyagé ⎰ **en voiture.**
               ⎱ **en avion et en bateau.**
                 par le train.

6. **The Preposition *pour* Used to Express Intention:** The preposition **pour** introduces an infinitive to denote the intention of an action. In English, the idea of *in order to* is often omitted, but this idea must be expressed in French whenever the infinitive conveys intention.

Je travaille **pour gagner de l'argent.**
Pour faire un gâteau, il faut du sucre.

7. **The Preposition *chez*:** The preposition **chez** has a variety of meanings in French.

> Nous allons dîner **chez Pierre**. (*at someone's home*)
> Il est **chez le médecin**. (*at someone's business*)
> **Chez les Martiniquais**, le français est une langue commune.
>   (*within a group*)
> C'est une attitude bien connue **chez le président**. (*within the nature of a person*)
> **Chez Camus**, il y a beaucoup de descriptions du désert. (*within the work of an author*)

8. **Prepositions with Geographical Locations:** Most names of geographical locations that end in **e** in French are feminine and are preceded by **en** to mean *to, at,* or *in.*

en France	**en** Asie	**en** Angleterre	**en** Australie
en Provence	**en** Floride	**en** Bourgogne	**en** Californie

Names of geographical locations that end in any other letter in French are masculine and are preceded by **à** + definite article to mean *to, at,* or *in.*

au Portugal	**au** Texas	**au** Québec
au Poitou	**aux** Etats-Unis	**au** Colorado

There are a few exceptions to the above rules that involve masculine geographical place names.

en Israël	**en** Afghanistan	**au** Zaïre
en Iran	**au** Mexique	**en** Illinois

It is possible to use **dans l'état de** or **dans le** with states of the United States, especially the masculine ones.

> **dans l'état de** Washington

With names of cities, the preposition **à** is always used to mean *to, at,* or *in.* No article is used unless the name of the city itself contains an article, such as **Le Havre** (**au** Havre).

à Paris	**au** Havre	**à La** Nouvelle-Orléans
à Chicago	**au** Caire	

To express the concept of *coming from* or *originating in,* use **de** before feminine nouns and **de** + definite article before masculine nouns.

> Ce sont les vins **de** France.   Je viens **des** Etats-Unis.

9. **Prepositions with Noun Objects:** Most verbs in French do not require a preposition when they are followed by a noun object. Below is a list of some of these verbs.

apprendre	Elle **apprend le français.**
comprendre	Maintenant, il peut **comprendre le français.**
essayer	Ils **essaient la cuisine créole.**

étudier	On **étudie les pays** francophones.
parler	Son ami haïtien **parle créole**.
payer	Ses parents **paient son voyage** en France.
prendre	Elle **prend l'avion** pour y aller.
recevoir	Nous **recevons des cartes** de nos amis.
savoir	Nous **savons la date** de leur retour.
visiter	Ils **visitent la Martinique**.
voir	Ils **voient les sites touristiques** de l'île.

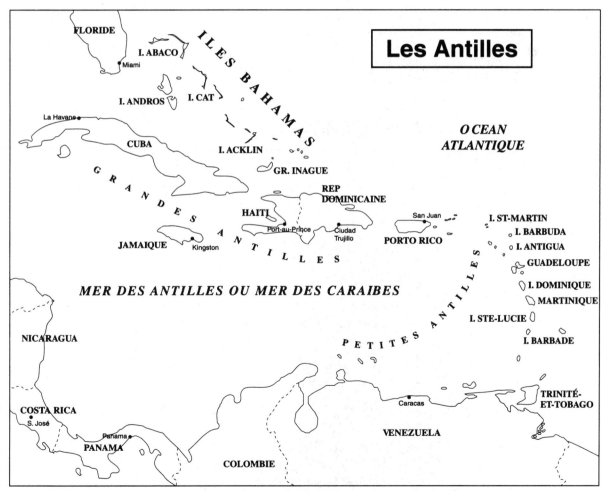

Les Antilles

Identifiez les langues officielles des îles des Antilles. (Cuba, Haïti, la Jamaïque, Guadeloupe, Porto Rico, etc.)

A few verbs require the preposition **de** before a noun object.

s'agir de	Il **s'agit d'un voyage** au Canada.
avoir besoin de	J'ai **besoin d'argent** pour voyager.
parler de	Nous **parlons du Canada** en classe.

Other infinitives take the preposition **à** before a noun object.

dire à	Le prof **dit à la classe** d'étudier le monde francophone.
s'intéresser à	Elles **s'intéressent à la culture francophone.**
penser à	Elles **pensent à leurs amis martiniquais.**
permettre à	Les parents vont **permettre à leurs filles** de visiter la Martinique.

Remember that it is not always possible to determine from English usage whether or not a French verb requires a preposition before a noun or pronoun object.

Exercice 5. Votre ami(e) français(e) vous raconte son voyage à la Réunion. Complétez sa description à l'aide des prépositions appropriées si nécessaire.

Bien sûr que j'ai voyagé _____ avion! Nous avons fait le trajet de Paris jusqu'à la Réunion _____ douze heures avec des escales _____ Caire _____ Egypte et _____ Tananarive, la capitale _____ Madagascar. Comme le voyage a eu lieu _____ décembre, nous sommes arrivés à la Réunion _____ été. Tout le monde avait fait ce voyage _____ s'amuser et, en effet, on s'est beaucoup amusés _____ les Réunionnais.

Quand nous sommes arrivés _____ l'aéroport, notre guide nous a offert un verre _____ vin. On est monté _____ un car _____ faire le trajet jusqu'en ville. En regardant _____ les vitres du car, on a pu voir beaucoup de maisons _____ un étage construites _____ béton (*concrete*). Les gens préfèrent des bâtiments qui ne sont pas très hauts pour essayer _____ se protéger contre les cyclones qui sont assez fréquents dans la région.

Nous sommes restés à la Réunion _____ dix jours _____ nous baigner à la plage, _____ jouer dans les casinos et _____ danser toute la nuit. Après avoir visité _____ la Réunion, je pense souvent _____ cette île et je parle souvent _____ mes amis _____ mon voyage. Maintenant, je m'intéresse beaucoup _____ la culture francophone et je tiens _____ voir autant de pays francophones que possible.

Exercice 6. Interview. Employez les éléments indiqués pour poser des questions à un(e) camarade de classe.

1. tu / étudier souvent / la bibliothèque / ou / ta chambre?
2. que / tu / faire / gagner de l'argent?
3. tu / retrouver quelquefois / tes amis / Resto U?
4. tu / aimer / ton cours / français?
5. combien d'étudiants / il y avoir / ton cours / français?
6. tu / habiter toujours / tes parents?

7. tu / aller / recevoir ton diplôme / 19__(20__)?
8. tu / venir / à l'université / voiture / avion / ou / train?

Exercice 7.   Où sont-ils? Complétez les phrases en indiquant les endroits qui conviennent.

1. Mes parents habitent...
2. J'ai aussi des cousins qui se trouvent...
3. Mon université est...
4. J'ai des copains qui sont étudiants...
5. J'ai voyagé...
6. Je voudrais aller...

Exercice 8.   Vous êtes sans doute allé(e) à des concerts de rock. Il y a beaucoup de jeunes Français qui aiment aussi les concerts de rock, comme celui de U2 à Montpellier ou celui de Tina Turner dans un amphithéâtre romain à Arles. Décrivez en cinq ou six phrases un concert que vous avez aimé (ou détesté) en utilisant les termes suivants.

aller voir (*nom du groupe*)	il y avoir	parler
avoir lieu	être super / moche / fatigué(e)	prendre
à l'intérieur / en plein air	durer	attendre
avoir chaud / froid	terminer	???
mettre		

. . . .
EXERCICES D'ENSEMBLE
. . . .

A.   Un(e) de vos ami(e)s, qui était aussi coopérant (*Peace Corps volunteer*), vous raconte ses expériences en Afrique. Complétez ses commentaires à l'aide des prépositions appropriées ou **il est / c'est.**

1. _____ avoir une bonne idée de l'immensité de l'Afrique, il faut traverser le continent _____ voiture, mais _____ est difficile _____ faire.
2. _____ Zaïre, Mohammed Ali a beaucoup d'amis parce qu'il est allé _____ leur pays _____ participer à un match _____ boxe très célèbre.
3. Après avoir passé trois mois au Togo _____ 1991, je suis allé(e) _____ la cafétéria de l'ambassade américaine à Lomé et j'ai pris un sandwich _____ fromage et _____ jambon, un verre de thé glacé, une salade _____ tomates et une glace _____ la vanille. Quelle joie de retrouver de la nourriture américaine!
4. Pour rentrer _____ Etats-Unis, notre groupe est parti _____ hiver, _____ janvier plus précisément, _____ trois heures de l'après-midi. Nous avons voyagé _____ voiture et puis _____ avion. J'étais très triste de quitter le Togo parce que j'y avais vécu _____ deux ans.
5. Quand j'étais _____ Zaïre, _____ 1981, l'élection présidentielle a eu lieu _____ printemps. _____ les Zaïrois, il y a eu beaucoup d'émotion, d'expressions _____ joie et _____ tristesse.

B. Vous êtes coopérant et vous travaillez en Afrique. Un jeune Africain du Togo vous pose des questions. Répondez à ses questions.

1. De quel pays venez-vous?
2. Dans quel état habitez-vous?
3. Quels autres pays avez-vous vus?
4. Où pouvez-vous aller pour entendre parler français en Amérique du Nord? Et l'espagnol?
5. Où se trouve la ville de Dallas?
6. Dans quels états est-ce qu'on produit du vin?
7. Dans quels pays étrangers voulez-vous voyager?
8. Dans quels autres pays francophones voulez-vous voyager?

. . . .
PRATIQUE
. . . .

Activité 1. Le tour de monde. On vous a demandé d'arranger un voyage autour du monde. Il y a douze pays à visiter. Avec un(e) camarade de classe, organisez un itinéraire qui montre l'ordre dans lequel vous comptez visiter les douze pays choisis.

MODELE: Nous allons partir des Etats-Unis pour aller en Angleterre. D'Angleterre, nous allons au Danemark. Du Danemark...

Activité 2. Interview. Posez les questions suivantes à un(e) camarade de classe.

1. Pour quelle(s) raison(s) apprends-tu le français?
2. Sais-tu parler d'autres langues étrangères?
3. Que sais-tu très bien faire?
4. Combien d'heures par semaine étudies-tu le français?
5. A quoi penses-tu quand tu ne fais pas attention en classe?
6. Le français mis à part, à quoi t'intéresses-tu? (à la politique, à la musique, aux sports, etc.)
7. De quels sujets aimes-tu parler avec tes amis?

Activité 3. Le français aux Etats-Unis. Regardez la carte à la page suivante. Dans quelles régions aux Etats-Unis est-ce qu'il y a des concentrations de gens qui parlent français chez eux? Le nom de certains endroits dénote l'influence française aux Etats-Unis. Faites une liste des états ou des villes qui illustrent cette influence. Par exemple: le Vermont; Terre Haute, Indiana; Des Moines, Iowa; etc.

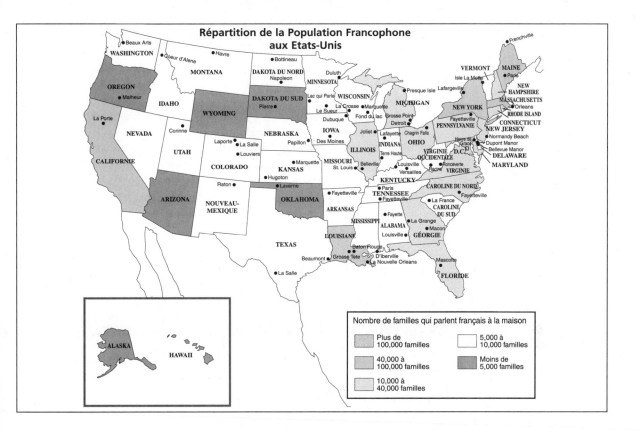

Répartition de la Population Francophone
aux Etats-Unis

Nombre de familles qui parlent français à la maison

- Plus de 100,000 familles
- 40,000 à 100,000 familles
- 10,000 à 40,000 familles
- 5,000 à 10,000 familles
- Moins de 5,000 familles

The Present Participle

To form the present participle in French, drop the **-ons** ending from the **nous** form of the present indicative and add the ending **-ant**.

parler	nous **parlons**	**parlant**	*speaking*
finir	nous **finissons**	**finissant**	*finishing*
répondre	nous **répondons**	**répondant**	*answering*
partir	nous **partons**	**partant**	*leaving*
voir	nous **voyons**	**voyant**	*seeing*

Only **avoir**, **être**, and **savoir** have present participles that are irregular.

avoir	**ayant**
être	**étant**
savoir	**sachant**

The present participle is used in the following ways.

- **As an Adjective.** When used as an adjective, the present participle must agree in gender and number with the noun it modifies.

  une histoire **plaisante**
  des trajets **amusants**

- **After the Preposition *en*.** Used after the preposition **en**, the present participle has the English equivalents *by, while, upon* + verb + *-ing*.

En voyageant, j'ai beaucoup appris.	***By traveling***, *I learned a lot.*
En visitant le Maroc, nous avons vu le Sahara.	***While visiting*** *Morocco, we saw the Sahara.*
En arrivant à La Nouvelle-Orléans, il a cherché un taxi.	***Upon arriving*** *in New Orleans, he looked for a taxi.*

Exercice 9. Un(e) ami(e) vous demande des renseignements sur un voyage que vous venez de faire à Québec. Complétez chaque phrase par la forme appropriée du verbe entre parenthèses.

1. J'avais envie de (voir) _____ une ville francophone pas loin de chez moi.
2. En (voyager) _____ par le train, j'ai économisé de l'argent.
3. La personne qui (être assis) _____ à côté de moi était de Québec.
4. En lui (parler) _____, j'ai beaucoup appris sur la ville.
5. En (arriver) _____ à la gare, je suis allé(e) directement à l'hôtel.
6. J'ai eu la chance de (faire) _____ des excursions magnifiques.
7. En (faire) _____ des visites guidées, je n'ai eu aucune difficulté à (voir) _____ la ville de Québec en trois jours.
8. En (rentrer) _____ par le train, j'ai passé mon temps à (regarder) _____ les paysages québécois.

Relative Pronouns

Relative pronouns are used to join two thought groups by relating one clause to a word or concept in another clause. The word or concept referred to by the subordinate clause is called the antecedent.

Le <u>garçon</u> **qui nous accompagne** est le frère de Marie.	*The <u>boy</u> **who is coming with us** is Marie's brother.*

The relative pronoun is often omitted in English but must always be used in French.

Le pays **que** nous avons visité est intéressant.	*The country (**that**) we visited is interesting.*

A single French form may have several possible English meanings. For example, **qui** may mean *who, whom, which, what,* or *that.* Choosing the correct relative pronoun in French depends on the pronoun's function in the sentence (subject, direct object, object of a preposition) and whether or not the verb following the relative pronoun requires a preposition.

• • • • • • • • • • • • • •
Subject of the Clause
• • • • • • • • • • • • • •

It is easy to recognize when a relative pronoun is the subject of the clause it introduces because there will be no other subject in the clause. **Qui** as subject may refer to either persons or things.

Le garçon **qui vient à la fête** est le frère de Marie.
Ce pays **qui se trouve dans le Pacifique** est une colonie.

When there is no specific word or definite antecedent for the relative pronoun to refer to, an antecedent must be provided by adding **ce**.

Il raconte **ce que Ron a fait au Maroc**.
Ils indiquent **ce qui est intéressant en Belgique**.

Relative pronoun constructions that include **ce** are often translated as *what* and refer to a situation or idea rather than to a specific object or person.

· · · · · · · · · · · · ·
**Object of the
Clause**
· · · · · · · · · · · · ·

When the clause introduced by a relative pronoun already has a subject, the relative pronoun will be the object of the verb of the clause it introduces. **Que** also refers to either persons or things.

Le garçon **que vous avez invité** vient à la fête.
Le pays **que nous visitons** est en Asie.

Again, if there is no definite antecedent for the relative pronoun, you must provide one by adding **ce**.

Voilà **ce que vous avez demandé**.
Je ne sais pas **ce qu'il veut**.

Exercice 10. Vous rédigez (*are composing*) vos notes pour un exposé sur le monde francophone. Complétez chacune de vos phrases par **qui** ou **que** précédé ou non de **ce**.

1. Un francophone est une personne _____ parle français.
2. Le français est une langue _____ ils emploient assez souvent.
3. Ils savent peut-être _____ se passe dans l'Hexagone.
4. L'Hexagone est un nom _____ l'on donne à la France.
5. Quelquefois ils ignorent _____ les Français font chez eux.
6. La langue et la culture franco-canadiennes sont très importantes pour les personnes _____ habitent le Québec.
7. Un Martiniquais est une personne _____ habite la Martinique.
8. Le créole est une des langues _____ l'on parle en Martinique.

· · · · · · · · · · · · ·
**Object of a
Preposition**
· · · · · · · · · · · · ·

In French, if the verb following the relative pronoun requires a preposition, this preposition will be incorporated into the body of the sentence in one of the following ways.

1. *Dont and ce dont:* The preposition **de** is absorbed into the forms **dont** and **ce dont**, which refer to both persons and things.

Voici le livre **dont vous avez besoin**.

Voilà le guide **dont je parlais**.

*Here is the book **that you need**.*
(*to need* = **avoir besoin de**)
*There's the guide **that I was talking about**.* (*to talk about* = **parler de**)

If there is no definite antecedent for **dont**, you must add **ce**.

Ce dont elle a peur n'est pas clair.	It's not clear **what she's afraid of.** (**avoir peur** *de*)
Apportez **ce dont vous avez besoin** pour le voyage.	Bring **what you need** for the trip.

Dont is used to express *whose, of whom,* and *of which.* After **dont** meaning *whose,* the word order in French is always subject + verb + object. This may be the reverse of the English order.

Voilà le guide **dont le frère est** français.	That's the guide **whose brother is** French.
Voilà le touriste **dont vous avez réparé la voiture.**	There's the tourist **whose car you repaired.**

2. *Qui and lequel:* If the verb following the relative pronoun requires any preposition other than **de**, this preposition must be placed before the appropriate relative pronoun. In such cases, **qui** is usually used to refer to people and the appropriate form of **lequel** (**laquelle, lesquels, lesquelles**) to refer to things

> Voilà mon ami **pour qui j'ai acheté le cadeau.**
> C'est l'école **dans laquelle on étudie les langues.**
> Allez chercher les chèques **avec lesquels nous allons payer les billets** (*tickets*).

When **lequel, lesquels, lesquelles** are preceded by the preposition **à**, the appropriate contractions must be made.

> Retournons au restaurant **auquel** nous sommes allés l'année dernière.

RAPPEL! RAPPEL!

Remember that in both spoken and written French, you may not place a preposition at the end of the sentence. In English, you might hear *There's my friend I bought the present for* or *That's the course I went to.* In French you would have to say:

> Voilà mon amie **pour qui** j'ai acheté le cadeau.
> C'est le cours **auquel** j'ai assisté.

• • • • • • • • • • • • • •
The Relative Pronoun *où*
• • • • • • • • • • • • • •

If the antecedent is a period of time, **où** is used as the relative pronoun in all cases.

> J'étais préoccupée le jour **où** j'ai passé l'examen.
> Il est venu au moment **où** je partais.

If the antecedent is a location and you want to convey the meaning of **dans, de, à, sur, vers,** etc., use **où**.

> Voilà l'école **où** (= **dans laquelle**) on étudie les langues.

Voilà l'endroit **où** (= **auquel**) il a eu l'accident.

If the antecedent is a location and the verb does not require a preposition before a noun object, use the relative pronoun **que** or **qui**.

Voilà le musée **que** nous avons visité.
C'est un musée **qui** possède une excellente collection.

RAPPEL! RAPPEL!

The following steps will help in choosing the correct relative pronoun to use in French.

1. Identify the relative clause and remember that in French you must use a relative pronoun, even if it is omitted in the English equivalent.
2. Find the subject of the relative clause. If there is none, use **qui** or **ce qui** as the relative pronoun.
3. Verify whether or not the verb of the relative clause requires a preposition. If the verb requires **de**, use **dont** or **ce dont** as the relative pronoun. If the verb requires any other preposition, use **qui** for persons or a form of **lequel** for things (preceded by the preposition).
4. If the relative clause has a subject and the verb requires no preposition, use **que** or **ce que** as the relative pronoun or **où** if the antecedent is a period of time. If the antecedent is a location, use **où** if the verb requires a preposition before a noun object and **que** or **qui** if no preposition is involved.

Exercice 11. Pour accompagner votre exposé, vous montrez les diapositives (*slides*) d'un voyage que vous avez fait dans un pays francophone. Voici vos commentaires sur les diapositives. Complétez chaque phrase à l'aide du pronom relatif approprié, précédé ou non d'une préposition.

1. C'étaient des vacances _____ j'avais besoin pour apprendre le français.
2. Voilà le 747 dans _____ j'ai voyagé.
3. Et voilà l'île _____ je vais vous parler.
4. C'est l'endroit _____ j'ai passé quinze jours.
5. Il s'agit d'un Club Med, et voilà les petits jetons avec _____ on paie toutes les activités.
6. Voilà des gens à _____ je parlais souvent.
7. Regardez la pendule. C'est l'heure _____ l'on dîne dans ce pays.
8. Ici le guide nous dit _____ on a besoin pour faire des promenades autour de l'île.
9. Nous sommes en décembre et c'est un mois _____ l'on peut nager et se promener sur la plage.
10. Enfin de retour! Ce sont des vacances _____ je vais me souvenir pendant toute ma vie.

Exercice 12. Tout est relatif. Décrivez quelques aspects de votre vie en complétant les phrases suivantes à l'aide des pronoms **qui** ou **que**.

1. J'ai des amis qui / que...
2. Mes camarades de chambre sont des personnes qui / que...
3. J'ai des profs qui / que...
4. Mon cours de français, c'est un cours qui / que...
5. Mon / ma petit(e) ami(e) est une personne qui / que...
6. Ce semestre, j'ai des cours qui / que...

• •
EXERCICES D'ENSEMBLE
• •

A. Ce qui est important à l'université. Quelques étudiants sont en train de parler de leurs études. Complétez leurs remarques à l'aide du pronom relatif approprié, précédé ou non de **ce**.

1. Je veux une formation _____ me permette de réussir dans la vie.
2. Il est probable _____ l'université va continuer à faire des progrès.
3. Des cours plus pratiques? Voilà _____ nous avons besoin.
4. Nous avons vraiment besoin d'un endroit _____ l'on peut se réunir pour étudier en groupe.
5. M. Duval? C'est un prof avec _____ on apprend beaucoup.
6. La Faculté de Lettres? C'est une partie de l'université dans _____ on étudie les langues vivantes.
7. Je n'ai pas eu de bons résultats dans ce cours. J'étais très préoccupé le jour _____ j'ai passé cet examen.
8. _____ m'intéresse vraiment, c'est l'informatique.
9. M. Roche? C'est le prof d'histoire _____ la femme est médecin.
10. _____ je ne comprends pas, c'est qu'il faut payer les droits d'inscription avant la fin des inscriptions.

B. Les récompenses du voyage. Transformez chaque phrase en employant **en** + participe présent.

MODELE: Elle apprend quand elle voyage.
Elle apprend en voyageant.

1. Quand on fait un effort, on apprend beaucoup au sujet des étrangers.
2. On rencontre des gens sympathiques quand on voyage.
3. Si on prend le train, on voit le paysage.
4. Quand vous allez dans un autre pays, vous voyez une autre façon de vivre.
5. Si vous voyagez dans un pays étranger, vous pouvez souvent apprendre un peu la langue de ce pays.

Activité 1.   Quelques qualités importantes. Quelles sont les qualités d'un bon professeur? Faites cinq ou six phrases à ce sujet.

MODELE: Je préfère les professeurs qui ont de la patience.
Je préfère les professeurs avec qui on peut parler.

Activité 2.   Tunisie amie. Lisez la publicité pour la Tunisie ci-dessous. Etes-vous tenté(e) par cette description? Qu'est-ce qui vous intéresse? Imaginez que vous avez gagné un voyage en Tunisie. Que voudriez-vous y voir?

Décollez vers l'amitié, le sourire, la chaleur, la vraie hospitalité de la Méditerranée. A 2 heures d'avion environ vous êtes en Tunisie, prêt à contempler 3000 ans d'histoire. Les musées, les mosquées, les sites archéologiques vous racontent la Tunisie carthaginoise, romaine, byzantine, arabo-musulmane, ottomane... En admirant les minarets colorés de Tunis, Jemaa Ezzitouna "la mosquée de l'olivier", en visitant la cité spirituelle de Kairouan, les sites d'El Jem ou les ruines de Dougga, vous vous surprendrez à remonter le temps. Vous découvrirez un éternel art de vivre. En Tunisie vous êtes en pays ami.

Pour tous renseignements : Office National du Tourisme Tunisien. 32, avenue de l'Opéra – 75002 Paris – Tél.: 47.42.72.67. 12, rue de Sèze – 69006 Lyon – Tél.: 78.52.35.86.

Tunisie. Le pays proche.

Activité 3. Qui est-ce? Pensez à un personnage célèbre. Faites le portrait de cette personne sans dire son nom. Les autres étudiants de la classe vont essayer de deviner de qui vous parlez.

> MODELE: Je pense à une personne qui n'est plus vivante: une grande vedette. Elle était très amusante. C'était une actrice comique que tout le monde aimait et respectait. Elle avait les cheveux roux et était la vedette de plusieurs séries à la télévision. Qui est-ce?

Activité 4. Invitation au voyage. En prenant comme modèle la publicité pour la Tunisie, créez une publicité pour un autre pays francophone. Préparez entre six et huit phrases. Ensuite, présentez votre «Invitation au voyage» à la classe.

ACTIVITES D'EXPANSION

POUR S'EXPRIMER

Trouvez dans la liste suivante un élément de liaison qui facilite le passage de la phrase (a) à la phrase (b).

Alors là...	*On that point . . .*	Ecoute...	*Listen . . .*
Attends...	*Wait a minute . . .*	En effet...	*In fact . . .*
Bref...	*To make a long story short . . .*	Regarde...	*Look . . .*
D'ailleurs...	*What's more . . .*	Tu sais...	*You know . . .*
		Tu comprends...	*You understand . . .*

1. a. C'est une histoire longue et compliquée.
    b. Kandioura a fini par trouver un poste en France.
2. a. Ma copine va bientôt faire un stage au Sénégal.
    b. Elle part ce mois-ci.
3. a. Il faut que l'anglais soit la seule langue internationale.
    b. Je ne suis pas d'accord avec toi.
4. a. Où va notre groupe après le séjour à Québec?
    b. Je vais consulter l'itinéraire.
5. a. Tu ne vas pas demander une bourse pour étudier en Suisse?
    b. Ce n'est pas une bonne idée.
6. a. J'ai besoin de renseignements sur la culture maghrébine.
    b. Maryse peut peut-être t'aider.
7. a. Je vais visiter la Martinique au mois de mai.
    b. Il fait très beau là-bas au printemps.
8. a. Son séjour chez les Cantin a été très agréable.
    b. Ils l'ont invitée à revenir cet été.

Quelle fête chaque année est associée à La Nouvelle-Orléans? Décrivez la tradition de cette fête.

1. Formez plusieurs groupes de trois personnes. Chaque groupe choisit un pays de langue française. Faites en classe la description du pays en mentionnant, par exemple, le climat, les plages, les villes principales, les gens, les curiosités.
2. Imaginez votre voyage idéal autour du monde.
3. Avez-vous voyagé dans un pays de langue française? Racontez votre voyage à la classe. ou: La classe peut vous poser des questions pour essayer de deviner où vous êtes allé(e).

A. During a taxi ride in Paris, the driver begins to describe the problems posed by the immigration of people from former colonies into France. He asks you if immigration is a big problem in the United States. What do you answer?

B. You are interviewing with a company that has many branches in French-speaking countries. The interviewer asks you to describe your personal and academic background. Then he or she asks in which countries you would or would not like to work.

Réponses à **l'exercice C** à la page 289.

1. b
2. d
3. c
4. a

LES GRANDES VACANCES

Décrivez votre voyage le plus mémorable. Pourquoi est-il inoubliable?

Structures

Formation of the Future and
   the Future Perfect
Uses of the Future and the
   Future Perfect
Formation of the Conditional
   and the Past Conditional
Uses of the Conditional and
   the Past Conditional
The Sequence of Tenses

Functions

Narrating the Future
Talking about Plans
Describing Relationships
   between Events

Cultural Focus

Summer Vacation in France
Travel by Car
Staying in Hotels

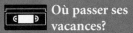 **Où passer ses
vacances?**

PERSPECTIVES

A quel moment de l'été prenez-vous vos vacances?
Combien de semaines durent normalement les vacances aux Etats-Unis?
Quelles sortes d'endroits la famille américaine choisit-elle pour passer
   ses vacances?

Beaucoup de Français se demandent où passer leurs vacances d'été. Le jeune
ménage que nous allons maintenant entendre se pose aussi la question. Le
couple a déjà un enfant, le petit Loïc, et en attend un deuxième. Elle voudrait
faire ceci, lui voudrait faire cela. Comment pourra-t-on sortir de cette impasse?

LUI: Dis-donc, ma chérie. Euh... tu sais que mes parents s'attendent
à nous voir avec Loïc cet été, en Bretagne.

ELLE: Oh, tu m'avais promis qu'on irait à la plage!

LUI: On a été à la plage l'année dernière. Mes parents veulent
vraiment voir Loïc.   5

ELLE: Mais, tu t'imagines... d'Orange aller jusqu'à Quimper! C'est
trop loin.

LUI: Ecoute. Ça nous met deux jours de route jusqu'en Bretagne.
C'est pas tellement.

ELLE: Moi, je préfère la plage. Et puis, Loïc, tu sais, il est très, très   10
pâle. Il a besoin de soleil... et moi aussi, d'ailleurs. Tu as vu... je suis
enceinte de huit mois... j'ai besoin de me reposer. Et puis, à Quimper,
il pleut toujours!

LUI: Ecoute, il pleut pas toujours et on bénéficiera d'une maison
gratuite... on va faire des économies.   15

ELLE: Ah, toi, alors! Toujours parler d'argent!

LUI: Mais, on va pas aller louer... une chambre d'hôtel à Cavalaire!

ELLE: Ecoute. J'ai une amie qui peut nous prêter sa maison. Ça
coûtera que deux mille trois cents francs pour le mois. Avoue, quand
même, que c'est sympathique... aller se faire bronzer.   20

LUI: Bon, c'est vrai que c'est un tarif intéressant.

ELLE: Bon, écoute. Ce que je te propose: on part à la plage, et puis on peut inviter, la dernière semaine, tes parents. Qu'est-ce que tu en penses?

LUI: Ah, ben, écoute, ça leur plaira peut-être, ça, dans le fond, c'est vrai.   25

ELLE: Comme ça, ils verront le petit, ils en profiteront, et puis nous aussi.

LUI: Bon, ben, d'accord. C'est une bonne idée. On va faire ça, alors.

ELLE: Et, cette fois-ci, essaie de t'occuper un peu mieux de la   30
voiture! Je ne sais pas si tu te rappelles, la dernière fois la batterie nous a lâchés sur l'autoroute.

LUI: Oui... oui, oui. Bon. Ça va, hein?

ELLE: Ben, écoute, il faut faire la vidange... tu la feras?

LUI: Oui...   35

ELLE: Tu vérifieras les pneus?

LUI: Oui...

ELLE: Bon, c'est très bien.

LUI: Et n'oublie pas le *Guide Michelin*, sinon on n'aura rien à manger en route.   40

ELLE: D'accord.

• •

A L'ECOUTE!

• •

1. On entend mentionner dans le dialogue quatre noms de lieux: une région et trois villes. Quels sont ces noms? Quels renseignements dans le texte vous permettent de les situer en France?
2. L'homme et la femme ont des idées bien arrêtées en ce qui concerne leurs grandes vacances! Combien de raisons la femme donne-t-elle pour convaincre son mari qu'elle a raison? Pourquoi le mari veut-il aller ailleurs?
3. Qui propose le compromis? Y a-t-il, à votre avis, une autre solution? Qu'auriez-vous fait à la place de la femme ou du mari dans une situation pareille?
4. Quel moyen de transport sera utilisé pour partir en vacances? Quels préparatifs faudra-t-il faire avant de se mettre en route?

Chez les Français, les vacances sont sacrées et, parmi les Européens, ils sont particulièrement avantagés pour en profiter. La France arrive en seconde position derrière l'Allemagne pour la durée des vacances annuelles. Depuis 1936, l'année où les salariés français sous le gouvernement de gauche du Front Populaire ont obtenu le droit à deux semaines de congés payés par an, les vacances annuelles deviennent de plus en plus longues. Une cinquième semaine a été accordée en 1982. Le phénomène des congés a eu une influence considérable sur la conception des loisirs en France. Aujourd'hui, beaucoup se demandent s'il est préférable de diviser leur année en onze mois de labeur dur avec, en perspective, un mois de détente, ou s'il ne vaudrait pas mieux concevoir un meilleur équilibre à travers l'année.

Dans beaucoup de pays, la notion du «week-end», c'est-à-dire deux jours consécutifs sans travail en fin de semaine, existe depuis longtemps. En France, le dimanche est jour de repos, mais le samedi (ou le lundi pour les commerçants) ne l'a pas toujours été. L'idée de pouvoir disposer de deux jours pour se promener, flâner autour de la maison, bricoler ou se détendre est une conquête assez récente. On estime qu'il y a environ 2,5 millions de résidences secondaires en France, ce qui expliquerait pourquoi tant de gens passent si souvent un ou deux jours chez des parents ou amis au cours de l'année. Et le repas du dimanche, à midi, en famille, reste bien enraciné dans les mœurs des Français, qu'on reste chez soi ou qu'on se retrouve chez d'autres.

Depuis quelques années, une nouvelle pratique s'est aussi ajoutée aux habitudes des Français, celle des vacances d'hiver. C'est surtout les jeunes, les cadres ou directeurs d'entreprise, et les membres des professions libérales qui en profitent pour partir aux sports d'hiver ou pour séjourner à la campagne. Les vacances scolaires, quinze jours en février–mars, ont également encouragé l'élargissement des types de loisirs d'hiver offerts aux jeunes ainsi qu'aux parents qui les accompagnent parfois. Les jeux Olympiques d'Albertville ont aussi contribué à stimuler les vacanciers quant aux activités sportives d'hiver.

Les Français sont donc assez nombreux à partir en vacances plusieurs fois pendant l'année. Mais pour eux, ce sont encore les mois de juillet et août qui constituent la période des grandes vacances. Le fait de prendre des vacances à cette époque de l'année s'est généralisé dans la population. La façon dont on passe son temps libre dépend, cependant, de la catégorie sociale à laquelle on appartient.

D'abord, la moitié des Français restent chez eux pendant les vacances d'été, soit pour travailler autour de la maison, soit parce qu'ils n'ont pas les moyens de faire autre chose. Parmi ceux qui partent, la plupart, surtout les plus de 30 ans, restent en France. On pourrait suggérer deux hypothèses pour expliquer ce phénomène (qui n'est pas caractéristique des autres Européens): d'une part, la France est un pays dont les attraits touristiques sont suffisamment multiples (climat, paysage varié, châteaux, ruines, etc.) pour encourager les Français à y rester; d'autre part, beaucoup de Français voyagent mal à l'étranger et se sentent mieux et plus en sécurité dans leur propre pays. Chez les jeunes de moins de 30 ans, si on pratique les sports, c'est surtout le tennis et le cyclisme ou, à la mer, la planche à voile et autres sports nautiques. Où qu'ils aillent, les gens de tout âge semblent aussi profiter de ce temps libre pour faire de la lecture. Et où la font-ils? La moitié d'entre eux partent à la mer et à la recherche du soleil, malgré la foule, les prix élevés et les difficultés de circulation dans les stations balnéaires. Les autres voyagent vers l'intérieur du pays, à la campagne ou à la montagne. Peut-être les Français ont-ils raison d'être casaniers? La France est la destination européenne la plus souvent choisie par les touristes étrangers. Il n'y a pas de fumée sans feu!

LES ACTIVITES

se baigner to swim
bénéficier to benefit
bricoler to putter
se faire bronzer to get a suntan
faire des économies to save money
faire le graissage to lubricate (the car)
faire le plein to fill the gas tank
faire la vidange to change the oil
flâner to loaf around
s'occuper to take care of
profiter de to take advantage of
se renseigner to obtain information
rouler to drive
signaler to indicate

LES POSSIBILITES DE VACANCES

la Côte the Riviera
un dépliant brochure, folder
les moyens (*m*) (financial) means
une escale stopover
un rabais discount
une randonnée hike
une résidence secondaire vacation home
une station balnéaire seaside resort
des vols-vacances (*m*) reduced airfare for vacation travel
un voyage à forfait vacation package deal

POUR VOYAGER EN VOITURE

l'autoroute (*f*) superhighway
la batterie battery
les freins (*m pl*) brakes
un(e) garagiste garage operator
le *Guide Michelin* popular French hotel guide
la mise au point tune-up
un pneu tire
la pression pressure

A L'HOTEL

un acompte deposit
un(e) hôtelier / hôtelière hotel manager
le séjour stay
un tarif (réduit) a (reduced) rate

LES CARACTERISTIQUES

casanier(-ière) stay-at-home
compris(e) included
forfaitaire all-inclusive
intéressant(e) (financially) advantageous

A. Vous étudiez pendant l'année scolaire en France et vous préparez un voyage pour les grandes vacances. Voici une liste de questions que vous désirez poser dans une agence de voyages. Complétez chaque question à l'aide d'un terme approprié de la liste suivante.

à forfait	faire des économies	le séjour
un dépliant	intéressant	un tarif réduit
une escale	un rabais	

1. Pour aller au Maroc, avez-vous un voyage _____ à me proposer?
2. Y a-t-il un vol direct ou faut-il faire _____ ?
3. Est-ce que les étudiants bénéficient d'_____ ?
4. C'est-à-dire, y a-t-il _____ pour les étudiants?
5. Combien coûtent le vol et _____, petit déjeuner compris?
6. Avez-vous _____ qui explique les détails du voyage?
7. C'est le prix le plus _____ que vous puissiez proposer?
8. Pour me permettre ce voyage, il va me falloir _____, n'est-ce pas?

B. Vous entendez des gens faire les constatations suivantes au sujet de leurs vacances. Substituez un terme du **Vocabulaire actif** pour chacune des expressions indiquées.

1. Sur la Côte, même au mois de mai, on peut **aller dans l'eau**.
2. J'allais prendre des vacances en juillet, mais **j'ai décidé de faire de** petits travaux manuels chez moi.
3. Il faut téléphoner au **propriétaire de l'hôtel**.
4. Il y avait **une réduction** sur le prix des chambres.
5. Nous adorons faire des **promenades** à la montagne.
6. Cela fait dix heures qu'elle **conduit**.
7. Ils vont **demander des renseignements** à l'agence de voyage.
8. Pour réserver notre chambre, il faut envoyer **de l'argent**.
9. Le petit déjeuner est **inclus dans le prix de la chambre**.
10. Si on voyage en groupe, il y a des tarifs vraiment **pas chers**.

C. Vous faites un voyage en voiture et vous arrivez dans une station-service près de Strasbourg où vous demandez à la garagiste de jeter un coup d'œil sur votre voiture. Complétez les phrases en utilisant les mots suivants.

la batterie	le graissage	la pression
les freins	le plein	la vidange

1. Vérifiez _____ des pneus.
2. J'ai besoin d'huile aussi. Faites _____.
3. Ma voiture est un peu lente à démarrer (*start up*) le matin. Vérifiez le niveau d'eau dans _____.
4. Il y a un bruit bizarre sous la voiture. Faites _____ aussi.
5. J'ai un peu de difficulté à arrêter la voiture. Vérifiez _____.
6. Enfin, faites _____ d'essence, s'il vous plaît. Et merci, madame.

1. Quelle est la durée des vacances annuelles en France? Dans quel autre pays européen est-ce que les vacances sont encore plus longues?
2. En quelle année le concept des congés payés a-t-il été initié en France?
3. Pourquoi le concept du «week-end» n'a-t-il pas toujours existé en France?
4. Comment s'explique le fait que les Français passent beaucoup de leur temps libre chez les parents?
5. Qu'est-ce qui a contribué à stimuler les vacances d'hiver?
6. Quels sont les deux mois de l'été où la plupart des Français prennent des vacances?
7. Quelle proportion de Français partent en vacances?
8. Pourquoi est-ce que la plupart des Français qui partent en vacances restent en France?
9. Que font les jeunes qui vont en vacances?
10. Quelle est la destination de la majorité des vacanciers français?

....
A votre tour
....

LEXIQUE PERSONNEL

Cherchez les expressions qui correspondent aux concepts suivants:

1. les endroits où vous avez passé des vacances
2. les endroits où vous voudriez passer des vacances
3. les moyens de transport que vous employez le plus souvent pour voyager
4. vos projets de vacances pour l'été prochain

Employez les éléments indiqués pour poser des questions à un(e) camarade de classe.

1. que / tu / faire / pendant les grandes vacances?
2. tu / faire / souvent / des voyages?
3. comment / tu / voyager / normalement?
4. tu / préférer / voyager / en voiture, en avion ou par le train?
5. quel / être / ton voyage / le plus intéressant?
6. tu / faire / déjà / un voyage organisé?
7. tu / profiter / déjà / d'un voyage à prix forfaitaire?
8. combien / on / payer / le vol, le séjour et les repas quand on va en Floride?

VIE ACTUELLE

Avant de lire l'annonce à la page suivante pour le Club Loisirs, répondez aux questions suivantes.

1. Est-ce que vous êtes souvent parti(e) en vacances avec votre famille en été? Où êtes-vous allé(e)s? Combien de temps duraient ces vacances d'habitude?
2. A votre avis, quel est l'endroit parfait pour des vacances idéales? Qu'est-ce que vous aimez faire en vacances?

LOISIRS

VACANCES EN TUNISIE

PRIX CLUB Le Club et Nouvelles Frontières vous proposent un séjour à l'hôtel Paladien de Hammamet, du 26 septembre au 3 octobre, à un prix exceptionnel. Séjour d'une semaine, en pension complète, vol et transferts inclus: 2 500 F par personne. *Nouvelles Frontières, Frédéric, tél.: 40.39.01.72.*

CENTRALE HÔTELIÈRE

-20% Cette nouvelle centrale de réservation hôtelière va vous intéresser. Elle gère en effet un réseau d'hôtels indépendants dans toute la France — toutes les préfectures et prochainement toutes les sous-préfectures — avec des gammes d'hôtels allant du 1 au 4 étoiles, pour répondre à tous les budgets. Les hôtels sélectionnés jouissent tous d'une situation privilégiée au cœur des cités ou à proximité immédiate des centres d'affaires ou touristiques. Avantage important: vous bénéficiez d'une réduction de 20% sur le prix de la chambre et du petit déjeuner, du lundi au jeudi soir, et de 25% du vendredi soir au dimanche. Enfin, une réduction de 10% est accordée sur toutes les prestations complémentaires (sauf le téléphone).
Pour acheter la carte Resel, adressez un chèque de 135F à l'ordre de Resel, à Michel Doucey, 7, rue Jeanne d'Albret, 17000 La Rochelle, tél: (16) 46.41.46.09.

STUDIO À CANNES

PRIX PROMO Si vous n'avez pas encore programmé vos vacances, pourquoi ne pas louer un studio à Cannes, à une époque où la Côte d'Azur est moins envahie? Du 22 août au 5 septembre, cette résidence hôtelière très confortable vous propose le studio 3/4 personnes pour 2 900F la semaine; du 5 au 19 septembre, il passe à 2 350 F la semaine.
L'Evénement Club Voyages, tél: 16 (1) 49.23.26.20.
7 jours sur 7, de 9 h à 21 h. Multipromotions Lic. 175.412.

WEEK-END À ROME

PRIX PROMO Pour flâner dans cette ville splendide, voici une proposition de week-end prolongé, du jeudi au dimanche, comprenant le vol A-R et l'hébergement en hôtel 2 étoiles avec petits déjeuners: à partir de 2 030 F par personne.
L'Evénement Club Voyages, tél: 16 (1) 49.23.26.20.
7 jours sur 7, de 9 h à 21 h. Multipromotions Lic. 175.412.

SEPTEMBRE À MARRAKECH

PRIX PROMO A la fin de l'été, partez pour Marrakech, l'une des plus pittoresques villes impériales, qui évoque à la fois l'Afrique et l'Orient. Cet hôtel 4 étoiles situé en plein centre, à dix minutes de la palmeraie et de la place Djemaa el-Fna, a été entièrement rénové. Séjour d'une semaine en demi-pension, vol A-R et transferts inclus: 2 860 F par personne, 8 jours/ 7 nuits, départ le 14 septembre.
L'Evénement Club Voyages, tél : 16 (1) 49.23.26.20.
7 jours sur 7, de 9 h à 21 h. Multipromotions Lic. 175.412.

VACANCES EN GUADELOUPE

PRIX CLUB En bordure de l'une des plus belles plages de sable fin de la Guadeloupe, le Tropical Club Hôtel est une résidence de charme, implantée sous les cocotiers, sur la commune du Moule, à 28 km de Pointe-à-Pitre. Les appartements sont répartis dans de petits immeubles, disposent d'une terrasse avec vue sur l'océan, et sont équipés pour recevoir 4 personnes. Restaurant, bar, services hôteliers, animations. Prix par jour et par personne, petit déjeuner buffet inclus: de 414 F pour une personne à 180 F pour 4, du 1er au 30-11. De 567F pour une personne à 216F pour 4, du 1er au 12-12.
Noralik, 6, Chemin des Chambons, 38650 Monestier de Clermont, tél: 76.34.12.24.

STAGE D'ANGLAIS GIBRALTAR

PRIX CLUB Hors des sentiers battus, entre Andalousie et Maroc, Gibraltar est résolument britannique depuis 1704. 20 leçons d'anglais par semaine, une journée d'excursion à l'Expo 92 de Séville et des soirées animées, accueil en hôtel 3 étoiles, en demi-pension, plage et piscine: une semaine 4 860 F, 4 200 F la semaine supplémentaire. Début des cours: 17-8, 24-8 ou 31-8.

HÔTEL EN ALSACE

PRIX PROMO Ce charmant petit hôtel tout neuf est situé à Obernai, jolie commune au pied du mont Sainte-Odile, dans un petit parc ombragé où coule une rivière. Point de départ de la Route des vins, Obernai est aussi idéalement placé à une vingtaine de kilomètres de Strasbourg, ce qui en fait un lieu de villégiature idéal pour visiter l'Alsace. Tarifs préférentiels jusqu'à fin août: 700 F la chambre 2/3 personnes pour le week-end (2 nuits avec petits déjeuners) et 1 600 F la chambre 2/3 personnes pour 5 nuits avec petits déjeuners. *Les Jardins d'Adalric, rue du Maréchal-Kœnig, 67210 Obernai, tél: 88.49.91.80.*

LES PROMOS DE NOUVELLES FRONTIÈRES

PRIX PROMO En partant plus tard, vous bénéficiez de prix particulièrement intéressants sur les vols A-R pour la Corse: 795 F pour Ajaccio, Bastia, Calvi ou Figari. Le séjour d'une semaine au Paladien Le Grand Bleu, près d'Ajaccio, est à 3 550 F par personne, en pension complète, vol inclus, du 5 au 12 septembre.

Après avoir lu l'annonce pour Club Loisirs, répondez aux questions suivantes.

3. Quels sont deux des avantages de la centrale hôtelière?
4. Comment le Club Loisirs peut-il offrir le studio à Cannes et les promos de Nouvelles Frontières à des prix tellement intéressants?
5. Qu'est-ce qu'on peut faire pendant les vacances proposées à Gibraltar? Est-ce que les Américains aiment suivre des cours pendant les vacances? Pourquoi est-ce que ce concept des «stages» est plus intéressant pour les Français que pour les Américains?
6. Parmi les voyages proposés, lesquels indiquent que le concept de «week-end» fait maintenant partie de la culture française?
7. Lequel de ces voyages vous intéresse le plus? Pourquoi?

STRUCTURES

Formation of the Future and the Future Perfect

• • • • • • • • • • • • •
Formation of the
Future
• • • • • • • • • • • • •

The future tense indicates that an action will be performed at a future time. To form the future tense, use the infinitive as the stem and add the appropriate endings: **-ai, -as, -a, -ons, -ez, -ont**. For **-re** verbs, drop the **-e** from the infinitive.

voyager	partir	prendre
je voyager**ai**	je partir**ai**	je prendr**ai**
tu voyager**as**	tu partir**as**	tu prendr**as**
il / elle / on voyager**a**	il / elle / on partir**a**	il / elle / on prendr**a**
nous voyager**ons**	nous partir**ons**	nous prendr**ons**
vous voyager**ez**	vous partir**ez**	vous prendr**ez**
ils / elles voyager**ont**	ils / elles partir**ont**	ils / elles prendr**ont**

A list of the most important verbs with irregular future stems follows.

aller	**ir-**	faire	**fer-**	savoir	**saur-**
avoir	**aur-**	falloir	**faudr-**	valoir	**vaudr-**
devoir	**devr-**	pleuvoir	**pleuvr-**	venir	**viendr-**
envoyer	**enverr-**	pouvoir	**pourr-**	voir	**verr-**
être	**ser-**	recevoir	**recevr-**	vouloir	**voudr-**

Unless a verb has an irregular future stem, its future will be formed regularly, even if the verb is irregular in the present tense.[1]

Exercice 1. Phillippe va bientôt terminer ses études. Il a des projets pour les grandes vacances et il écrit à son ami Pierre pour lui en parler. Complétez les phrases de Philippe en mettant au futur les verbes entre parenthèses.

1. Je (finir) _____ mes études en juin.
2. Nous (pouvoir) _____ faire une excursion.
3. Marc (venir) _____ sur la Côte avec nous.
4. Tu (faire) _____ le trajet en trois heures pour nous retrouver.
5. Marie et Maryse (avoir) _____ aussi des vacances en juillet.
6. Maryse (être) _____ toujours à Paris le premier juillet.
7. Les copines (pouvoir) _____ nous retrouver à Fréjus le 4 juillet.
8. Nous (savoir) _____ la date de leur arrivée.
9. On (devoir) _____ les attendre là-bas.
10. Elles (vouloir) _____ aussi visiter les Alpes-Maritimes.
11. On (prendre) _____ la voiture pour y aller.
12. Tu (voir) _____, tu (s'amuser) _____ beaucoup.

---

[1] For the future of stem-changing verbs, see **Appendix B**.

Exercice 2. **Interview.** Posez des questions à vos camarades en employant les expressions suivantes afin de connaître leurs projets pour le jour suivant.

aller à la bibliothèque	déjeuner au Resto U	prendre la voiture
arriver en cours de français	étudier	regarder la télé
	faire des devoirs	rentrer
avoir un examen	faire du sport	retrouver des amis
se coucher	se lever	venir au campus

The future perfect tense (**futur antérieur**) indicates that an action will have been performed prior to another action at a future time. The future perfect is formed with the future of the auxiliary **avoir** or **être** and the past participle of the main verb. The future perfect of all verbs is formed this way.

> Au mois de septembre, quand vous serez prêts pour la rentrée, Sylvie et Dominique **seront** déjà **parties** pour la Côte. Elles **auront pris** la voiture, elles **auront voyagé** pendant quelques heures et elles **seront arrivées** à Fréjus. Sylvie **aura** beaucoup **conduit** et Dominique **aura fait** des excursions en montagne. Elles se **seront** beaucoup **amusées**, et vous, vous **aurez** beaucoup **travaillé**. Ce n'est pas juste.

Uses of the Future and the Future Perfect

The simple future tense expresses an action that will take place at a future time. It is equivalent of the English *will (shall)...*[2]

Je **partirai** en juillet.	*I'll leave in July.*
Ils **prendront** le train.	*They will take the train.*

In conversation, the present tense is sometimes used instead of the future.

> — Quand est-ce que vous **partirez**?
> — Je **pars** demain.

The verb **devoir** used in the future expresses the idea *will have to . . . .* **Devoir** in the present tense followed by the infinitive is also used to express an action that is probable in the future.

Il **doit arriver** bientôt.	*He must be arriving soon.*

---

[2] The future formed with **aller** + infinitive expresses an action that is more certain and immediate and is equivalent to the English *to be going to* + infinitive. Although these two future constructions are technically not interchangeable, the distinction between them is very fine, and in conversation a strict distinction is not always observed.

Je **vais partir tout** de suite.	*I am going to leave right now.*
Je **partirai** peut-être un jour.	*I will perhaps leave one day.*

Exercice 3.   Vous quittez votre chambre le matin et vous désirez laisser un petit mot à vos camarades de chambre pour les informer de vos activités de la journée. Complétez chaque phrase par un verbe approprié au futur.

1. A neuf heures...
2. Après mon premier cours...
3. Pour le déjeuner...
4. Pendant l'après-midi...
5. Vers six heures...
6. Avant de me coucher...

Use of the Future Perfect

The future perfect tense is used to express the idea that one action in the future will take place and be completed before another action in the future takes place. It expresses the English *will have* + past participle.

Quand il ira à l'université en septembre, il **aura** déjà **fait** son voyage en France.	*When he goes to the university in September, he **will have** already **taken** his trip to France.*
Nous **serons parties** à trois heures demain.	*We **will have left** by three o'clock tomorrow.*

The Future after *quand, lorsque, dès que, aussitôt que, après que*

As shown in the table of tense sequences below, after the expressions **quand**, **lorsque**, **aussitôt que**, **dès que**, and **après que**, you must use a future tense in French where English uses the present.

Quand il viendra, nous pourrons partir.	*When he comes, we will be able to leave.*

	SUBORDINATE CLAUSE		MAIN CLAUSE
si	+	present tense	+ future / imperative / present
quand **lorsque** **dès que** **aussitôt que**	+	future / future perfect	+ future / imperative
après que	+	future perfect	+ future / imperative

This principle may be easier to remember if you realize that French structure is actually more logical than English on this point, given that *when* (**quand**, **lorsque**), *as soon as* (**dès que**, **aussitôt que**), and *after* (**après que**) all refer to actions that have not yet taken place.

> **Si** tu **arrives** à l'hôtel avant minuit, **téléphone**-moi.
> S'il **fait** beau, nous **ferons** un voyage.

Quand (lorsque) tu **téléphoneras** à l'hôtel, tu **pourras** réserver une chambre.
Lorsque vous **serez** en France, **venez** me voir.
Dès que (aussitôt que) j'**aurai réglé** mes affaires, je **partirai**.
Après que j'**aurai fait** le plein, vous **devrez** vérifier les freins.

RAPPEL! RAPPEL!

Note that if you use the simple future in the subordinate clause, you are implying that the actions of both clauses will take place in the same time frame.

The future perfect in the subordinate clause implies that the action of that clause must take place and be completed before the main action can take place.

This distinction is often up to the speaker, and both the simple future and the future perfect are used following the conjunctions in question.

Quand il **partira,**
sera parti, } nous irons en vacances.

Dès que vous **acheterez**
aurez acheté } les billets, nous partirons.

BUT:

Après que j'aurai consulté une agence de voyages, nous prendrons une décision.

Exercice 4. Sylvie parle à sa mère de ses projets de vacances. Sa mère lui donne des conseils. Complétez leur conversation par le futur ou le présent des verbes entre parenthèses selon le contexte.

— Maman, j'(avoir) _____ besoin d'argent pour faire ce voyage.

— Alors, Sylvie, si tu (faire) _____ des économies d'ici quelques semaines, tu pourras bien avoir assez d'argent pour payer au moins l'essence.

— Oui, oui, mais je (devoir) _____ aussi faire vérifier la voiture par un mécanicien.

— D'accord. Je te (donner) _____ l'argent pour la voiture. Après que tu (faire) _____ le plein, tu devras vérifier l'huile et les pneus aussi.

— Je l'(emmener) _____, je crois, au garage d'à côté. Tu (pouvoir) _____ nous prêter une carte routière?

— Oui, bien sûr, et comme ça, si tu (se perdre) _____, tu pourras la consulter. Dominique et toi, vous (pouvoir) _____ rouler plus vite si vous prenez l'autoroute.

— Peut-être, mais nous (prendre) _____ des petites routes
secondaires; elles (être) _____ plus intéressantes.

— Quand vous (arriver) _____ là-bas, mettez la voiture au garage. Lorsque
vous (être) _____ prêtes à partir, tu devras encore vérifier la pression des
pneus. Quand vous (rentrer) _____, téléphonez-moi à la maison.

— Oui, oui, d'accord, maman. Nous (suivre) _____ tous tes conseils et
nous (s'amuser) _____ aussi, j'espère.

Exercice 5. Vous parlez de votre avenir avec des amis. Complétez logiquement
chaque phrase.

1. Quand j'aurai terminé mes études...
2. Si je trouve un bon poste...
3. Lorsque je gagnerai un salaire suffisant...
4. Avant l'âge de trente ans...
5. Je me marierai quand...
6. J'aurai des enfants si...
7. Je voyagerai si...
8. Je serai heureux(-euse) quand...

de par le monde –
around
the world

EXERCICES D'ENSEMBLE

A. Un groupe d'amis parlent d'un voyage qu'ils vont faire à Paris. Complétez
leurs phrases en mettant les verbes entre parenthèses au temps qui convient.

1. Quand nous (être) _____ à Paris, je ferai du lèche-vitrines sur les
Champs-Elysées.
2. Si Beth en a l'occasion, elle (aller) _____ au marché aux puces.
3. Après que tu (visiter) _____ le Louvre, tu pourras voir la collection des
impressionnistes au musée d'Orsay.
4. Si nous (avoir) _____ de la chance, nous trouverons un petit hôtel.
5. Dès que nous aurons trouvé un hôtel, Paul (pouvoir) _____ réserver des
billets pour un concert.

B. Monique écrit un petit mot à une amie au sujet d'un voyage qu'elle va
faire. Mettez les verbes entre parenthèses au temps qui convient.

Chère Thérèse,
Je (partir) _____ ce soir. Demain (être) _____ le premier jour de mes
vacances et je (aller) _____ chez mes cousins à Toulouse. Je (prendre)
_____ l'autoroute pour y aller, mais quand je (rentrer) _____, je
(revenir) _____ par les routes départementales. Il (falloir) _____
sûrement prendre beaucoup de détours, mais je (pouvoir) _____ ainsi
mieux apprécier le paysage. Quand je (être) _____ de retour, je
(devoir) _____ me remettre au travail.

Amitiés,
Monique

C. Interview. Posez des questions logiques au futur en employant les éléments suivants. Quand votre partenaire aura répondu, posez-lui une question supplémentaire.

1. partir de la fac aujourd'hui
2. aller après tes cours
3. faire des courses cet après-midi
4. rentrer tôt ou tard
5. regarder la télé
6. faire pendant le week-end
7. aller voir un film
8. sortir avec tes amis
9. dîner au restaurant
10. se coucher tôt ou tard

D. Voici des préparatifs pour un voyage ordinaire. Mettez les verbes au futur et arrangez ces activités dans l'ordre où vous les faites normalement avant de partir en voyage. Comparez votre liste avec celles de vos camarades de classe pour trouver un compagnon de voyage compatible.

ranger la maison	consulter une agence de voyages
faire les valises	acheter les billets
fixer un itinéraire	téléphoner à des amis
faire la lessive	chercher des chèques de voyage
réserver des chambres	se procurer des brochures
???	???

· ·
PRATIQUE
· ·

Activité 1. Des projets d'été. Quels sont vos projets pour l'été qui suivra la fin de vos études universitaires? Quand vous aurez obtenu votre diplôme, que ferez-vous pour fêter cet événement? Travaillerez-vous? Voyagerez-vous? Racontez vos projets à la classe. Les autres étudiants vous poseront des questions.

Activité 2. La vie active. Interviewez un(e) autre étudiant(e) de la classe au sujet de ses projets d'avenir. Où travaillera-t-il / elle? Pourquoi? Quelles seront ses responsabilités? Où habitera-t-il / elle? Voyagera-t-il / elle souvent? Parlera-t-il / elle une langue étrangère dans le cadre de son travail? Après l'interview, présentez vos résultats à la classe. Les autres étudiants pourront poser d'autres questions.

Activité 3. L'avenir. Il y a ceux qui disent que nous sommes tous capables de prédire l'avenir aussi bien que les astrologues des journaux. Il suffit de faire un assez grand nombre de prédictions pour que quelques-unes d'entre elles se réalisent. Faites cinq prédictions pour un(e) de vos camarades de classe et cinq prédictions concernant votre professeur de français.

PLANISPHERE

AGENCE DE VOYAGES
SPECIALISTE N° 1
de l'Afrique de l'Ouest

Si vous êtes attirés par l'Afrique de l'Ouest

par la chaleur de ses rythmes musicaux, par le merveilleux spectacle haut en couleur et en folklore de ses danses d'initiation,

si vous aimez les animaux sauvages, la brousse et les forêts tropicales...

renvoyez-nous ce coupon réponse, nous vous ferons parvenir notre brochure de voyages.

LES TRESORS DE L'AFRIQUE DE L'OUEST
- Ganvié, l'une des plus grandes cités lacustres du monde (Bénin) - la Venise de l'Afrique
- La grande réserve animalière de Pendjari au Bénin
- Les immenses réserves d'oiseaux du Burkina Faso
- Les mines d'or du Niger
- Les mines de diamants de Côte-d'Ivoire
- La merveilleuse Basilique Notre-Dame de la Paix à Yamoussoukro en Côte-d'Ivoire
- Les très mystérieuses cérémonies Vaudou au Bénin (ex Dahomey)
- Les plages paradisiaques de la côte atlantique africaine

Mieux encore, passez nous voir :
PLANISPHERE
165, rue Jeanne d'Arc - 75013 PARIS
Tél: 45 35 11 25
licence 175.306

Nom : _____
Prénom : _____
Adresse : _____
Code postal : _____

Quels sont les sites touristiques les plus populaires en Afrique occidentale? Lesquels voudriez-vous visiter?

Formation of the Conditional and the Past Conditional

To form the conditional, use the infinitive as the stem and add the appropriate endings: **-ais**, **-ais**, **-ait**, **-ions**, **-iez**, **-aient**. For **-re** verbs, drop the **-e** from the infinitive.

voyager	partir	prendre
je voyager**ais**	je partir**ais**	je prendr**ais**
tu voyager**ais**	tu partir**ais**	tu prendr**ais**
il / elle / on voyager**ait**	il / elle / on partir**ait**	il / elle / on prendr**ait**
nous voyager**ions**	nous partir**ions**	nous prendr**ions**
vous voyager**iez**	vous partir**iez**	vous prendr**iez**
ils / elles voyager**aient**	ils / elles partir**aient**	ils / elles prendr**aient**

Note that the stem for the conditional is the same as for the future and that the endings are the same as for the imperfect.

The verbs that have irregular future stems use the same stems for the formation of the conditional.[3]

aller	**ir-**	faire	**fer-**	savoir	**saur-**
avoir	**aur-**	falloir	**faudr-**	valoir	**vaudr-**
devoir	**devr-**	pleuvoir	**pleuvr-**	venir	**viendr-**
envoyer	**enverr-**	pouvoir	**pourr-**	voir	**verr-**
être	**ser-**	recevoir	**recevr-**	vouloir	**voudr-**

Exercice 6. La mère de Sylvie raconte les projets de sa fille pour l'été prochain dans une lettre à une de ses amies. Complétez la lettre par le conditionnel des verbes entre parenthèses.

Chère Madeleine,

Devine les projets de Sylvie! L'été prochain, elle (vouloir) _____ aller en Martinique, si elle avait des sous. Dominique et elle (pouvoir) _____ y aller, si je les aidais un peu. Et je le (faire) _____ si j'avais moi-même les moyens. J'(aller) _____ même avec elles si j'avais le temps.

Nous (pouvoir) _____ bien nous amuser, si ce voyage était possible. Nous (être) _____ toute la journée sur la plage. Nous (dîner) _____ dans des restaurants créoles. Nous (faire) _____ des randonnées en montagne.

Et puis, Madeleine, tu (venir) _____ avec nous, n'est-ce pas? Sylvie (aimer) _____ bien que tu nous accompagnes, j'en suis certaine. Ah, mais nous (devoir) _____ toutes attendre l'année prochaine quand nous aurons fait des économies.

Amitiés,
Thérèse

---

[3] For the conditional forms of stem-changing verbs, see **Appendix B**.

The past conditional is formed with the conditional of the auxiliary **avoir** or **être** and the past participle of the main verb. All verbs form the past conditional in this way.

j'**aurais voyagé**   nous **serions parti(e)s**
il **aurait pris**   elle **serait arrivée**
vous **auriez fait**   ils **seraient allés**
elles **auraient fini**   tu **te serais levé(e)**

Uses of the Conditional and the Past Conditional

The conditional tense expresses an action that is hypothetical or subject to some condition before it can take place. It has the English equivalent *would*. . . .

Je **voudrais** visiter la Bretagne.   *I **would like** to visit Brittany.*
Ils **voyageraient** en voiture.   *They **would travel** by car.*

RAPPEL! RAPPEL!

Be careful not to confuse the English *would* used hypothetically with *would* meaning *used to.*

J'irais en France l'été prochain   *I **would go** to France next*
  si c'était possible.   *summer if possible.*
J'allais à la plage tous les jours   *I **would go** to the beach every*
  l'été dernier.   *day last summer.*

In the first example, the action in question has not yet taken place and depends on other circumstances.

In the second example, you can recognize that *would* means *used to* because the context is in the past.

The past conditional tense expresses an action in the past that was dependent on certain conditions before it could take place. It expresses the English idea *would have* + past participle.

L'année dernière, Sylvie et Dominique ont fait le tour de la France en quinze jours. Mais elles n'ont pas tout vu. Si elles avaient eu le temps, elles **auraient** aussi **voyagé** en Bretagne et elles **seraient** aussi **allées** en Corse.

The conditional tenses are used following the expression **au cas où**, meaning *in case.*

Je viendrais de bonne heure **au cas où** vous **arriveriez** avant midi.
Je serais venu(e) de bonne heure **au cas où** vous **seriez arrivés** avant midi.

Verbs such as **vouloir**, **pouvoir**, and **aimer** are often used in the conditional to indicate a more polite tone for a request.

— Dis, Sylvie, tu **voudrais** me rendre un petit service? **Pourrais**-tu aller
à l'agence de voyages pour demander des plans de Fréjus et des Alpes-
Maritimes?

— Ah, j'**aimerais** bien t'aider, mais je ne peux pas y aller aujourd'hui.
Est-ce que je **pourrais** faire cette commission demain?

— Bien sûr. Demain **serait** parfait.

The past conditional of **devoir** is sometimes called the tense of regret.

Cet après-midi, je **devrais** faire les courses.	*This afternoon, I **ought to (should)** do the shopping.*
J'**aurais dû** les faire hier, mais je n'ai pas pu.	*I **ought to have (should have)** done it yesterday, but I wasn't able to.*

Exercice 7.   Quelques-unes des personnes avec qui vous voyagez en France ne
sont pas aussi au courant de la culture française que vous. Aidez-les à s'exprimer
plus poliment en mettant leurs phrases au conditionnel.

1. Monsieur, je veux de l'eau, s'il vous plaît.
2. Et moi, je prends le coq au vin avec des légumes.
3. Pardon, madame, pouvez-vous m'indiquer l'heure, s'il vous plaît?
4. Monsieur, avez-vous la monnaie de cent francs?
5. Mademoiselle, savez-vous par hasard à quelle heure ouvre le Louvre?
6. Monique, peux-tu m'aider à déchiffrer ce plan de métro?

········
The Sequence
of Tenses
········

RAPPEL! RAPPEL!

The conditional tenses are often used in the main clause in conditional
(*if . . . , then*) statements (*If* I had the time, I *would love* to visit Brittany).

The English speaker must choose the correct tenses to use in both the *if*
clause and the main clause. (See table following.)

The key to the tense sequences outlined in the table is that they never
vary, although there may be several possible translations in English for
the verb in the *if* clause.

si j'avais le temps	*if I had the time*
	if I were to have the time

	SUBORDINATE CLAUSE	MAIN CLAUSE
si	imperfect pluperfect[4]	conditional past conditional

Si j'**avais** le temps, j'**aimerais** visiter la Belgique.
S'ils **trouvaient** un hôtel, ils **iraient** sur la Côte d'Azur.

Si j'**avais eu** l'argent, je **serais allée** en France.
Si nous **étions arrivés** en juin, nous **aurions vu** le festival.

Exercice 8.   Vous parlez de vos projets d'été qui restent, pour le moment, hypothétiques. Complétez les phrases par le conditionnel des verbes entre parenthèses.

1. Si j'avais le temps, je (faire) _____ un long voyage.
2. J'(aller) _____ en France si c'était possible.
3. J'(inviter) _____ mes amis à m'accompagner s'ils étaient libres.
4. Nous (aller) _____ aussi sur la Côte si c'était possible.
5. Puis on (prendre) _____ le train si on n'avait pas beaucoup d'argent.
6. On (faire) _____ le tour du pays si les moyens ne manquaient pas.
7. Si nous rencontrions des Français, nous (pouvoir) _____ parler avec eux.
8. Nos amis français (pouvoir) _____ beaucoup nous aider à comprendre la culture française s'ils voulaient bien en discuter un peu avec nous.
9. Si mes parents me donnaient un peu d'argent, ce projet (être) _____ possible.
10. Je (vouloir) _____ bien aller en Chine si j'avais d'assez longues vacances.

Exercice 9.   **Interview.** Employez les éléments indiqués pour poser des questions à un(e) camarade de classe.

1. si / tu / être riche, / que / tu acheter?
2. si / tu / pouvoir choisir, / à quel concert / tu / aller?
3. si / tu / aller en France, / que / tu / vouloir voir?
4. si / tu / pouvoir être champion(ne) dans un sport, / quel sport / tu / choisir?
5. si / tu / pouvoir changer d'identité, / quel personnage / tu / vouloir être?
6. si / tu / faire le tour du monde, / où / tu / aller?
7. si / tu / avoir le choix, / de quelle personne / tu / aimer faire la connaissance?
8. si / tu / réformer le cours de français, / que / tu / changer?

---

[4] Remember that the pluperfect is formed with the imperfect of **avoir** or **être** and a past participle.

Exercice 10. On ne sait jamais ce qui est possible. Complétez logiquement les phrases suivantes.

1. Si j'avais le temps,...
2. Si j'avais l'argent,...
3. Si j'étais millionnaire,...
4. Je serais heureux(-euse) si...
5. Je pourrais réussir si...
6. J'aimerais mieux mes copains s'ils...
7. Si je faisais le voyage de mes rêves,...
8. Si j'allais en France,...

Exercice 11. A la recherche du temps perdu. Le passé du conditionnel est le temps des choses qui n'ont pas eu lieu. Complétez les phrases suivantes par un verbe au conditionnel passé pour exprimer ce que vous auriez fait.

1. Si j'avais eu plus d'argent,...
2. Si j'avais eu plus de temps,...
3. Si je n'étais pas allé(e) à cette université,...
4. Si j'avais pu parler plus franchement à mes parents,...
5. Si j'avais pu dire la vérité à mon prof,...
6. Si j'avais choisi d'autres camarades de chambre,...

Exercice 12. Le rêve et la réalité. Pour chacun des concepts suivants, composez une phrase au conditionnel pour exprimer ce que vous voudriez. Ensuite, écrivez une phrase au futur pour dire ce qui arrivera probablement.

1. terminer les études
2. recevoir mon diplôme
3. trouver un bon poste
4. gagner un bon salaire
5. me marier
6. voyager
7. habiter

AU CŒUR DU QUARTIER LATIN   Direction : T. GEORGES
GRAND CONFORT
CALME EXCEPTIONNEL

500 + (70F)

HOTEL DU COLLÈGE DE FRANCE

7, rue Thénard   Tél. : (1) 43 26 78 36
75005 PARIS   Télécopie : (1) 46 34 58 29

En face le Collège de France, près du boulevard Saint-Germain

Métro : Maubert-Mutualité - St-Michel
         Cluny Sorbonne
Autobus : Toutes directions
Parkings à proximité

Rénové aux
Nouvelles Normes ★ ★
SIRET 318 547 536 00017

RAPPEL! RAPPEL!

Contrast the following tense sequences involving the future and the conditional tenses.

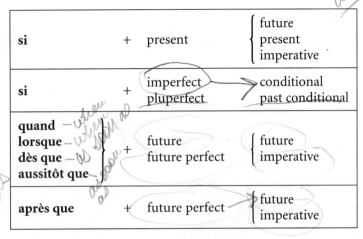

si	+	present	future / present / imperative
si	+	imperfect / pluperfect	conditional / past conditional
quand / lorsque / dès que / aussitôt que	+	future / future perfect	future / imperative
après que	+	future perfect	future / imperative

The key to manipulating these tense sequences is to concentrate on the tense of the main verb, which will be easily identified as the imperative, present, future, conditional, or past conditional. Then determine the tense of the verb in the subordinate clause according to the conjunction in question.

EXERCICES D'ENSEMBLE

A. En attendant votre train dans la gare d'une grande ville française, vous entendez d'autres voyageurs qui parlent de vacances et de voyages. Complétez chaque phrase par le conditionnel présent ou passé du verbe entre parenthèses.

1. Si le temps n'était pas désagréable, je (aller) _____ à la plage.
2. Si j'avais le temps, je (aimer) _____ aller en Belgique.
3. Si j'avais eu les moyens, je (aller) _____ du côté de Saint-Tropez.
4. Elle (voir) _____ la bonne route si elle regardait la carte.
5. Je (se renseigner) _____ si j'avais eu le temps.
6. Il (falloir) _____ écouter les prévisions météorologiques si vous faisiez un voyage dans les Alpes.
7. Je (vouloir) _____ savoir s'il avait déjà réglé ses affaires.
8. Nous (pouvoir) _____ compter sur du beau temps en été.
9. S'il avait fait du soleil, vous (ne pas trouver) _____ le voyage si désagréable.
10. Tu (partir) _____ pour les Alpes-Maritimes si tu aimais la montagne.

B. Interview: Les études. Posez les questions suivantes à un(e) camarade de classe.

1. Si tu avais l'argent, à quelle université irais-tu?
2. Qu'est-ce que tu aurais fait de différent dans tes études?
3. Si tu avais su que les études étaient si difficiles, les aurais-tu commencées?
4. Quelle autre ville universitaire aurais-tu choisie si tu n'étais pas venu(e) dans celle-ci?
5. Quels autres cours suivrais-tu si tu avais le temps?
6. Est-ce que tu t'achèterais un ordinateur pour t'aider dans tes études si tu avais les moyens?

C. Plusieurs étudiants français parlent de leurs vacances. Qu'est-ce qu'ils ont fait? Que vont-ils faire? Que feraient-ils s'ils avaient le temps ou l'argent nécessaire? Complétez leurs déclarations par le temps approprié du verbe entre parenthèses.

1. Aussitôt qu'il y (avoir) _____ de la neige, j'irai à la montagne pour faire du ski.
2. S'il (ne pas pleuvoir) _____ demain, je ferai de la planche à voile.
3. S'il n'avait pas plu hier, je (aller) _____ à la plage.
4. Si je (avoir) _____ les moyens, je ferais des excursions.
5. S'ils (faire) _____ un voyage dans les Alpes, ils auraient vu de la neige en été.
6. Après avoir appris que les routes étaient en si mauvais état, j'ai compris que je (devoir) _____ partir plus tôt pour arriver à l'heure.
7. Si nous descendons vers le sud, nous (trouver) _____ sûrement le beau temps.
8. Demain, nous partirons plus tôt que prévu au cas où il y (avoir) _____ de la pluie.
9. S'il (faire) _____ chaud à Paris, il fera encore plus chaud à Nice.
10. Si vous aviez su que la pluie allait arriver, (aller) _____-vous _____ à Paris ce week-end-là?

Activité 1.   L'été à Méribel. Il y a dix-sept activités possibles pour ceux qui passent l'été à Méribel. Indiquez l'importance que vous accordez personnellement à chaque activité en écrivant un nombre à côté de chaque «feuille» (1 = absolument nécessaire, 2 = très important, 3 = assez important, 4 = pas d'importance). Trouvez un(e) autre étudiant(e) avec des préférences similaires.

Activité 2.   Encore à Méribel. En vous servant encore une fois de la publicité pour Méribel, trouvez un(e) étudiant(e) qui a des intérêts complètement différents des vôtres. Interviewez cet(te) étudiant(e) au sujet de ses vacances idéales.

Activité 3.   C'est moi qui fais le guide. Des jeunes étudiants français viendront l'été prochain pour leur première visite aux Etats-Unis. Ils n'auront qu'un mois pour voir les Etats-Unis et pour découvrir ce qu'est la vie américaine. Si c'était à vous d'établir leur itinéraire, que feriez-vous? Qu'est-ce que vous leur suggéreriez de voir? Faites un itinéraire réaliste pour un séjour d'un mois aux Etats-Unis.

Activité 4. Autrement... Si vous n'étiez pas venu(e) ici faire des études qu'est-ce que vous auriez fait? Seriez-vous allé(e) dans une autre université? Auriez-vous habité à l'étranger? Où auriez-vous travaillé? En quoi est-ce que votre vie aurait pu être différente?

ACTIVITES D'EXPANSION

POUR S'EXPRIMER

Voici des expressions qui s'emploient souvent avec le conditionnel.
Réagissez à chacune des phrases suivantes en utilisant une de ces
expressions dans une phrase au conditionnel.

Si c'était moi,...
Au cas où...
A ta place,...
Faute de mieux,...
Si j'étais toi,...

Pendant les vacances qui viennent...

1. Je vais suivre des cours d'été.
2. Je vais travailler pour ma mère.
3. Je voyagerai en Egypte.
4. Je ferai un stage dans une entreprise internationale en Afrique.
5. Je serai moniteur / monitrice de colonie de vacances.
6. J'aurai un emploi à Disney World.
7. Je vais assister à une grande réunion de famille.
8. ???

Situations

1. Vous êtes déjà à Paris et vous voulez continuer votre voyage en Europe par le train. Allez à l'agence de voyages et demandez les renseignements nécessaires.
2. Vous avez loué une voiture pour faire une excursion en France. Maintenant, vous vous trouvez à Orléans et votre voiture ne démarre pas. Imaginez la conversation avec le (la) garagiste. Un(e) autre étudiant(e) jouera le rôle du (de la) garagiste.

TOURNEZ
S.V.P.

3. Vous êtes agent de voyages et vous avez préparé l'itinéraire suivant. Expliquez à votre client(e) le voyage que vous lui proposez en vous servant du futur.

DATE	DESTINATION	DEPART	ARRIVEE	MOYEN DE TRANSPORT
30/5	New York–Paris	20h35	7h10	Air France 471

Visites: Notre–Dame, le Louvre, la tour Eiffel, la basilique du Sacré–Cœur, le Quartier latin, Montmartre

6/6	Paris–Chartres	9h	9h45	train

Visite: la cathédrale de Chartres

6/6	Chartres–Paris	18h	18h48	train
7/6	Paris–Versailles	8h30	9h25	autocar

Visites: le château de Versailles, les jardins, le Hameau, les Trianons

7/6	Paris–?	15h	—	location de voiture

Trois semaines libres pour voyager où vous voudrez

1/7	Nice	—	10h	retour de la voiture

Visites: la Côte d'Azur, les ruines romaines

4/7	Nice–New York	11h40	15h25	Air France vol 290

4. Imaginez et puis décrivez votre manière de vivre idéale dans dix ou quinze ans.

5. Si vous pouviez refaire votre vie, qu'est-ce que vous changeriez?

. . . .
Interactions
. . . .

A. You and your French roommate will be taking his / her car on the trip you have planned from Lyon to several cities in Provence. Because your roommate is very busy with exams, you have volunteered to take the car to the service station for its pre-trip check. Recreate the conversation with the service station attendant.

B. You've asked a travel agent in Paris to arrange a tour for you during the long vacation period. When you come to pick up your itinerary and tickets, you discover that the agent has mistakenly given you the wrong tour package. Correct the mistake by describing the tour package for which you signed up.

APPENDICE A

This appendix contains a discussion of the passive voice, indirect discourse, the literary tenses, and special uses of the definite article.

The Passive Voice

Formation of the
Passive Voice

The passive voice is limited to transitive verbs that take a direct object, i.e., verbs not used with a preposition preceding the object of the verb. In a passive construction, the word receiving the action of the verb becomes the subject of the sentence. All verbs in the passive voice are formed by conjugating the verb **être** in the appropriate person and tense, followed by the past participle of the action verb. The past participle always agrees in gender and number with the subject of **être**.

An active voice construction becomes passive when transformed according to the following model:

ACTIVE CONSTRUCTION: subject   transitive verb   direct object

PASSIVE CONSTRUCTION: agent   être (conjugated) followed by past participle of action verb   subject

Note that if the agent (person or thing) performing the action is expressed in the sentence, it is preceded by the preposition **par** (*by*) and sometimes **de**.

ACTIVE VOICE	PASSIVE VOICE
Les supermarchés attirent la clientèle.	**La clientèle est attirée par** les supermarchés.
Supermarkets attract customers.	***Customers are attracted by** supermarkets.*
Tout le monde l'aimait.	**Elle était aimée de** tout le monde.
Everyone loved her.	***She was loved by** all.*
Tout le groupe a fait l'excursion.	**L'excursion a été faite par** tout le groupe.
The whole group made the trip.	***The trip was made by** the whole group.*
Un metteur en scène tournera le film.	**Le film sera tourné par** un metteur en scène.
A director will make the film.	***The film will be made by** a director.*
Un vin léger accompagne le poisson.	**Le poisson fut accompagné d'**un vin léger.
A light wine accompanies the fish.	***The fish was accompanied by** a light wine.*
Beaucoup de touristes visiteraient ces pays.	**Ces pays seraient visités par** beaucoup de touristes.
Many tourists would visit these countries.	***These countries would be visited by** many tourists.*

The past tenses of **être** (passé composé, imperfect, pluperfect) when used in the passive voice follow the normal uses of the past tenses (description/ completed action).

> Le ville **était protégée** par les montagnes.
> La population **a été surprise** par les nouvelles.

Avoiding the
Passive Voice

French usage tends to avoid the passive voice, especially when the agent performing the action is a person.

If the subject of the passive sentence is not a person, you may replace the true passive construction either by using **on** as the subject of the active verb or by making the active verb reflexive.

On vend des légumes au
    marché.
Des légumes se vendent au
    marché.
Vegetables are sold in the market.

On ouvrira les portes à 20
    heures.
Les portes s'ouvriront à 20
    heures.
The doors will be opened at 8 P.M.

If the subject of the passive sentence is a person, you must use **on** + the active verb construction to replace the passive voice.

On a invité mon ami à la
    soirée.
My friend was invited to the party.

**On choisira les meilleurs
candidats.**
The best candidates will be chosen.

Remember that **on** always takes a third-person singular verb even though the corresponding passive construction may have a plural subject and verb.

In English, the indirect object of a verb may be the subject of a sentence in the passive voice.

> *Marcel was sent the money by his parents.*
> *Hélène was promised a promotion.*

However, in French, the object of the preposition **à** can never become the subject of a passive sentence. If the agent of the action is expressed, you may use the passive voice with the direct object of the verb as the subject.

> **L'argent a été envoyé à Marcel par ses parents.**

If the agent is not expressed, you may substitute **on** + the active verb for the true passive construction.

> **On a promis une promotion à Hélène.**

The following verbs are often followed by **à**:

| dire | **On lui a dit de partir.** | *He was told to leave.* |
| demander | **On leur demande de chanter.** | *They are being asked to sing.* |

donner	Cette lettre nous a été donnée par nos amis.	*We were given this letter by our friends.*
envoyer	On m'a envoyé des fleurs.	*I was sent some flowers.*
expliquer	Le film lui sera expliqué par le metteur en scène.	*The film will be explained to her by the director.*
promettre	On a promis une voiture à Sophie.	*Sophie was promised a car.*
offrir	On a offert à Robert un poste en Europe.	*Robert was offered a position in Europe.*

RAPPEL! RAPPEL!

You must be aware of when to use the passive voice rather than the active voice. English usage will clearly indicate when the passive voice is required. The unique construction involving a form of the verb *to be* followed by a past participle cannot be confused with the translations of any other verb forms in French. Compare the following examples based on some of the more commonly used tenses.

	ACTIVE VOICE	PASSIVE VOICE
PRESENT	Les étudiants projettent généralement **le film** à 8 heures. ***The students** normally **show the film** at 8 o'clock.*	Le film est généralement projeté par les étudiants à 8 heures. ***The film** is normally **shown** by the students at 8 o'clock.*
PASSE COMPOSE	La vedette a interprété le rôle. ***The star played the part.***	Le rôle a été interprété par la vedette. ***The part was played by the star.***
IMPERFECT	Les grèves perturbaient souvent **le service du métro**. ***Strikes** often **disrupted metro service**.*	Le service du métro était souvent perturbé par les grèves. ***Metro service was** often **disrupted by strikes**.*
PLUPERFECT	Son père avait vendu la voiture. ***Her father had sold the car.***	La voiture avait été vendue par son père. ***The car had been sold by her father.***
FUTURE	Le professeur corrigera l'examen demain. ***The professor will correct the test** tomorow.*	L'examen sera corrigé par le professeur demain. ***The test will be corrected by the professor** tomorrow.*

A. Ecrivez les phrases suivantes en utilisant la voix passive et en exprimant l'agent dans les phrases.

1. Ce nouvel auteur a écrit un livre.
2. Les étudiants subiront beaucoup d'examens.
3. Les marchands avaient déjà vendu tous les produits.
4. L'agence de voyages propose cette excursion magnifique.
5. Mes parents m'ont offert ce voyage.

B. Ecrivez les phrases suivantes à la voix active. Utilisez le pronom **on** comme sujet de vos phrases.

1. Les touristes sont bien accueillis en Martinique.
2. De nouveaux supermarchés seront construits.
3. L'émission a été présentée à cinq heures.
4. Les paquets vous seront envoyés par avion.
5. Les copains étaient invités à une soirée.

C. Ecrivez les phrases suivantes à la voix active. Utilisez un verbe pronominal (*reflexive verb*) dans vos phrases.

1. Les pâtisseries sont vendues dans une boulangerie.
2. Le français est parlé au Canada.
3. Le train est employé plus souvent en France qu'aux Etats-Unis.
4. Les portes du musée seront ouvertes à dix heures.
5. Cela n'est pas fait ici.

Indirect Discourse

If one relates exactly what another person has said, putting his or her words in quotation marks and not changing any of the original wording, this is called *direct discourse.*

Roger a dit: «Je viendrai ce soir».

If one does not directly quote another person's words but simply relates his or her statement indirectly in a clause, this is called *indirect discourse.*

Roger a dit qu'il viendrait ce soir.

To use indirect discourse in French, you must be aware of the proper sequence of tenses between the introductory statement and the indirect quotation. If the introductory verb is in the present or future, there will be no change in the tenses of the verbs that recount what the person has said.

Marie dit: «Je viendrai».	**Elle dit qu'elle viendra.**
Marie dira: «Je suis venue».	**Elle dira qu'elle est venue.**
Marie dit: «Je viendrais».	**Elle dit qu'elle viendrait.**
Marie dira: «Je venais».	**Elle dira qu'elle venait.**

However, if the introductory verb is in a past tense, there will be certain changes in the tenses of the verbs in the subordinate clause. These tense sequences are summarized below. Note that the tense sequences used in indirect discourse in French correspond in all cases to the tense sequences normally used in indirect discourse in English.

TENSE OF ORIGINAL STATEMENT	INTRODUCTORY VERB IN PAST TENSE	TENSE OF SUBORDINATE VERB
PRESENT J'**arrive** à 2 heures.	Il a dit qu'	**IMPERFECT** il **arrivait** à 2 heures.
FUTURE On **aura** un examen demain.	Mon ami avait déjà dit qu'	**CONDITIONAL** on **aurait** un examen demain.
FUTURE PERFECT Elle **sera** déjà **partie** avant le déjeuner.	J'expliquais qu'	**PAST CONDITIONAL** elle **serait** déjà **partie** avant le déjeuner.
PASSE COMPOSE **Nous avons fait** nos devoirs.	Le prof a demandé si	**PLUPERFECT** nous **avions fait** nos devoirs.

The imperfect, pluperfect, conditional, and past conditional tenses remain unchanged in indirect discourse.

Il **allait faire** les provisions.	Il a dit qu'il **allait faire** les provisions.
Nous **avions** déjà **fait** nos devoirs.	Nous expliquions que nous **avions** déjà **fait** nos devoirs.
Ils **viendraient** si possible.	Elle avait déjà expliqué qu'ils **viendraient** si possible.
J'**aurais** peut-être **trouvé** le numéro.	Il a répondu qu'il **aurait** peut-être **trouvé** le numéro.

If there is more than one verb in the subordinate clause, each verb must be considered separately according to the sequence of tenses outlined above.

Je **suis arrivée** à 3 heures et j'**allais** partir après le dîner.	Elle a dit qu'elle **était arrivée** à 3 heures et qu'elle **allait** partir après le dîner.

A. Complétez les phrases suivantes en employant le temps convenable du verbe original.

1. Le prof annonce: «Il y aura un examen mercredi». Il a annoncé qu'il y _____ un examen mercredi.
2. La présentatrice déclare: «Il fera beau demain». Elle déclare qu'il _____ beau demain.
3. Les étudiants suggèrent: «Nous aurions dû étudier davantage». Ils ont suggéré qu'ils _____ étudier davantage.
4. Nous disons: «Nous avons froid dans cette chambre». Nous lui avons dit que nous _____ froid dans cette chambre.
5. Mes copains annoncent: «On ira ensemble». Ils annoncent qu'on _____ ensemble.
6. Nos parents répondent: «Vous avez eu des problèmes, mais vous réussirez bientôt». Ils ont répondu que nous _____ des problèmes mais que nous _____ bientôt.
7. Ma sœur déclare: «Je viendrai si j'ai les moyens». Elle a déclaré qu'elle _____ si elle _____ les moyens.
8. Je vous l'assure: «Ils arriveront avant nous». Je vous assure qu'ils _____ avant nous.
9. J'ai écrit à mon professeur: «Vous recevrez mon devoir quand je retournerai à l'école». Je lui ai écrit qu'il _____ mon devoir quand je _____ à l'école.
10. Nous demandons: «Vous voulez descendre au café?» Nous avons demandé s'ils _____ descendre au café.

B. Répondez à chaque question en employant le discours indirect.

1. — Il fait du vent.
   — Pardon? Qu'est-ce que vous avez dit?
   — J'ai dit qu'…
2. — Il neigera cet après-midi.
   — Qu'est-ce que vous annoncez?
   — J'annonce qu'…
3. — Nous aurions voulu quitter Paris plus tôt.
   — Qu'est-ce que vous avez déclaré?
   — J'ai déclaré que…
4. — Il y a eu un accident sur l'autoroute ce matin.
   — Qu'est-ce qu'il a annoncé?
   — Il a annoncé qu'…
5. — L'inflation augmentera l'année prochaine.
   — Qu'est-ce qu'on a prédit?
   — On a prédit que…
6. — Nous avions déjà acheté nos billets.
   — Qu'est-ce que vous me dites?
   — Je vous dis que…

7. — Je pourrai vous accompagner.
   — Qu'est-ce qu'elle vous a assuré?
   — Elle m'a assuré qu'…
8. — Cette voiture marche bien.
   — Qu'est-ce qu'il a garanti?
   — Il a garanti que…
9. — Je n'ai pas touché à ses affaires.
   — Qu'est-ce que ton petit frère a juré?
   — Il a juré qu'…
10. — C'est ma place.
    — Pardon? Qu'est-ce que vous dites?
    — Je dis que…

C. Roger et Pierre, qui étudient à l'Université de Bordeaux, partent demain pour passer les vacances de Noël chez Roger en Normandie. Racontez au passé leur conversation en employant le discours indirect.

PIERRE: As-tu entendu les informations à la radio?

ROGER: Oui, et les nouvelles ne sont pas bonnes.

PIERRE: Eh bien, qu'est-ce qu'on annonce?

ROGER: Le temps sera encore mauvais, et les autoroutes seront bondées.

PIERRE: J'espère qu'on n'aura pas de neige en plus.

ROGER: On signale qu'il va tout simplement pleuvoir. Peut-être que nous ferions mieux de prendre les routes secondaires.

PIERRE: Je me demande si elles seront glissantes.

ROGER: Non, non il ne fait pas assez froid pour cela. Nous allons faire un bon voyage. Tu vas voir.

PIERRE: Je l'espère.

Literary Tenses

There are four literary verb tenses in French. Their use is usually limited to written contexts; they are almost never heard in conversation.

It is unlikely that you will be called upon to produce these tenses, but you should be able to recognize them. They appear in classical and much of the contemporary literature that you will read, especially in the **je** and **il** forms. Passive recognition of these tenses is not difficult because the verb endings are usually easy to identify.

The **passé simple** and the **passé antérieur** belong to the indicative mood; the two other tenses are the imperfect subjunctive and the pluperfect subjunctive.

The *passé simple*

As its name indicates, this is a simple past tense, involving no auxiliary verb. You will find the **passé simple** easiest to recognize if you become familiar with the endings of the three regular conjugations and certain irregular forms.

1. **Regular Forms.** To form the **passé simple** of regular -**er** verbs, take the stem of the infinitive and add the appropriate endings: -**ai, -as, -a, -âmes, -âtes, -èrent.**

parler

je parl**ai**	nous parl**âmes**
tu parl**as**	vous parl**âtes**
il / elle / on parl**a**	ils / elles parl**èrent**

To form the **passé simple** of regular -**ir** and -**re** verbs, add the appropriate endings to the stem of the infinitive: -**is, -is, -it, -îmes, -îtes, -irent.**

réfléchir

je réfléch**is**	nous réfléch**îmes**
tu réfléch**is**	vous réfléch**îtes**
il / elle / on réfléch**it**	ils / elles réfléch**irent**

rendre

je rend**is**	nous rend**îmes**
tu rend**is**	vous rend**îtes**
il /elle / on rend**it**	ils / elles rend**irent**

2. **Irregular Forms.** Most verbs with an irregularly formed **passé simple** have an irregular stem to which you add one of the following groups of endings.

-is	-îmes	-us	-ûmes
-is	-îtes	-us	-ûtes
-it	-irent	-ut	-urent

Following is a partial list of the most common verbs in each of the above categories.

-is		**-us**	
faire	**je fis**	**boire***	**je bus**
mettre*	**je mis**	**croire***	**je crus**
prendre*	**je pris**	**devoir***	**je dus**
rire*	**je ris**	**plaire***	**je plus**
voir	**je vis**	**pleuvoir***	**il plut**
écrire	**j'écrivis**	**pouvoir***	**je pus**
conduire	**je conduisis**	**savoir***	**je sus**
craindre	**je craignis**	**falloir***	**il fallut**
naître	**il naquit**	**valoir**	**il valut**
peindre	**je peignis**	**vouloir***	**je voulus**
vaincre	**je vainquis**	**vivre***	**je vécus**
		connaître*	**je connus**
		mourir	**il mourut**

---

* Note that the past participles of these verbs may be helpful in remembering the irregular **passé simple** stems.

Avoir and **être**, which are frequently seen in the **passé simple**, have completely irregular forms.

avoir		être	
j'**eus**	nous **eûmes**	je **fus**	nous **fûmes**
tu **eus**	vous **eûtes**	tu **fus**	vous **fûtes**
il / elle / on **eut**	ils / elles **eurent**	il / elle / on **fut**	ils / elles **furent**

Two additional common verbs with irregular forms in the **passé simple** are **venir** and **tenir**.

venir		tenir	
je **vins**	nous **vînmes**	je **tins**	nous **tînmes**
tu **vins**	vous **vîntes**	tu **tins**	vous **tîntes**
il /elle / on **vint**	ils / elles **vinrent**	il / elle / on **tint**	ils / elles **tinrent**

3. Use of the *passé simple*. The **passé simple** is often thought of as the literary equivalent of the **passé composé**. To an extent this is true. Both tenses are used to refer to specific past actions that are limited in time.

> Victor Hugo **est né** en 1802. (**passé composé**)
> Victor Hugo **naquit** en 1802. (**passé simple**)

The fundamental difference between these two tenses is that the **passé simple** can never be used to refer to a time frame that has not yet come to an end. There is no such limitation on the **passé composé**.

Consider the sentence, **J'ai écrit deux lettres aujourd'hui**. This thought can be expressed only by the **passé composé** because **aujourd'hui** is a time frame that is not yet terminated. In contrast, the statement, **Robert Burns a écrit des lettres célèbres à sa femme** could also be expressed in the **passé simple** — **Robert Burns écrivit des lettres célèbres à sa femme** — because the time frame has come to an end.

Descriptions in the past that are normally expressed by the imperfect indicative are still expressed in the imperfect, even in a literary context.

The *passé antérieur*

1. Formation. The **passé antérieur** is a compound tense that is formed with the **passé simple** of the auxiliary verb **avoir** or **être** and a past participle.

parler	j'**eus parlé**, etc.
sortir	je **fus sorti(e)**, etc.
se lever	je me **fus levé(e)**, etc.

2. Use of the *passé antérieur*. The **passé antérieur** is used to refer to a past action that occurred prior to another past action. It is most frequently found in a subordinate clause following a temporal conjunction such as **quand, lorsque, après que, dès que, aussitôt que**. The conjunction indicates that the action in question immediately preceded another action in the past. The latter action will generally be expressed in the **passé simple**.

Hier soir, après qu'il **eut fini** de manger, il **sortit**.

The Imperfect Subjunctive

1. Formation. The imperfect subjunctive is most often encountered in the third-person singular. The imperfect subjunctive is formed by taking the **tu** form of the **passé simple**, doubling its final consonant, and adding the endings of the present subjunctive. The third-person singular (**il / elle / on**) does not follow the regular formation. To form it, drop the consonant, place a circumflex accent (^) over the final vowel, and add a **t**.

aller (tu allas → allass-)

que j'all**asse**	que nous all**assions**
que tu all**asses**	que vous all**assiez**
qu'il / elle / on all**ât**	qu'ils / elles all**assent**

2. Use of the Imperfect Subjunctive. Like the other tenses of the subjunctive, the imperfect subjunctive is most often found in a subordinate clause governed by a verb in the main clause that requires the use of the subjunctive. The verb of the main clause is either in a past tense or in the conditional. For the imperfect subjunctive to be used in the subordinate clause, the action expressed in this clause must occur at the same time as the action of the main verb or later.

Je **voulais qu'**elle me **répondît.**
Elle **voudrait qu'**on l'**écoutât.**

The Pluperfect Subjunctive

1. Formation. The pluperfect subjunctive is formed with the imperfect subjunctive of the auxiliary verb **avoir** or **être** and a past participle. Like the imperfect subjunctive, this tense is mostly used in the third-person singular.

que j'eusse parlé, qu'il eût parlé, etc.
que je fusse sorti(e), qu'il fût sorti, etc.
que je me fusse lavé(e), qu'elle se fût lavée, etc.

2. Use of the Pluperfect Subjunctive. The pluperfect subjunctive, like the imperfect subjunctive, is usually found in a subordinate clause. It is used when the main verb is either in a past tense or in the conditional and the action expressed in the subordinate clause has occurred prior to the action of the main clause.

Il **déplora qu'**elle **fût** déjà **partie.**

In reading, you may occasionally encounter a verb form identical to the pluperfect subjunctive that does not follow the usage outlined above. In such cases, you will be dealing with an alternate literary form of the past conditional, and you should interpret it as such.

Ce n'était pas un baba au rhum qu'il m'**eût fallu,** mais un vrai rhum, celui des condamnés.

In lighter prose and conversation, the imperfect subjunctive is replaced by the present subjunctive, and the pluperfect subjunctive is replaced by the past subjunctive.

Bien qu'elle **eût** beaucoup **voyagé,** j'insistai pour qu'elle m'**accompagnât.**
(Bien qu'elle **ait** beaucoup **voyagé,** j'insistai pour qu'elle m'**accompagne.**)

The following excerpt is taken from a twentieth-century French novel by Raymond Radiguet. Here, the author makes liberal use of the **passé simple** and the imperfect subjunctive. Locate and identify these tenses in the passage.

Jusqu'à douze ans, je ne me vois aucune amourette, sauf pour une petite fille nommée Carmen à qui je fis tenir, par un gamin plus jeune que moi, une lettre dans laquelle je lui exprimais mon amour. Je m'autorisais de cet amour pour solliciter un rendez-vous. Ma lettre lui avait été remise le matin avant qu'elle se rendît en classe. J'avais distingué la seule fillette qui me ressemblât, parce qu'elle était propre, et allait à l'école accompagnée d'une petite sœur, comme moi de mon petit frère. Afin que ces deux témoins se tussent, j'imaginai de les marier, en quelque sorte. A ma lettre, j'en joignis donc une de la part de mon frère, qui ne savait pas écrire, pour Mlle Fauvette. J'expliquai à mon frère mon entremise, et notre chance de tomber juste sur deux sœurs de nos âges et douées de noms de baptême aussi exceptionnels. J'eus la tristesse de voir que je ne m'étais pas mépris sur le bon genre de Carmen, lorsque, après avoir déjeuné avec mes parents qui me gâtaient et ne me grondaient jamais, je rentrai en classe.

(Raymond Radiguet, *Le Diable au corps*: Grasset, 1962, pp. 8-9.)

Special Uses of the Definite Article

In addition to the uses of the definite article presented in Chapitre 1 (pp. 20-21), the articles **le, la, l'**, and **les** are also found in grammatical constructions that differ radically from English usage.

- **TITLES**

  The definite article is used before titles when referring indirectly to people. The article is not used when addressing a person directly.

La reine Elizabeth habite à Londres.	*Queen Elizabeth lives in London.*
Je suis dans le cours **du professeur Dupont**.	*I'm in Professor Dupont's class.*

- **LANGUAGES**

  The definite article is used before the names of languages, except after the verb **parler** (unmodified) and after the prepositions **en** and **de**.

Nous étudions **le français**.	*We're studying French.*
Il désire enseigner **le russe**.	*He wants to teach Russian.*

BUT:

Vous parlez **français**. (Vous parlez bien **le français**.)	*You speak **French**. (You speak **French** well.)*
Le livre est **en italien**.	*The book is **in Italian**.*
C'est un professeur **d'allemand**.	*He's a **German** teacher.*

● PARTS OF THE BODY AND CLOTHING

The definite article is used with parts of the body and clothing to indicate possession. If the noun is modified, the possessive adjective is used as in English.

Elle ferme **les yeux**.	*She shuts **her eyes**.*
Il a **les mains** dans **les poches**.	*He has **his hands** in **his pockets**.*

BUT:

Elle ferme **ses yeux bleus**.	*She shuts **her blue eyes**.*
Il a **ses deux mains** dans **ses poches vides**.	*He has both **his hands** in **his empty pockets**.*

A. Complétez les phrases suivantes par l'article défini convenable quand il est nécessaire.

1. Nous étudions ———— français.
2. En classe nous parlons ———— français.
3. Je veux apprendre à parler couramment ———— français.
4. Notre texte est écrit en ———— anglais.
5. Pour le cours de français j'ai ———— professeur (nom de votre professeur). Il / Elle est prof de ———— français depuis longtemps.
6. ———— Monsieur / Madame (nom de votre professeur) a étudié en ———— France et parle bien ———— français.

B. Complétez le paragraphe suivant par les articles convenables.

———— empereur Napoléon était un homme intéressant mais curieux. Il est né en Corse et parlait ———— italien et ———— français. Il avait ———— yeux verts, ———— cheveux clairsemés, et il n'était pas grand. Il a fait beaucoup de conquêtes et faisait peur (à) ———— roi Georges d'Angleterre et (à) ———— tsar Nicolas de Russie. Mais pendant une grande bataille, Napoléon fermait ———— yeux et gardait toujours ———— main droite dans sa veste. Tous les grands hommes ont des habitudes particulières.

APPENDICE B

This appendix contains complete sample conjugations of regular verbs (**-er**, **-ir**, and **-re**), irregular verbs, and stem-changing verbs.

Regular Verbs

REGULAR -ER VERB: DONNER			

INDICATIF

PRESENT	IMPARFAIT	FUTUR	PASSE SIMPLE (**littéraire**)
je donne	je donnais	je donnerai	je donnai
tu donnes	tu donnais	tu donneras	tu donnas
il donne	il donnait	il donnera	il donna
nous donnons	nous donnions	nous donnerons	nous donnâmes
vous donnez	vous donniez	vous donnerez	vous donnâtes
ils donnent	ils donnaient	ils donneront	ils donnèrent

PASSE COMPOSE	PLUS-QUE-PARFAIT	FUTUR ANTERIEUR	PASSE ANTERIEUR (**littéraire**)
j'ai donné	j'avais donné	j'aurai donné	j'eus donné

CONDITIONNEL		IMPERATIF	PARTICIPE PRESENT

PRESENT	PASSE	donne	donnant
je donnerais	j'aurais donné	donnons	
tu donnerais		donnez	
il donnerait			
nous donnerions			
vous donneriez			
ils donneraient			

SUBJONCTIF

PRESENT	PASSE	IMPARFAIT (**littéraire**)	PLUS-QUE-PARFAIT (**littéraire**)
que je donne	que j'aie donné	que je donnasse	que j'eusse donné
que tu donnes		que tu donnasses	
qu'il donne		qu'il donnât	
que nous donnions		que nous donnassions	
que vous donniez		que vous donnassiez	
qu'ils donnent		qu'ils donnassent	

REGULAR -IR VERB: FINIR			

INDICATIF

PRESENT	IMPARFAIT	FUTUR	PASSE SIMPLE (**littéraire**)
je finis	je finissais	je finirai	je finis
tu finis	tu finissais	tu finiras	tu finis
il finit	il finissait	il finira	il finit
nous finissons	nous finissions	nous finirons	nous finîmes
vous finissez	vous finissiez	vous finirez	vous finîtes
ils finissent	ils finissaient	ils finiront	ils finirent

PASSE COMPOSE	PLUS-QUE-PARFAIT	FUTUR ANTERIEUR	PASSE ANTERIEUR (**littéraire**)
j'ai fini	j'avais fini	j'aurai fini	j'eus fini

CONDITIONNEL		IMPERATIF	PARTICIPE PRESENT
PRESENT	**PASSE**	finis	finissant
je finirais	j'aurais fini	finissons	
tu finirais		finissez	
il finirait			
nous finirions			
vous finiriez			
ils finiraient			

SUBJONCTIF

PRESENT	**PASSE**	**IMPARFAIT (littéraire)**	**PLUS-QUE-PARFAIT (littéraire)**
que je finisse	que j'aie fini	que je finisse	que j'eusse fini
que tu finisses		que tu finisses	
qu'il finisse		qu'il finît	
que nous finissions		que nous finissions	
que vous finissiez		que vous finissiez	
qu'ils finissent		qu'ils finissent	

REGULAR -RE VERB: ATTENDRE

INDICATIF

PRESENT	**IMPARFAIT**	**FUTUR**	**PASSE SIMPLE (littéraire)**
j'attends	j'attendais	j'attendrai	j'attendis
tu attends	tu attendais	tu attendras	tu attendis
il attend	il attendait	il attendra	il attendit
nous attendons	nous attendions	nous attendrons	nous attendîmes
vous attendez	vous attendiez	vous attendrez	vous attendîtes
ils attendent	ils attendaient	ils attendront	ils attendirent
PASSE COMPOSE	**PLUS-QUE-PARFAIT**	**FUTUR ANTERIEUR**	**PASSE ANTERIEUR (littéraire)**
j'ai attendu	j'avais attendu	j'aurai attendu	j'eus attendu

CONDITIONNEL		IMPERATIF	PARTICIPE PRESENT
PRESENT	**PASSE**	attends	attendant
j'attendrais	j'aurais attendu	attendons	
tu attendrais		attendez	
il attendrait			
nous attendrions			
vous attendriez			
ils attendraient			

SUBJONCTIF

PRESENT	**PASSE**	**IMPARFAIT (littéraire)**	**PLUS-QUE-PARFAIT (littéraire)**
que j'attende	que j'aie attendu	que j'attendisse	que j'eusse attendu
que tu attendes		que tu attendisses	
qu'il attende		qu'il attendît	
que nous attendions		que nous attendissions	
que vous attendiez		que vous attendissiez	
qu'ils attendent		qu'ils attendissent	

Irregular Verbs

AVOIR AND *ETRE*

AVOIR

INDICATIF

PRESENT	IMPARFAIT	FUTUR	PASSE SIMPLE (littéraire)
j'ai	j'avais	j'aurai	j'eus
tu as	tu avais		tu eus
il a	il avait		il eut
nous avons	nous avions		nous eûmes
vous avez	vous aviez		vous eûtes
ils ont	ils avaient		ils eurent

PASSE COMPOSE	PLUS-QUE-PARFAIT	FUTUR ANTERIEUR	PASSE ANTERIEUR (littéraire)
j'ai eu	j'avais eu	j'aurai eu	j'eus eu

CONDITIONNEL / IMPERATIF / PARTICIPE PRESENT

PRESENT	PASSE	IMPERATIF	PARTICIPE PRESENT
j'aurais	j'aurais eu	aie	ayant
tu aurais		ayons	
il aurait		ayez	
nous aurions			
vous auriez			
ils auraient			

SUBJONCTIF

PRESENT	PASSE	IMPARFAIT	PLUS-QUE-PARFAIT (littéraire)
que j'aie	que j'aie eu	que j'eusse	que j'eusse eu
que tu aies		que tu eusses	
qu'il ait		qu'il eût	
que nous ayons		que nous eussions	
que vous ayez		que vous eussiez	
qu'ils aient		qu'ils eussent	

INDICATIF

PRESENT	IMPARFAIT	FUTUR	PASSE SIMPLE (littéraire)
je suis	j'étais	je serai	je fus
tu es	tu étais		tu fus
il est	il était		il fut
nous sommes	nous étions		nous fûmes
vous êtes	vous étiez		vous fûtes
ils sont	ils étaient		ils furent

PASSE COMPOSE	PLUS-QUE-PARFAIT	FUTUR ANTERIEUR	PASSE ANTERIEUR (littéraire)
j'ai été	j'avais été	j'aurai été	j'eus été

CONDITIONNEL | *IMPERATIF* | *PARTICIPE PRESENT*

PRESENT	PASSE	IMPERATIF	PARTICIPE PRESENT
je serais	j'aurais été	sois	étant
tu serais		soyons	
il serait		soyez	
nous serions			
vous seriez			
ils seraient			

SUBJONCTIF

PRESENT	PASSE	IMPARFAIT	PLUS-QUE-PARFAIT (littéraire)
que je sois	que j'aie été	que je fusse	que j'eusse été
que tu sois		que tu fusses	
qu'il soit		qu'il fût	
que nous soyons		que nous fussions	
que vous soyez		que vous fussiez	
qu'ils soient		qu'ils fussent	

VERBS IN -ER

INDICATIF

PRESENT	PASSE COMPOSE	PASSE SIMPLE (littéraire)	
je vais	je suis allé(e)	j'allai	
tu vas	tu es allé(e)	tu allas	
il va	il est allé	il alla	
nous allons	nous sommes allé(e)s	nous allâmes	
vous allez	vous êtes allé(e)(s)	vous allâtes	
ils vont	ils sont allés	ils allèrent	

IMPARFAIT	PLUS-QUE -PARFAIT	FUTUR	FUTUR ANTERIEUR
j'allais	j'étais allé(e)	j'irai	je serai allé(e)

CONDITIONNEL | *IMPERATIF* | *PARTICIPE PRESENT*

PRESENT	PASSE	IMPERATIF	PARTICIPE PRESENT
j'irais	je serais allé(e)	va	allant
		allons	
		allez	

PRESENT	IMPARFAIT (littéraire)
que j'aille	que j'allasse
que tu ailles	que tu allasses
qu'il aille	qu'il allât
que nous allions	que nous allassions
que vous alliez	que vous allassiez
qu'ils aillent	qu'ils allassent

ENVOYER

INDICATIF

PRESENT	PASSE COMPOSE	PASSE SIMPLE (littéraire)	
j'envoie	j'ai envoyé	j'envoyai	
tu envoies		tu envoyas	
il envoie		il envoya	
nous envoyons		nous envoyâmes	
vous envoyez		vous envoyâtes	
ils envoient		ils envoyèrent	
IMPARFAIT	PLUS-QUE-PARFAIT	FUTUR	FUTUR ANTERIEUR
j'envoyais	j'avais envoyé	j'enverrai	j'aurai envoyé

CONDITIONNEL		IMPERATIF	PARTICIPE PRESENT
PRESENT	PASSE	envoie	envoyant
j'enverrais	j'aurais envoyé	envoyons	
		envoyez	

SUBJONCTIF

PRESENT	IMPARFAIT (littéraire)
que j'envoie	que j'envoyasse
que tu envoies	que tu envoyasses
qu'il envoie	qu'il envoyât
que nous envoyions	que nous envoyassions
que vous envoyiez	que vous envoyassiez
qu'ils envoient	qu'ils envoyassent

Renvoyer is conjugated like **envoyer**.

VERBS IN -IR

DORMIR

INDICATIF

PRESENT	PASSE COMPOSE	PASSE SIMPLE (littéraire)	
je dors	j'ai dormi	je dormis	
tu dors		tu dormis	
il dort		il dormit	
nous dormons		nous dormîmes	
vous dormez		vous dormîtes	
ils dorment		ils dormirent	
IMPARFAIT	PLUS-QUE-PARFAIT	FUTUR	FUTUR ANTERIEUR
je dormais	j'avais dormi	je dormirai	j'aurai dormi

CONDITIONNEL		**IMPERATIF**	**PARTICIPE PRESENT**

PRESENT	PASSE	**IMPERATIF**	**PARTICIPE PRESENT**
je dormirais	j'aurais dormi	dors dormons dormez	dormant

SUBJONCTIF

PRESENT	IMPARFAIT (littéraire)
que je dorme	que je dormisse
que tu dormes	que tu dormisses
qu'il dorme	qu'il dormît
que nous dormions	que nous dormissions
que vous dormiez	que vous dormissiez
qu'ils dorment	qu'ils dormissent

Other verbs conjugated like **dormir** include **endormir, s'endormir, partir, servir, sentir,** and **sortir.**

PRESENT

partir	**servir**	**sentir**	**sortir**
je pars	je sers	je sens	je sors
tu pars	tu sers	tu sens	tu sors
il part	il sert	il sent	il sort
nous partons	nous servons	nous sentons	nous sortons
vous partez	vous servez	vous sentez	vous sortez
ils partent	ils servent	ils sentent	ils sortent

PASSE COMPOSE

je suis parti(e)	j'ai servi	j'ai senti	je suis sorti(e)

CONQUERIR

INDICATIF

PRESENT	PASSE COMPOSE	PASSE SIMPLE (littéraire)	
je conquiers	j'ai conquis	je conquis	
tu conquiers		tu conquis	
il conquiert		il conquit	
nous conquérons		nous conquîmes	
vous conquérez		vous conquîtes	
ils conquièrent		ils conquirent	

IMPARFAIT	PLUS-QUE-PARFAIT	FUTUR	FUTUR ANTERIEUR
je conquérais	j'avais conquis	je conquerrai	j'aurai conquis

CONDITIONNEL

PRESENT	PASSE	**IMPERATIF**	**PARTICIPE PRESENT**
je conquerrais	j'aurais conquis	conquiers conquérons conquérez	conquérant

SUBJONCTIF

PRESENT	IMPARFAIT (littéraire)
que je conquière	que je conquisse
que tu conquières	que tu conquisses
qu'il conquière	qu'il conquît
que nous conquérions	que nous conquissions
que vous conquériez	que vous conquissiez
qu'ils conquièrent	qu'ils conquissent

Acquérir is conjugated like **conquérir.**

COURIR

INDICATIF

PRESENT	PASSE COMPOSE	PASSE SIMPLE (littéraire)	
je cours	j'ai couru	je courus	
tu cours		tu courus	
il court		il courut	
nous courons		nous courûmes	
vous courez		vous courûtes	
ils courent		ils coururent	

IMPARFAIT	PLUS-QUE-PARFAIT	FUTUR	FUTUR ANTERIEUR
je courais	j'avais couru	je courrai	j'aurai couru

CONDITIONNEL

		IMPERATIF	PARTICIPE PRESENT
PRESENT	PASSE	cours	courant
je courrais	j'aurais couru	courons	
		courez	

SUBJONCTIF

PRESENT	IMPARFAIT (littéraire)
que je coure	que je courusse
que tu coures	que tu courusses
qu'il coure	qu'il courût
que nous courions	que nous courussions
que vous couriez	que vous courussiez
qu'ils courent	qu'ils courussent

FUIR

INDICATIF

PRESENT	PASSE COMPOSE	PASSE SIMPLE (littéraire)	
je fuis	j'ai fui	je fuis	
tu fuis		tu fuis	
il fuit		il fuit	
nous fuyons		nous fuîmes	
vous fuyez		vous fuîtes	
ils fuient		ils fuirent	

IMPARFAIT	PLUS-QUE-PARFAIT	FUTUR	FUTUR ANTERIEUR
je fuyais	j'avais fui	je fuirai	j'aurai fui

CONDITIONNEL

		IMPERATIF	PARTICIPE PRESENT
PRESENT	PASSE	fuis	fuyant
je fuirais	j'aurais fui	fuyons	
		fuyez	

SUBJONCTIF

PRESENT	IMPARFAIT (littéraire)
que je fuie	que je fuisse
que tu fuies	que tu fuisses
qu'il fuie	qu'il fuît
que nous fuyions	que nous fuissions
que vous fuyiez	que vous fuissiez
qu'ils fuient	qu'ils fuissent

S'enfuir is conjugated like **fuir**.

MOURIR

PRESENT	PASSE COMPOSE	PASSE SIMPLE (littéraire)	
je meurs	je suis mort(e)	je mourus	
tu meurs		tu mourus	
il meurt		il mourut	
nous mourons		nous mourûmes	
vous mourez		vous mourûtes	
ils meurent		ils moururent	

IMPARFAIT	PLUS-QUE-PARFAIT	FUTUR	FUTUR ANTERIEUR
je mourais	j'étais mort(e)	je mourrai	je serai mort(e)

CONDITIONNEL · IMPERATIF · PARTICIPE PRESENT

PRESENT	PASSE	meurs	mourant
je mourrais	je serais mort(e)	mourons	
		mourez	

SUBJONCTIF

PRESENT	IMPARFAIT (littéraire)
que je meure	que je mourusse
que tu meures	que tu mourusses
qu'il meure	qu'il mourût
que nous mourions	que nous mourussions
que vous mouriez	que vous mourussiez
qu'ils meurent	qu'ils mourussent

OUVRIR

PRESENT	PASSE COMPOSE	PASSE SIMPLE (littéraire)	
j'ouvre	j'ai ouvert	j'ouvris	
tu ouvres		tu ouvris	
il ouvre		il ouvrit	
nous ouvrons		nous ouvrîmes	
vous ouvrez		vous ouvrîtes	
ils ouvrent		ils ouvrirent	

IMPARFAIT	PLUS-QUE-PARFAIT	FUTUR	FUTUR ANTERIEUR
j'ouvrais	j'avais ouvert	j'ouvrirai	j'aurai ouvert

CONDITIONNEL · IMPERATIF · PARTICIPE PRESENT

PRESENT	PASSE	ouvre	ouvrant
j'ouvrirais	j'aurais ouvert	ouvrons	
		ouvrez	

SUBJONCTIF

PRESENT	IMPARFAIT (littéraire)
que j'ouvre	que j'ouvrisse
que tu ouvres	que tu ouvrisses
qu'il ouvre	qu'il ouvrît
que nous ouvrions	que nous ouvrissions
que vous ouvriez	que vous ouvrissiez
qu'ils ouvrent	qu'ils ouvrissent

Other verbs conjugated like **ouvrir** include **couvrir, découvrir, offrir,** and **souffrir.**

VENIR

INDICATIF

PRESENT	PASSE COMPOSE	PASSE SIMPLE (littéraire)	
je viens	je suis venu(e)	je vins	
tu viens		tu vins	
il vient		il vint	
nous venons		nous vînmes	
vous venez		vous vîntes	
ils viennent		ils vinrent	

IMPARFAIT	PLUS-QUE-PARFAIT	FUTUR	FUTUR ANTERIEUR
je venais	j'étais venu(e)	je viendrai	je serai venu(e)

CONDITIONNEL / IMPERATIF / PARTICIPE PRESENT

PRESENT	PASSE	IMPERATIF	PARTICIPE PRESENT
je viendrais	je serais venu(e)	viens venons venez	venant

SUBJONCTIF

PRESENT	IMPARFAIT (littéraire)
que je vienne	que je vinsse
que tu viennes	que tu vinsses
qu'il vienne	qu'il vînt
que nous venions	que nous vinssions
que vous veniez	que vous vinssiez
qu'ils viennent	qu'ils vinssent

Other verbs conjugated like **venir** include **devenir, revenir, tenir, maintenir, soutenir, obtenir,** and **retenir.**

VERBS IN -RE

BOIRE

INDICATIF

PRESENT	PASSE COMPOSE	PASSE SIMPLE (littéraire)	
je bois	j'ai bu	je bus	
tu bois		tu bus	
il boit		il but	
nous buvons		nous bûmes	
vous buvez		vous bûtes	
ils boivent		ils burent	

IMPARFAIT	PLUS-QUE-PARFAIT	FUTUR	FUTUR ANTERIEUR
je buvais	j'avais bu	je boirai	j'aurai bu

CONDITIONNEL / IMPERATIF / PARTICIPE PRESENT

PRESENT	PASSE	IMPERATIF	PARTICIPE PRESENT
je boirais	j'aurais bu	bois buvons buvez	buvant

SUBJONCTIF

PRESENT	IMPARFAIT (littéraire)
que je boive	que je busse
que tu boives	que tu busses
qu'il boive	qu'il bût
que nous buvions	que nous bussions
que vous buviez	que vous bussiez
qu'ils boivent	qu'ils bussent

PRESENT	PASSE COMPOSE	PASSE SIMPLE (littéraire)	
je conduis	j'ai conduit	je conduisis	
tu conduis		tu conduisis	
il conduit		il conduisit	
nous conduisons		nous conduisîmes	
vous conduisez		vous conduisîtes	
ils conduisent		ils conduisirent	

IMPARFAIT	PLUS-QUE-PARFAIT	FUTUR	FUTUR ANTERIEUR
je conduisais	j'avais conduit	je conduirai	j'aurai conduit

CONDITIONNEL		IMPERATIF	PARTICIPE PRESENT
PRESENT	PASSE	conduis	conduisant
je conduirais	j'aurais conduit	conduisons	
		conduisez	

SUBJONCTIF

PRESENT	IMPARFAIT (littéraire)
que je conduise	que je conduisisse
que tu conduises	que tu conduisisses
qu'il conduise	qu'il conduisît
que nous conduisions	que nous conduisissions
que vous conduisiez	que vous conduisissiez
qu'ils conduisent	qu'ils conduisissent

Other verbs conjugated like **conduire** include **construire, cuire, détruire, produire** and **traduire**.

PRESENT	PASSE COMPOSE	PASSE SIMPLE (littéraire)	
je connais	j'ai connu	je connus	
tu connais		tu connus	
il connaît		il connut	
nous connaissons		nous connûmes	
vous connaissez		vous connûtes	
ils connaissent		ils connurent	

IMPARFAIT	PLUS-QUE-PARFAIT	FUTUR	FUTUR ANTERIEUR
je connaissais	j'avais connu	je connaîtrai	j'aurai connu

CONDITIONNEL		IMPERATIF	PARTICIPE PRESENT
PRESENT	PASSE	connais	connaissant
je connaîtrais	j'aurais connu	connaissons	
		connaissez	

SUBJONCTIF

PRESENT	IMPARFAIT (littéraire)
que je connaisse	que je connusse
que tu connaisses	que tu connusses
qu'il connaisse	qu'il connût
que nous connaissions	que nous connussions
que vous connaissiez	que vous connussiez
qu'ils connaissent	qu'ils connussent

Reconnaître and **paraître** and conjugated like **connaître**.

CRAINDRE

INDICATIF

PRESENT	PASSE COMPOSE	PASSE SIMPLE (littéraire)
je crains	j'ai craint	je craignis
tu crains		tu craignis
il craint		il craignit
nous craignons		nous craignîmes
vous craignez		vous craignîtes
ils craignent		ils craignirent

IMPARFAIT	PLUS-QUE-PARFAIT	FUTUR	FUTUR ANTERIEUR
je craignais	j'avais craint	je craindrai	j'aurai craint

CONDITIONNEL

PRESENT	PASSE
je craindrais	j'aurais craint

IMPERATIF

crains
craignons
craignez

PARTICIPE PRESENT

craignant

SUBJONCTIF

PRESENT	IMPARFAIT (littéraire)
que je craigne	que je craignisse
que tu craignes	que tu craignisses
qu'il craigne	qu'il craignît
que nous craignions	que nous craignissions
que vous craigniez	que vous craignissiez
qu'ils craignent	qu'ils craignissent

Peindre and **plaindre** are conjugated like **craindre**.

CROIRE

INDICATIF

PRESENT	PASSE COMPOSE	PASSE SIMPLE (littéraire)
je crois	j'ai cru	je crus
tu crois		tu crus
il croit		il crut
nous croyons		nous crûmes
vous croyez		vous crûtes
ils croient		ils crurent

IMPARFAIT	PLUS-QUE-PARFAIT	FUTUR	FUTUR ANTERIEUR
je croyais	j'avais cru	je croirai	j'aurai cru

CONDITIONNEL

PRESENT	PASSE
je croirais	j'aurais cru

IMPERATIF

crois
croyons
croyez

PARTICIPE PRESENT

croyant

SUBJONCTIF

PRESENT	IMPARFAIT (littéraire)
que je croie	que je crusse
que tu croies	que tu crusses
qu'il croie	qu'il crût
que nous croyions	que nous crussions
que vous croyiez	que vous crussiez
qu'ils croient	qu'ils crussent

INDICATIF

PRESENT	PASSE COMPOSE	PASSE SIMPLE (littéraire)	
je dis	j'ai dit	je dis	
tu dis		tu dis	
il dit		il dit	
nous disons		nous dîmes	
vous dites		vous dîtes	
ils disent		ils dirent	

IMPARFAIT	PLUS-QUE-PARFAIT	FUTUR	FUTUR ANTERIEUR
je disais	j'avais dit	je dirai	j'aurai dit

CONDITIONNEL / IMPERATIF / PARTICIPE PRESENT

PRESENT	PASSE	IMPERATIF	PARTICIPE PRESENT
je dirais	j'aurais dit	dis	disant
		disons	
		dites	

SUBJONCTIF

PRESENT	IMPARFAIT (littéraire)
que je dise	que je disse
que tu dises	que tu disses
qu'il dise	qu'il dît
que nous disions	que nous dissions
que vous disiez	que vous dissiez
qu'ils disent	qu'ils dissent

INDICATIF

PRESENT	PASSE COMPOSE	PASSE SIMPLE (littéraire)	
j'écris	j'ai écrit	j'écrivis	
tu écris		tu écrivis	
il écrit		il écrivit	
nous écrivons		nous écrivîmes	
vous écrivez		vous écrivîtes	
ils écrivent		ils écrivirent	

IMPARFAIT	PLUS-QUE-PARFAIT	FUTUR	FUTUR ANTERIEUR
j'écrivais	j'avais écrit	j'écrirai	j'aurai écrit

CONDITIONNEL / IMPERATIF / PARTICIPE PRESENT

PRESENT	PASSE	IMPERATIF	PARTICIPE PRESENT
j'écrirais	j'aurais écrit	écris	écrivant
		écrivons	
		écrivez	

SUBJONCTIF

PRESENT	IMPARFAIT (littéraire)
que j'écrive	que j'écrivisse
que tu écrives	que tu écrivisses
qu'il écrive	qu'il écrivît
que nous écrivions	que nous écrivissions
que vous écriviez	que vous écrivissiez
qu'ils écrivent	qu'ils écrivissent

Décrire is conjugated like **écrire**.

FAIRE

PRESENT	PASSE COMPOSE	PASSE SIMPLE (littéraire)	
je fais	j'ai fait	je fis	
tu fais		tu fis	
il fait		il fit	
nous faisons		nous fîmes	
vous faites		vous fîtes	
ils font		ils firent	

IMPARFAIT	PLUS-QUE-PARFAIT	FUTUR	FUTUR ANTERIEUR
je faisais	j'avais fait	je ferai	j'aurai fait

CONDITIONNEL

		IMPERATIF	PARTICIPE PRESENT
PRESENT	PASSE	fais	faisant
je ferais	j'aurais fait	faisons	
		faites	

SUBJONCTIF

PRESENT	IMPARFAIT (littéraire)
que je fasse	que je fisse
que tu fasses	que tu fisses
qu'il fasse	qu'il fît
que nous fassions	que nous fissions
que vous fassiez	que vous fissiez
qu'ils fassent	qu'ils fissent

LIRE

PRESENT	PASSE COMPOSE	PASSE SIMPLE (littéraire)	
je lis	j'ai lu	je lus	
tu lis		tu lus	
il lit		il lut	
nous lisons		nous lûmes	
vous lisez		vous lûtes	
ils lisent		ils lurent	

IMPARFAIT	PLUS-QUE-PARFAIT	FUTUR	FUTUR ANTERIEUR
je lisais	j'avais lu	je lirai	j'aurai lu

CONDITIONNEL

		IMPERATIF	PARTICIPE PRESENT
PRESENT	PASSE	lis	lisant
je lirais	j'aurais lu	lisons	
		lisez	

SUBJONCTIF

PRESENT	IMPARFAIT (littéraire)
que je lise	que je lusse
que tu lises	que tu lusses
qu'il lise	qu'il lût
que nous lisions	que nous lussions
que vous lisiez	que vous lussiez
qu'ils lisent	qu'ils lussent

METTRE

PRESENT	PASSE COMPOSE	PASSE SIMPLE (littéraire)	
je mets	j'ai mis	je mis	
tu mets		tu mis	
il met		il mit	
nous mettons		nous mîmes	
vous mettez		vous mîtes	
ils mettent		ils mirent	

IMPARFAIT	PLUS-QUE-PARFAIT	FUTUR	FUTUR ANTERIEUR
je mettais	j'avais mis	je mettrai	j'aurai mis

CONDITIONNEL

PRESENT	PASSE		IMPERATIF	PARTICIPE PRESENT
je mettrais	j'aurais mis		mets	mettant
			mettons	
			mettez	

SUBJONCTIF

PRESENT	IMPARFAIT (littéraire)
que je mette	que je misse
que tu mettes	que tu misses
qu'il mette	qu'il mît
que nous mettions	que nous missions
que vous mettiez	que vous missiez
qu'ils mettent	qu'ils missent

Permettre and promettre are conjugated like mettre.

NAITRE

INDICATIF

PRESENT	PASSE COMPOSE	PASSE SIMPLE (littéraire)	
je nais	je suis né(e)	je naquis	
tu nais		tu naquis	
il naît		il naquit	
nous naissons		nous naquîmes	
vous naissez		vous naquîtes	
ils naissent		ils naquirent	

IMPARFAIT	PLUS-QUE-PARFAIT	FUTUR	FUTUR ANTERIEUR
je naissais	j'étais né(e)	je naîtrai	je serai né(e)

CONDITIONNEL

PRESENT	PASSE		IMPERATIF	PARTICIPE PRESENT
je naîtrais	je serais né(e)		nais	naissant
			naissons	
			naissez	

SUBJONCTIF

PRESENT	IMPARFAIT (littéraire)
que je naisse	que je naquisse
que tu naisses	que tu naquisses
qu'il naisse	qu'il naquît
que nous naissions	que nous naquissions
que vous naissiez	que vous naquissiez
qu'ils naissent	qu'ils naquissent

PLAIRE

PRESENT	PASSE COMPOSE	PASSE SIMPLE (littéraire)	
je plais	j'ai plu	je plus	
tu plais		tu plus	
il plaît		il plut	
nous plaisons		nous plûmes	
vous plaisez		vous plûtes	
ils plaisent		ils plurent	
IMPARFAIT	PLUS-QUE-PARFAIT	FUTUR	FUTUR ANTERIEUR
je plaisais	j'avais plu	je plairai	j'aurai plu

CONDITIONNEL		IMPERATIF	PARTICIPE PRESENT
PRESENT	PASSE	plais	plaisant
je plairais	j'aurais plu	plaisons	
		plaisez	

SUBJONCTIF

PRESENT	IMPARFAIT (littéraire)
que je plaise	que je plusse
que tu plaises	que tu plusses
qu'il plaise	qu'il plût
que nous plaisions	que nous plussions
que vous plaisiez	que vous plussiez
qu'ils plaisent	qu'ils plussent

PRENDRE

PRESENT	PASSE COMPOSE	PASSE SIMPLE (littéraire)	
je prends	j'ai pris	je pris	
tu prends		tu pris	
il prend		il prit	
nous prenons		nous prîmes	
vous prenez		vous prîtes	
ils prennent		ils prirent	
IMPARFAIT	PLUS-QUE-PARFAIT	FUTUR	FUTUR ANTERIEUR
je prenais	j'avais pris	je prendrai	j'aurai pris

CONDITIONNEL		IMPERATIF	PARTICIPE PRESENT
PRESENT	PASSE	prends	prenant
je prendrais	j'aurais pris	prenons	
		prenez	

SUBJONCTIF

PRESENT	IMPARFAIT (littéraire)
que je prenne	que je prisse
que tu prennes	que tu prisses
qu'il prenne	qu'il prît
que nous prenions	que nous prissions
que vous preniez	que vous prissiez
qu'ils prennent	qu'ils prissent

Other verbs conjugated like **prendre** include **apprendre, comprendre,** and **surprendre.**

RIRE

INDICATIF

PRESENT	PASSE COMPOSE	PASSE SIMPLE (littéraire)	
je ris	j'ai ri	je ris	
tu ris		tu ris	
il rit		il rit	
nous rions		nous rîmes	
vous riez		vous rîtes	
ils rient		ils rirent	

IMPARFAIT	PLUS-QUE-PARFAIT	FUTUR	FUTUR ANTERIEUR
je riais	j'avais ri	je rirai	j'aurai ri

CONDITIONNEL

PRESENT	PASSE
je rirais	j'aurais ri

IMPERATIF

ris
rions
riez

PARTICIPE PRESENT

riant

SUBJONCTIF

PRESENT	IMPARFAIT (littéraire)
que je rie	que je risse
que tu ries	que tu risses
qu'il rie	qu'il rît
que nous riions	que nous rissions
que vous riiez	que vous rissiez
qu'ils rient	qu'ils rissent

Sourire is conjugated like **rire.**

SUIVRE

INDICATIF

PRESENT	PASSE COMPOSE	PASSE SIMPLE (littéraire)	
je suis	j'ai suivi	je suivis	
tu suis		tu suivis	
il suit		il suivit	
nous suivons		nous suivîmes	
vous suivez		vous suivîtes	
ils suivent		ils suivirent	

IMPARFAIT	PLUS-QUE-PARFAIT	FUTUR	FUTUR ANTERIEUR
je suivais	j'avais suivi	je suivrai	j'aurai suivi

CONDITIONNEL

PRESENT	PASSE
je suivrais	j'aurais suivi

IMPERATIF

suis
suivons
suivez

PARTICIPE PRESENT

suivant

SUBJONCTIF

PRESENT	IMPARFAIT (littéraire)
que je suive	que je suivisse
que tu suives	que tu suivisses
qu'il suive	qu'il suivît
que nous suivions	que nous suivissions
que vous suiviez	que vous suivissiez
qu'ils suivent	qu'ils suivissent

VIVRE

INDICATIF

PRESENT	PASSE COMPOSE	PASSE SIMPLE (littéraire)	
je vis	j'ai vécu	je vécus	
tu vis		tu vécus	
il vit		il vécut	
nous vivons		nous vécûmes	
vous vivez		vous vécûtes	
ils vivent		ils vécurent	

IMPARFAIT	PLUS-QUE-PARFAIT	FUTUR	FUTUR ANTERIEUR
je vivais	j'avais vécu	je vivrai	j'aurai vécu

CONDITIONNEL

PRESENT	PASSE
je vivrais	j'aurais vécu

IMPERATIF

vis
vivons
vivez

PARTICIPE PRESENT

vivant

SUBJONCTIF

PRESENT	IMPARFAIT (littéraire)
que je vive	que je vécusse
que tu vives	que tu vécusses
qu'il vive	qu'il vécût
que nous vivions	que nous vécussions
que vous viviez	que vous vécussiez
qu'ils vivent	qu'ils vécussent

VERBS IN -*OIR*

ASSEOIR

INDICATIF

PRESENT	PASSE COMPOSE	PASSE SIMPLE (littéraire)	
j'assieds	j'ai assis	j'assis	
tu assieds		tu assis	
il assied		il assit	
nous asseyons		nous assîmes	
vous asseyez		vous assîtes	
ils asseyent		ils assirent	

IMPARFAIT	PLUS-QUE-PARFAIT	FUTUR	FUTUR ANTERIEUR
j'asseyais	j'avais assis	j'assiérai	j'aurai assis

CONDITIONNEL

PRESENT	PASSE
j'assiérais	j'aurais assis

IMPERATIF

assieds
asseyons
asseyez

PARTICIPE PRESENT

asseyant

SUBJONCTIF

PRESENT	IMPARFAIT (littéraire)
que j'asseye	que j'assisse
que tu asseyes	que tu assisses
qu'il asseye	qu'il assît
que nous asseyions	que nous assissions
que vous asseyiez	que vous assissiez
qu'ils asseyent	qu'ils assissent

S'asseoir is conjugated like **asseoir**.

DEVOIR

PRESENT	PASSE COMPOSE	PASSE SIMPLE (littéraire)	
je dois	j'ai dû	je dus	
tu dois		tu dus	
il doit		il dut	
nous devons		nous dûmes	
vous devez		vous dûtes	
ils doivent		ils durent	

IMPARFAIT	PLUS-QUE-PARFAIT	FUTUR	FUTUR ANTERIEUR
je devais	j'avais dû	je devrai	j'aurai dû

CONDITIONNEL		IMPERATIF	PARTICIPE PRESENT
PRESENT	**PASSE**	dois	devant
je devrais	j'aurais dû	devons	
		devez	

SUBJONCTIF

PRESENT	IMPARFAIT (littéraire)
que je doive	que je dusse
que tu doives	que tu dusses
qu'il doive	qu'il dût
que nous devions	que nous dussions
que vous deviez	que vous dussiez
qu'ils doivent	qu'ils dussent

FALLOIR

INDICATIF

PRESENT	PASSE COMPOSE	PASSE SIMPLE (littéraire)	
il faut	il a fallu	il fallut	

IMPARFAIT	PLUS-QUE-PARFAIT	FUTUR	FUTUR ANTERIEUR
il fallait	il avait fallu	il faudra	il aura fallu

CONDITIONNEL		SUBJONCTIF	
PRESENT	**PASSE**	**PRESENT**	**IMPARFAIT (littéraire)**
il faudrait	il aurait fallu	qu'il faille	qu'il fallût

PLEUVOIR

INDICATIF

PRESENT	PASSE COMPOSE	PASSE SIMPLE (littéraire)	
il pleut	il a plu	il plut	

IMPARFAIT	PLUS-QUE-PARFAIT	FUTUR	FUTUR ANTERIEUR
il pleuvait	il avait plu	il pleuvra	il aura plu

CONDITIONNEL		PARTICIPE PRESENT
PRESENT	**PASSE**	pleuvant
il pleuvrait	il aurait plu	

SUBJONCTIF

PRESENT	IMPARFAIT (littéraire)
qu'il pleuve	qu'il plût

POUVOIR

PRESENT	PASSE COMPOSE	PASSE SIMPLE (littéraire)	
je peux	j'ai pu	je pus	
tu peux		tu pus	
il peut		il put	
nous pouvons		nous pûmes	
vous pouvez		vous pûtes	
ils peuvent		ils purent	
IMPARFAIT	**PLUS-QUE-PARFAIT**	**FUTUR**	**FUTUR ANTERIEUR**
je pouvais	j'avais pu	je pourrai	j'aurai pu

CONDITIONNEL

PARTICIPE PRESENT

PRESENT	PASSE
je pourrais	j'aurais pu

pouvant

SUBJONCTIF

PRESENT	IMPARFAIT (littéraire)
que je puisse	que je pusse
que tu puisses	que tu pusses
qu'il puisse	qu'il pût
que nous puissions	que nous pussions
que vous puissiez	que vous pussiez
qu'ils puissent	qu'ils pussent

RECEVOIR

INDICATIF

PRESENT	PASSE COMPOSE	PASSE SIMPLE (littéraire)	
je reçois	j'ai reçu	je reçus	
tu reçois		tu reçus	
il reçoit		il reçut	
nous recevons		nous reçûmes	
vous recevez		vous reçûtes	
ils reçoivent		ils reçurent	
IMPARFAIT	**PLUS-QUE-PARFAIT**	**FUTUR**	**FUTUR ANTERIEUR**
je recevais	j'avais reçu	je recevrai	j'aurai reçu

CONDITIONNEL

IMPERATIF

PARTICIPE PRESENT

PRESENT	PASSE
je recevrais	j'aurais reçu

reçois
recevons
recevez

recevant

SUBJONCTIF

PRESENT	IMPARFAIT (littéraire)
que je reçoive	que je reçusse
que tu reçoives	que tu reçusses
qu'il reçoive	qu'il reçût
que nous recevions	que nous reçussions
que vous receviez	que vous reçussiez
qu'ils reçoivent	qu'ils reçussent

SAVOIR

PRESENT

je sais
tu sais
il sait
nous savons
vous savez
ils savent

PASSE COMPOSE

j'ai su

PASSE SIMPLE (littéraire)

je sus
tu sus
il sut
nous sûmes
vous sûtes
ils surent

IMPARFAIT

je savais

PLUS-QUE-PARFAIT

j'avais su

FUTUR

je saurai

FUTUR ANTERIEUR

j'aurai su

CONDITIONNEL

PRESENT

je saurais

PASSE

j'aurais su

IMPERATIF

sache
sachons
sachez

PARTICIPE PRESENT

sachant

SUBJONCTIF

PRESENT

que je sache
que tu saches
qu'il sache
que nous sachions
que vous sachiez
qu'ils sachent

IMPARFAIT (littéraire)

que je susse
que tu susses
qu'il sût
que nous sussions
que vous sussiez
qu'ils sussent

VALOIR

INDICATIF

PRESENT

je vaux
tu vaux
il vaut
nous valons
vous valez
ils valent

PASSE COMPOSE

j'ai valu

PASSE SIMPLE (littéraire)

je valus
tu valus
il valut
nous valûmes
vous valûtes
ils valurent

IMPARFAIT

je valais

PLUS-QUE-PARFAIT

j'avais valu

FUTUR

je vaudrai

FUTUR ANTERIEUR

j'aurai valu

CONDITIONNEL

PRESENT

je vaudrais

PASSE

j'aurais valu

PARTICIPE PRESENT

valant

SUBJONCTIF

PRESENT

que je vaille
que tu vailles
qu'il vaille
que nous valions
que vous valiez
qu'ils vaillent

IMPARFAIT (littéraire)

que je valusse
que tu valusses
qu'il valût
que nous valussions
que vous valussiez
qu'ils valussent

VOIR

INDICATIF

PRESENT	PASSE COMPOSE	PASSE SIMPLE (littéraire)	
je vois	j'ai vu	je vis	
tu vois		tu vis	
il voit		il vit	
nous voyons		nous vîmes	
vous voyez		vous vîtes	
ils voient		ils virent	

IMPARFAIT	PLUS-QUE-PARFAIT	FUTUR	FUTUR ANTERIEUR
je voyais	j'avais vu	je verrai	j'aurai vu

CONDITIONNEL / IMPERATIF / PARTICIPE PRESENT

PRESENT	PASSE	IMPERATIF	PARTICIPE PRESENT
je verrais	j'aurais vu	vois	voyant
		voyons	
		voyez	

SUBJONCTIF

PRESENT	IMPARFAIT (littéraire)
que je voie	que je visse
que tu voies	que tu visses
qu'il voie	qu'il vît
que nous voyions	que nous vissions
que vous voyiez	que vous vissiez
qu'ils voient	qu'ils vissent

VOULOIR

INDICATIF

PRESENT	PASSE COMPOSE	PASSE SIMPLE (littéraire)
je veux	j'ai voulu	je voulus
tu veux		tu voulus
il veut		il voulut
nous voulons		nous voulûmes
vous voulez		vous voulûtes
ils veulent		ils voulurent

IMPARFAIT	PLUS-QUE-PARFAIT	FUTUR	FUTUR ANTERIEUR
je voulais	j'avais voulu	je voudrai	j'aurai voulu

CONDITIONNEL / IMPERATIF / PARTICIPE PRESENT

PRESENT	PASSE	IMPERATIF	PARTICIPE PRESENT
je voudrais	j'aurais voulu	veuille	voulant
		veuillons	
		veuillez	

SUBJONCTIF

PRESENT	IMPARFAIT (littéraire)
que je veuille	que je voulusse
que tu veuilles	que tu voulusses
qu'il veuille	qu'il voulût
que nous voulions	que nous voulussions
que vous vouliez	que vous voulussiez
qu'ils veuillent	qu'ils voulussent

Stem-Changing Verbs

ACHETER

PRESENT	SUBJONCTIF PRESENT	FUTUR
j'achète	que j'achète	j'achèterai
tu achètes	que tu achètes	tu achèteras
il achète	qu'il achète	il achètera
nous achetons	que nous achetions	nous achèterons
vous achetez	que vous achetiez	vous achèterez
ils achètent	qu'ils achètent	ils achèteront

APPELER

PRESENT	SUBJONCTIF PRESENT	FUTUR
j'appelle	que j'appelle	j'appellerai
tu appelles	que tu appelles	tu appelleras
il appelle	qu'il appelle	il appellera
nous appelons	que nous appelions	nous apellerons
vous appelez	que vous appeliez	vous appellerez
ils appellent	qu'ils appellent	ils appelleront

COMMENCER (VERBS ENDING IN -CER)

PRESENT	IMPARFAIT	PASSE SIMPLE (littéraire)
je commence	je commençais	je commençai
tu commences	tu commençais	tu commenças
il commence	il commençait	il commença
nous commençons	nous commencions	nous commençâmes
vous commencez	vous commenciez	vous commençâtes
ils commencent	ils commençaient	ils commencèrent

ESPERER (PREFERER, REPETER, PROTEGER, ETC.)

PRESENT	SUBJONCTIF PRESENT	FUTUR
j'espère	que j'espère	j'espérerai
tu espères	que tu espères	tu espéreras
il espère	qu'il espère	il espérera
nous espérons	que nous espérions	nous espérerons
vous espérez	que vous espériez	vous espérerez
ils espèrent	qu'ils espèrent	ils espéreront

ESSAYER (VERBS ENDING IN -AYER, -OYER, -UYER)

PRESENT	SUBJONCTIF PRESENT	FUTUR
j'essaie	que j'essaie	j'essaierai
tu essaies	que tu essaies	tu essaieras
il essaie	qu'il essaie	il essaiera
nous essayons	que nous essayions	nous essaierons
vous essayez	que vous essayiez	vous essaierez
ils essaient	qu'ils essaient	ils essaieront

JETER

PRESENT	SUBJONCTIF PRESENT	FUTUR
je jette	que je jette	je jetterai
tu jettes	que tu jettes	tu jetteras
il jette	qu'il jette	il jettera
nous jetons	que nous jetions	nous jetterons
vous jetez	que vous jetiez	vous jetterez
ils jettent	qu'ils jettent	ils jetteront

LEVER (MENER, EMMENER, GELER, ETC.)

PRESENT	SUBJONCTIF PRESENT	FUTUR
je lève	que je lève	je lèverai
tu lèves	que tu lèves	tu lèveras
il lève	qu'il lève	il lèvera
nous levons	que nous levions	nous lèverons
vous levez	que vous leviez	vous lèverez
ils lèvent	qu'ils lèvent	ils lèveront

LEXIQUE FRANCAIS-ANGLAIS

Included in the French–English vocabulary are all terms that are not cognates or that would not be immediately recognizable to a student at the intermediate level. The gender of all nouns is indicated by the notation *m* or *f*, and the feminine endings of adjectives are given in parentheses. When feminine endings of adjectives require a change in ending or consist of a separate form, these changes are noted. Expressions consisting of more than one word are listed under their principal part of speech. For all expressions that are considered to be slang or popular, the notation is indicated in parentheses following such entries. Grammatical terms and impersonal expressions are also listed.

abandonner to give up
abondant(e) abundant
abonné(e) *m,f* subscriber
abonnement *m* subscription
abonner: s'_____ (à) to subscribe (to)
abord: d'_____ at first
abricot *m* apricot
absolu(e) absolute
absolument absolutely
abstrait(e) abstract
accent *m* accent
_____ **aigu** acute accent
_____ **circonflexe** circumflex accent
_____ **grave** grave accent
accentué(e) stressed
accompagner to go with
accomplissement *m* accomplishment
accord *m* agreement
d'_____ OK
être d'_____ to agree
se mettre d'_____ to come to an agreement with
accorder to grant
s'_____ to agree
accueillir to welcome
achat *m* purchase
acheter to buy
achever to complete
acompte *m* deposit
acquérir to acquire
acquis(e) acquired
acrobaties *f pl* acrobatics

acteur/actrice *m,f* actor/actress
actif(-ive) active
actualités *f pl* news
actuellement presently
addition *f* bill, check
admettre to admit
admis(e) accepted
adresser, s'_____ à to speak to
adversaire *m,f* adversary, opponent
aérien(ne) air, aerial
aéroport *m* airport
affaires *f pl* business; belongings **régler des** _____ to take care of business
affiche *f* movie poster
affiché(e) posted
afficher to post
affirmativement affirmatively
affirmer to affirm
affreux(-euse) awful
afin de in order to, in order that
afin que in order to, in order that
africain(e) African
âgé(e) old
agence *f* agency
_____ **de voyages** travel agency
agir, s'_____ de to be a question of

agréable agreeable, pleasant
aide *f* help
à l'_____ de by means of
aide-mémoire *m* reminder
aider to aid, to help
ailleurs elsewhere
d'_____ furthermore
aimable pleasant, nice
aimer to like, to love
_____ **bien** to like
air *m* manner, appearance
avoir l'air to seem
aise *f* ease, convenience
à leur _____ at their leisure
ait *pres. subj. of* **avoir**
ajouter to add
album *m* album
_____ **de coupures de journaux**, scrapbook
alcool *m* alcohol
Algérie *f* Algeria
aliments *m pl* food
allée *f* aisle
allemand *m* German language
aller to go
s'en _____ to go away
aller retour *m* round-trip ticket
aller simple *m* one-way ticket
allumer to turn on
allusion *f* allusion, hint
faire _____ à to allude to
alors then, in that case

Alpes-Maritimes *f pl* region in southeastern France
amateur *m* fan
ambitieux(-euse) ambitious
amende *f* fine
amener to bring along
américain(e) American
Américain(e) *m,f* American
Amérique du Sud *f* South America
ami(e) *m,f* friend
  petit(e) _____ boyfriend/girlfriend
amical(e) friendly
amitié *f* friendship
amphithéâtre *m* lecture hall
amusant(e) amusing, entertaining
amuser to amuse, to entertain
  s'_____ to have a good time
an *m* year **avoir...**
  _____ **s** to be . . . years old
analytique analytical
ancien(ne) old, former
anglais *m* English language
Angleterre *f* England
anglophone *m,f* English-speaking person
année *f* year _____
  scolaire school year
anniversaire *m* birthday
annonce *f* announcement, advertisement
annoncer to announce
antérieur(e) anterior, preceding
antonyme *m* antonym
août *m* August
apercevoir, s'_____ to notice
aperçu *past part. of* **apercevoir**
apparaître to appear
appartement *m* apartment
appartenir to belong
appeler to call
  s'_____ to be named

appendice *m* appendix
appliquer, s'_____ to apply onself
apporter to bring
apprécier to enjoy
apprendre to learn _____
  par cœur to memorize
approcher, s'_____ to approach
appuyer to press _____
  sur le bouton to push the button
après after
  _____ **que** after
après-midi *m* afternoon
arbre *m* tree
argent *m* money
  _____ **de poche** spending money, allowance
armée *f* army
arrêt *m* stop
arrêté(e) definite
arrêter, s'_____ to stop
arrière *m* back, rear
arrivée *f* arrival
arriver to arrive; to happen
article de fond *m* in-depth article
as *m* ace
Asie *f* Asia
aspiré(e) aspirated
asseoir to seat
  s'_____ to sit down
assez quite, rather
  _____ **de** enough
assiette *f* plate
assimiler to assimilate
assis(e) seated **être**
  _____ to be seated
assister à to attend
assurer to assure, to guarantee
astronomique astronomical
atelier de réparation *m* repair shop
attacher to fasten
attaque *f* attack
attendre to wait for
  s'_____ **à** to expect

attentif(-ive) attentive
attention watch out!
  faire _____ **à** to pay attention to
atterrir to land
aubergine *f* eggplant
aucun(e) not any; not a single
au-dessus de above
aujourd'hui today
aussi also _____ **bien**
  que as well as
aussitôt que as soon as
autant (de) as many
auteur *m* author
authentique authentic
automne *m* autumn
autonomie *f* autonomy; self-government
autorité *f* authority
autoroute *f* superhighway
autour about
  _____ **de** around
autre other
autrement otherwise
auxiliaire auxiliary
avance *f* advance
  d'_____ in advance
avancer, s'_____ to advance, to move forward
avant *m* front
avant de before
avant que before
avantage *m* advantage
avec with
avenir *m* future
  à l'_____ in the future
aventure *f* adventure
aventureux(-euse) adventurous
aventurier *m* adventurer
aviateur/aviatrice *m,f* aviator
avion *m* airplane
  _____ **à réaction** jet
  en _____ by plane
  par _____ by plane
avis *m* opinion
avocat(e) *m,f* lawyer

avoir to have

_____ **à** to need to, to have to

en _____ **assez** to be fed up

_____ **le trac** to be afraid

avril _m_ April

ayant _pres. part. of_ **avoir** having

Aztèques _m pl_ Aztecs

bac _m abbrev. for_ **baccalauréat**

baccalauréat _m_ diploma based on an exam taken at the end of secondary education

bachelier/bachelière _m,f_ baccalaureate holder

bachot _m slang for_ **baccalauréat**

bachoter to prepare for the **bac**

baguette _f_ loaf of French bread

baigner, se _____ to swim

bain _m_ bath

bal _m_ ball, dance

balader, se _____ to stroll

banal(e) dull

bande _f_ gang

bar _m_ snack bar

barbant(e) boring (_slang_)

bas(se) low

baser to base

basket _m_ basketball (_the sport_)

bateau _m_ boat

en _____ by boat

bâtiment _m_ building

bâtir to build

batterie _f_ battery

battre, se _____ to fight

bavard(e) outgoing, talkative

bavarder to chat

beau/belle beautiful **faire beau** to be nice weather

beaucoup much, many

_____ **de** a lot of

beau-frère _m_ brother-in-law; stepbrother

beauté _f_ beauty

bébé _m_ baby

beignet _m_ doughnut

belge Belgian

Belge _m,f_ Belgian

Belgique _f_ Belgium

belle-mère _f_ mother-in-law; stepmother

bénéficier de to benefit from

besoin _m_ need, want

avoir _____ **de** to need (to)

bêtise _f_ stupidity

beurre _m_ butter

bibliothèque _f_ library

bien well _____ **des** many _____ **que** although **faire du** _____ to be beneficial

bientôt soon, shortly

bière _f_ beer

bijou _m_ jewel

billet _m_ ticket

biscuit _m_ cookie, _____ **salé** cracker

bizarre strange

bizutage _m_ hazing

blanc(he) white

blesser to hurt **se** _____ to get hurt

bleu _m_ blue cheese

bœuf _m_ beef

boire to drink

_____ **un verre** to have a drink

boisson _f_ drink, beverage

boîte _f_ can

bon(ne) kind, good

il est _____ it is good

bonbon _m_ piece of candy

bondé(e) crowded

bonheur _m_ happiness

bonhomme _m_ good-natured man

bonté _f_ kindness

bord, à _____ **de** on board

bouche de métro _f_ subway entrance

boucher/bouchère _m,f_ butcher

boucherie _f_ butcher shop

bouger to stir; to budge

boulanger/boulangère _m,f_ baker

boulangerie _f_ bakery

bouleversement _m_ upheaval

boulot _m_ work (_colloquial_)

boum _f_ party

bouquin _m_ book (_colloquial_)

Bourgogne _f_ Burgundy, region of France

bouteille _f_ bottle

bouton _m_ button

boxe _f_ boxing

match de _____ boxing match

branché(e) plugged in; with it (_slang_)

bras _m_ arm

brave courageous, nice

bref(-ève) short **en bref** in short

brillamment brilliantly

bronzer, se faire _____ to get a tan

brosser, se _____ to brush

bruit _m_ sound

brûler to burn

Bruxelles Brussels

bûcher to cram (_slang_)

bureau de renseignements _m_ information counter

ça that _____ **ne fait rien** it doesn't matter _____ **y est** that's it, it's done

cabas _m_ tote bag

cadavre _m_ corpse

cadeau _m_ gift, present

cadre _m_ setting

café _m_ coffee

_____ **instantané** instant coffee

caisse _f_ cash register

caissier/caissière _m,f_ cashier

calculer to calculate
calmement calmly
calmer to calm, to quiet
  se _____ to calm down
camarade m,f friend, chum
  _____ de chambre
  roommate
  _____ de classe classmate
cambrioleur m thief
camion m truck
campagne f campaign;
  countryside
canadien(ne) Canadian
candidat(e) m,f candidate
candidature f présenter sa
  _____ to be a candidate
capitale f capital
capturer to capture
car because
car m intercity bus
  _____ scolaire school
  bus
carnaval m winter festival
carnet m book of tickets
carrefour m intersection
carrière f career
carte f card, map
  _____ (postale) postcard
  _____ d'étudiant
  student card
cartouche f carton
cas m case
  au _____ où in case
casanier/casanière stay-at-
  home
cathédrale f cathedral
cause, à _____ de because
  of
ceci this, this thing
ceinture f belt, seat belt
cela that, that thing
célèbre celebrated, famous
censure f censorship
centaine f about a hundred
centre commercial m
  shopping center
cependant nevertheless,
  however

cercle m circle
cérémonie f ceremony
cerise f cherry
certain(e) definite, particular
  être _____ to be certain
  il est _____ it is certain
certainement certainly
C.E.S. (Collège d'enseignement
  secondaire) m first level
  of secondary school (ages
  11-14)
cesser to stop
chacun(e) each one
chaîne f channel changer de
  _____ to change
  channels
chambre f room
champignon m mushroom
chance f chance, luck
  avoir de la _____ to be
  lucky
changement m change
chanson f song
chanter to sing
chanteur(-euse) m,f singer
chaque each
charcuterie f delicatessen
charcutier/charcutière m,f
  delicatessen owner
charger to load
chariot m shopping cart
charmant(e) charming
chasser to chase
chat m cat
château m castle
chaud(e) hot
  avoir _____ to be hot
  faire _____ to be hot
  weather
chauffeur m driver
chef-d'œuvre m masterpiece
chemin de fer m railroad
chèque m check toucher un
  _____ to cash a check
cher(-ère) expensive; dear
chercher to look for, to seek
chéri(e) m,f darling, dearest
cheval m horse

cheveux m pl hair
chèvre m goat cheese
chez at, to, in, with, among,
  in the works of
chien/chienne m,f dog
chiffre m number
Chinois m Chinese
choc m shock
choisir to choose
choix m choice
chose f thing
chouette neat, nice (slang)
chou-fleur m cauliflower
cible f target
ci-dessous below
ci-dessus above
ciel m sky
cinéaste m producer
ciné-club m film club
cinéma m movies, cinema
cinéphile m,f movie buff
cinoche m flicks (slang)
circonstanciel(le)
  circumstantial
  complément _____
  adverbial phrase
circuler to circulate, move
  around
cité universitaire f residence
  hall complex
citer to quote
citoyen/citoyenne m,f citizen
clair(e) clear
  il est _____ it is clear
classe f class
  _____ touriste second
  class
  en _____ in class
  _____ économique
  economy class
classement m ordering,
  classification
classer to classify
classique classical
clé f key
  fermer à _____ to lock
climat m climate
clip m music video

cocher *m* coachman

code indicatif de zone *m* telephone area code

coiffer, se _____ to comb one's hair

coin *m* corner

collectif(ive) collective

collège d'enseignement secondaire (C.E.S.) *m* first level of secondary school (ages 11-14)

colon *m* colonist

colonie de vacances *f* summer camp

colonne *f* column

combattre to fight

combien how much

_____ de how many

commander to order

comme as, like, such as

_____ d'habitude as usual

_____ il faut as it should be

commencement *m* beginning

commencer to begin

comment how

commentaire *m* comment

commerçant(e) *m,f* shopkeeper

commettre to commit

commissaire *m* commissioner

commissariat *m* police station

commode convenient, comfortable

commun(e) common, ordinary

en _____ in common

communiquer to communicate

compagnie *f* company

compagnon/compagne *m,f* companion

compartiment *m* compartment

_____ non-réservé unreserved compartment

complément *m* object (*grammatical*)

_____ d'agent agent

_____ d'objet direct direct object

_____ d'objet indirect indirect object

_____ circonstanciel adverbial phrase

_____ déterminatif adjectival phrase

complet(-ète) complete, full

compléter to complete

compliqué(e) complicated

composer to compose; to compound

composter to punch; to validate

comprendre to understand; to include

compris(e) included

y compris including

compter to count

_____ sur to count on

comptoir *m* ticket counter

concentrer to concentrate

se _____ to focus on

concordance *f* agreement

conditionnel *m* conditional (*verb tense*)

_____ présent present conditional (*verb tense*)

_____ passé past conditional (*verb tense*)

conducteur/conductrice *m,f* driver

conduire to drive

conférence *f* lecture

confondre to confuse

congé *m* jour de _____ day off

congelé(e) frozen

conjugaison *f* conjugation

conjuguer to conjugate

connaissance *f* acquaintance

faire la _____ de to meet

connaître to know; to understand; to be acquainted with; to experience

conquérir to conquer

conquête *f* conquest

consacrer, se _____ à to devote oneself to

conseil *m* piece of advice

conseiller/conseillère *m,f* adviser

conseiller to advise

conservateur(-trice) conservative

conserver to preserve

considérer to consider

consommation *f* consumption; beverage

consommer to use

consonne *f* consonant

constamment constantly

constater to observe

constituer to constitute

construire to build

construit *past part. of* construire

consulter to look up something

se _____ to confer

conte *m* story

_____ de fées fairy tale

contenir to contain

content(e) happy

contraire *m* opposite

au _____ on the contrary

contre against

contre *m* con

contribuer to contribute

contrôle continu des connaissances *m* periodic testing

contrôler to verify, to check

contrôleur/contrôleuse *m,f* conductor

convaincre to convince

convenable suitable, appropriate

convenir à   to be suitable to
copain/copine *m,f* friend, pal
copie *f* exam copy
correcteur/correctrice *m,f*
   grader
correspondance *f* connection,
   transfer point
correspondre   to correspond;
   to agree
corriger   to correct
côte *f* chop; coast
_____ de porc   pork chop
Côte (d'Azur) *f* Riviera
côté *m* side
   à _____ de   by, near
   de mon _____   for my
   part
   de tous les _____s   from
   all sides
   du _____ de   in the
   direction of
coton *m* cotton   robe de (en)
_____ cotton dress
côtoyer, se _____   to be
   next to each other
coucher   to put to bed
   se _____   to go to bed
couchette *f* bunk
couleur *f* color
couloir *m* corridor
couper   to cut, to isolate from
courant(e)   current, usual
coureur *m* runner
courgette *f* zucchini
courir   to run _____ des
   risques   to take chances
cours *m* course _____
   magistral *m* lecture by the
   professor
course *f* race
courses *f pl* errands
   faire les _____   to run
   errands
court(e)   short
court métrage *m* short feature
couteau *m* knife
coûter   to cost
couvrir   to cover

craindre   to fear
crainte *f* fear
   avoir _____ de   to be
   afraid (of, to)
   de _____ (de, que)   for
   fear (of, that)
créateur(-trice)   creative
créature *f* creature
créer   to create
crémerie *f* dairy
créole *m* Creole language
crever   to die (*slang*)
crise   crisis _____ de
   nerfs   nervous breakdown
critique *f* criticism
critiquer   to criticize
croire   to believe
cuire   to cook
cuisine *f* cooking; food
   faire la _____   to cook
curiosité *f* point of interest
cursus *m* course of study

dame *f* lady
dangereux(-euse)   dangerous
danseur(-euse) *m,f* dancer
de plus en plus   more and
   more
de retour à   back at
débat *m* debate
débouché *m* outlet; prospect
debout   standing
débrouiller   to straighten out
   se _____   to manage
début *m* beginning
   au _____ de   at the
   beginning of
décembre *m* December
décider   to decide
décision *f* decision
   prendre une _____   to
   make a decision
déclaration *f* statement
décoller   to take off
décor *m* set, scenery
découvert *past part. of*
   découvrir
découverte *f* discovery

découvrir   to discover
décrire   to describe
déçu(e)   disappointed
dedans   in
defendre   to prohibit; to
   defend
défendu *past part. of* défendre
défense *f* prohibition
définitif(-ive)   definitive
dehors   outside
   en _____ de   outside of
déjà   already
déjeuner *m* noon meal
déjeuner   to eat lunch
délicat(e)   delicate, nice
délicieux(-euse)   delicious
demain   tomorrow
   à _____   see you
   tomorrow
demander   to ask (for)
   se _____   to ask oneself;
   to wonder
démarrer   to start
déménager   to move
démodé(e)   old-fashioned
demoiselle *f* young women
démontrer   to demonstrate
dent *f* tooth
dentelle *f* lace
dépannage *m* repairing
   atelier de _____   repair
   shop
départ *m* departure
département *m* political
   division of France
dépasser   to exceed
dépêcher   to send quickly
   se _____   to hurry
dépendre   to depend
dépenser   to spend
dépenses *f pl* expenses
déplacement *m* movement
déplacer, se _____   to get
   around
déplaire   to displease
dépliant *m* brochure, folder
déplu *past part. of* déplaire
depuis   since; for

dernier(-ière) preceding, final
dernièrement lately
derrière behind
désagréable disagreeable, unpleasant
désastre m disaster
descendre to get off; to go down _____ à une destination to travel to _____ quelque chose to take down something
désert m desert
désigner to indicate
désir m desire
désirer to want, desire
désolé(e) sorry
désordre m disorder, confusion
dès que as soon as
dessin animé m cartoon
destination f destination à _____ de bound for
destiné(e) (à) intended (for)
destinée f destiny
détendre, se _____ to relax
déterminer to determine; to modify
détruire to destroy
deux chevaux f small Citroën
deuxième cycle m second level of higher education
devant in front of
développé(e) developed sous- _____ underdeveloped
développement m development
devenir to become
déviation f detour
deviner to guess
devoir m written assignment
devoir to have to; to owe
dévoué(e) devoted
dictionnaire m dictionary
différent(e) different, various
difficulté f difficulty sans _____ without difficulty

diffuser to broadcast
dimanche m Sunday
dîner m dinner
dîner to eat dinner
diplomate m diplomat
diplôme m diploma, degree
dire to say, tell
direct nonstop en _____ live
directeur/directrice m,f director; principal
discipliné(e) disciplined
discours m discourse _____ rapporté direct direct discourse _____ rapporté indirect indirect discourse
discret(-ète) discreet
discuter to discuss
disjoint(e) disjunctive
disparaître to disappear
disponible available
disque m record
distinctement distinctly, clearly
distinguer to distinguish
distraction f amusement
distraire to amuse
distributeur m ticket dispenser
divertissement m pastime; entertainment
diviser to divide
documentaire m documentary
dommage m damage; loss c'est _____ it's a pity
donc then, therefore
donner to give _____ un film to show a film se _____ to give to each other se _____ rendez-vous to arrange to meet
dont of which; of whom; whose
dormir to sleep
dossier m record

douane f customs
doublé(e) dubbed
doubler dub
douceur de vivre f pleasant lifestyle
doute m doubt
douter to doubt
douteux(-euse) doubtful
dramatique dramatic
droit(e) right
droite f political right wing
drôle de strange
dû past part. of devoir
dur(e) harsh; hard
durée f duration
durer to last

eau f water _____ minérale mineral water
échange m change
échouer to fail
éclater to break out; to begin
école f school
économie f saving faire des _____s to save money
économique economical
économiser to save (money)
écouter to listen to
écran m screen petit _____ TV
écrémé(e) skimmed
écrire to write s'_____ to write to each other
écrit past part. of écrire à l'_____ in written form
égal(e) equal être egal à not to matter, to be all the same
également equally
église f church
égoïste egotistic; selfish
élargir to broaden
électrique electrical
électronique f electronics
élégamment elegantly
élevé(e) high

élève *m,f* student
élire to elect
élitiste elitist
éloignement *m* distance
élu *past part. of* élire
embarras du choix *m* large
   selection
émerveiller to amaze; to dazzle
émission *f* TV program
emmener to take along
   (people)
empêcher to prevent
emploi *m* employment, job;
   use
       _____ du temps
   schedule
       _____ temporaire
   temporary job
employé(e) *m,f* employee
employer to use
emporter to carry away
encore still
   pas _____ not yet
   _____ que although
en dehors (de) outside (of)
endormir, s' _____ to go
   to sleep
endroit *m* place
énergique energetic
enfance *f* childhood
enfant *m,f* child
enfer *m* hell
enfin at last, finally
enfuir, s' _____ to escape
ennemi *m* enemy
ennuyer to bore; to bother
   s' _____ to be bored
ennuyeux(-euse) boring
énorme enormous
énormément enormously
enquête *f* inquiry, investigation
enregistrer to check
   (baggage)
enseignement *m* education
   _____ général general
   education
   _____ supérieur higher
   education

enseigner to inform, to teach
ensemble together
ensemble *m* whole, mass
ensuite then
éteindre to extinguish
entendre parler de to hear
   about
entendu(e) understood
   bien entendu of course
entier *m* whole
entièrement entirely
entracte *m* intermission
entraîner to bring about; to
   entail
entre between
entrée *f* entrance
entrer to enter
enveloppe *f* envelope
envie *f* desire, longing
   avoir _____ de to feel
   like
environ approximately
environs *m pl* surrounding area
envoyer to send
épais(se) thick
épicerie *f* grocery store
épicier/épicière *m,f* grocer
épisode *m* episode
époque *f* era
épouser to marry
époux/épouse *m,f* spouse
épreuve *f* test
équipe *f* team
erreur *f* error
escale *f* stopover
   faire _____ to stop over
escalier *m* stairs
escargot *m* snail
Espagne *f* Spain
espagnol *m* Spanish language
espèce *f* type, sort
   en _____s *pl* in cash
espérer to hope for
esprit *m* spirit, mind, wit
essayer to try
essence *f* gasoline
essentiel *m* the most
   important thing

essentiel(le) essential
   il est essentiel it is essential
essuyer to wipe; to dry
établir to work out
étage *m* floor (of a building)
état *m* state
Etats-Unis *m pl* United States
été *m* summer
éteindre to turn off
étendre to extend, s'_____
   to lie down
étiquette *f* label
étonnant(e) startling **il est**
   _____ it is startling
étonné(e) amazed
étonner, s'_____ to be
   amazed
étrange strange
étranger/étrangère *m,f*
   stranger
   à l'_____ abroad
étranger(-ère) foreign,
   strange
être to be
   _____ à to belong to
   _____ en train de to be
   in the process of
étroit(e) tight; narrow
étroitement closely
études *f pl* studies
   _____ secondaires high
   school studies
   faire des _____ (de) to
   study, to major in
   programme d'_____
   course of study
étudiant(e) *m,f* student
   maison d'_____s
   residence hall
étudier to study
événement *m* event
évidemment evidently
éviter to avoid
évoluer to evolve
évoquer to evoke
examen *m* examination
examinateur *m* examiner
examiner to examine

exécution *f* execution
exemple *m* example
  par _____ for instance
exiger to require
exister to exist
explétif(-ive) superfluous
  (*grammatical*)
explication *f* explanation
  _____ de texte literary
  analysis
expliquer to explain
explorateur/exploratrice *m,f*
  explorer
exposé *m* classroom
  presentation
exprimer to express
extrêmement extremely

fabriquer to manufacture, to
  make
fac *f abbrev. for* faculté
fâché(e) angry
  être _____ to be angry
fâcher, se _____ to get
  angry
facile easy, quick
facilement easily
façon *f* manner
facultatif(-ive) optional
faculté *f* university division
faible weak
faim, avoir _____ to be
  hungry
faire to do; to make
  _____ son possible to
  do one's best
  se _____ to be done, to
  be made
  s'en _____ to worry
fait *m* fact
fait *past part. of* faire
falloir to be necessary
  (*impersonal*)
fameux(-euse) famous;
  infamous
familial(e) pertaining to
  family
familiarité *f* familiarity

famille *f* family
  en _____ in the family
fana *m,f* fan
farine *f* flour
fatigant(e) tiring
fatigué(e) tired
faut *See* falloir
faute *f* error
fauteuil *m* armchair
faux/fausse false
favori/favorite favorite
femme *f* wife, woman
fenêtre *f* window
fermer to close
  _____ à clé to lock
fermeture *f* closing
féroce ferocious
fête *f* festival; party
fêter to celebrate
feu *m* fire
  _____ rouge stoplight
feuilleton *m* serial
février *m* February
fiche *f* form
fier(-ère) proud
filet *m* mesh bag
fille *f* girl
film *m* film
  _____ d'épouvante
  horror movie
  le grand _____ main
  feature
  _____ policier detective
  movie
fils *m* son
fin *f* end
  à la _____ at the end
  de _____ final
  en _____ de at the end of
fin(e) fine
finalement finally
finir to finish
fixe fixed
flâner to loaf around
fleur *f* flower
flocon *m* flake
fois *f* time
  une _____ once

fonctionner to work; to
  operate
fonder to found
football *m* soccer
forfaitaire all-inclusive
formalité *f* form
formation *f* education,
  academic preparation
forme *f* form, shape
former, se _____ to form,
  to compose, to educate
formidable fantastic
formule *f* construction
formuler to formulate; to
  express
fort(e) strong
fou/folle crazy
foule *f* crowd
fournir to furnish
foyer *m* home
frais/fraîche fresh
frais d'inscription *m pl*
  tuition, registration fees
fraise *f* strawberry
franc *m* franc, unit of French
  money
franc/franche frank
français(e) French
Français(e) *m,f* French person
F2 (France 2) TV network
F3 (France 3) TV network
francophone *m,f* French-
  speaking person
francophonie *f* French-
  speaking world
frapper to hit, to strike
freins *m pl* brakes
fréquemment frequently
fréquenter to see often
frère *m* brother
frigo *m* refrigerator
  (*colloquial*)
frites *f pl* french fries
froid(e) cold
  avoir _____ to be cold
  faire _____ to be cold
  weather
fromage *m* cheese

frustré(e)   frustrated
fuir   to flee
fumer   to smoke
furieux(-euse)   furious
furtivement   furtively
futur *m* future (*grammatical*)
_____ antérieur   future
perfect
_____ proche
immediate future

gagner   to earn
gamin *m* boy
garagiste *m,f* garage operator
garantir   to guarantee
garçon *m* boy
garder   to keep, to maintain
gardien(ne) *m,f* guardian
gare *f* station
gars *m* guy, boy (*slang*)
gâteau *m* cake
gauche *f* political left wing
gauche   left
gazeux(-euse)   carbonated
gendarme *m* policeman
gêne *f* difficulty; embarrassment
généreux(-euse)   generous
génie *m* genius
genre *m* type, gender
gens *m pl* people
gentil(le)   nice, gentle
gentilhomme *m* gentleman
géographie *f* geography
gérondif *m* en + present
participle (*grammatical*)
glace *f* ice cream
glissant(e)   slick, slippery
gloire *f* glory
gorille *m* gorilla
gosse *m,f* kid (*slang*)
gourmand(e)   gluttonous
goûter   to taste
goutte *f* drop
gouvernement *m* government
graissage *m* greasing,
lubrication
faire le _____ to
lubricate (a vehicle)

gramme *m* gram
deux cents _____s
de   seven ounces
grand(e)   main; big
grande surface *f* very large
surburban store
grandeur *f* grandeur; size
grandir   to grow up
grand-mère *f* grandmother
grand-père *m* grandfather
gratuit(e)   free
grenouille *f* frog
grève *f* strike
gris(e)   gray
gros(se)   big, large
groupe *m* group
en _____ in a group
gruyère *m* Swiss cheese
guère   hardly
guerre *f* war
faire la _____ to fight a
war
Première Guerre
mondiale   First World War
guichet *m* ticket window
Guide Michelin *m* popular
French hotel guide
guillemets *m pl* quotation
marks

habiller   to dress
s'_____ to get dressed
habitant(e) *m,f* inhabitant
habiter   to live (in)
habitude *f* habit
d'_____ usually
comme d'_____ as usual
habituellement   habitually
habituer, s'_____ à   to get
used to
haricot *m* bean
hâte *f* haste   à la _____
hastily, hurriedly
hausse *f* rise
haut(e)   high; loud
haut-parleur *m* loudspeaker
Le Havre   port city in France
hebdomadaire *m* weekly

héritier *m* heir
héros/héroïne *m,f* hero
hésiter   to hesitate
heure *f* hour
à l'_____ on time
à quelle _____ at what
time   à tout à l'_____
see you later   de bonne
_____ early
demi-_____ half hour
_____ de pointe   rush
hour
heureusement   happily,
fortunately
heureux(-euse)   happy
Hexagone *m* the Hexagon
(term for France stemming
from its six-sided shape)
hier   yesterday
histoire *f* story, history
historique   historic
hiver *m* winter
en _____ in the winter
homard *m* lobster
homme *m* man
honnête   honest
honorer   to honor
honte *f* shame
avoir _____ de   to be
ashamed of
horaire *m* schedule
hors de   beyond, outside of
hostilité *f* hostility
hôtelier/hôtelière *m,f* hotel
manager
hôtesse *f* flight attendant
huile *f* oil
_____ végétale
vegetable oil
humour *m* humor
hypermarché *m* supermarket-
discount store
hypothèse *f* hypothesis

ici   here
d'_____ (à)   from now
until
idée *f* idea

identifier to identify
idiotisme *m* idiom
il y a there is, there are; ago
île *f* island
imaginaire imaginary
imaginer, s'_____ to imagine
immobiliser to immobilize
imparfait *m* imperfect (*verb tense*)
impératif(-ive) imperative
inconvénient *m* inconvenience; drawback
indéfini(e) indefinite
indépendance *f* independence
indéterminé(e) unmodified, indefinite
indicateur *m* train schedule
indicatif *m* indicative (*mood of a verb*)
indigène native
indiquer to indicate, to point out
individu *m* individual
individualiste individualistic
infiniment infinitely, exceedingly
inflexion *f* modulation
informations *f pl* news report
informatique *f* data processing, computer science
informer to inform, to acquaint **s'_____** to inquire, to investigate
inquiet(-ète) anxious; restless; worried
inquiéter, s'_____ to worry
inscriptions *f pl* registration
inscrire, s'_____ to enroll, to register
inscrit(e) enrolled
insister to stress, to draw attention to
installer, s'_____ to settle down
instant *m* instant, moment **un _____** just a minute

instantané(e) instant
instituteur/institutrice *m,f* elementary school teacher
instruction *f* education
instrument *m* instrument **_____ de musique** musical instrument
insupportable unbearable
intégrer, s'_____ to become part of
intempéries *f pl* bad weather
intensément intensely
interdit(e) forbidden
intéressant(e) advantageous, interesting
intéresser, s'_____ à to be interested in
intérêt *m* interest
interprétation *f* acting
interrogatif(-ive) interrogative
interrompre to interrupt
interrompu *past part. of* **interrompre**
intransitif(-ive) intransitive
intrépide intrepid, bold
intrigue *f* plot
introduire to insert
invité(e) *m,f* guest
inviter to invite
irrégulier(-ière) irregular
italien(ne) Italian
itinéraire *m* itinerary

jamais never
jambe *f* leg
jambon *m* ham
janvier *m* January
japonais(e) Japanese
jeter par la fenêtre to waste
jeton *m* token; coin
jeu *m* game
jeudi *m* Thursday
jeune young **_____ fille** *f* girl
jeunesse *f* youth
joie joy
joli(e) pretty

jouer to play **_____ au bridge** to play bridge **_____ un rôle** to play a part
jour *m* day **_____ de l'an** New Year's Day **tous les _____s** everyday
journal *m* newspaper
journée *f* day
juillet *m* July
juin *m* June
jurer to swear
jusqu'à to **_____ ce que** until
jusque until **_____ -là** that far
justement justly, precisely
justifier to justify

kilo *m* 2.2 pounds **au _____** by the kilogram
kilométrage *m* distance in kilometers

là there
là-bas there, over there
laboratoire *m* laboratory **matériel de _____** laboratory supplies
La Fontaine seventeenth-century French author
laid(e) ugly
laine *f* wool
laisser to leave
lait *m* milk
laitier/laitière *m,f* milk vendor
lancer to fling, to throw
langage *m* language
langue *f* language
laver to wash **se _____** to wash oneself
lèche-vitrines, faire du _____ to go window shopping
leçon *f* lesson
lecteur/lectrice *m,f* reader

lecture *f* reading
légende *f* legend
léger(-ère) light
légume *m* vegetable
lendemain *m* the following day
lent(e) slow
lentement slowly
lequel/laquelle which one
lever to raise se _____
to get up
lexique *m* vocabulary list
librairie *f* bookstore
libre free
licence *f* second-level
university diploma
lien *m* link
lieu *m* place, spot au
_____ de instead of
avoir _____ to take
place
linguistique linguistic
lire to read
lit *m* bed au _____ in
bed
litre *m* liter
littéraire literary
livre *m* book
localisation *f* situating,
localizing
location *f* rental
locution *f* phrase
loger to lodge, to live
logique logical
logiquement logically
loi *f* law
loin far
loisir *m* leisure
Londres London
long métrage *m* feature film
longtemps a long while
lorsque when
louer to rent
loup/louve *m,f* wolf
lu *past part. of* lire
lundi *m* Monday
lune *f* moon
luxe *m* luxury
de _____ luxury

lycée *m* last three years of
secondary school
lycéen/lycéenne *m,f* student
at lycée
Lyon-Bron Lyons airport

machin *m* thing (*slang*)
machiniste *m* driver
magasin *m* store
Maghreb *m* Arab term for
North African countries
mai *m* May
main *f* hand
maintenant now
maintenir, se _____ to
keep up
Maison des jeunes *f* youth
center
maître/maîtresse *m,f*
elementary school teacher
maîtrise *f* master's degree
majestueux(-euse) majestic
majorité *f* majority
majuscule *f* capital letter
mal *m* pain, ache
avoir _____ à to have an
ache faire _____ à to
hurt
mal élevé(e) *m,f* ill-mannered
person
malade sick
maladroit(e) clumsy
malentendu *m*
misunderstanding
malgré in spite of
malheureusement
unfortunately
malheureux(-euse)
unfortunate; unhappy
malhonnête dishonest
maman *f* mama
mamie *f* grandma, granny
manger sur le pouce to eat
on the run
manière *f* manner bonnes
_____s good breeding
manifestation *f*
demonstration

manifester to demonstrate
se _____ to appear
manquer to neglect
manuel *m* manual
_____ de cours
textbook
maquillage *m* makeup
maquilleur/maquilleuse *m,f*
make-up artist
marchand(e) *m,f* merchant
marchandise *f* merchandise
marché *m* open-air market
faire le _____ to go
grocery shopping
_____ du travail labor
market
marcher to work; to function;
to walk
mardi *m* Tuesday
Mardi gras Mardi Gras
mari *m* husband
mariage *m* marriage, wedding
marié(e) married
marier, se _____ to get
married
marin *m* sailor
Maroc *m* Morocco
marque *f* brand
marquer to characterize
marre: en avoir _____ (de)
to have had enough (*slang*)
mars *m* March
masse *f* mass
massif(-ive) massive
Massif central *m* Massif
Central (plateau in central
France)
maternel(le) native (language)
mathématiques *f pl*
mathematics
maths *f pl abbrev. for*
mathématiques
matière *f* subject
matin *m* morning
matinée *f* morning
mauvais(e) bad faire
mauvais to be bad weather
méchant(e) wicked, mean

mécontent(e) displeased, dissatisfied
médecin *m* doctor
meilleur(e) better
mêler to mix se _____ à to have a hand in se _____ de ses affaires to mind one's business
même -self, same
menacer to threaten
mener to take, to lead
menteur(-euse) lying
mention *f* honors on **bac** exam; degree concentration
mentionner to mention
mer *f* sea _____ des Antilles Caribbean Sea _____ des Caraïbes Caribbean Sea
mercredi *m* Wednesday
mère *f* mother
mériter to deserve
métier *m* line of work
mètre *m* meter
métropole *f* mainland France
métropolitain(e) continental French
metteur en scène *m* film director
mettre to put _____ au point to finalize se _____ to put or place oneself se _____ à to begin to se _____ d'accord to be in agreement _____ en valeur highlight
meuble *m* piece of furniture
meublé(e) furnished
meurtre *m* murder
mi-chemin, à _____ halfway
midi *m* noon
mieux better faire de son _____ to do one's best
milieu *m* middle
Ministère de l'Education nationale Department of Education

ministre *m* minister, clergy
minuit *m* midnight
mi-octobre *f* mid-October
mise au point *f* tune-up
misère *f* misery, poverty
mistral *m* strong, cold wind in Mediterranean area
mobylette *f* moped
mode *m* style; mood (*grammatical*) _____ de vie lifestyle _____ de transport means of transportation
modique modest
module *m* course unit
moindre least
moins (de) less, fewer à _____ (de, que) unless au _____ at least
mois *m* month
moitié *f* half
moment *m* moment, instant au _____ de at the moment of à un _____ donné at a given moment
monde *m* world Nouveau _____ New World Tiers _____ Third World
monnaie *f* change
monsieur *m* gentleman, sir
mont *m* mountain
montagne *f* mountain en _____ in the mountains
monter to go up, to climb; to board _____ en to get into, to board
montre *f* watch _____ en or gold watch
montrer to show se _____ to reveal itself
moquer, se _____ de to make fun of
morceau *m* piece
moto *f* abbrev. for motocyclette
motocyclette *f* motorcycle

mots croisés *m pl* crossword puzzle
mourir to die
mouvement *m* motion
moyen *m* means
moyenne *f* average
muet(te) mute, silent
mur *m* wall
musée *m* museum

nager to swim
naissance *f* birth
naître to be born
nationalité *f* citizenship, nationality
nature plain
navet *m* "bomb," unsuccessful movie (*slang*)
navette *f* shuttle
naviguer to sail
ne… jamais never
ne… que only
né(e) born
néanmoins nevertheless
nécessaire necessary
négliger to neglect
neige *f* snow
neiger to snow (*impersonal*)
nerveux(-euse) nervous
net(te) clear, neat
nettoyer to clean
neuf/neuve brand-new
nez *m* nose
ni… ni neither . . . nor
Nil *m* Nile
niveau *m* level
Noël *m* Christmas
noir(e) black en _____ et blanc in black and white
nom *m* name
nombre *m* number _____ cardinal cardinal number _____ collectif collective number _____ ordinal ordinal number
nombreux(-euse) numerous; large

non-accentué(e) unaccentuated, unstressed
non-réservé(e) not reserved
Normand *m* Normand
note *f* grade
nourrir to feed, to nourish
nourriture *f* food
nouveau/nouvelle new
La Nouvelle-Orléans *f* New Orleans
nouvelles *f pl* news
novembre *m* November
noyau *m* (nut) pit
nuage *m* cloud
nuit *f* night
numéroter to number

obéir à to obey
objet *m* object
obligatoire compulsory
    matière _____ required subject
obligé(e) obliged
oblitérer to cancel
obscurcir to obscure, to darken
obtenir to obtain
occasion *f* event avoir l'_____ de to have the opportunity to
occuper, s'_____ de to take care of, to look after
octobre *m* October
odeur *f* odor
œil *m* (*pl* yeux) eye
œuf *m* egg
œuvre *m* works
offrir to offer
    s'_____ to treat oneself
oignon *m* onion
omettre to omit
optimiste optimistic
or *m* gold
ordinateur *m* computer
ordonner to order
ordre *m* command
orgueilleux(-euse) proud
orientation *f* direction
orienter to direct

orthographique spelling
où where
oublier to forget
ouest *m* west
outre-Atlantique across the Atlantic
outre-mer *m* overseas
ouvertement openly
ouverture *f* opening
ouvreuse *f* usher
ouvrier/ouvrière *m,f* worker
ouvrir to open

pain *m* bread
palais *m* palace
pâlir to become pale
palmier *m* palm tree
panier *m* basket
panne *f* breakdown
    en _____ not working, out of order
par by, through
    _____ contre on the other hand
paradis terrestre *m* paradise on earth
paraître to appear
parapluie *m* umbrella
parce que because
pardon excuse me
pareil(le) similar
parenthèses *f pl* parentheses
    entre _____ in parentheses
paresseux(-euse) lazy
parfait(e) perfect
parfois sometimes
parfumé(e) flavored
parisien(ne) Parisian
parking *m* parking lot
parler to speak
    se _____ to speak to each other
parmi among
parole *f* word; spoken word
part *f* behalf de la _____ de from, on behalf of
partager to share

participe *m* participle
particulier(-ière) special
partie *f* part faire _____ de to be part of
partiel(le) incomplete
partir to depart, to leave
    à _____ de from, beginning with
partout everywhere
paru *past part. of* paraître
pas mal de a good many
passager/passagère *m,f* passenger
passé *m* past
    _____ composé passé composé (*verb tense*)
passer to spend (time); to show (a film)
    _____ à to go into
    _____ à la télé to appear on TV _____ à table to go to the table
    _____ un bon moment to have a good time
    _____ un examen to take an exam _____ un film to show a film se _____ to happen, to be done, to take place se _____ de to do without
passionné(e) (de) wild (about)
pâtes *f pl* pasta
patiemment patiently
patinoire *f* skating rink
pâtisserie *f* pastry
pâtissier/pâtissière *m,f* pastry chef
patois *m* regional dialect, speech
patrie *f* homeland
patron(ne) *m,f* boss
pauvre poor; unfortunate
payer to pay for
pays *m* country
paysage *m* landscape, scenery
peau *f* skin
pêche *f* peach

pêche *f* fishing, **aller à la** _____ to go fishing
pédale *f* pedal
peigner, se _____ to comb one's hair
peindre to paint
peine *f* trouble **ce n'est pas la** _____ it's not worth it
peintre *m* painter
pendant que while
pendule *f* clock
pensée *f* thought
penser to think _____ **à** to think about (have in mind) _____ **de** to think about (have an opinion)
percevoir to perceive
perdre to lose _____ **le chemin** to get lost **se** _____ to get lost
père *m* father _____ **s Pèlerins** Pilgrim Fathers
perfectionner to perfect
période *f* period; _____ **creuse** non-peak period
périphérie *f* lands outside the mother country
permettre to permit
permis de conduire *m* driver's license
permis(e) allowed
perruche *f* parakeet
personnage *m* character
petit *m* little boy _____ **s** children
petit commerçant *m* small shopkeeper
petit écran *m* TV
petit(e) ami(e) *m,f* boyfriend, girlfriend
petits pois *m pl* peas
peu little _____ **de** few **un** _____ **de** a little
peuple *m* people; nation
peur *f* fear **avoir** _____ **de** to be afraid of **de** _____ **(de, que)** for fear (of, that)

peut, il se _____ it's possible
peut-être perhaps, maybe
phénomène *m* phenomenon
phrase *f* sentence
pièce *f* play; piece **la** _____ each _____ **de rechange** spare part
pied *m* foot
piège *m* trap
piscine *f* swimming pool
piste *f* runway
place *f* seat **sur** _____ on the spot
plage *f* beach
plaindre, se _____ to complain, to grumble
plaire to please **se** _____ to enjoy oneself
plaisant(e) pleasant, amusing
plaisir *m* pleasure **faire** _____ **à** to give pleasure to
plan *m* map
planche *f* board _____ **à voile** windsurfing board **faire de la** _____ **à voile** to windsurf
plancher *m* floor
plateau *m* movie set
plâtre *m* plaster, stucco; plaster cast
plein *m* full **faire le** _____ to fill the gas tank
plein(e) full
pleurer to cry
pleuvoir to rain (*impersonal*)
plu *past part. of* **plaire** and **pleuvoir**
pluie *f* rain
plupart *f* most **la** _____ **des** the majority of
pluriel *m* plural
plus more **en** _____ **de** in addition to _____ ... _____ the more... the more **un peu** _____ a little more

plus-que-parfait *m* pluperfect (*verb tense*)
plusieurs several
plutôt rather
pluvieux(-ieuse) rainy
pneu *m* tire
poche *f* pocket **argent de** _____ *m* spending money
point *m* period
poire *f* pear
poisson *m* fish
Poitou *m* region of France
poivron *m* sweet pepper
poli(e) polite
politesse *f* politeness
politique *f* politics
politique political
politisé(e) having a political aspect
polycopié *m* reproduced set of lecture notes
pomme *f* apple
pomme de terre *f* potato
pompiste *m,f* gas station attendant
porte *f* gate
portefeuille *m* wallet
porte-parole *m* spokesperson
porter to carry; to bear
portillon *m* automatic gate
portugais *m* Portuguese language
poser to put _____ **une question** to ask a question
posséder to own, to possess
possesseur *m* possessor
possessif(-ive) possessive
possibilité *f* possibility
poste *f* post office **mettre à la** _____ to mail
poste *m* post, position; set _____ **de radio** radio receiver _____ **de télévision** television set
poster to mail
postériorité *f* subsequence

poulet *m* chicken

pour for _____ (que) in order to (that)

pour *m* pro

pourboire *m* tip

pour cent percent

pourquoi why

poursuivi *past part. of* poursuivre

poursuivre to pursue

pourtant however

pourvu que provided that

pousser to push

pouvoir *m* power

pouvoir to be able

il se peut it is possible

pratique useful travaux _____s drill or discussion sections

précédent(e) preceding

précéder to precede

précis(e) specific

préciser to state precisely, to specify

précision *f* detail

prédire to predict

préférer to prefer

préinscrire to preregister

premier(-ière) first

première *f* premiere, opening night

prendre to take

_____ au sérieux to take seriously

_____ la retraite to retire

_____ quelque chose to get something to eat or drink

_____ rendez-vous to make an appointment

_____ une décision to make a decision _____ un pot to have a drink

préoccupé(e) worried

prépositionnel(le) prepositional complément _____ object of the preposition

près close de _____ closely _____ de near

présence *f* presence, attendance

présent(e) present

à _____ now

présentateur/présentatrice *m, f* announcer

présentatif(-ive) introductory

présenter to present, to introduce se _____ to present oneself, to appear

se _____ à to be a candidate for

presque almost

presse *f* press

presser, se _____ to hurry

pression *f* pressure

prêt(e) ready

prévoir to plan

prévu *past part. of* prévoir

principe *m* principle

printemps *m* spring

pris *past part. of* prendre

privatisé(e) denationalized

prix *m* price

problème *m* problem

prochain(e) next, following

Proche-Orient *m* Middle East

produire to produce

produit *m* product

profiter de to take advantage of

programme *m* schedule of TV programs _____ d'études course of study _____ de variétés variety show

progrès *m* progress faire des _____ to make progress

projeter to project, to plan

projets *m pl* plans

promener, se _____ to walk; to travel se _____ en voiture to take a drive

promettre to promise

pronom *m* pronoun

prononcer to pronounce

propos, à _____ by the way

à _____ de concerning

proposer to propose, set up

proposition *f* clause _____ principale main clause subordonnée subordinate clause

propre own

propriétaire *m, f* landlord, landlady

provenance *f* origin en _____ de arriving from

Provence *f* region of France

provisions *f pl* groceries

provisoire temporary

provoquer to provoke

publicité *f* advertising commercials

pubs *f pl* commercials (*slang*)

puis then

puisque since

puisse *pres. subj. of* pouvoir

punir to punish

quai *m* platform

quand when

quant à as for

quart *m* quarter

quartier *m* neighborhood

que that, which

Québécois(e) *m, f* person from Quebec

quel(le) what, which

quelque some _____s a few

quelque chose something avoir _____ to have something wrong

quelquefois sometimes

quelque part somewhere

quelques-un(e)s some

quelqu'un someone

qu'est-ce que what

qu'est-ce que c'est? what is it?

qu'est-ce qui   what
question *f*   question
   en _____   in question
queue *f*   waiting line   faire la
   _____   to stand in line
qui   who, whom
quitter   to leave
quoi   which, what
   _____ que   whatever
quoique   although
quotidien *m*   daily newspaper
quotidien(ne)   daily

rabais *m*   discount
raconter   to relate, to tell
radical *m*   stem (*grammatical*)
   à _____ irrégulier   stem-
   changing
rafraîchissement *m*
   refreshment
raison *f*   reason   avoir
   _____   to be right
raisonnable   reasonable
ralentir   to slow down
rame *f*   subway train
randonnée *f*   hike
ranger   to put away, to
   arrange, to put in order
rapide *m*   express train
rapide   rapid
rappel *m*   reminder
rappeler, se _____   to
   remember
rapport *m*   relationship
   par _____ à   in relation
   to
rapporter   to bring back
   se _____ à   to refer to
raser, se _____   to shave
rater   to miss; to fail (an
   exam)
RATP *f* (Régie Autonome des
   Transports Parisiens)   Paris
   bus and subway agency
rattraper, se _____   to
   make up
raviser, se _____   to change
   one's mind

rayon *m*   department
réalisateur/réalisatrice *m, f*
   producer
réaliste   realistic
récemment   recently
récepteur *m*   television set
   _____ en couleurs   color
   set
recevoir   to receive
recherche *f*   research
réciproque   reciprocal
récit *m*   story   faire le
   _____   to tell the story
réclame *f*   advertisement
réclamer   to claim
recommencer   to start over
reconnaître   to acknowledge
reçu(e)   received, admitted;
   successful   être _____
   to pass
recueil de vœux *m*   choice of
   preferences
récupérer   to pick up
réduction *f*   discount
réduit(e)   reduced
réel(le)   real
refaire   to do again
réfléchi(e)   reflexive
réfléchir   to think about
refléter   to reflect
réforme *f*   reform
refuser   to refuse
regarder   to look at
règle *f*   rule
régler   to adjust; to settle
regretter   to regret, to be sorry
régulièrement   regularly
reine *f*   queen
rejeter   to reject
relation *f*   relationship
   _____ amicale
   friendship
remarque *f*   remark
remarquer   to notice
remercier   to thank
remettre, se _____ à   to get
   back to
remonter   to go back

remplacer   to replace
remplir   to fill out
rencontrer   to meet by chance
rendez-vous *m*   appointment,
   engagement   avoir un
   _____   to have a date
   prendre _____   to make
   an appointment   se donner
   _____   to arrange to
   meet
rendre   to return, to give back
   _____ un service   to do
   a favor   se _____ à   to
   go to   se _____ compte
   de   to realize
renforcer   to reinforce, to
   strengthen
renseignement *m*   information
   bureau de _____ s
   information counter
renseigner   to inform
   se _____   to obtain
   information
rentrée *f*   opening of school
rentrer   to come home
renvoyer   to send back
réparer   to repair
reparler   to speak again
repas *m*   meal
repêchage *m*   second chance
répéter   to repeat
réplique *f*   reply
répondre   to answer
réponse *f*   answer, reply
reportage *m*   account
reposer, se _____   to rest
reprise *f*   time, occasion
   à plusieurs _____ s   on
   several occasions
requin *m*   shark
RER *m* (Réseau Express
   Régional)   surburban
   rapid-transit line
réseau *m*   network
résidence *f*   residence,
   dwelling _____
   secondaire   vacation home
résoudre   to solve

ressembler   to resemble

ressentir   to feel (an emotion)

ressusciter   to resuscitate, to revive

rester   to remain; to stay

_____ à   to be left

Resto U or RU *m abbrev. for* restaurant universitaire university restaurant

résultat *m* result

résumer   to summarize

retard, être en _____   to be late

retenir   to retain

retirer   to obtain; to withdraw

retour *m* return

de _____ à   back at, having returned to

être de _____   to be back

retourner   to go back to

retrouver, se _____   to meet by design

réunion *f* meeting; reconciliation

réunir   to bring together again

réussir   to succeed; to pass (an exam)

réussite *f* success

rêve *m* dream

réveiller, se _____   to wake up

revenir   to come again, to come back

rêver   to dream

révision *f* revision

revoir   to see again

révolutionnaire   revolutionary

revue *f* magazine

rez-de-chaussée *m* ground floor

rhum *m* rum

rien   nothing

rigoler   to laugh (*slang*)

rire   to laugh

risque *m* risk

courir des _____ s   to take chances

risquer, se _____   to risk, to venture

riz *m* rice

robe *f* dress _____ de (en) coton   cotton dress

roi *m* king _____ du pétrole   oil baron

rôle *m* part

roman *m* novel

rose   pink

rôti(e)   roasted

rouge   red

rougir   to blush

rouler   to drive

route *f* road

rue *f* street

ruine *f* ruin

russe   Russian

SNCF *f* (Société Nationale des Chemins de Fer Français) French national railroad system

sable *m* sand

sac *m* sack _____ à dos   backpack

sache *pres. subj. of* savoir

sage   wise, good

saigner   to bleed

sain et sauf   safe and sound

saisir   to seize

saison *f* season

saisonnier(-ière)   seasonal

salade *f* lettuce

sale   dirty; sordid

salle *f* room _____ de bains   bathroom _____ de cinéma   movie house _____ de classe classroom _____ de théâtre   theater

saluer   to greet

salut   hi (*colloquial*)

samedi *m* Saturday

sans (que)   without

sauf   except

sauver, se _____ to run off

savoir   to know, to know how

savourer   to enjoy

science *f* science

_____ s humaines   social sciences

scolaire   school-related

année _____   school year

séance *f* showing

sécher   to cut (a class)

secondaire   secondary

seconde *f* first year of lycée

secrétaire *m,f* secretary

séduire   to attract

séjour *m* stay

sel *m* salt

sélectif(-ive)   selective

selon   according to

semaine *f* week

sembler   to seem

Sénégal *m* Senegal

sens *m* meaning _____ figuré   figurative meaning _____ propre   literal meaning

sensation *f* à _____ sensational

sentiment *m* emotion

sentir   to feel

séparer   to separate

septembre *m* September

série *f* series, succession

sérieux *m* seriousness

sérieux(-euse)   responsible; serious

service *m* service

à votre _____   at your service   être en _____ to be in use

serviette *f* napkin; towel; briefcase

servir   to serve

se _____   to serve

se _____ de   to use

seul(e)   alone

sévère   strict

si   if, yes

siècle *m* century

sieste *f* nap

signaler to indicate; to signal

signe, faire _____ to signal

simultanément simultaneously

singulier *m* singular

ski *m* ski

  faire du _____ to go skiing

société *f* company

socio-économique socioeconomic

sœur *f* sister

soi oneself

soif *f* thirst **avoir** _____ to be thirsty

soir *m* evening

soirée *f* evening, party

soit *pres. subj. of* être

soldat *m* soldier

soleil *m* sun **faire du** _____ to be sunny

somme *f* sum

sommeil *m* sleep **avoir** _____ to be sleepy

sondage *m* poll

sonner to sound, to strike

sorte *f* sort, kind **de** _____ **(que)** so (as, that)

sortie *f* release

sortir to go out

soudain suddenly

souffrir to suffer

souhaiter to desire, to wish

soulier *m* shoe, slipper

sourd-muet *m* deaf-mute

sourire to smile

sous *m pl* change (*colloquial*)

sous-sol *m* basement

sous-titres *m pl* subtitles

souvenir *m* memory

souvenir, se _____ **de** to remember

souvent often

speakerine *f* announcer

spécialisation *f* major field

spécialisé(e) specialized

spectacle *m* show

sportif(-ive) athletic

sport d'hiver *m* winter sport

station balnéaire *f* seaside resort

stimuler to stimulate

structure *f* construction (*grammatical*)

subir to undergo

subjectivité *f* subjectivity

subjonctif *m* subjunctive (*mood of a verb*)

succéder to follow

successif(-ive) successive

sucre *m* sugar

sud *m* south

sud-ouest *m* southwest

suffire to suffice

suggérer to suggest

suite *f* following

  à la _____ **de** after

suivant(e) following

suivre to follow

  _____ **un cours** to take a course

sujet *m* subject

  au _____ **de** about

supérieur(e) superior

  enseignement _____ *m* higher education

supermarché *m* supermarket

supplément *m* supplementary fee

supplémentaire further

supporter to endure, to bear

supprimer to cancel

sûr(e) sure **bien sûr** of course

surgelé(e) frozen (produce)

surprenant(e) surprising

surprendre to surprise

surpris(e) surprised

surtout chiefly

sympathique pleasant

tableau *m* picture

  _____ **des verbes** verb chart

taire, se _____ to be quiet

tant (de) so much, so many

taper to type

tard late **plus** _____ later

tarif *m* rate

tasse *f* cup

taux *m* rate

taxi *m* **en** _____ by taxi

tel(le) such _____ **ou** _____ this or that

télé *f* television _____ **par câble** cable television

  _____ **7 jours** *m* French *TV Guide*

télécommande *f* remote control

téléphone *m* telephone

  au _____ on the telephone

téléphoner to telephone

téléspectateur *m* viewer

téléviseur *m* television set

télévision *f* television

  à la _____ on television

  poste de _____ *m* television set

tempête *f* storm _____ **de neige** snowstorm

temple *m* protestant church

temporel(le) having to do with time

temps *m* time; weather; tense

  de _____ **en** _____ from time to time **en même** _____ **que** at the same time (as) **il est** _____ it is time _____ **libre** free time _____ **verbal** tense

tenez here

tenir to hold **se** _____ **au courant** to keep oneself well-informed

tennis *m* tennis **faire du** _____ to play tennis

terminaison *f* ending

terminale *f* last year of **lycée**

terrasse *f* terrace **à la** _____ on the terrace

terre *f* earth
terrifier to terrify
territoire *m* territory
tête *f* head
TF 1 Télévision Française 1 (TV network)
thé *m* tea
théâtre *m* theater pièce de _____ play
thon *m* tuna
Tiers monde *m* Third World
timide shy
tiret *m* dash
titre *m* title
tomber sur to come upon, to encounter
tonnerre *m* thunder
tort *m* wrong, injustice avoir _____ to be wrong
tôt early plus _____ earlier
totalité *f* entirety
toucher to touch _____ un chèque to cash a check
toujours still
tourisme *m* touring, tourism
tournage *m* shooting (of a film)
tourner to turn _____ un film to make a film
tous all _____ les jours every day
tout(e) all en _____ in all _____ à coup suddenly _____ de même all the same _____ de suite immediately _____ (e) le, la… all the…, the whole… _____ le monde everyone _____ à l'heure a while ago, in a while
trac, avoir le _____ to be afraid
traduire to translate

train *m* train monter en _____ to board a train par le _____ by train
traité *m* treaty _____ de paix peace treaty
traître *m* villain
trajet *m* trip
tranche *f* slice
tranquille quiet, peaceful
tranquillement peacefully, quietly
transformer to change se _____ to turn into
transitif(-ive) transitive
travail *m* work langue de _____ working language marché du _____ job market
travailler to work
travailleur(-euse) industrious, hard-working
travaux pratiques *m pl* drill or discussion sections
travers, à _____ through
traverser to cross
trimestre *m* quarter
triste sad il est _____ it is sad
tristesse *f* sadness
tromper to deceive se _____ to be wrong
trompeur(-euse) deceitful
trop (de) too much, too many de _____ too many, excessive
trou *m* hole
trouble *m* disturbance
trouille *f* fear avoir la _____ to be afraid (*slang*)
trouver to find se _____ to be found, to find oneself
truc *m* thing (*slang*)
truie *f* sow
type *m* guy, fellow

uniquement solely
unité de valeur *f* credit

universitaire university cité _____ residence hall complex
utile useful être _____ to be of service (help)
utiliser to use

vacances *f pl* vacation en _____ on vacation grandes _____ summer vacation
valable valid
valeur *f* value, worth _____s values unité de _____ credit
valider to validate
valise *f* suitcase
vallée *f* valley
valoir to be worth _____ la peine to be worth the trouble _____ mieux to be better (*impersonal*)
vaniteux(-euse) vain
varier to vary
variété *f* variety
vedette *f* male or female star
veille *f* preceding day
vélo *m* bicycle
vendeur/vendeuse *m,f* salesperson
vendre to sell
vendredi Friday
venir to come
vent *m* wind faire du _____ to be windy
venu *past part.* of venir
vérifier to check
véritable real
vérité *f* truth
verre *m* glass _____ à vin wineglass
vers toward, to
version, _____ originale film in its original language
veuf *m* widower
veuille *pres. subj. of* vouloir

veuillez   please be so kind

veuve *f* widow

viande *f* meat

vidange *f* emptying; draining
off **faire la** _____ to
change the oil

vide   empty

vie *f* life   **style de** _____
lifestyle _____ **active**
working life

vieux/vieille   old

vieux *m* old person   **mon**
_____ old buddy

ville *f* town   **en** _____
downtown

vin *m* wine

virgule *f* comma; decimal
point

visage *m* face

vite   fast, quick, quickly
pas si _____ not so fast

vitesse *f* speed

vivant(e)   lively, living

vivre   to live   **la douceur de**
_____ pleasant lifestyle

voici   here is, here are

voie *f* track

voilà   there is, there are

voir   to see

voisin(e) *m,f* neighbor

voiture *f* car; subway or
railway car

voix *f* voice

volant *m* steering wheel

voler   to steal

voleur/voleuse *m,f* thief

volley *m* volleyball

volontaire *m,f* volunteer

volonté *f* will

volontiers   willingly

vols-vacances *m pl* reduced
airfare for vacation travel

Vosges *f pl* Vosges Mountains
in northeast France

vouloir   to want

voulu *past part. of* **vouloir**

voyage *m* trip, travel
_____ **à forfait**   vacation
package deal

voyager   to travel

voyageur/voyageuse *m,f*
traveler, passenger

voyelle *f* vowel

vrai(e)   true   **il est** _____
it is true

vraiment   really

vu *past part. of* **voir**

western *m* cowboy movie

yaourt *m* yogurt

zut!   darn it!

INDICE

Text and realia credits

We wish to thank the authors, publishers, and holders of copyright for their permission to reprint the following:

Page 4 Courtesy of Le Pique Assiette Restaurant, Lyon, France; **8** © 1993 *Le Nouvel Observateur*, 16 décembre 1993; **28, 29** © 1990 *Femme Actuelle*, 19 mars 1990; **30** Courtesy of Concours Re-lait Gourmand, Montréal, Québec; **40** Courtesy of Olivetti; **42** Courtesy of *La Redoute*; **43, 44** "Maison du mois" text reproduced courtesy of *Journal de la maison*, plans reproduced courtesy of Puma, photos reproduced courtesy of Extembat; **58, 62, 63** © 1993 Librairie Larousse, tiré de *Francoscopie 1993*, par Gérard MERMET; **63** Courtesy of Finimetal, France; **76, 77** © 1989 *20 Ans*, octobre 1989; **85** © 1992 *L'Express*, 25 septembre 1992; **88** Courtesy of Peugeot; **92** Courtesy of Bausch & Lomb; **102** © 1993 Librairie Larousse, tiré de *Francoscopie 1993*, par Gérard MERMET; **103** "Les Valeurs importantes pour vous", © *Phosphore*—Bayard Presse—décembre 1992; **109** Courtesy of *Canal Plus*; **115, 129, 136** Courtesy of *Télé 7 Jours*, 1993; **116** © 1993 *Télé-Poche*, 24 juin 1993; **121** © 1988 Librairie Fernand Nathan, tiré de *Géographie de la France*, par G. LEBRUNE; **143, 150, 152–4, 156, 158** courtesy of OUFP Office Universitaire de Presse; **145** Courtesy of *Le Provençal*; **146** Courtesy of *Ouest France*; **148** Courtesy of *Le Point* & *Midi Libre*; **151** Courtesy of *Libération* & *L'Actualité*; **154** Courtesy of *L'Express*; **155** Courtesy of *Jeune Afrique*; **157** Courtesy of *Le Monde*; **162** © 1992 *Le Progress*, France, 16 juin 1992; **167** © 1993 Librairie Larousse, tiré de *Francoscopie 1993*, par Gérard MERMET; **173, 203** © 1992 *Pariscope*, 24 juin 1992; **179** © 1989 *Première*, octobre 1989; **179–80** © 1993 *Première*, août 1993; **181** Courtesy of DIFFAC, Paris; **185, 204** Courtesy of *Lyon Poche*; **194** © *Phosphore*—Bayard Presse—novembre 1993, Gilbert Salachas; **195** © 1993 Librairie Larousse, tiré de *Francoscopie 1993*, par Gérard MERMET; **201** Courtesy of Crédit Lyonnais; **207** Courtesy of SNCF, France; **215** Courtesy of Frantour Tourisme, tiré de *Train + Hôtel: L'Europe à la Carte*, printemps-été 1992; **223** Courtesy of Frantour Tourisme, tiré de *Train + Hôtel: L'Europe à la Carte*, printemps-été 1992; **225** Courtesy of the RATP; **227** Courtesy of Frantour Tourisme, tiré de *Train + Hôtel: L'Europe à la Carte*, printemps-été 1992; **229** © 1985 Hatier, tiré de *La France j'aime*, de Quénelle; **230** Courtesy of Frantour Tourisme, tiré de *Train + Hôtel: L'Europe à la Carte*, printemps-été 1992; **231** © 1985 Hatier, tiré de *La France j'aime* de Quénelle; **236** Courtesy of Frantour Tourisme, tiré de *Train + Hôtel: En France et à l'étranger*, automne-hiver 1989–90; **248–49** Courtesy of L'Etudiant, tiré du *Guide Pratique*, septembre 1988; **250** Courtesy of the *Ecole supérieure libre des sciences commerciales appliquées*; **260** © Hachette, Paris; **265** Courtesy of Objectif Math, Paris; **269** © 1993 *Le Monde de l'Education*, mars 1993; **275** Courtesy of SNES; **287** Courtesy of CMAC; **307** Courtesy of the Office National du Tourisme Tunisien; **325** Courtesy of Agence de voyages Planisphère, Paris; **330** Courtesy of Hôtel du Collège de France, Paris; **332** Courtesy of Hôtel de la Sorbonne, Paris; **334** Courtesy of The Disney Publishing Group.

Photo credits

Page 1 © R. Lucas / The Image Works; **17** © Lee Snider / The Image Works; **33** Stuart Cohen; **35** Stuart Cohen; **69** Stuart Cohen; **101** © Lee Snider / The Image Works; **111** Peter Menzel; **125** Stuart Cohen; **139** Stuart Cohen; **159** © P. Gontier / The Image Works; **171** © 1993 Grant LeDuc / Stock Boston; **205** © Mark Antman / The Image Works; **229** © Stuart Cohen / Comstock; **239** Stuart Cohen; **247** Stuart Cohen; **262** Stuart Cohen; **279** © 1994 Comstock; **282** Superstock; **291** Stuart Cohen / Comstock; **309** © Daemmrich / The Image Works; **311** Andrew Brilliant.